八閩通志

閩臺歷代方志集成·福建省志輯·第3册

福建省地方志編纂委員會 整理

[弘治]八閩通志（二）

（明）陳道修，（明）黄仲昭纂

明弘治三年（一四九〇年）刻本

社會科學文獻出版社

八閩通志

八閩通誌卷之十六

地理

鄉都

泉州府

晉江縣 宋分五鄉統二十三里元分在城爲隅改鄉及里爲都 國朝因之凡爲隅三都四十有三統圖一百三十有五

東隅 統圖四

西隅 統圖十

南隅 統圖三

三十九都 統圖一在府城東北八里宋棠陰里

三十四都 距府城三里宋興賢里

三十三都 距府城一十五里宋常泰里上二都各統圖三俱府城西南

三十五都 統圖三在府城南三里宋登瀛里

三十七都 統圖二距府城二十五里

三十八都 統圖一距府城二十

里上二都俱府城東北俱宋鸞歌里

三十六都統圖二在府城東南二十里宋臨江里巳上七都宋俱統於晉江鄉

九都統圖一

十都統圖五

十一都

十二都上二都各統圖四巳上四都各距府城七十里俱宋仁和里

十三都統圖三距府城三十里

十四都統圖五距府城七十里上二都俱宋勸善里

十五都

十六都上二都各統圖二距府城八十里

十七八都統圖四距府城七十里

十九都統圖四距府城二十里上四都俱宋綏歌里

二十都統圖四

二十一都統圖三

二十二都統圖一上三都距府城五十五里俱宋永寧里

二十三都統圖四距府城四十里

二十四都統圖七距府城三十里上二都俱宋江陰里

二十五都

二十六都上二都各統圖三距府城二十里俱宋聚仁里巳上一十七都俱府城南宋統於安仁鄉

二十

七都統圖八二十八都統圖四各距府城二十五里宋永福里二十九都
統圖六距府城一十里三十都統圖四距府城一十五里俱宋和風里三十一都
統圖四三十二都統圖二各距府城二十里俱宋沙塘里已上六都俱府城南宋統於永寧
鄉四十一都統圖一距府城五十里宋愛育里四十二三四都統圖一距
府城八十里宋善政里四十五六都統圖一距府城六十里宋仙溪里四十七
都統圖一距府城九十里宋常建里已上四都俱府城北宋統於王②泉鄉一都統國①一二
都統圖三各距府城三十里宋養能里三都四都上二都各統圖一距府城三十里宋
務本里五都統圖二六都統圖一各距府城三十里宋仁孝里七都統圖一八
都統圖四各距府城五十里宋修仁里已上八都俱府城西南宋統於開建鄉

校注：①圖　②玉

南安縣宋分八鄉統三十二里元改爲四十六都而統於里國朝屢省爲四十四都

修文里一都在縣西南 二都在縣南 招賢里三都在縣東 禮順里二十一都 二十二都俱在縣西上五都宋俱統於唐安鄉 欽風里三十五都 清化里三十六都 長樂里三十七都 三十八都 常安里三十九都 四十都 崇教里四十一都 四十二都 四十三都 福興里四十四都 四十五都 四十六都上十二都在縣西南宋俱統於太平鄉 清歌里二十三都在縣西 仁德里二十四都 二十五都 崇信里二十六都上三都在縣西北 崇順里二十九都 歸化

里三十都上二都俱縣西已上六都宋俱統於金鷄鄉 太平里十一都 崇教里十四都 由風里十五都 民壽里十六都 清風里十二都 十三都 豐年里十八都 十九都上八都在縣西北宋俱統於懷德鄉 崇安里遵教里四都 靈感里五都上二都在縣東北宋俱統於從政鄉 田豐里三十二都 興集里三十三都 三十四都上三都在縣東南宋俱統於唐興鄉 崇信里三十一都在縣西 經善里三十七都 二十八都在縣西北上三都宋俱統於歸善鄉 崇仁里十七都 崇和里九十都 嘉禾里六七都上二都在縣西北 趨庭里八都在縣北 依仁里二

十都在縣西北上五都宋俱統於德教鄉

同安縣宋分三鄉統三十三里元改里爲都國朝分在坊爲二隅在鄉爲十一里統都三十有四凡爲圖五十有三南北隅統圖一西南隅統圖二從順里在縣西一十里一二都統圖二三都四五都各統圖一長興里距縣一十里一二三都統圖一感化里距縣一十里六七八都統圖一歸德里距縣二十里九十都統圖一上三里俱在縣北已上四里宋俱統於永豐鄉同禾里距縣一十里四都五都六都七都各統圖一民安里距縣三十里八都九都十都十一都各統圖一上二里俱縣南翔風里在縣東南六十里十二都統圖一十三都統圖二十四都十

五都 十六都各統圖一 十七都 十八都各統圖三 十九都統圖二 二十都統圖一 嘉禾里在縣西南七十里 二十一都 二十二都 二十三都 二十四都各統圖二已上四里宋俱統於綏德鄉

仁德里距縣三十里 十一都 十二都 十三都各統圖一

安仁里距縣四十里 十四都 十五都各統圖一 十六都統圖二

積善里距縣七十里 十七都統圖一 十八都 十九二十都各統圖二已上三里俱在縣西宋俱統於盛明鄉

德化縣宋分五鄉統十一里九團 國朝以附縣爲坊隅在鄉爲八里十團一都後屢經裁省今見轄坊隅一里二團六

坊隅舊靈化歸化惠民求豐四里併入 湯泉上團在縣北九十里

清泰里距縣二百里舊嵩平善均二里併入
東西團距縣一百四十里
楊梅上團距縣八十里舊湯泉下團及下湧團併入
楊梅中團距縣二百六十里舊楊梅下團併入
黃認團距縣上一里三團俱縣東北
新化里距縣五十里舊十八都及小尤上團併入
二百里
小尤中團距縣一百八十里上一里二團俱縣西北

永春縣宋分五鄉統一十七里元改為二十五都國朝因之後屢省為十四都
十三都距縣□□里宋開平里
二十四五都距縣□□里宋和風里
十一二都距縣□□里宋迎福里已上三都在縣南宋俱統於集慶鄉
十四都距縣□□里合十五都宋昭善里
十五六七都距縣□□里十六七都宋和平里上二都俱縣東
十八九二十都在縣北□□里十八九都宋清白里二十都宋桃源里已上三都宋俱統於善政鄉
一都

在縣西北□□里宋昇平里

二三都距縣□□里宋福德里

四五都距縣□□里宋善①化里

六七都距縣□□里宋民蘇里上三都俱縣西巳上四都宋俱統於宣和鄉

八都距縣□□里宋安仁里

九十都距縣□□里九都宋招集里十都宋始安里巳上二都在縣西南宋俱統於里仁鄉

二十一二都在縣西北□□里二十一都宋鳴琴里二十二都宋常安里

二十三都在縣西□□里宋慕仁里巳上二都宋俱統於民康鄉

安溪縣宋分四鄉統十六里國朝以在縣為坊鄉及里仍舊凡統圖四十有一後屢省為一坊十五里

在坊

歸善鄉

長泰里在縣東里

永安里在縣南□□里

光德里在縣西□□里

依仁里在縣西南□□里

積德鄉

新溪里距縣□□里

新康里距縣□□里

崇信里距縣□□里

龍涓里距縣□□里上四里俱縣

校注：①善

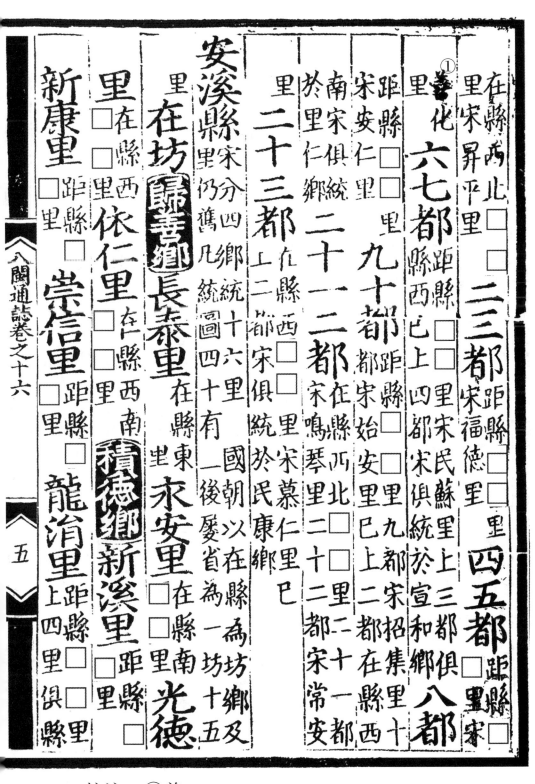

西北**金田鄉**龍興里距縣□□里還集里距縣□□里上二里俱縣西北感德里在縣北□□里常樂里在縣東北□□里**修仁鄉**感化里在縣北□□里來蘇里距縣□里崇善里距縣□□里舊有清源里正統間併入上二里俱縣東北

惠安縣宋分三鄉曰崇武曰崇善曰城山凡統一十八里又有安民里統於崇武鄉後併元改里為三十四都國朝以附縣為坊而都仍其舊復分統於四鄉初為四十一都今轄一坊二十八都統圖凡三十有一

在坊統圖二宋太康里**文質鄉**二都距縣五里舊一都併入俱宋守節里統於崇武鄉五都距縣二十里宋崇德里上二都各統圖一俱縣東二十八都距縣三十里二十九都距縣二十里俱宋同信里三十都距縣三十里宋尊賢里三十一都距縣三十三里上四都各統圖一俱縣南三十二都統圖一在縣東南三十五

里俱宋延壽里統於崇善鄉**三十三都**統圖一距縣二十五里**三十四都**統圖二距縣一十二里上二都俱縣南宋民蘇里統於城山鄉

行無鄉

二十都統圖一在縣西二十五里與十九都俱宋長興里統於崇武鄉**二十一都**距縣二十八都①**二十二都**距縣三十八里俱宋平康里**二十三都**距縣四十里宋歸化里**二十四都**距縣四十三里宋祥符里**二十五都**距縣四十五里宋溫陵里**二十六都**距縣四十七里上六都各統圖一俱縣西南**二十七都**統圖二在縣南四十里俱宋安仁里統於崇善鄉

忠恕鄉

六都統圖一在縣東南三十里舊三四都併入**七都**距縣三十五里**八都**距縣四十里上二都各統圖二俱宋德音里**九都**統圖一距縣四十五里上四都俱縣東南**十都**統圖二在縣東四十八里**十一都**在縣東北四十二里俱宋崇德里**十二三都**

校注：①里

在縣東四十里上二都各統圖一宋待賢里統於城山鄉

信義鄉

十四五六七都統圖一在縣西北四十二里宋民安里

十八都距縣三十五里宋禮興里

十九都距縣二十五里與二十都俱宋長興里統於崇武鄉上二都各統圖一俱縣西

漳州府

龍溪縣

宋分六鄉三十三里一百一十五保淳祐間改保為三十都元析七都隸南靖縣　國朝分在城為三隅附郭為三廂在鄉為十五都永樂間省一廂見轄一百五十二圖

東北隅統圖三舊左廂

西隅統圖二舊右廂

南隅統圖三舊城內廂

東廂統圖一在府城東門外舊城東廂

南廂統圖一在府城南門外舊城南廂

一二三都統圖十三在府城東南八十里宋新恩里

二十七都統圖九距府城三十里宋唐化里

二十八都統圖十距府城

四十里宋海洋上里二十九三十都統圖十距府城六十里宋海洋下里上三都俱府城

東已上四都宋俱統於永寧鄉四五都統圖九距府城七十里宋禾平里六七都統圖

九距府城五十里宋崇政里八都統圖十距府城四十里宋惠恩里九都統圖五距府城

三十里宋崇仁里十一都統圖十三距府城二十里十二三都統圖九距府城一十

里上二都宋惠恩里已上六都俱府城南宋統於始安鄉二十一都統圖十在府城南一十里

宋崇泉里并樂仁南北二里二十二都統圖五距府城二十里二十三四都

統圖十三距府城二十五里俱宋龍川里上二都在府城北二十五都統圖十在府城西北

二百里宋九龍上里二十六都統圖七在府城東一十五里宋瑞泉東里已上五都俱統於

遊山鄉

漳浦縣宋分三鄉統九里一保 國朝改附縣為坊在鄉為都今轄一坊十二都凡統圖七十有六

在坊統圖六

二三都統圖十二距縣一百七十里宋海濱里

四都統圖五距縣□口四十里宋修竹里上二都俱縣西

五都統圖五距縣一百二十里

六都統圖三距縣七十里俱宋浦東保上二都俱縣西南

七都統圖七距縣三十里宋永清里

十五都統圖八距縣四十里宋含恩里上二都俱縣東南

二十三都統圖九在縣東一百里宋砂澳里已上七都宋俱統於安仁鄉

八都統圖三距縣四十里宋塘田里

九都統圖三距縣五十里

十都統圖四距縣五十里俱宋綏康里已上三都在縣南宋俱統於常樂鄉

十七都統圖六在縣東五十里宋常樂里

二十八都統圖七在縣北一百里宋欽賢里已上二都宋俱統於嘉賓鄉

龍巖縣舊分二鄉統十里 國朝改為一坊十里統百有五圖永樂間省為六十八圖成化五年析五

里隷漳平縣昰轄一坊五里統三十五圖在坊統圖十表政里統圖四在縣北三十里

節惠里統圖三在縣東南四十里龍門里統圖六在縣西南七十里已上三里舊俱統於鐵石鄉萬安里統圖六在縣北一百里集賢里統圖六在縣東北一百六十里已上二里舊俱統於九龍鄉

長泰縣舊分二鄉統八里　國朝改為一坊八里統三十六圖後漸省為一十二圖在坊統圖二

人和里在縣西北五里欽化里在縣東南十里上二里各統圖一豐成里在縣東九里恭順里在縣東北四十里已上里舊俱統於歸集鄉彭信里在縣東二十里石銘里在縣西北四十五里旌孝里在縣北五十里舊名永安改永福復改今名

善化里在縣東北七十里上四里舊俱統於康樂鄉已上六里各統圖一

南靖縣舊轄二坊七里統七十二圖宣德七年省一坊各里所統圖亦漸省今見轄二十七圖

在坊統圖一

習賢里統圖三在縣西北九十里

歸德里統圖二在縣南五十里

由義里統圖三在縣東南八十里

清寧里統圖七在縣南一百五十里

永豐里統圖四在縣北一百八十里

新安里統圖五距縣二百四十里

居仁里統圖二距縣一百里上二里俱縣南

漳平縣舊為龍巖縣九龍鄉地凡五里統圖三十有三

居仁里統圖四在縣北十里

感化里統圖五在縣東北一十五里

和睦里統圖八距縣二十里

聚賢里統圖九距縣二十五里上二里俱縣北

永福里統圖七在縣南三十里

汀州府

長汀縣 宋附郭分六坊外分三鄉領九里二圖國朝改坊為一廂併團為十里統圖五十又一

左廂 統圖六舊金華登俊鄭河三坊

右廂 統圖三舊青紫福善崇善三坊

歸陽里 統圖三在府城東七十里舊歸仁營陽里

古桂里 統圖一在府城西六十里舊古城仙桂二里

清泰里 統圖五在府城西南五十里舊青泰下里已上三里宋俱統於衣錦鄉

宣成里 統圖八距府城九十里舊為宣德南里并成功里

成上里 統圖二距府城五十里舊成功上里上二里俱府城西南

成下里 統圖六在府城南一百里舊成功下里

四保里 統圖五在府城東七十里

平原里 統圖三在府城西一百五十里上二里俱仍舊名已上五里宋俱統於永寧鄉

宣和里 統圖六在府城西南一百四十里舊宣德北里并河源團

青巖里 統圖三在府城東南八十里舊青泰上里并巖頭團已上二里宋並統於古田鄉

寧化縣宋分二鄉統五里五團 國朝析桂枝鄉置在城里改諸團悉稱里而分攀龍里為二成化七年分椰楊下覺二里隸歸化縣今轄一十二里統圖五十有一

在城里統圖十二

龍上上里在縣西南六十里

龍下下里在縣西四十里

龍下里在縣北三十里俱舊攀龍里

興善里在縣西十里舊遷善里團

新村里在縣南六十里舊新村團

永豐里在縣北五十里上六里各統圖三

會同里統圖六在縣南一百里已上八里宋俱統於桂枝鄉

招賢里統圖三在縣北七十里

招得里統圖五在縣北一百里舊招化里

泉上里統圖四去縣一百里

泉下里統圖三去縣五十里俱舊溫泉團上二里俱縣東已上四里宋俱統於□□鄉

上杭縣宋分四鄉曰勝運曰興化曰太平曰金豐二團曰平原曰來蘇五里曰平元曰安豐曰來蘇曰

古田曰螢沙　国朝改為十里統九十二圖後漸省為五十九圖成化十五年分勝運溪南金豐豐田泰平五里隷永定縣見轄七里統圖四十

在城里統圖一十三舊来蘇里

勝運里統圖九在縣東三十里舊勝運鄉外二圖分隷永定縣

来蘇里統圖五在縣南二十里舊来蘇圖

白砂里夫縣三十里舊螢砂里

古田里距縣三十五里舊古田鄉上二里各統圖五俱縣東北

平安里統圖二在縣北四十里舊平原圖

溪南里統圖一在縣南九十里舊興化鄉外五圖分隷永定縣

武平縣宋分七鄉曰順義在縣東統武溪忠孝禾平三里曰萬安在縣東統永豐千秋大順三里曰和順在縣西統東流畨田丘田順明四里曰禾平在縣南統帰平招仁安樂石塘四里曰永寧在縣北統相坑七里露溪亭頭象村大禾招信七保曰安豐在縣東統新恩竹鑒豊田高吳睦郡上下六保曰清平在

縣南統長泰晋村河頭三里　國朝改為七里初統圖二十有三今統圖一十有九**在城高泰里**統圖四在縣西南五十里舊高吳保**豐順平里**在縣西南六十里舊武溪里**信順團里**在縣東北六十里舊招信里**歸郡里**在縣東八十里舊歸平里**丘晋東里**在縣北九十里舊丘田留田東流三里上四里各統圖三**大湘亭里**統圖二在縣北一百二十里舊七里保**盈塘里**統圖一在縣東南一百三十里舊石塘里

清流縣宋分二鄉曰折桂在縣東統郭下團倉盈團永德團畱溪團羅村團北團四保凡團保上曰龍山在縣南統歸仁里　國朝改為九里統圖七十又九成化八年分歸上歸下二里隸歸化縣今轄七里統圖五十又六**坊郭里**統圖七附縣**倉盈里**統圖十二在縣東南三十里**四保里**統圖六在縣南一百里**永德里**統圖八在縣東四十里**北團里**統圖八在縣東

南一百一十里
夢溪里統圖六在縣東南九十里
羅村里統圖十①有縣東南九十里

連城縣宋一鄉統二里四團 国朝改為六里統圖三十有二
在城里統圖四附縣舊古田鄉
姑田里統圖六在縣東九十里舊姑田團
南順里統圖八距縣四十里舊南團
河源里統圖五距縣八十里舊河源下里上二里俱縣南
北安里統圖五在縣北六十里舊北團
表席里統圖四在縣東南一百一十里舊席湖團按宋志縣有表正里疑亦併入此里故合而名之曰表席

歸化縣旧清流寧化將樂沙縣地今分七里統圖四十又五
歸上里在縣西南三十里
歸下里在縣東南八十里上二里各統圖十二舊清流縣地
柳楊里統圖七在縣西四十里
下覺里統圖四在縣西北一百里上二里舊寧化縣地
興善里統圖三在縣東二里
中

校注：①在

和里統圖二在縣東八十里上二里舊将樂縣地　沙陽里統圖五在縣東北一百里舊沙縣十九都地

永定縣舊上杭縣地今分五里統圖一十又九

溪南里統圖五在縣治左右　豐田里統圖四在縣東四十里舊安豐里　太平里統圖四在縣東六十里舊太平鄉　金豐里統圖四在縣南四十里舊金豐鄉　勝運里統圖二在縣北八十里

延平府

南平縣宋分七鄉積善富沙歸善上陽芹哨延平重格統三十二里元改里為團国朝復分四架統四十一里為圖凡九十有三

東架

衍仙上里統圖一距府城二十里　衍仙下里統圖三距府城一十里上二里俱府城東舊具①屬富沙鄉　羅源里統圖四距府城一十里初

校注：①俱

名上團以羅從彥祖自豫章徙居之故名

崇仁里統圖一距府城三十里以李侗世居之故名

崇福里距府城一十里

杜溪里距府城四十里

壽山里距府城二十五里上三里各統圖二已上五里俱府城南

雲蓋里統圖二在府城西南四十里上六里舊屬歸善鄉

瀼洲里距府城二十五里

湓常里距府城四十里上二里各統圖二俱府城東北舊亦屬富沙鄉

西祭

資福里統圖二距府城六十里

太平里距府城七十里上二里舊屬上陽鄉

天竺里距府城六十里上二里各統圖六已上三里俱府城西

劍津里統圖一在府城南一十里

長沙上里統圖二距府城四十里

長沙下里統圖一距府城二十里

開平里統圖二距府城四十里

大源內里統圖一距府城八十里

大源外里統圖二距府城五十里上七里舊屬延平鄉已上五里俱府城西南

梅岐東里統圖

三在府城西北五十里舊屬芹哨鄉

南架

餘慶東里距府城九十里

餘慶西里

遵教里上二里距府城八十里已上三里各統圖二府城東

泰平里統圖一距府城八十里

普安里統圖三距府城四十里

金沙里距府城六十里

遷喬里距府城三十五里

保福里距府城六十里

喬保里距府城一百二十里上四里各統圖二已上九里舊屬積善鄉

長安南里統圖四距府城一百一十里

長安北里統圖二距府城九十里上二里舊屬垂裕鄉已上八里俱府城東南

北架

安福里統圖二在府城西八十里

建興里統圖一距府城九十里上二里舊屬上陽鄉

壽巖里距府城一百一十里

吉田里距府城一百二十里

塘源里距府城九十里上三里各統圖二

梅岐西里距府城四十里

梅岐南里距府城三十里上二里各統圖三已上五里俱府城北

新興

里距府城四十里 峽陽里距府城六十里上二里各統圖四 梅岐北里統圖二距府城七十里上四里俱府城西北已上八里舊屬芹哨鄉

將樂縣

宋三鄉統九里曰清平曰安福曰長壽曰楊安曰永吉曰龍溪曰安仁曰可安曰常豐元析為四十一團國朝改附縣為隅在鄉為都成化八年分中和興善二都隸汀州府歸化縣今轄二隅三十九都凡六十四圖

東北隅 西南隅上二隅各統圖三 龍池都距縣一里 積善都距縣一十五里 忠孝都距縣二十里 富谷都距縣三十里上四都各統圖一俱在縣東 高灘都統圖四距縣三十五里 桃源都距縣一十里 蛟湖都距縣二十里 永康都距縣三十里 南勝都距縣四十五里上四都各統圖一 隆安都統圖二距縣五十里 池湖都距縣六十里 大里都距縣七十里上二都各統

圖一已上八都俱縣西
水南都統圖四在縣南一里
玉華都統圖二距縣一里
胡管都統圖一距縣二十里
三谿都統圖二距縣三十里已上四都俱在縣南
手教都距縣四十里
義豐都距縣七十里上二都各統圖二
竹湖都統圖一距縣九十里已上三都俱在縣西南
龍溪上都距縣七十里
龍溪下都距縣六十五里上二都各統圖一俱在縣東北
莫源都統圖一在縣西北六十里通上下二十二都宋俱統於垂惠鄉○惠一作裕
永吉都距縣一十五里
陽岸都距縣四十里上二都各統圖二
光明都距縣二十里
龍集都距縣八十里上二都各統圖一已上四都俱在縣北
睡龍都統圖一距縣三十里
黄潭都統圖三距縣五十里上二都俱在縣西南
上衢都在縣東北一百里統圖一已上七都宋俱統於將樂鄉
龍蔭都統圖九距縣九十里
陽源都統圖二距

縣一百里上二都俱在縣西張源都在縣北七十里統圖一萬安上都統圖二萬安下都統圖一上二都皆距縣六十里龍渡都統圖一距縣九十里安仁上都距縣九十五里安仁中都距縣八十里上二都各統圖二崇善都統圖一距縣一百一十里已上六都俱在縣東北龍興都在縣西北九十里統圖一通上十都宋俱統於崇禮鄉

尤溪縣宋四鄉統八里元改里為團 國朝改團為都景泰三年分四十至四十三共四都隸永安縣今轄四十四都統圖一百有九一都二都各統圖三距縣七十里三都統圖二俱縣六十里上三都俱縣西北四都統圖二距縣五十里五都統圖三距縣三十五里上二都俱縣北六都統圖六在縣西一十里七都統圖十附縣八九都統圖六在縣東

北二十五里已上八都俱宋進溪里
二十二都統圖二距縣一百二十里
二十三都統圖二距縣一百里
二十四都統圖一距縣七十里
二十五都統圖三距縣六十里
二十六都統圖一距縣七十里
二十七都統圖一距縣八十里上六都在縣南俱宋和順里已上二里俱統於常平鄉
十都距縣三十里
十一都距縣五十里
十二都距縣八十里上三都各統圖一俱縣東北
十三都距縣七十里
十四都距縣八十五里上二都各統圖一
十五都統圖二距縣六十里已上三都俱縣東
十七都統圖一在縣東南九十里已上七都俱宋安福里
十六都統圖二距縣一百里
十八都統圖三距縣三十里
十九都統圖二距縣一百三十里
二十都統圖五
二十一都統圖二各距縣八十里上五都在縣東南俱宋長安里已上二里宋俱統於興文鄉
二十八都

統圖三距縣六十里二十九都統圖一距縣一百二十里三十都距縣一百三十里
三十一都距縣一百四十里三十二都距縣一百四十里上三都各統圖二已上
五都俱在縣南三十三都統圖二在縣西南一百六十里已上五都俱宋大田里統於進城鄉
三十五都統圖二距縣一百四十里三十六都距縣一百四十五里三十七
都距縣二百里上二都各統圖一三十八都統圖二距縣一百八十里三十九都
距縣一百六十里四十四都距縣一百四十里上二都各統圖三已上六都在縣西南俱宋
萬足里四十五都統圖五距縣一百二十里四十六都距縣一百里四十
七都距縣一百二十里上二都各統圖二已上三都在縣西南四十八都統圖二距縣一
百三十里四十九都統圖三距縣一百里五十都統圖四距縣九十里上三都在縣西

俱宋遥田里巳上六里宋俱統於豊城鄉

沙縣宋三鄉統八里元析里為三十三團國朝攺附縣為坊在鄉為都景泰三年分二十四至三十二共九都隸永安縣成化八年又分十九都隸汀州府歸化縣今轄二坊二十三都統圖一百有六

和仁坊統圖九在縣治西

興義坊統圖五在縣治東

一都距縣六十五里

二都距縣五十里上二都在縣東南各統圖三

三都統圖二

四都統圖一各距縣四十五里上二都在縣南巳上四都俱元牛溪團

五都統圖五在縣東南三十五里元楊溪團

六都統圖二距縣四十里

七都統圖二距縣三十五里元下水源團

八都統圖五距縣十五里元下水口團巳上八都在縣東南俱宋洛陽里

九都統圖六距縣五里元崇善團

十都統圖五距縣二十五里元謝團上二都在縣東俱宋感義里巳上二里宋俱統於新昌鄉也

十一都統圖

四距縣二十五里元石團十二都統圖三距縣三十里十三都統圖五距縣四十里上二
都俱元善居團十四都統圖三距縣四十里元善穴團十五都統圖五距縣四十五里元
重興團幷善賫團巳上五都在縣北俱宋化剱里十六都統圖二距縣五十里元下仁團十
七都統圖三距縣五十里元上仁團幷廬源團十八都統圖二距縣六十里元耆甘團上三
都在縣北俱宋禮賓里巳上二里宋俱統於謝鸞鄉二十都分兩團儀奉團統圖六距
縣二十里善峽團統圖三距縣三十五里二十一都統圖九距縣四十五里元尾歷
團二十二都統圖七距縣五十里二十三都統圖三距縣六十五里上二都俱元
忠義上團二十四都統圖三距縣七十里元忠義下團巳丘①五都在縣西南俱宋歸仁里統於
龍山鄉

順昌縣宋三鄉曰崇義在縣東北曰崇禮在縣西北曰交溪在縣西南領四里元改里為四鄉領二十九耆國朝以附縣為在城而改耆為二十八都鄉仍其舊凡統圖六十有八

鱧潭鄉

在城都統圖六　石溪都距縣二十里　石豆都距縣一十里上二都各統圖二俱縣東南　水南都統圖一在縣南一十五里　驛砧都統圖一在縣西南八里　吉舟都距縣二十里　仙源都距縣四十里　石湖都距縣三十里上三都各統圖一俱縣西

交溪鄉

長壽都統圖三在縣南五十里　西峰都統圖二距縣四十里　義豐都距縣六十里　廣福都距縣九十里各統圖一上三都俱縣西南　寧安都統圖二距縣七十里　靖安都統圖三距縣三十五里上二都俱縣南　婁杉都統圖五在縣西四十里

招仁鄉

大幹都統圖二距縣五十里　慈悲都統圖一距縣一百九十里上二都俱縣西

莒口都統圖四距縣四十里　安富都統圖一距縣七十里　白水都統圖三距縣八十里　富屯都統圖二距縣六十里　昏田都統圖一距縣六十里上五都俱縣西北

順陽鄉

崧溪都統圖二距縣六十里　壽崇都統圖一距縣七十五里　興賢都各統圖二距縣一百二十里　仁壽都　桂溪都統圖三距縣一百三十里上五都俱縣北　田溪都統圖一在縣北一百里　杉溪都統圖一在縣東北五十里

永安縣舊左溪沙二縣地今為一坊一十三都統圖六十又五

在城坊統圖十　二十四都統圖三在縣東六十里舊感義里統於新昌鄉　二十五都統圖十距縣八十里　二十六都統圖①一距縣四十里上二都俱縣北　二十七都統圖三在縣西二十五里　二十八都統圖五在縣南六十里上四都舊崇仁里　二十九都統圖四距縣四十里

校注：①十

三十都統圖三距縣六十里上二都舊俱懷恩里

三十一都統圖二距縣八十里上三都俱縣西南

三十二都統圖七在縣西九十里上二都舊善安里已上三里俱統於龍山鄉沙縣地

四十都統圖一在縣東八十里

四十一都統圖三距縣九十里

四十二都統圖一距縣一百里

四十三都統圖二距縣一百二十里上三都俱縣東舊俱萬足里統於豐成鄉尤溪縣地

邵武府

邵武縣宋分城内為左右二廂東南二尉隸本軍分城外為五鄉統二十一里隸本縣元改廂尉為四隅隸錄事司分五鄉為上下十鄉統里仍舊隸本縣

國朝析里為五十三都鄉隅仍舊凡統圖百又七十

東隅統圖二

西隅統圖二

南隅統圖三

北隅統圖二

仁澤上鄉

六都統圖四在府城東五十里

四十九都統圖三距府城六十里

五十都統圖四距府城三十五里

五十一都統圖三距府城七十里

五十二都統圖二距府城八十里上四都俱府城西

仁澤下鄉

上二鄉舊合為一統慶親雄德仙桂清德思順五里

一都統圖四距府城十五里

二都統圖二距府城三十五里

三都統圖三距府城一十里上三都俱府城東北

四都統圖三距府城三十五里

五都統圖四距府城二十五里上二都俱府城東

五十三都統圖七附郭俗名北廂

富陽上鄉

七都統圖三距府城四十五里

八都統圖四距府城四十里

九都統圖三距府城一百里

十都統圖二

十一都統圖三①各距府城一百二十里上五都俱府城東

富陽下鄉

上二鄉舊合為一統懷德招賢上招賢下三里

十二都統圖三距府城一百一十里

十三都統圖二距

校注：①各

府城百里①

十四都統圖二距府城一百一十里

二十一都統圖二距府城一百二十里

二十二都統圖四距府城八十里上五都俱府城東

仁崇上鄉

二十都統圖三距府城一百六十里

二十三都距府城八十里

二十四都距府城六十里上二都各統圖二

二十五都統圖三距府城五十里上四都俱府城東南

二十六都統圖二在府城東四十里

仁崇下鄉

上二鄉舊合為一統同福餘慶嘉善三里

十五都統圖四距府城一百二十里

十六都

十七都上二都各統圖三距府城一百六十里

十八都統圖二距府城一百五十里

十九都統圖三距府城一百二十里上五都俱府城東

晝錦上鄉

三十七都統圖三距府城一百里

三十八都統圖二距府城一百二十里上二都俱府城南

四十都距府城一百二十里

四十一

校注：①一

都距府城一百四十里上二都各統圖二俱府城西南

四十二都統圖二在府城南一百里

晝錦下鄉 上二鄉舊合為一統長樂和平太和嶺西崇儒仁順六里

三十三都統圖四距府城六十里

三十四都統圖二距府城一百二十里

三十五都統圖三距府城一百一十里

三十六都距府城九十里

三十九都距府城一百一十里上二都各統圖二已上五都俱府城南

永城上鄉

四十三都統圖二

四十四都統圖三各距府城八十里

四十五都統圖二

四十六都統圖四各距府城四十里

四十七都統圖五距府城二十五里上五都俱府城西南

四十八都統圖六附郭俗名南廂

永城下鄉 上二鄉舊合為一統庶康勤田新興新義四里

二十七都距府城四十五里

二十八都距府城二十五里上二都各統圖三俱府城東南

二十

九都統圖五附郭俗名東厢　三十都統圖三距府城一十五里　三十一都統圖二距府城三十里　三十二都統圖四距府城四十五里上三都俱府城南

泰寧縣宋分二鄉鄉統四里里統二十六保元因之國初分城輔保為在城城歩端溪三保分福興永興將溪善溪各為上下保共三十二保鄉仍舊凡統圖五十又一

綏城鄉

在城保統圖七在縣比　瑞溪保統圖二任縣西二十里　長興保　福興下保各距縣一十五里　福興上保距縣二十里上三保各統圖一　崇化保距縣三十里舊名崇仁　上高保距縣四十里上二保各統圖二　安仁保統圖一距縣五十里上六保俱縣北巳上八保宋俱統於清泰里一作清化里　將溪上保統圖一距縣三十五里　將溪下保統圖三距縣三十里上二保俱縣東北　朱口保統圖三距縣三十里　梅林保統圖一距

縣四十里交溪保統圖二信義保統圖一各距縣五十里龍湖西保統圖
二距縣六十里龍湖東保統圖一距縣七十里上六保俱縣東已上八保宋俱統於樂城里

崇禮鄉

城步保統圖一在縣西五里水南保統圖一在縣南五里福山保
統圖一在縣東二十里永興上保永興下保各統圖一俱在縣南二十里
南會保統圖二在縣西四十里開善上保統圖二距縣四十里開善下保
統圖一距縣五十里上二保俱縣南已上八保宋俱統於高平里梅口保距縣三十里依
口保距縣五十里上二保各統圖二大田東保距縣五十里大田西保距縣
六十里上二保各統圖一已上四保俱縣西仁壽保統圖一在縣南四十里善溪上
保距縣六十里善溪下保距縣七十里龍安保距縣八十里上三保各統圖一

俱縣西南已上八保宋俱統於大田里

建寧縣宋分為東西南北孝義賓賢六鄉統三十四保元因之　國初併積善上下保為在城保分赤岸保為赤上赤下二保除在城一保外餘三十三保分統於四區為圖凡五十

在城保統圖九

東區

開山保距縣五里舊名開泰

黄舟保距縣一十五里

武調保距縣二十五里

楚下保距縣六十里上四保各統圖一俱縣東

洛陽保統圖一在縣東南二十五里

永城保距縣四十里

楚上保距縣七十里上二保各統圖二宋俱統於東鄉

安寅保舊名安仁統圖一距縣三十里宋統於北鄉已上三保俱縣東北

西區

富田保統圖二距縣五里

大南保距縣二十里宋俱統於西鄉

客坊保距縣六十里

里源保距縣七十里宋俱統於孝義鄉

排前保距縣三十里

里心保距縣四十里

新城保 距縣六十里宋俱統於賓賢鄉上六保各統圖一已上七保俱縣西

上查保 統圖一在縣西南四十里

銀坑保 統圖一在縣西北六十里宋亦統於賓賢鄉

南區

都上保 距縣三十里

都下保 距縣二十五里宋俱統於西鄉上二保各統圖一俱縣東

周平保 距縣四十里宋統於北鄉

長吉保 距縣二十五里

隆下保 距縣五十里宋俱統於南鄉上三保各統圖一

鐃村保 統圖二距縣二十里宋統於南鄉已上四保俱縣南

將屯保 距縣五里

赤上保 距縣四十里

赤下保 距縣三十里宋俱統於南鄉上三保各統圖一俱縣東南

隆安保 統圖一在縣西北八十里宋統於孝義鄉

北區

黃溪保 統圖四距縣四十里

藍田保 統圖一距縣三十里宋俱統於北鄉

靜安保 統圖一距縣六十里

上黎保 統圖二距縣七十里宋俱統於孝義鄉上四保俱縣北

桂陽保 距縣六十五里宋統

於孝義鄉安吉保距縣六十五里宋統於賓賢鄉上二保各統圖一俱縣西北

光澤縣宋分二鄉統十里元因之國朝分在城為二圖析里為三十都凡八十圖後漸省為五十圖

在城統圖二一都統圖二在縣西八里十八都統圖二距縣一十里三十都

統圖一距縣二十里上二都俱縣東巳上三都俱宋太寧里十七都統圖一距縣二十里十

九都統圖二距縣一十五里巳上二都在縣北俱宋招福里一作安福里二十都距縣二十

里二十一都距縣四十里二十二都距縣三十里巳上三都各統圖一在縣北

俱宋招賢里二十三都距縣一百里二十四都距縣一百二十里上二都各統

圖二二十五都統圖一距縣一百四十里巳上三都在縣東北俱宋永德里二十六

都統圖一在縣東北九十里二十七都統圖一距縣一百二十里二十八都統圖

四距縣五十里
二十九都統圖二距縣一百里上三都在縣北俱宋崇仁里已上五里宋俱統於光澤縣
二都統圖二在縣西二十里
三都統圖一在縣西南二十五里
四都統圖一在縣西五十里已上三都俱宋歸仁里
五都統圖二距縣五十里
六都距縣七十里
七都距縣六十里上二都各統圖一已上三都在縣西俱宋延福里
八都距縣八十里
九都距縣七十里上二都各統圖二俱縣西
十都統圖二在縣北六十里上三都俱宋沖霄里
十一都距縣八十里
十二都距縣一百里上二都各統圖一俱縣北
十三都統圖一在縣西一百一十七里已上三都俱宋永曆里一作永安里
十四都統圖一距縣四十里
十五都
十六都各統圖一去縣三十里上三都在縣北俱宋招德里已上五里宋俱統於鸞鳳鄉

興化府

莆田縣 宋分六鄉統三十四里元初改附城三里為四廂在鄉為三十一里 國朝改六鄉為七區併宋崇業鄉保豐里永嘉鄉豐城里入常泰里正統間併興化縣西南鄉清源東西中崇仁安仁廣業六里之地合為廣業一里來屬凡三十里統圖二百有六

一區

東廂 統圖八宋為清平里屬崇業鄉

南廂 統圖四宋為嘉禾里屬永嘉鄉

左廂 統圖四

右廂 統圖二上二廂宋為延陵里屬崇業鄉

常泰里 統圖一在府城西北六十里宋屬崇業鄉

二區

仁德里 統圖六距府城十里宋屬武化鄉

延壽里 統圖十距府城二十里

望江里 統圖六距府城三十里

待賓里 統圖一距府城四十五里上三里宋屬唐安鄉

尊賢里 舊名讓賢宋改今名統圖三距府城十里宋屬武化鄉已上六里俱府城東北

三區

連江里 統圖八在府城東二

十里宋屬感德鄉孝義里以唐孝子林攢名統圖八距府城五里宋屬崇業鄉永豐里
統圖二距府城三十五里待賢里統圖三距府城四十里上二里宋屬唐安鄉興教里
舊名崇教宋改今名統圖四距府城十五里宋屬武化鄉上三里俱府城東北四區南力里
宋名南歷統圖九距府城十五里莆田里統圖十距府城二十里景德里統圖四距
府城二十里胡公里以壷山舊有陳胡二仙名統圖三距府城十里上四里俱府城東南宋俱
屬感德鄉新興里統圖一文賦里以朱雱上鄭紘賦名舊傳唐先輩徐寅作雷出地奮
賦破題未成鄭聽聲云陰復陽回虵中出雷鄭之居今為五雲寺統圖一上二里在府城西南二十里宋
俱屬永嘉鄉五區惟新里統圖四在府城南十里靈川里統圖一在府城西南
二十里上二里宋屬永嘉鄉谷清里宋名國清以唐名統圖七距府城二十里安樂里

統圖六距府城三十五里

醴泉里統圖六距府城四十里上三里在府城東南宋俱屬感德鄉

六區

興福里統圖一十七距府城三十里

奉谷里宋名奉國統圖十距府城七十里

武盛里統圖一十七距府城八十里上三里在府城東南宋俱屬崇福鄉

七區

崇福里統圖八距府城五十里

合浦里統圖一十四距府城四十里

新安里統圖一十三距府城八十里上三里在府城東南宋俱屬崇福鄉

廣業里統圖一在府城東北八十里

仙遊縣宋分為四鄉統二十六里廉潔仁德保德清泉旋珠來福咸平常德書錦國朝鄉仍其舊省香山仙溪賜各依安凡一十三里正統間析興化縣西北鄉尋陽來蘇興律興泰福興五里之地併為興泰福興二里來屬尋又併為一里共一十四里

嘉業鄉在縣西南統里三

功建里附縣

孝仁里在縣南二十里　養志里在縣西南一十里

歸德鄉在縣西北統里四

善化里距縣二十里　文賢里舊名聞絃又名聞賢　萬善里上二里各距縣四十里已上三里俱縣西　興賢里在縣西北四十里舊名樂輸

修德鄉在縣西北統里四

折桂里在縣東二十里舊名易樂　永興里在縣南四十里舊名永春　安賢里在縣北二十里舊名安樂　興泰里在縣東北四十里

唐安鄉在縣東南二十里

連江里　慈孝里上二里俱在縣南四十里

福寧州

本州宋分四鄉統二十二里淳祐五年析靈霍鄉三里永樂鄉六里置福安縣元析柘陽里為二里凡一十四里分為五十三都國朝因之凡統圖一百九十有九後漸省為四十三都統圖八十

勸儒

鄉唐林嵩登乾符二年第觀察使李晦表請改鄉里因勅賜今名擢秀里一都統圖一距州十里二三都統圖一舊為二都今併距州十五里四都統圖五距州三十五里上三都在州東五六都統圖一舊為二都今併距州六十里七都統圖一距州七十里上二都在州東北望海里八都統圖二距州八十里九都統圖二距州九十里十都統圖三距州一百里十一都統圖二距州一百一十里上四都在州東北育仁里十二都十三都上二都各統圖二距州一百二十里十四都統圖一距州一百四十里十五都·十六都上二都各統圖一距州一百五十里。已上五都俱州東廉江里十七都距州一百五十里十八都距州一百六十里十九都距州一百七十里上三都各統圖一俱州東遥香里二十都統圖一在州東北一百一十里二

十一二都舊爲二都今併距州一百三十里二十三都距州一百四十里上二都各統圖一俱州北二十四都統圖一在州東北一百四十里

靈霍鄉

栢洋下里宋名栢陽二十五六都統圖一舊爲二在州西北四十里二十七都統圖一在州北五十里二十八都統圖一在州西北七十里二十九都統圖一在州西八十里洋上里三十都統圖一距州一百一十里三十一都三十二都三十三都上三都各統圖一距州一百二十里○已上四都俱州西北萬安里三十四五都統圖一舊爲二都今併在州西南二十里溫麻里三十六七都舊爲二都今併三十八九都舊爲二都今併上二都各統圖一距州四十里俱州西南

安東鄉

安民里四十都距州三十三里四十一都距州四十

一里四十二都距州三十五里四十三都距州五十五里上四都各統圖一俱州南

新北里四十四五都統圖一舊為二都今併在州西南五十五里新南里

四十六七都舊為二都今併距州四十五里四十八都距州七十里上二都各統

圖一俱州南連海里四十九五十一都統圖一舊為二都今併五十

都統圖二上二都俱州南一百里招賢里五十二都距州七十五里五十三

都距州一百里上二都各統圖一俱州南

寧德縣宋分三鄉統十里元省臨海金溪安樂三里分為二十三都　國朝因之安東鄉陵

山里一都附縣二都在縣南四十里三都在縣東三十里四都在縣西北二十

里五都距縣三十里六都距縣二十里上二都俱縣東北霍山鄉水際里

七都距縣三十里 八都距縣五十里上二都俱縣東北 九都距縣七十里 十都距縣八十里 十一都距縣九十里上三都俱縣北 霍童里十二都距縣九十里 十三都距縣一百一十里上二都俱縣北

青田鄉

東陽里十四都距縣一百二十里 十五都距縣二百三十里 十六都距縣二百四十里 十七都 十八都各距縣二百五十里上五都俱縣北 十九都在縣西北一百二十里

感德後里二十都在縣西一百二十里 感德前里二十一都在縣西一百二十里

安遠里二十二都 二十三都上二都各距縣五十里俱縣西

福安縣宋割長溪縣永樂鄉凡六里靈霍鄉內三里隸本縣元析永樂鄉為福安用儒二鄉改靈霍鄉

為秦溪鄉合歸化東西二里為界東里凡三鄉八里統三十六都　國朝改界東里為東西二里景泰間割平溪里十一至十四凡四都隸建寧府壽寧縣今領三十二都凡九里鄉仍元舊

福安鄉

界東里一都在縣西隅　二三都在縣東五里　四都在縣北三十五里

界西里五八都在縣西北五十里　六都距縣二十五里　七都距縣七十里上二都俱縣北

平溪里九都距縣七十里　上十都距縣五十里　下十都距縣八十里上三都俱縣西北

用儒鄉舊永樂鄉以僉檢鄭寀改今名

欽德里十五都距縣十五里　十六都距縣二十里　十七都距縣二十五里　十八都距縣十五里　十九都距縣三十五里上五都俱縣西

西興里二十都距縣十六里　二十一都距縣二十里上二都俱縣西南　二十二都距縣二十五里　二十三都距縣

三十五里上二都俱縣南

仁風里二十四都在縣東北六十里二十五都在縣東南四十里二十六都距縣三十里二十七都距縣七十里上二都俱縣東

秦溪鄉

沿江里二十八都距縣七十里上二十九都距縣四十里上二都俱縣南下二十九都在縣東南五十里三十都在縣南三十五里三十一都在縣東南四十五里

秦西里宋為秦溪東西二里元合為一里國朝復分之三十二都距縣一百里三十三都距縣一百三十里上二都俱縣南三十四都在縣東南一百二十里

秦東里三十五都距縣一百一十里三十六都距縣一百二十里上二都在縣東

八閩通誌卷之十六

八閩通誌卷之十七

地理

橋梁

福州府

閩縣

通闤橋在左院後河新尾路今俗呼花巷 勾欄橋今俗呼玄壇河乾橋 馬站橋在晉光塔後 長利橋在開元寺前今俗呼剃刀橋 去思橋舊羅城大壕之橋即澳橋也宋景德元年郡守謝泌謀易木以石州民陳祐輩奔走營集泌去三年而橋始成後泌卒州人相與鎸素哀而祠之祥符七年改曰通津崔軻為記熙寧八年郡守元積中慕泌之政因改名去思後陸藻守郷郡始構亭於其上提刑俞向爲記 化龍橋在罾浦坊內上六橋俱在府城東隅 銚

爐橋在府城南隅福星坊内一名釣鱸橋安泰橋在府城南門直街舊利涉門外宋宣和七年郡守陸藻翔亭其上亭今廢〇舊有重脩津渠記在利涉門下掌書記陶獄①撰德政橋舊為渡宋紹興十四年僧覺澌建闊九丈為門三號新橋陳稷書德政橋三字刻于石欄乾道二年創亭其上得勝橋在水步門閘邊使君橋宋大中祥符二年建初名河西橋橋之下為清水堰紹興二十六年鄉人因置閘名曰使君併以名橋俗呼新橋非通津橋舊名惠濟舊記云從清水堰開河通澳橋浦引潮貫城横度惠濟門蓋為閩築羅城時所鑿也宋咸平中郡守陳象輿重濬之併門改名俗呼新河通大船往來仁愛橋在右衞前舊子城定安門橋今塞石梁尚存上五橋俱在府城東南隅經院前橋即今左衞前橋蓋衞乃舊經院地也師橋在壽寧坊前延慶橋在慶城寺前上三橋俱在府城東北隅樂遊橋在行春門外宋元祐中道士顏象環建

校注：①嶽

石浦橋東接鳳坂西抵水步門
厚浦橋南抵鳳坂北連頂嶼上三橋俱在崇賢里
登龍橋在歸善里
浦東橋
蹴鰲橋在鼓山之上
逢岐橋上三橋俱在鼓山里
七門橋在桑溪里鳳立山之右
鰲溪橋
登龍橋宋嘉泰間建後燬於兵架大木以通行者國朝成化十六年鄉人始累石為橋
象西橋宋乾道間創後圯於水以木為之國朝成化十七年鄉人因舊址伐石重建
浩溪橋宋時建後圯國朝成化十八年知府唐珣命五虎門巡檢張守中重建
際橋宋時建國朝成化十八年鄉人致仕縣丞王鑛倡而脩之
下湯橋昔人創以泄水成化間知府唐珣命張守中脩葺
橫嶼十門橋連江閩二縣上田之近橫嶼者皆由此以泄水舊門狹窄稍遇暴漲禾稼輒渰沒成化十八年知府唐珣命張守中闢而廣之
馬鞍橋橫跨孟溪之上上八橋俱在合北里
迴龍橋在江右里迴港之上

長三百餘步

奉真橋在東嶽廟前宋元豐三年顏象環建

草參亭橋宋建中靖國間建

朝天橋上有亭上三橋在易俗里

大坑橋在東北里已上二十一橋俱府城東

九仙橋初名合沙橋舊為木梁宋景德間郡守袁逢吉始易以石元符二年顏象環亭其上更今名元季毀今仍為木梁

洗馬橋舊洗省馬于此

虎節橋上二橋俱在南門外左三坊

青龍橋在七豐里下有清龍池

龍頭橋在光德里

萬壽橋橫跨南臺大江江廣三里舊為浮橋屢修屢壞宋元祐間郡守王祖道置田一十一頃七十二畝以備脩橋之費元時田入頭陀萬歲寺大德七年頭陀王法助奉旨創造石橋募民財以佐費自帥憲以下舉欣助焉釃水為二十九道上翼以石欄長一百七十丈有畸南北構亭二至治二年訖工翰林學士馬祖常為記御史中丞曹立書扁刻石國朝天順間鎮守少監來住重修翰林編脩杜寧為記成化十七年鎮守太監陳道復修

沙

合橋又名小橋成化六年知府周鉞重建

江南橋在鹽倉前上三橋俱在嘉崇里

象橋在高惠里

綠榕橋在大義溪東成化十六年知府唐珣重建鄉人按察使陳煒為記二十年鎮守太監陳道規畫修

安民橋橫跨義溪之上

廣坑橋在大義坊口南去里許成化十六年知府唐珣因造綠榕橋而併脩之上三橋在西集里

苦竹橋在小苦竹溪頭

安境橋上二橋在積善里已上一十四橋俱府城南

板橋在水步門外城邊

通仙橋在通仙門之南宋乾道二年構亭其上

韭菜橋上二橋在南津坊

紅橋跨永福歸仁二里橋南有亭成化二十一年鎮守太監陳道撤織染局副使汪濟脩

登龍橋在歸仁里已上五橋俱府城東南

里尾橋在太田驛之北一里許成化二十年鎮守太監陳道規畫修

洋下渡在鼓山里初臨水洋門洋下白田四渡皆貧民以私般乘載志在規利弊而不修中經雜嶼風濤最險易致漂溺宋

嘉祐中長樂縣始置三渡於臨水官①以船濟之募善水者爲槳夫渡者輸錢七籍給募之餘爲船具及補敗之資後因循不舉元祐六年知縣丁掌奏乞舉行明年勑以白田臨水洋下洋門四渡相近且同岸只設一渡渡者人輸錢五均給爲江淮河港溪渡錢紹興元年流寓民江子清嘗乞收之隊令日收歲終較額爲殿最後渡者人輸至三十

螺洲渡在仁惠里上二渡俱府城東

南臺渡在嘉崇里

方山渡在清廉里

王峬渡在嘉登里上三渡俱府城南

大義渡在西集里過西峽江凡兩潮至渡次唐貞觀中州帥衛總侍見其處商旅賓主有亭因名渡曰大義

西峽渡在歸仁高詳二里峽門風濤險惡元至元十三年元帥唆都募民户三十又九置渡船一十又三每船水手三人月給官粮一石二斗渡之兩岸各有亭爲行人憩息②代渡之所歲久而圮國朝成化二十一年鎮守太監陳道規畫重建

白田渡過縣嶼岸凡兩潮至

洋門渡

洞江渡

營

葥渡　洋嶼渡　籌崎渡　浮崎渡　翁崎渡上十渡俱在府城東南

候官縣

澳門橋在府城南隅舊名清遠門橋又名鴨門橋　板橋在光祿坊內　倉前橋近常豐倉故名　金斗橋在金斗門東舊羅城壕也上三橋俱在府城西南隅　迎仙橋在西門外城邉以木為之　熊兵橋舊有熊兵營地故名俗呼為小橋　泥門橋在泥王廟前又名平橋　觀音橋橋有亭以祀觀音故名上三橋在西門外直街　高峰橋在西教場頭柴巷　打鐵橋在官園前　栁橋上七橋俱在草市都　洗馬橋在西南關廂榮親里　鳳凰橋在鳳凰山下香嚴寺前舊有亭成化十九年仆於風　西禪浦橋　石湖橋在西宫前上三橋俱在黄宅里　中濟橋在栁橋舊有亭今廢　黄山橋在黄山前

上二橋俱在汞欽里地藏橋在一都義民倉前雷打橋在新安里尾埕頭又名神仙橋

洪山橋距城五七里許舊有石橋橋門狹隘水不時泄民以為病成化十一年鎮守太監盧勝廣其舊址而重建之規模宏遠十倍於前僉事章懋為記二十一年復壞鎮守太監陳道重脩丁坂

橋帶橋俱在洪塘上三橋在方鷄里已上一十八橋俱府城西黃宅橋為閩諫議大夫黃諷居第在橋之西故橋以黃宅名棲雲橋其南有棲雲慈峯院石碣橋桐

山尾橋上四橋俱在府城南三秀里鸛頭橋在曉岐元通橋新橋在高岐上三橋俱在靈鳳里合山橋在海平里南嶼以不為梁而覆以亭綿袤凡數丈逕

橋在江口李宅橋其東有李宅村下浦橋遼沙橋蘇岐橋

浯水橋杜豹橋上七橋俱在閩光里張坑橋在白鶴接武橋

白嶼橋上三橋俱在清政里 涼傘橋 六橋在後尾花嶼山下周圍凡六橋故名

上二橋俱在永康里 十四門橋在招賢里疊石為橋釃水凡十四道故名 綠榕橋在綏平里慶城莊前已上十八橋俱府城西南

洪塘高崎渡自洪渡至水西高崎故名 尾埕渡上二渡在二都 西禪浦渡 報恩前渡 新道渡 林豫洲渡上六渡俱府城西 元口渡在府城西南十八都 風流崎渡

渡尾渡上二渡在十一都 白沙渡在三十四都 大箬渡在二十四都仁德里

安仁渡按舊誌宋熙寧八年置紹興中以安仁小箬二渡歸湯背已上五渡俱府城西北

懷安縣

橋

車弩橋在貞通巷邊舊以木為梁成化十七年始易以石以近三山驛又名館驛

三合橋在浦尾舊以木為梁成化十七年始易以石 太平橋與西門太平闈相接

故名虹橋上有亭祀觀音像俗呼觀音橋王師橋在浦尾金墉橋與王師橋連以木為梁髮苗橋在水流坑舊橋側有水閘基石猶存後文創為橋雙拋橋與髮苗橋相接一橫一直故名定遠橋在子城豐樂門外舊名義和宋時俗呼定遠宜秋橋相傳偽閩時鑿渠引西湖清水貫城而入沿豐樂門城隅與浦尾湖接為浴馬之所且以滌穢雅俗橋在子城清泰門外今俗呼楊橋宜興橋在西門東畔今塞上一十二橋俱在府城西隅大橋在子城虎節門外今双門內舊記云前大橋河晉嚴高開以通舟楫因名大航相承去航字直曰大橋唐元和中觀察使薛蹇重濬以油杉作堤限宋熙寧三年郡守程師孟改為樂土今俗呼毛應衆樂橋在楊橋東畔新街橋在大中寺前開通橋與衆樂橋相連便民橋在大中寺東畔今塞上五橋俱府城西南隅崇遊橋在府城東北隅舊子城康泰門外今麗文坊西

久壅毛胡橋在北門後街悦濟橋上二橋俱在府城西北隅度橋按舊志出西門十五里舊有之歲久頽圯宋紹興七年縣令江義和重建萬安橋納洪塘之支流實驛路要衝也元季圯於水存者三址國朝宣德八年中貴卓洪范士旼募衆重建於舊址之西四十丈許釃水為五道上跨脩梁而覆以亭長二十餘丈歲久洪水衝激一角幾圯成化十九年鎮守太監陳道復命工脩之上二橋在府城西小橋靈光橋在靈光寺傍厚嶼橋拱辰橋上四橋在一都楊崎橋在九都宋嘉祐二年建澤苗橋淳熙元年鄉人建浦口橋隆興四年建上二橋在十一都潘舍橋熙寧七年建通濟橋熙寧八年建般若橋仙坂橋俱隆興二年建上四橋在十二都已上十一橋俱府城南遺愛門池橋在北門外上翼以亭文山橋在文山之下舊有亭成化十九年為暴雨所壞江洋

橋在十七都元大德六年建石塔橋在十九都元至正十二年建以傍有石塔故名飛坑
橋永樂十五年古田縣民孟賢建弁構亭其上坫坂橋永樂十五年建寧府民劉道同等建
上二橋在二十一都林門橋在二十二都宋寶慶間建已上七橋俱府城北陳橋在鳳崗
周宅橋上二橋在府西南八都四達橋在芋原驛之南洪武三十年建景泰二年圮於
永三年知縣吳益重造文振橋上二橋俱在府城西北石邊頭渡在七都楊
崎渡在九都十都波添駛險渡者艱危元鄭潛始創舟濟之仍給田以贍操舟之人有石刻曰鄭公
渡郡人吳海為記白苖渡亦鄭潛所立吳山渡在十都新崎渡在十一都
舊名仙崎沙溪渡在十三都已上六渡俱府城西南石岊渡經丼燕洲大小目福院小
箬大箬凡百六十里至水口渡者不遇便風或跨二
宿嘗有監司詩朝辭虎節門暮宿牛頭寺江神迎世

情一送三程路

黃石渡 舊名岀渡上二渡俱府城西北

長樂縣

求泰橋 舊溪深可泛求泰舟人多集其下故名

洋門橋 縣洋九溪會泄于此上二橋在賓賢里

穫溪橋 在仁義里光巖寺僧志寧造上三橋俱縣東

桃坑橋 在清平里

渡橋 在良田里舊誌作大宏里

靈源橋 路通靈泉①寺宋元祐間甘泉院僧德一建構亭其上

溪上橋 距靈源橋里許路通破石摶紗二潭亦元祐間僧德一建構亭其上

中橋 上聯郭橋下控渡橋此居其中故名上三橋在同榮里

郭橋 在昆田里鄉人郭姓者率衆創建因名

獵溪橋 跨昆田泉元二里宋元祐三年建亭覆之已上七橋俱縣南

雲龍橋 在縣北安方里嘉泰三年里人劉震叔建

石梁錦橋 宋淳熙十二年里人造石橋一十五間又於橋之西築海爲地三畝以固橋道

震龍橋 唐林愼②思未仕時所建也上二橋在絃歌里

龍津

校注：①源　②慎

橋在崇仁里宋陳嘉謀建
化龍橋評事海田張□建上四橋俱縣東北
航頭渡在縣西賓興里
白田渡在縣南嵩平里
洋門渡在縣西南崇丘里縣誌作龍門渡
广石渡在二十一都方安里
文石渡在二十二都大宏里上二渡俱縣東北

連江縣

通濟橋在縣治南隅跨鰲江宋政和四年疊石為梁凡一十六間長五十丈六尺淳祐間改脩
宣化橋在縣治前舊名美政成化十二年知縣章武改今名
登雲橋
北斗橋下有斗門
烏石橋在烏石山下跨財溪下流
四模橋正統八年鄉人建
塘頭橋在浦下下有閘以蓄東湖之水上五橋在欽平下里
大門橋在烏石山北有斗門以蓄財溪之水景泰五年建
財橋在財溪上上二橋在嘉賢下里
金沙橋在二十七都
化龍橋在二十九都下有斗門
通仙橋在二十六都
斗門山橋在永貴里

下有斗門已上十一橋俱縣東金壁橋廻龍橋上二橋在欽平上里安利橋即舊潘渡也宋紹興十四年知縣阮珪始創橋未幾水淙鑿以壞乾道三年晁子闓更新之纍址十九長六十五丈名惠政後於水中得斷石刻文有安利二字因改今名寶慶三年元帥王居安與寓公鄭逢辰改建又名潘渡橋按縣誌云後橋北邑人潘物以舟濟渡因以名渡考之三山誌紹興以前已有潘渡縣誌蓋考之未審也陳谿橋正統間重建上二橋在光臨里已上四橋俱縣西高梁橋在新安里吳谷橋在安夔里上二橋俱縣南溪尾橋在縣北安仁上中里溪頭橋月峯橋上橋黃湨橋鎮東橋龍津橋上六橋在安得里天然橋在建興里巨石跨西山下通流水出於天成故名已上七橋俱縣東北朱公橋邑宰朱定建故名朱定縣誌不載何時人山坪橋上二橋俱在縣西北仁賢里浦

下渡在縣東欽平下里　羅崙渡在光臨里　東岸渡　七猴渡上二渡在安仁里已上三渡俱縣西　赤沙渡在安慶里　船步頭渡　荻蘆寨渡上二渡在來貴里已上三渡俱縣南　玉塘渡　三子崎渡　橫槎渡上三渡俱見三山續誌而縣志不載里都未詳

福清縣

龍首橋在縣南門外初以木為之宋天聖五年靈石僧洞然命其徒義韶募緣建長四十尋廣二丈五尺高倍廣之數名曰通海元祐二年欽石僧顯光及鄉人林日進復募緣為梁三十長二十二丈改名坦覆紹興二十年知縣黃童邑人劉允恭又募緣為梁八長一十六丈而搆亭於其南合前後三橋為梁二十有五長七十餘丈又改今名元至治二年州命僧洪琛重脩知州呉壽為記

龍江橋跨方民仁壽二里始太平寺僧守思疊石為基宋政和三年林遷與僧妙覺募緣成之為梁四

十有二廣二丈長一百八十餘丈名曰螺江能學林適爲記提刑劉嵴更名永平後邑人林栗又改今名

石塍橋 舊以木爲梁宋治平三年禅林院僧爲貲始伐石絫趾爲間者五而梁其上長四十丈

洋子橋 乃石塍下橋也宋紹興十八年里人林昭顯與僧法實募縁建之廣丈餘爲梁五長一十三丈有奇元至元間圮於水

洞溪橋 宋紹聖間淨明院僧契慈建凡五間紹興十一年里人林昭顯與其姪舜英復募縁續建凡十間廣八尺長二十四丈元季圮於水上三橋在脩仁里已上四橋俱縣東

士林橋 在水陸院之左宋開寶五年建治平元年僧顗募縁新之嘉定九年圮於水邑人卓森重建○顗字上下必有鈌文

無患橋 在宋路驛東南宋熙寧七年僧超瀬建爲梁十有五廣二丈二尺長二十有九丈成化間橋之北圮十九年鎮守太監陳道規畫重脩

交溪橋 宋宣和四年林公孫募縁建凡二十間長四十丈後改名登龍今圮上二橋在善福里已上三橋俱縣西

屯上

橋在縣東南化南平南二里間宋景德二年建

化龍橋在萬安里漁溪舊名萬安宋嘉祐七年建崇寧元年爲洪水所嚙知縣黃國鎮率衆脩之舊爲間十五續增爲十七廣一丈長十五丈乾道元年又爲洪水所嚙縣尉趙善課復率衆脩之更今名成化間圯十九年鎮守太監陳道規畫重脩

躡雲橋在逕江翠林宋元豐中僧守思及其甥李誠募緣建長三十丈政和五年復築室於橋亭之西

鏡橋歲久而圯成化十八年鎮守太監陳道規畫重脩上二橋在靈德里已上三橋俱縣西南

玉鐵橋　波瀾橋上二橋俱成化十九年鎮守太監陳道規畫重脩

下渚渡　白沙渡　雙嶼渡上三渡在江陰里

應天渡①　叚渡上二渡在臨江里已上五渡俱縣南

古田縣

丁字橋在上沖峯橋之下二水合流宋慶元二年里人林湜捐貲建二橋一縱一橫

校注：①段

形如丁字故名

普濟橋在四十四都安章元時建　國朝永樂十一年僧法顒募緣脩景泰間重建

迎駟橋在和平里谷口宋時建今廢上三橋俱縣東

勸農橋元時建邑令勸農駐此故名今爲迎送之所　國朝正統十三年燬景泰三年知縣杜永濟重建

溫泉橋上二橋在保安里

楊橋在湯頭又名湯壽宋時建　國朝正統十二年重建景泰三年圮於水成化九年知縣黃玠募緣伐石叅址十八年始成

潮魚橋上二橋在和平里

曹陽橋在曹陽鋪俱宋時建名開禧　國朝永樂十年重建改今名景泰三年圮於水知縣杜永濟尹古相繼重建隨圮成化間知縣徐栻又建仍覆以亭

洪坑橋成化八年知縣黃玠建

錦溪橋宋時建　國朝洪武初圮成化九年鄉人謝疇重建并覆以亭

朝天橋在平和里清潭渡宋時建今廢已上八橋俱在縣南

煥文橋在縣治北大街正統十三年燬天順間知縣尹古重建

雲津橋在清溪上

流俗呼里安宋初邑人廖三益捐貲創建
國朝正統間燬景泰間重建隨圮於水

平湖橋距縣四里洪武三年鄉民林良王宗年建成化十三年燬十七年耆民黃元啓等捐貲募緣重建并亭其上

鄭源橋

高攀橋上二橋在新興里俱廢

龍江公濟橋在橫溪里宋時建累石為墩五而構亭其上已上六橋俱縣北

石平橋在縣治東南仁壽坊東宋元累建而廢
國朝宣德間御史王寶重建隨圮於水成化十五年重脩為石墩十有一上覆以亭為間五十有六

院溪橋宋時建今廢

淩橋上二橋在縣西南崇禮里

萬安橋在雲津橋南元季建
國朝永樂十一年燬成化十五年知縣汪瓘倡民重建十八年鄉民構亭其上凡四十七間

鳴玉橋在萬安橋之南宋時建以其下有鳴玉灘故名紹興元年燬于兵僧圓證募緣重建嘉泰間潰於水開禧初又燬於兵後復建改名長橋尋復燬

平沙橋

龍津橋上三橋在保安里已上四

橋俱縣東北

迎仙橋在縣治西北後街元季建國朝正統初知縣張昱重脩

湯頭渡在閩清縣界宋時有橋後廢今亦爲渡

清潭渡元季有橋後廢今創爲渡上二渡在縣南一都

永福縣

東新橋在縣東待旦里旁舊有欵驂亭

平政橋在重光寺前宋紹聖四年始建浮橋爲梁八十爲舟三十有六

通京橋

宣和橋

政和橋上四橋在開平里

永安橋在安樂里已上五橋俱縣南

大漳渡在三都

赤崎渡在六都上二渡俱縣東

越峰渡在十四都宋時有橋後廢爲渡

湯泉渡在二十六都

丘演渡在二十八都

五十口渡在二十九都

嵩陽渡在三十三都

溪東渡在三十四都

洑口渡在三十五都舊志作洑口埕渡已上七渡俱縣西

重光渡在十二都

洪面渡在二十八都上二渡俱縣南

閩清縣

龍津橋在縣東安仁里元至正十年重建覆之以亭

度仙橋在縣南三山誌作鵠仙橋舊傳黃天谷訪徐蔔二子於此故以度仙名　國朝洪武二十年知縣沈源嘗建亭歲久而圮天順四年儒學教諭馬能重修

曇口橋在縣西宣攻里瞿曇溪口鄉人沈公建永樂九年知縣朱毅命陰陽訓術蔡景暨邑人許閏朱什募緣重建仍構亭其上凡十有一間正統十三年燬於寇成化五年知縣左輔命耆民黃榮募財復建○沈公縣誌不載何時人又何名

龍爪橋詳見山川誌

梅溪渡在縣東升平坊

白雲渡在白雲莊

馬坑渡上二渡在縣西賀恩里

龍岡渡在縣南元李圯於水

天王渡在天王寺前元季有浮橋洪水衝潰今置小舟以利涉者

白塔渡上二渡在縣東北

羅源縣

崇德橋在縣治西隅宋元豐三年建　國朝永樂六年鄉人鄭子高等募財重建

并亭其上亭今廢**四明橋**在上磐宋紹興二年建國朝洪武二十五年圯成化三年知縣施弘命士民黃孔暘黃金等募緣重建**翠雲橋**在黃重下里舊圯宣德間建寧屯軍有劉道人者募衆重建構亭其上已上三橋俱縣西**沈尉橋**宋元祐二年縣尉沈姓者重建因名**南岸橋**二橋相跨各長四丈宋元豐八年建上二橋俱縣南**後張橋**在新路口**護國橋**在徐公里護國寺前元豐二年建上二橋俱縣北**大穫石橋****小穫石橋**上二橋俱在縣東南拜井里**雙石橋**在縣西使旌坊又名金釵雙石橋各長四丈元豐三年建**匹練橋**在著德坊對巷紹興二年建今圯**澄波橋**在水門宋紹興五年建**南門橋**宋嘉祐四年建後圯國朝成化十一年邑人致仕知縣陸晙重建上四橋俱縣西南**起步橋**在縣東北天慶寺前紹興十年建**資壽橋**在資壽寺前二橋相連各長六丈元豐二年建**白巖橋**

在臨濟里白巖村紹興十五年建皇認橋在認村宋紹興三年建洪洋橋葉令橋在下倪上二橋俱宋紹聖三年建巨濟橋在維平里石塘紹聖元年建元至正二十五年圯已上六橋俱縣西北雙溪渡在縣西林洋里界於懷安古田二縣

建寧府

建安縣泳澤橋在廣實倉前溪①武九年建俗名倉橋又名廣實橋東安橋在光禄坊內即舊磨坊橋也宋將建後圯于水國朝永樂十一年都指揮僉事侯鏞重建上二橋在縣治東俱木梁而覆以亭鎮安橋在縣治西譙樓前郡舊之鎮雅橋也宋乾道間郡守趙彥端建後圯于水國朝永樂十年重建木址板梁已上三橋俱郡城中崩溪橋洪武二十年僧守森建張坑橋洪武十年僧文明建陸源橋在冷水寺前永樂十年僧本性建將相橋

校注：①洪

在酒坊前永樂十六年張建初重建上四橋俱木梁而覆以亭

錢倉橋洪武三年張仁翁建凡一十五間

大寶橋洪武六年僧至善建上二橋俱石址木梁而覆以亭已上六橋在將相里

水集橋一本作集水橋在東峰屯洪武三年建鄉民遇歲旱則聚橋下之水以溉田故名

涂下橋洪武四年建

迎仙橋元至正二十六年里人蕭文西建

坤中橋洪武四年里人葉章建

仙源橋洪武二年里人吳順鄉建上五橋在建寧里

大佛橋宋時建國朝永樂十三年僧義山重建

東林橋元至正間里人翁傳林建

專史橋元至正間里人林覯孫建

籌嶺橋洪武二年僧果緣募衆建

龍源橋宋咸淳九年禮部侍郎翁合建國朝洪武五年里人募衆重建

新橋

溪坪橋上二橋俱永樂間僧正圓建

双溪橋洪武三年僧福海建

敷錫橋洪武二年里人黃任陂建

書錦橋洪武八年里人陳順建上

十橋在南材里

東達橋舊名安泰橋洪武五年重建

步月橋元至正十年里民裴子才建上一十七橋俱木橋而梁以板

龍潜橋橋下有潭深不可測上三橋在安泰里

星拱橋元至正間政和縣尹張仲達建後燬國朝永樂七年知縣邵直重建

普濟橋元至正元年僧橋隱建

碓頭橋元至正十九年張仲達建上三橋俱木橋而梁以板

龍潭橋永樂間建成化十四年圯於水僧善鑑重建上四橋在東蓑里

楓連橋元至順四年里民鄭滋建

中橋元至正二十五年巡檢黃傑建

躍龍橋元至正九年里民林成建上三橋俱木橋而梁以板

龍逢橋即古川石渡也洪武三十年僧春谷建石址木梁而覆以亭上四橋在川石里

化龍橋元時建以木為之國朝永樂元年里民吳保重建正統十四年火天順七年郡人監察御史江泝募衆創建石橋而覆以屋

當溪橋元至正七年建

傅築橋洪武六年里民魏昌建

廻

龍橋元至正二十三年建寧路同知林國寶募衆建上庄橋永樂十二年里民魏子俊建
鄭墩橋永樂十三年里民陳孟五建漈下橋元至正二十一年建上七橋在順陽里已
上三十九橋俱府城東普通橋宋時建後圯國朝洪武十二年里人范賜重建來江
橋宋時建元發①國朝洪武二年重建上二橋在登仙里南庄橋元至正二十四年建後燬
國朝永樂二年重建水口橋洪武二年建輝井橋廣福橋上二橋俱洪武
四年建寶蓮橋元至正四年建北坑橋洪武初建上一十四橋俱木橋而梁以板龍
門橋洪武二年建西山橋洪武十八年建白塔橋洪武二年建傅巖橋
洪武二十九年建上十橋在旁村上里呂口橋永樂元年部直建登雲橋洪武十二
年里民張玄建上二橋在旁村下里已上六橋俱木梁而覆以亭通上一十四橋俱府城西巨濟

校注：①廢

橋凡一十五間成化二年重造龍津橋北一十五間成化四年重建龍興橋洪武
十六年里民蘇淼建登雲橋宋紹興中里人林成建上二橋俱木梁而覆以亭躍雲橋
宋慶元六年里民張原弼建步雲橋洪武六年里民阮慶建通濟橋永樂十四年里
民張傑建葉坑橋元至正十九年進士蔡大壯建上四橋俱木橋而梁以板已上八橋在府城南
秦溪内里集瑞橋洪武初僧茂堂建成化二年重建埸口橋洪武四年建館堂
橋洪武初里民廖祖建上三橋在秦溪外里俱木梁而覆以亭中橋元至正二年里人林國興
建水尾橋元至正七年林國興建黃村橋洪武十三年里人黃復禮建上三橋俱木橋
而梁以板大曾橋元至正元年林國興建石址而梁以木上四橋在旁村下里劉公橋
在登仙里宋郡人劉公弼建木橋而梁以板已上八橋俱府城西南城東橋在寧遠門外宋時建

澤民浮橋在白鶴山前宋開禧間建後廢即今梨山渡也青洲橋又名白朮橋今為渡

響山橋舊名東吉上二橋在吉苑里俱宋時建胡連橋在川石里元至正間建安泰橋在安泰里宋時建已上六橋俱府城東通仙橋在府城南廣名寺前宋時建元燬于兵國朝宣德四年郡人許宗道募衆重建石址木照搆亭其上凡三十餘楹正統二年復燬陳公橋□陳公貲建駟馬橋宋時建上二橋在登仙里通仙橋在旁村下里宋時建後圯

南尾口橋宋時建元燬于兵安濟橋謝馬橋上三橋在秦溪外里已上六橋俱府城西南通上一十三橋俱廢天堂渡驂鸞渡上二渡在光祿坊梅川渡在通僊門外銅場渡三聖渡蛟潭渡沙溪渡上四渡在吉苑里川石渡在川石里上八渡俱府城東三門渡在登仙里五代時王

氏宿兵于此號為三門寨

下房村渡 在房村下里上二渡俱府城西南

甌寧縣

陞華橋 在縣治西陞華坊洪武十年建後圮于水永樂十六年重建木橋而梁以板

德勝橋 在縣治北德勝坊

恩波橋 在縣治西北平理坊宋紹興中建木橋而梁以板後圮永樂十六年重建上三橋俱府城中

平政橋 在平政門外舊為浮橋宋乾道初郡守陳俊卿始累石為址架木為梁而覆以屋後圮淳熙初郡守梁克家重建慶元三年燬郡守張叔椿命僧惠通復建元季燬於兵 國朝洪武元年指揮沐英重建凡為址十有一而梁以木高七十有二尺上覆以屋凡三百六十楹十年水壞其三址都指揮施春脩之永樂四年水又壞其三址都指揮師祐募衆復脩之十一年復壞於水都指揮侯鏞師祐徐信郡守劉敬指揮王用各捐貲率衆復建浮橋凡為舟七十組以鐵索而加板其上翼以扶欄每歲官籍民夫五十人守視而時葺焉十四年洪水蕩①折殆盡徐信復與

校注：①析

郡守劉敬同知郭善經歷王文斌知事吳麒指揮王用鎮撫王真建安縣丞顧敏主簿周公亮甌寧縣丞李仲毅主簿朱仕原僧官南宗鑑中等各捐俸率衆悉復其舊成化十七年府同知李明知縣桂鎬重造

威武石橋在威武門外成化十七年壞於水知縣陳英重修按舊誌有桂香橋大中祥符間建疑即此橋也

萬安石橋在鎮安坊以近萬安洲故名上三橋俱府城西

七星橋在紫芝上坊舊為浮橋元至正二十五年僧智源募衆始建石橋南岸為址十有五而梁以石長三十二丈溪之中因沙洲甃石為路長二十二丈北岸為址五而梁以石長十丈復以其餘貲建寺于橋之南名曰方廣

道源橋舊有小橋跨山澗上天順間知府劉鉞建亭覆之扁以今名以昇山祠路所從出也上二橋俱府城南

太平橋在府城北太平坊成化十八年府同知李明建

葉墩橋宋嘉定間曹聖者建

井窠橋宋時建元至正間圮于水國朝洪武十六年僧寶峯重建

順濟

橋宋時建元季燬國朝永樂十五年稅局大使解通募衆建

寨頭橋元後至元二年僧覺性募衆建上四橋在高陽里

登雲橋元至正八年余均得募衆建

勝隆橋元至正十四年建

通濟橋洪武三年建上三橋在麻溪里

張墩橋在海溪里元至正十五年里人張十一募衆建

東坑橋洪武十四年里人李恭正募衆建

板坑橋元至正元年里人募衆建

苦竹橋元至正四年里人徐秋水募衆建

池墩橋洪武五年里人謝永均募衆建

仁壽橋

錢墩橋元至正二十六年里人錢伯①上募衆建

連墩橋元至正十四年僧至順募衆建上七橋在梅岐里

大夫橋宋朝奉大夫黄駟建故名國朝洪武十八年里民黄保重建

興賢橋永樂六年里民張彥和建

貫道橋永樂十四年里民張和募衆建已上一十六橋俱木梁而覆以亭

清風橋國朝浙江按察司僉事黄琮建琮居官有清操里

校注：①玉

人因以名橋望考橋後周黄閩生建以其父道之塋因名近尾橋宣德四年里人募衆
建上六橋在吉陽里巳上一十九橋俱府城西報恩橋宋紹興間里人童德潤建石址石梁范
地橋洪武三十年重修玉溪橋舊名毘元橋元大德五年建後圯于水國朝永樂十九
年里人童景祥募衆重建上二橋俱木梁而覆以亭雲津橋元至正九年建後圯于水國朝成
化元年建安義民楊允謙重建石址木梁而覆以亭十四年復圯于水泉峽橋元至正五年建
後圯國朝正統四年里人童文敬募衆建竹溪橋洪武三十一年建安龍橋天順
七年里人驛丞陳泰等建龍溪橋宋淳熙三年僧洪範募衆建太平橋元大德元年建
旌文橋元至正五年建上六橋俱木梁而覆以亭大曆橋宋咸淳五年建俞源橋
洪武七年里人余顯建上二橋俱木址板梁巳上一十二橋在西鄉里路口橋永樂三年里人

吳三建石址木梁陳溪橋元至正十二年建上二橋在禾供里花橋洪武七年建黃
口橋宋名黃石橋洪武三年重建古竹橋洪武二十六年建東瑞橋宋時
建元季燬國朝洪武六年重建上五橋俱木橋而覆以亭箬溪橋永樂三年建木址板梁
際下橋元至正二十四年建上六橋在崇安里白溪橋洪武三年建知州橋
洪武十九年建上二橋俱木梁而覆以亭雲衢橋成化十七年知縣陳勇建聯芳橋宋元
祐間里人游安世①洎弟安址建安世兄弟皆為迪功郎故名上四橋在紫溪里朱純橋洪武二十
六年建仁山橋洪武二年建安口橋洪武十一年里人連子俊募衆建上三橋俱木
梁而覆以亭大梨橋元至正間建北坑橋洪武二十六年建上二橋俱木址板梁
平洲橋元至正十五年里人張子壽建已上六橋在禾吉里新村橋宋時建元燬于兵

校注：①洎

國朝洪武五年里民張子善募衆重建木梁而覆以亭

馮陂橋 正統十一年建安義民揚允謙重建石址木梁構亭二十二盈於其上上二橋在禾義里已上三十二橋俱府城北

衢口橋 洪武三十五年僧静空建

後沙橋 洪武二十六年建

新橋 永樂十五年里民吳足建上三橋俱木梁而覆以亭

豐樂橋 洪武三十二年知縣黃參建正統三年里人募衆重建

視頭橋 正統十二年尚寳建安揚恭建

福慶橋 永樂十年里人張鐵建

陳公橋 宋時名豐樂橋 國朝永樂十六年重建上二橋俱木址板梁已上七橋在豐樂里

高橋 宋時建 國朝洪武二十五年重建木梁而覆以亭

新坊橋 宋時建 國朝永樂十五年重建

長汀橋 宋時建元燬于兵 國朝永樂二年重建上二橋俱木址板梁

萬石橋 宋淳熙間建今廢為北津渡上四橋在慈惠里已上一十一橋俱縣西北

硯坑橋

蟠溪橋

白水源橋

陸

坑橋　謝坑橋　鄧坑橋　蔣坑橋　何坑橋　鄭坑橋　卓坑橋上十橋宋淳祐三年郡守王遂重建今廢舊迹俱不可考

巖頭渡在縣西北禾供里

浦城縣

萬安橋在縣城金鳳門外初建於募泰里名清遊洪武宣德間道士邵允石僧善定相繼募衆修建成化二年參議尹諄副使郎勝檄知縣顔恒主簿吳安遷建今所累址以石而梁其上并構亭覆之參議三山謝琚為記

三里橋在縣城拱北門外洪武十五年邑人徐宗受建景泰四年知縣何俊重建成化十四年知縣張昞增修

大官橋在縣城德星門外洪武十六年邑人黃仲美建

烏橋正統十年知縣甘榮建

白馬橋正統十年建

高巖橋　南口橋上四橋在大石里

花橋景泰三年里人徐敏募衆建

横瀝橋宣德六年里人

①募友亮募衆建双廟橋宣德五年知縣周原慶建上三橋在高泉里人安橋洪武九年里人季子祥募衆建濟川橋洪武十一年里人林仲和募衆重建上二橋在泰寧里令把已上九橋俱縣東迎遠橋正統十四年縣丞何俊建成化十三年知縣張昞伐石重建新溪橋永樂十五年邑人李善昇等建正統九年知縣井槃命邑人林仕美兼孜達募衆重建上二橋在迎遠門外虹橋洪武十六年里人葉義齊募衆建正統十年里人李道募衆重修下洋橋成化十四年主簿孔碩以石砌建②水為七道等覺橋即夢筆山前橫溪也南峰橋上四橋在上相里祖源橋洪武十一年邑人張嗣源建朴樹橋洪武三十年邑人沈子中建上二橋俱景泰四年僧普衍募緣修新橋永樂三年里人張奇建成化二年邑人蘇井泉累石重建并覆以亭浦湖橋洪武十二年里人徐嗣源募衆建上四橋在太平里鎮安橋宋時建舊

校注：①莫　②釃

名臨江洪武元年重建改今名正統十二年燬十三年縣丞何俊重建石碑橋成化十四年里人張森椰菾募衆累石重建上二橋在清湖里莽嶺橋在仁風里宣德十年僧虛中建已上一十三橋俱縣西南浦橋在縣城南浦門外舊名縣南橋宋隆興元年權縣事上官端儀建俗因名上官橋後壞於水淳熙間縣令曾懿增脩元燬于兵國朝洪武九年主簿馮英經始重建縣丞宋德昌成之疊石為址架木為梁上覆以亭凡二十三間成化十四年里人黄孟珪等募衆重建余田橋洪武十五年謝俊民募衆建太平橋永樂十八年里人龔賓郎建上二橋在孝弟里古湫橋元大德間建國朝洪武十七年知縣李顒道等增修正統十年燬天順八年知縣顧恒重建下沙橋宋建元圮國朝永樂十五年知縣陳潼重建景泰五年僧道圓增修宋楊億詩夢筆山前君別我下沙橋上我思君蓮墩橋宣德二年建景泰五年知縣何俊重建馬公橋永樂十三

年章氏女建成化三年累百重建上四橋在登雲里**湖頭橋**在上原里正統九年里人丘子余建
已上八橋俱縣南**五平橋**洪武二十九年里人徐震募衆建**平遠橋**舊名溪東洪武
十年里人徐彥箎等建正統十二年里人詹應善僧持清重建改今名**上同橋**上三橋在永泰
里**人力橋**在宮田里元季建 国朝洪武三年知縣張鵬舉重修成化九年知縣楊溥重建
過山橋洪武三十一年知縣倪勝建永樂二十年內官朱敬重建**甘涼橋**洪武三十一年
建正統十二年知縣甘棨重建**新橋**宣德元年內官陳覺建上三橋在登俊里**漁梁橋**正統
七年里人主事蔣巽建**將嘉橋**正統八年里人季敬溥募衆建**三寶橋** **雙板**
橋上二橋俱正統間縣丞何後建已上四橋在樂平里**下洋橋**正統十二年里人林杏童募衆
建**大洋澗橋**宣德十年里人季仲吉建**永安橋**正統十年里人陸壯募衆建**毛**

橋景泰二年里人毛仲泰建翁八橋正統三年里人章景東募衆建上五橋在鴈塘里龍
口橋宣德六年里人丘彥璋建大通橋正統元年里人何迪建後燬成化十五年府同知李
明重建吴墩橋正統二年里人吳彥英建上三橋在安樂里赤巖橋在畢嶺里永樂
二十年里人鄭通建巳上一十橋俱縣北象口橋在縣西南東禮里永樂二年里人徐文紉建正
統十二年里人方林九重建臨江橋正統十二年僧善義募衆建南谷橋成化五年
建慶遠橋成化三年里人王仕諤募衆建上三橋俱在縣東北郊陽里官橋洪武四年
僧圓通募衆建揖仙橋舊名裴道洪武八年里人真彥輔等建正統五年里人蕭老募衆重建
鎮仙橋洪武八年里人蕭德恭募衆建文溪橋正統三年里人蘇汝文建上四橋在長崇
里澄湖橋洪武九年里人上官一明弁道士高募衆建正統四年知縣周原慶重建槎

溪橋正統八年里人余文濟募衆建蓮花橋正統十四年里人葉以成建上三橋在新興里桂林橋在招賢里元節婦徐彩鸞死於此已上八橋俱縣西北陂下渡在縣東隅下有白雲潭游辣溪渡在縣東慕泰里一名遊獵溪渡大石溪渡宋朱文公過此時值山花盛開映水如錦紋遂於石壁上書錦江二字墨迹猶存後人爲橋於此亦扁以錦江橋廢今仍爲渡九石渡旁有①覃深不可測上列九石上二渡在縣南孝弟里水北渡在縣東南上原里西橋渡在縣西北招賢里舊爲魏司馬西橋今廢爲渡

建陽縣

東津浮橋在縣治東景陽門外永樂八年邑人李仲賢重建崇安曹茂施田一頃八十三畝於后山堂以備修橋之費正統間主簿蕭旺造船三十聯以鐵索立柱於兩岸繫之成化十八年又壞於水叅議黃澄僉事談俊命知縣汪律取田之所入重建其餘以付耆民徐②坤等收貯而時葺

校注：①潭　②坤

爲

朝天橋在縣治正南門外舊名濯錦南橋以建陽出美錦故號小西川而橋名濯錦宋紹興間重建釃水爲十三道疊石爲址高五丈而梁其上仍構屋七十三間覆之橫跨雙溪之上國朝永樂十四年圯於水十七年縣丞趙璧重建天順六年火監察御史顧儼撥府同知李敏募衆復建

拱辰橋在縣治北駐節門外舊名濯錦北橋宋紹興間判簿宋翔重建橋凡一十八間上覆以屋凡八十七楹舊亦名童遊淳祐中重修更名淳祐國朝洪武九年主簿傅英重修更今名永樂三年火十二年邑人鎮撫翁陸捐貲率衆重建未及成又圯于水成化十四年按察副使錢璡撥府通判李明規措而知縣劉淵亦贊成之祭酒吳節都御史林聰皆有記

玉溪橋在均亭里正統二年里人丁童建

進賢橋舊名掺蓬景泰六年知縣龍鎔重修因路通縣學故更今名

華橋天順四年里人黃理重建

新興橋成化十七年知縣海澄重建上三橋在同由里已上四橋俱縣東

溪山第

一橋路通考亭書院

滄州橋在考亭書院之左洪武八年僧大雅建永樂十四年圮于水宣德三年僧會俞隆重脩

順濟橋在均亭里舊名坂橋宣德二年邑人王仕俊建

蕉嵐橋一名富義洪武一十七年里人李仲賢募衆建

登雲橋

望雲橋上二橋俱洪武二十九年里人陳貴募衆建

化龍橋洪武五年李仲賢募衆建

莒口橋宋咸淳四年建成化十五年為洪水所壞知縣海澄重建

龍門橋洪武二十七年建

鐵坑口橋元至正四年建

太平橋洪武十年李仲賢建永樂十四年壞成化十九年參議黃澄僉事談俊命知縣汪律伐石重建

聚雲橋元至正六年建

東橋元大德元年建

西橋元天曆間建

步雲橋元皇慶間建

般若橋元至順間道士揚雲崖建

馬祖橋洪武七年李仲賢募衆建

行雲橋洪武十七年道士王一省建已上一十五橋在崇泰里

會文橋宋咸淳三年建

祇園橋宋時建武陵橋宋時建舊名錦橋元改今名國朝洪武十四年里人陳仲清
重脩永樂十四年圯成化七年里人張仲福募衆為浮橋代之上三橋在永忠里武溪橋在禾
平里宋淳祐元年建紫陽橋在嘉禾里舊名仙源宋慶元間改今名已上二十四橋俱縣西瀛
洲橋宋慶曆間邑人虞坤建石址木梁釃水為七道上覆以屋三十間永樂十四年圯于水成化間
府同知李明撽知縣海澄重建未及就澄起為御史知縣汪律踵而成之祭酒丘濬為記西安橋
舊名楊栢正統十三年里人張善安建上二橋在三桂里虎溪橋元延祐四年里人翁義建國
朝景泰元年里人丁仕顯重修荷墩橋元至正間里人范得建莒公橋元至正十五年
里人呂五建上三橋在興賢下里已上五橋俱縣南福地橋崇德橋上二橋俱洪武
間僧斯可建福仙橋永樂六年僧正因建里仁橋元至正間建上四橋在崇仁得里

南屯橋洪武三十一年里人彭翊建　四潭橋永樂十一年里人柳伯善建上二橋在建

忠里　横金橋宋時建國朝正統五年義民徐德潤重建　湖龍橋宋時建國朝景泰

六年重建上二橋在崇文里已上八橋俱縣北　同文橋舊名寶定　興文橋舊名虎溪上二

橋在書市之南俱成化十五年知縣海澄重建改今名　雲衢橋在書坊宋時建蔡沉書希謝枋

得詩長虹跨陸登雲衢會通四海同車書又崇泰里亦有橋名雲衢蔡九峯建　慶祥橋　會

通橋上二橋俱成化十六年知縣海澄重建　躋雲橋成化七年知縣劉淵重建　狀元

橋景泰三年重建○郡誌云因葉齊葉祖洽父子狀元故名今按祖洽邵武泰寧人與齊異郡非父子

也而北①云然蓋世俗傳聞之誤誌者弗察爾上八橋在崇化里　朱陽橋元至正九年里人李敬建

昇龍橋元至正九年里人江子卿建　清溪橋永樂四年里人歐曉建　龍津橋

校注：①此

永樂六年里人陳和建上四橋在崇政里

玉虹橋元大德八年里人陳貴建

橫塘橋元至正二十五年里人章子名建

從心橋元至正十五年道士鄭覺清建

馬坊橋

水南橋上二橋俱元至正間里人黃仲可建

阜龍橋永樂十二年知縣陳宗源建上六橋在興賢中里已上一十七橋俱縣西南

水亭橋洪武十七年里人張仲修建

太平橋洪武三十五年里人范氏女建

通安橋元大德三年僧智明建

橫步橋元至正二十五年里人蔡彥清建

蓮溪橋永樂十五年里人熊伯玉建

善政橋洪武二十七年僧清心建

善濟橋洪武十四年道士有濟建

洪山橋元大德五年僧志①漙建

石田橋洪武十一年僧師欽建

渡汝橋洪武二十年張仲脩建

下庵橋洪武二十年里人張仲英建

駐錫橋宋寶慶間建元白玉蟾書扁

芹溪橋一名龍潭元至正二十四年里人②丘

校注：①溥　②丘

晏建上一十三橋在樂田里丁家橋在三衢里元大德四年里人丁伯容建已上一十四橋俱縣東北梅溪橋雙溪橋上二橋俱洪武八年主簿錙源建順路橋洪武二十九年知縣宋添祐建上三橋在縣西北北樂里清泰橋在縣西宋咸淳八年建名後山橋元改今名　國朝永樂十四年圮于水佛母橋在縣西南興賢上里洪武三年里人黃子順建正統十四年燬于寇童遊渡在縣東同由里后山渡馬鋪渡上二渡在崇泰里麻沙渡在永忠里已上三渡俱縣西南岸渡冨石渡長灘渡溪口渡上四渡在三桂里神前渡亭村渡上二渡在興賢下里已上六渡俱縣南南林渡在崇任①得里将口渡酎口渡上二渡在崇文里已上三渡俱縣北上角渡沅尾渡潭頭渡上三渡在縣東南均亭里

校注：①仁

八閩通誌卷之十七

八閩通志卷之十八

地理

橋梁

建寧府

松溪縣

惠政橋 宋紹興五年邑人李時安李自南建名平政後圯於水十六年僧圓端募緣重建淳熙十三年又圯於水邑士劉無言鬻田倡建疊石為六址高五丈許而梁其上并覆以亭凡三十二間淳祐間邑人李援之修徐清叟改今名後復圯 國朝永樂七年邑士徐文錫重修正統六年主簿馬平王偉命僧會普載僧妙能耆老嚴孔章募衆重建

報恩橋 洪武三十四年邑人范文正建

永泰橋 舊關口渡也宋嘉定間縣令何宗稷建後壞於水 國朝永樂十三年里人胡仲達募衆

重建尋圮正統二年義民凤士逵捐貲重建而里人李子淵及僧祖方助成之上三橋在縣治東

西山橋在縣治西元至正三年道士謝德山建後圮國朝永樂十二年邑人凤均亮募衆重建

南門橋在縣南洪武三年知縣常欽祖建後壞於水永樂十三年邑人艾仲完募衆移建上流後復壞於水正統三年義民凤希達重建

通濟橋舊名故縣橋古縣渡也宋慶元二年縣令林俊卿建後圮于水國朝洪武十八年龍泉沈仲善揚象募衆力纍石布木重建永樂五年燬正統九年教諭張湜巡檢閻尹捐俸倡邑人潘祖述僧會吉祥等募衆復建長五十六丈上覆以屋改今名張湜爲記

坡塘橋洪武二年邑人范文正建構亭九楹於其上

水口橋景泰五年僧永敬募衆重建上覆以亭

中峰橋洪武九年僧有銘建後燬永樂十五年僧志清重建

師姑橋洪武八年里人夏二建

新抗橋洪武八年里人葉彥白建

獨石橋洪武二十九年僧本祥募衆建

山頭橋洪武三十二年知縣歛恭建化成橋洪武三十二年僧有銘建華①墩橋永樂九年邑人艾完募衆建景泰七年僧永敬重修上十橋俱在縣東皈伏里官橋元至正十三年僧凈齋建國朝永樂八年邑人張旺四重建菴溪橋洪武二年僧肅翁建尋燬永樂十七年邑人張琅募衆重建東梨橋洪武二十六年建後圮永樂十七年邑人張琅募衆重建桐源橋洪武二十一年邑人連子忠建錢園橋成化十八年僧善慶募衆重建杉溪橋宋邑人李思建中丞吳執中爲記建炎間災邑人吳巖夫重建巖夫中丞之子也上六橋在縣西杉溪里樂平橋元至正二年里人葉士榮建國朝永樂四年里人劉和募衆重建凌清橋元至正十八年里人張必恭募衆建後圮國朝永樂十七年里人張義募衆重建乘駟橋又名峽橋宋建炎間建後圮紹興末里人黃明重建復圮至隆興間復傾家貲萬緡成之又爲洪水所圮國朝宣德三

校注：①華

年縣丞蔣繼成勸義民夙希達捐貲累石重建越四年又圮正統元年復建上覆以屋黄元公爲記

范山橋洪武中建後爲洪水所壞洪熙元年義民夙希達重建

魏屯橋正統六年義民夙希達重建

後宅橋舊在縣南二里許後圮於水正統六年義民夙希達移建今所

龍津橋正統八年僧吉祥建

窯場橋窯一作窑

登雲橋上二橋俱元至正間邑人范文正建

通駟橋元至正九年邑人葉彥祥建國朝永樂十一年其孫昭募衆重建

黄淡橋元至正十七年邑人范文正道人薛居洲建

大洋橋元至正十七年道士謝德山重建國朝永樂八年邑人夙均亮重修

鎮平橋永樂八年道士呂仲章募衆建

滌橋元至正十八年邑人張必恭募衆建國朝洪武八年里人黄正甫重修

荄陽橋正統十二年里人魏道順劉希傑魏宗育建

德政橋元至正元年邑人葉德盛李定光建國朝洪武五年僧永壽募衆重修

萬石

橋元至治三年邑人葉德盛建後圯國朝永樂九年其孫廷堅重修　會春橋洪武五年僧永壽募衆重建　聚寶橋宋咸淳間劉能定建　國朝永樂六年其孫和募衆重建十三年耆老劉東復修上一十九橋俱在縣南東關里　化龍橋　大僊橋　南山橋上三橋俱洪武間僧本祥募衆建　渡頭橋洪武十二年里人蔡貴三募衆建　李墩橋洪武十二年邑人程游父募衆建　龍首橋洪武十二年邑人嚴文勝建　峽口橋正統八年里人程文立建上七橋在永寧里　船坑橋元至正五年僧有通建後圯於水　國朝永樂九年道士魏覺成重建　峰尾橋洪武二十一年邑人范希德募衆建　橫山橋洪武二十五年邑人葉進山募衆建　通霄橋元至正三年邑人龔德用募衆建　一席橋元至正二十一年邑人范惟正道士薛居洲建　石橋元至正十七年邑人范惟正道士薛居洲建上六橋在慶元里

宦門橋 杉坑橋上二橋俱洪武間邑人孔鹿募衆建 高倉橋永樂五年邑人孔牛募衆建 高路橋永樂六年邑人孔師姑募衆建上四橋在永和里 東門橋正統五年邑人游紹僧普定建 下保橋元至正六年邑人吳谷①華建後圮於水　國朝正統二年邑人游紹僧普安重建 溪東橋元至正三年巡檢毛明善建後燬　國朝正統元年邑人嚴②每僧元因募衆重建 鐵驄橋元至正間建後爲洪水所圮　國朝永樂十年里人謝榮重建 衢口橋洪武十一年邑人巡檢徐勔建 詹源橋元至正間建　國朝宣德五年僧正因重修 後村橋洪武十九年邑人嚴均疇建 黄塚橋洪武三十年道士正覺建後圮於水永樂十九年邑人李仁甫募衆重建正統元年僧正因復建 西山橋永樂九年李思敬募衆建正統十二年邑人游紹李善毀重修上九橋在豪田里已上二十六橋俱縣北 新興渡在縣東阪伏里榜郡

校注：①華　②海

志舊有濟美橋宋淳熙間建爲水所壞今復爲渡**龍津渡**在縣西杉溪里鳳屯**溪乾渡**在濟美廟前**水南渡**上二渡在縣南東關里

崇安縣

繼賢橋在縣南待賢坊宋時建舊名晝錦因中丞翁彥國樞密劉珙居橋東故名又名忠旌又名青雲初在宣化坊之左後圮於水縣令趙彥繩議復之功未半而壞嘉定間縣令趙必愿移建今所改今名元至元十三年燬于兵越十年達魯花赤道奴等重建至大二年又圮於水至正三年縣尹吳世重復修建 國朝永樂中又燬成化十七年邑民范勲等白於僉事高崧談俊檄同知李明知縣徐衍規畫重新**廣福橋**在縣北一里許初名德星後改名濟川又改名慈濟宋端平間縣令章端子建後圮景定間縣令劉漢傅重建改今名元泰定二年縣尹彭好古悉撤而新之後復圮 國朝成化十八年邑民暨煜捐白金一千兩范勲捐白金二百兩爲倡白於按察司僉事高崧談俊檄同知李

明知縣余衍重建望星橋邑人彭慈建水尾橋　客嶺橋　營嶺
橋上三橋俱元時建祝公橋　程溪橋邑人丁用貞重建已上八橋俱在四隅里
冠帶橋　清暉橋　大保橋　古樓橋里人程伯衡重建取
履橋上五橋在上梅里晝錦橋　觀泉橋旁有觀泉亭上二橋俱知縣曹端重
建黃石橋宋徐清叟書扁僧達源重建上三橋在從籍里俱宋時建清濤橋知縣曹端
建拱辰橋僧玉山修雙橋里人許彥恭修交溪橋里人錢日新重修紅橋
會仙橋朱文公書扁上五橋俱宋時建玉虹橋　石鼓溪橋　忠文
橋舊名告人里人劉桓重建改今名埜畊橋　西濟橋　月溪橋
能水橋上二橋俱宋胡寅書扁迴瀾橋宋蔡抗書扁上一十四橋在外五夫里已上二

十二橋俱縣東 永濟橋宋時建 獨坑橋 中和橋舊名傳心上二橋俱邑人暨孟舟重建 黃伯路口橋 彭九岐橋上二橋俱元時建 黃隆橋巳上六橋俱在縣西黃伯里 徐公橋宋時建 藍澗橋又縣西南將村里亦有藍澗橋知縣曹端建 長谷瀧橋 平水廟前橋 三姑橋 南原橋 井水橋 店尾橋 雙溪橋 小通仙橋 李田橋 南陽橋 江師橋 茅嶺橋 范墩橋上十四橋俱元時建 棲雲橋 通仙橋 梅溪橋 赤石浮橋 存心橋邑人王季賢重建上二十橋在會仙里 雙峽橋宋劉子翬爲記 上藍橋亦名花橋 虎鼻橋上三橋在建平里巳上二十四橋俱縣南 新豐橋 黎口橋上二

橋俱宋時建　客苦橋上三橋在石臼里　通濟橋又名大王橋知縣曹端建　黃石
橋又名陳公橋道士俞覺善建　南埂橋　昇仙橋　陳公西橋
南安橋上四橋俱宋時建　第一橋　第二橋　上虹橋　釣
月橋　坑口橋　風門凹橋　南嶺橋　鋪頭橋又縣
西南將村里亦有鋪頭橋元時建　小漿橋　杜畬橋　橫山橋　黍
嶺橋　舉富橋　彭畬橋　棧頭橋　李巘橋　南
山橋　村尾橋　飛橋　獅嶺橋　棧下橋　羊棧
橋　窐前橋又縣西南將村里亦有窐前橋元時建　塚前橋　登雲橋
雙溪橋　路口橋　羣田橋　黃溪橋　爲政橋元至

大間溪流暴溢驛路諸溪橋及渡俱漂蕩斷絶里人魏文遂随山刈榛別開一徑自為政橋以達大路捷於驛路五里

猪子巖橋上三十一橋俱元時建

下麥坑橋邑人吳汝清重建

繼祖橋舊名惠政俗呼第三渡宋趙必愿之祖汝愚帥閩日嘗扁曰里仁後必愿來為宰道出此橋改今名

里仁橋俗呼第四渡

太平西橋俗呼第一渡知縣林均瑞建

第五渡橋宋縣令陸珪建里人張牖遷今所

巨濟橋俗呼第二渡

乾溪橋上四十四橋在石雄里已上四十七橋俱縣北

潯溪橋里人程佾衞重建

忠孝橋宋時建

牛皮灘橋上三橋在下梅里

蘆山橋元時建舊名雲山知縣曹端重建

黃亭橋宋時建

虹橋知縣曹端建又縣南會仙里亦有虹橋元時建

太平橋

楊田橋知縣曹端建上五橋在豊陽里已上八橋俱縣東南

乘馬橋四里人呂支山建

後溪橋

馬鞍山橋元時建上三橋在將村里望仙橋在長平里里人張伯疇募衆建福慶
橋里人蔡八建德慱橋里人游伯林募衆建上二橋在節和里已上六橋俱縣西南虎
溪橋舊名霽歷僧與梅建邑人王景明重建洛冰橋僧宗乙建僧立明重建扣冰
橋宋扣冰禪師建建炎間賜額七星橋里人吳壯恭建上四橋在吳屯里躍龍橋
駟歸橋上二橋俱宋時建塔下橋下廊橋上二橋俱里人陳子純重建已
上四橋在大渾里雙旌橋宋中丞翁彥國還家而橋適成因名魁星橋仙洲
橋湘靈橋觀瀾橋泰原橋步仙橋穀城黃銖書扁
上七橋俱宋時建湖塘橋邑人吳汝舟建上八橋在內五大里已上一十六橋俱縣東北平
川橋舊名溪南後改今名朱文公書扁升天橋杜清碧書扁闍利橋上三橋在

縣西北周村里。赤石渡舊有浮橋圯於水。梅溪渡舊有橋圯於水。石鼓渡上三渡俱在縣南會仙里。

政和縣

星溪橋在縣治前，宋建，名縣前橋。元至正七年邑人范同重建，改名德政，後圯于水。國朝永樂十五年知縣傅①王潤命耆老申伯任等募衆重建，改今名。正統十二年燬于寇。景泰四年知縣顧讓命耆老林文銑、僧無礙等募衆重建。天順二年復燬，知縣王鑑命耆老張惟信等募衆重建。

英祐橋即舊西門渡也。成化十九年邑人訓導吳憲募衆建，教諭石輝爲記。

通津橋舊名步瀛橋，正統五年知縣江顯建。上二橋俱縣治西。

附鳳橋舊名考口，在縣治南，宋時建。國朝景泰五年僧伯莊募衆重建。

黄嶺坑橋

魏屯橋宋紹興間僧銘庵建，後圯於水。國朝永樂十一年主簿石彥章募衆重建。

籌坑橋

胡屯橋

牛犢橋

校注：①玉

南溪屯洋橋 党遠口橋上七橋俱在縣東政和南里 西山橋
東林橋 和安橋宋乾道間建卲知柔為記後廢為渡名西津渡 平景橋成化
十三年里人吳景宗等建 石牌界橋上五橋在縣西長城里 林屯橋 茶嶺
口橋 苦竹洲橋 下宅橋 虎嘯嶺根橋 觀定
橋舊名都護天順間邑人張惟信僧普賛等重建 斧鋆源口橋 斧鋆橋
駐節橋 包源橋 下坑橋上二橋俱宋時建 剛武橋 漿
口橋 赤巖坑橋上十四橋在東衢里 關隷鎮前橋 三字橋
李溪橋 牛跡洋橋 下源橋 苦竹衙前橋 東
平廟前橋 蓋竹溪橋 豐壽橋 北坑橋 下坊

橋　漿口轉水橋　後門村橋　溪邉村頭橋　橫
坑橋　若竹源佛堂前橋　茶溪橋　犁垾口橋
柘垟橋上一十九橋在政和西里巳上三十三橋俱縣南　雞木嶺橋　石門
橋上二橋在縣西南高宅里風口橋　東峰橋舊名步雲橋景泰五年僧宗寔募衆
重建萬歲橋　池坑橋上四橋在感化上里長嶺根橋　延福橋
資福橋　慶元界新橋　桃源岡上橋、官峽口橋
花光橋上七橋在感化下里巳上一十一橋俱縣東北山表花橋　后田橋
常口橋　界溪橋　漿山口橋　官山橋　新溪橋
范源橋　梅屯橋　新村橋上十橋俱在縣西北東平里瀛口渡

在東衢里　官陂渡在高宅里上二渡俱縣西

壽寧縣　東和橋在縣治東天順元年邑人葉伯銘帝榮進陳伯銘葉斯拱建　西城橋在縣治西正統十三年邑人吳永忠等建　阜民橋在縣治南天順二年縣丞李貞主簿史立正建　硃澗橋在縣治西南天順八年知縣沈能建　小託橋　漈頭橋　七星橋上三橋在縣西　三澄橋在縣南天順七年邑人葉留芳等建　大安橋　後叚橋在天順七年縣丞李貞建上二橋在縣北巳上六橋俱在坊隅　犀溪福壽橋　新橋　翁坑橋　東溪橋上四橋在福安里一都　新豐龍就橋在福安里二都巳上五橋俱縣東　平津橋　洋尾橋　南溪橋　南源橋　許屯橋　柯洋長春橋上六橋在縣西政和里八都　魚溪

花嶺迎仙橋 陽邊呂中橋 溪南普濟橋上三橋在福安里三都 東坑橋 三島坑橋上二橋在福安里四都已上五橋俱縣東南 雙乾橋 周墩橋 可澗橋 极尾橋 花銷橋 禾溪澄明橋 紅橋上七橋在縣西南政和里七都 橫渡橋 通濟橋 鳳竹普濟橋上三橋在政和里九都 飛虹橋天順七年義民黄普要建 群陽橋天順七年里人黄彥榮黄思聰等建 尤溪橋天順七年義民黄普煥建 託溪縈濟橋天順七年義民黄普要吳廷俊建 永寧橋成化十二年知縣郭清建上五橋在政和里十都 小東橋在政和里十一都 官田局下橋 官田局上橋 立茂橋上三橋在政和里十二都①凡上一十二橋俱縣西北

校注：①凡

泉州府

晉江縣　迎春橋在府治東行春門外　肅清橋在府治西肅清門外　通淮橋在通淮坊內　鎮南橋在通遠坊　通遠橋在胭脂巷　花橋在鎮南橋之南　通羅橋其地俗號水溝舊在城外米舟悉泊于此宋紹定間始爲橋元至正間監郡偰世玉拓翼城圍橋於城內　順濟橋在德濟門外宋嘉定四年郡守鄒應龍始建石橋長一百五十一丈元至元間僧弘濟重修　國朝成化七年知府徐源復修又疏橋東小浦引潮入城濠以通舟　車橋在德濟門外商舶往外番者率取水於此上七橋俱府治南　泉山橋在清源門外　板倉橋在市舶庫右上二橋俱府治比①　放生橋　甘棠橋在臨漳門　通津橋在通津巷口　石筍橋在臨漳門外宋皇祐元年郡守陸廣爲浮橋名②坦嘉祐間郡守盧革重修改名濟民元

校注：①北　②履

①豊初通判謝仲規復修改名通濟紹興間僧文繪始作石橋發元中僧了性又造二小石橋相續以達於臨漳門國朝宣德中大橋石梁斷其二里人張寶父子及同知謝琛道士懋默相繼修補成化間運判張庸又修二小石橋之壞②建上四橋俱府治西南

鳳嶼盤光橋 在三十八都舊爲石路潮至則不可行宋寶祐中僧道詢募緣建橋計一百六十間長四百餘丈廣一丈五尺

仁風橋 在三十九都仁風門五代周顯德中建上二橋俱府城東

巨濟南橋 在江北通濟亭西景泰七年里人王叔齊林健建釃水爲八道長一十二丈闊八尺

古陵橋 在三都宋紹聖三年建長二十有九尋

陳坑橋 在十一都宋淳熙元年里人陳公亮建釃水爲百四十道并甃石路八千餘丈

普利大通橋 宋紹興十二年郡人江常捐金命僧智資營建九一百八十間長三百丈

悲濟橋 宋皇祐中僧法超建九一百三十間長八十丈元祐中邑人許棨又於橋南爲小橋并甃旁浦石路

校注：①豐　②衍字可刪

以達於橋。

通濟橋在石湖，宋元祐中侍禁傅旋倡建。

登瀛橋又名回龍，宋僧道詢建。上四橋在十九都。

玉欄橋跨海港十餘丈，宋紹熙中僧惠仁重修。

汫江橋地濱海，名丱下。宋元符間僧懷應甃石為路二十里許，中為巨橋三，曰前埭，曰林灣①，曰高港，悉覆以亭。上二橋在二十三都。

龍尾橋在二十三四都，宋寶慶三年僧圓光建，并甃石路百餘丈。

清風橋俗名塘頭，宋僧道詢建。

應龍橋宋端拱中建。上二橋在二十五都。

應台橋宋淳祐二年建。

蓮花橋宋咸淳中建。上二橋在二十六都。

宦溪橋成化四年里人並壬巖林崇等重建。

適南橋俗名七男，宋紹興中司戶王元建，元大德六年僧法助重建。

吳店橋宋淳祐八年蔡常御甃石路百十有七丈，建橋凡四十間。上三橋在二十七都。

陳翁橋宋建隆三年建，釃水為三十五道，元大德二年僧法助重修。

結甎福利橋元大德五年僧法助建。上二橋在二十九

校注：①灣

都大橋 小橋上二橋在三十二都俱宋太平興國中建清濠橋在三十四都宋淳化中建行輦橋元至正中僧法助建凡六百二十間國朝洪武中壞知府金孟浩命里人黃勝生募緣徙入田中纍石建之上保橋宋淳熈中建下保橋即烏洲洋中石橋宋淳熈中建元大德七年僧法助重修御亭頭橋元至正二十三年僧法助建上四橋在三十五都已上二十六橋俱府城南長溪橋宋紹興中建長二十六丈淳祐六年閣門①蒲開宗重建并砌橋東路二十里谷口橋五代周顯德三年建龍津橋舊名濠溪宋紹興中建長二十七丈上覆以亭嘉定六年尚書楊炳重建改今名淳祐三年蒲開宗重修上三橋在四十一都又四十三都亦有龍津橋元僧道嵩建仙溪橋在四十二三都元僧道嵩建濟龍橋宋淳熈十四年建安濟橋宋乾道八年僧了性建應龍橋宋嘉定五年里人吳謙光建康溪

校注：①門

橋宋慶元二年僧紹傑建又搆屋一十三間於其上豪溪橋宋大觀三年僧宗奭建上五橋在四十五六都金谿橋舊名盧谿宋乾道八年僧繼辦等建萬金橋宋淳熙四年建淳祐九年里人洪政重建龍潭橋宋淳熙八年里人彭映僧自昕等建又搆屋十有五間於其上橋之下有龍潭故名龍濟橋宋雍熙二年建永安橋林田橋俱宋端拱二年建上六橋在四十七都巳上一十五橋俱府城北吟嘯橋唐僧日映架木爲梁偽閩刺史王延彬余廷英繼修之宋咸平間邑人王養及僧行珍始建石橋長十有五丈以唐歐陽詹嘗遊憇嘯味於此故名蘇埭橋宋紹興二十四年僧守徽建九大橋四計二十三間又於田塍徑路泥淖難行之處造小橋一百一十四間長二千三百餘丈上二橋在二十九都乘駟橋在三十七都舊名普濟宋寶慶間里人高嶸建驪水爲七十八道更今名仍建庵于其側上三橋俱府城東南梅溪橋宋紹興十

六年邑人蘇展建釃水爲十八道長五十餘丈

建隆橋 宋紹興十六年建

湖柄橋 宋元符中建南北爲水門各二十餘閞仍搆亭於兩岸南曰喜雨北曰攀龍上三橋在一二都

甕市橋 在二都宋里人蘇展建

安平橋 在石井鎮宋紹興八年僧祖派始議爲石橋鎮人黃護及僧智淵各施錢萬緡爲之倡未成而二人俱卒郡守趙令衿因而成之釃水爲三百六十二道長八百餘丈

東洋橋 宋紹興二十二年郡守趙令衿建釃水爲二百四十二道長八百六十丁五步令衿有銘上二橋在八都

玉京橋 在三十三都宋嘉定四年里人黃玄①華建

棠陰橋 在三十四都宋嘉定十二年郡守真德秀建已上八橋俱府城西南

萬安橋 在府城東北三十八都亦名洛陽宋慶曆初郡人陳龍甃石作沉橋皇祐五年僧宗已及郡人王寔盧錫倡爲石橋未就會蔡襄守郡踵而成之釃水爲四十七道長三百六十餘丈廣丈有五尺紹興以來郡守張思誠張堅顏師魯劉偉叔胡器相

校注：①華

繼修之橋之舊址低下潮至輙沒其梁宣德中知府馮禎通判朱旭命僧正淳累石增高三尺有竒景泰四年三水道石梁俱斷知府劉靖同知謝琛重修○宋蔡若水詩石架長橋跨海成論功直得萬安名

偃月橋在府城西北三十九都五代唐天成三年建

東山渡在府城南三十五都又名東山津設舟以濟往來

石井義渡在府城西南八都宋尚書楊炳捐俸造舟以濟往來因號義渡

南安縣

雲津橋在縣學之東宋嘉定十七年邑令王彥廣建弃䟽其下以通流水

新橋上二橋在二都

九皐橋在三十都已上三橋俱縣東

金鷄橋在一都一名通濟宋宣和中邑人江常將葬母造浮橋以濟嘉定間僧守淨始建石橋後水決其半僧惠晁修之　國朝永樂元年火里人造小舟以濟涉號金溪渡成化十年知府徐源復建橋上覆以亭十八年亭為風雨所壞知

府陳勉重建

小溪橋在十九都宣德十年邑人黃乾明建成化間乾明從子永質重修仍建亭於其上

橫翔橋在二十都舊名秋蘆

大坑橋在二十二都又名大迂

駟馬橋宋嘉泰四年僧廣德建

通郭橋大德十年僧道詢建國朝成化五年里人李尚德尚器建亭于橋左上二橋在三十都

雙橋在三十一都一在林坑口一在道王浦宋紹聖間僧智從重建并砌石路

北平橋宋淳熙十二年劉用行建舊名太平後改今名又縣西南三十四都亦有北平橋宋淳熙中里人翁輔重建

上陂橋俗呼蜈蚣橋宋開禧中僧行傳建上二橋在三十三都

善利橋在三十四都宋紹聖中里人陳公研建元大德中里人許碧仁重修巳上二十一橋俱縣西

嚴浦橋在二都宋初建嘉熙二年僧宗祐重建

鎮安橋在三十九都宋淳熙九年里人楊春卿建舊名安平後改今名淳祐三年重修又三十六都亦有鎮安橋國朝洪武中僧智宗建

鰲

背橋在四十都成化間知縣陳廷忠重建并搆亭三間鎮西橋在四十二都又名龍灣龍灣橋在四十五都洪武二十年里人李孔明建後圯於水成化九年邑人黃元良重修上六橋俱縣南化龍橋在七都宋淳熙間里人黃懋建橋左有瀆世傳龍潛其中故名板橋在八都舊名龍津宋淳祐三年里人王克諧架木為橋故名十二年僧自訴重建梯雲橋在九都又名登雲宋僧明懸建元大德五年僧法助重修活溪橋在十四都又名新橋盧溪橋在十八都元大德六年僧法①助建上四橋俱縣北永安橋在十二都宋紹興中里人黃懋并僧道機建從龍橋在十六都宋治平初僧不②睡架木為梁元祐中僧普足徙於其西五十步為石橋紹興淳熙中歐陽瑜張伯懿相繼修建而高大之元大德中僧法助重修上二橋在縣西北已上二十七橋俱存仙人橋在延福寺後長平橋在九都維嶽橋在十九都又名嶽麓小

校注：①助　②睡

石橋在二十二都元大德十年僧法助建
彌壽橋在二十二都宋端平間僧道詢建長六十餘丈上覆以屋三十八間元大德初僧法助重修
平板橋在二十四都
珠淵橋在二十五都宋慶元中里人陳公必建舊名徐亭
廣福橋在三十六都上八橋俱縣西
沃内小橋在十一都元大德七年僧法助建
平濟橋一名廣濟
通濟橋宋淳熙初里人蔡枏建上二橋在三十七都
溪南橋在三十九都上四橋俱縣南
張陂橋在四都宋嘉熙二年里人張真建
瑞龍橋在五都宋淳祐元年僧明敏建
竹溪橋在七都宋嘉定三年里人劉罕建元至正中僧法助重修
永濟橋宋紹興中僧自根建
龍躍橋宋嘉定中重建
潘坑橋元大德五年僧法助建上三橋在十一都
惠澤橋在十五都
安濟橋又名中濟
三公橋上二橋在十七都
觀光橋在十八都宋寶慶元年里人黄以寧建舊

名朝安

象頭橋在十九都元至正中僧法助建

龍濟橋宋開禧三年僧守淨建

後呂小橋元大德七年僧法助建上二橋在二十都已上十三橋俱縣北

大盈橋又名大通在縣西南三十六都宋嘉熙中里人王弁建紹定二年重修

馬鑾橋在四都

青雲橋在九都

仁安橋在十七都

濯纓橋在二十一都宋淳祐十年僧自新募緣重修上四橋俱縣西北已上三十橋俱廢

黃龍渡在縣治南半里許

灣下渡在二十一都

白葉渡在二十一都

羅水渡

楊客渡上二渡在三十一都已上四渡俱縣西

黃石渡在縣南二都水中有石蟠結復有一石疊於其上高丈許狀如蝦蟆相傳此石有黃點能隨水上下故名里人造舟於此以濟行者

澳頭渡在十一都

便口渡在九十都上二渡俱縣北

鄭山渡在縣西北十九都

同安縣

太師橋在縣城東朝天門外宋建隆初留從効建因以其官名張賛明爲記乾道治平中邑人徐溢泊其孫繼祖重修

西安橋在縣城西厚德門外宋元祐八年邑人許宜弁僧宗定建驪水爲十八道長百餘丈構二亭於上以休行者嘉定九年許巨川重修

銅魚橋在縣城南銅魚門外跨南溪溪有石似魚而銅色故名宋乾道中邑令雷光胄修之 國朝成化元年圯八年府推官柯漢知縣張遜重修

三橋

宏濟橋在十五都宋建隆初葉□甃石爲路遇港輙爲橋乾道淳熙中僧宗壽慈震相繼修之

石步橋在民安里上三橋俱縣東

沙溪異石橋在安仁里宋建炎三年里人方義収畚土砌址得異石因斲而用之故名

飲亭橋在新塘鋪之南成化十一年知縣張遜重修

達川橋在歸德里初架木爲橋宋紹聖三年僧智禮易之以石上三橋俱縣西

通濟橋在縣東南民安里宋建元中建元泰定三年重建高二丈五尺廣二

丈長一千八百九十步

苧溪橋在仁德里宋大觀中邑人徐誠建後圮乾道間誠之孫應中暨道士法昌重修鄧子實詩日照松梢宿雨乾西風剪剪作輕寒青林缺處雲山好更過橋西仔細看

石獅橋宋嘉定二年許巨川建

太平橋宋嘉定十年里人許日新建上二橋在從順里巳上三橋俱縣西南

黃巴渡橋在縣東南同禾里宋元符中建九一百五十二間上覆以亭淳熙中又增六十間今廢

德化縣

龍津橋一名李公一名黃濟宋熙寧中邑令李嵩架木爲橋嘉定間始易石址尋燬嘉泰間縣令葉彥炎重建改今名

彭溪橋正統八年里人范宗旺募衆建

英溪橋正統八年里人劉宗發募衆建上二橋在小九中團巳上三橋俱縣西

承恩橋宣德六年里人凌光顯等重建

長安橋稅務大使凌英捐資重建上二橋在揚梅上團

佐溪橋在善均里

永

安橋在下湧團上四橋俱縣北水尾橋在縣東北東西團正統三年里人蔣暉訓建南山橋　濟川橋　西橋上三橋在新化里梁橋　孫公橋上二橋在東西團觀光橋在湯泉上團已上六橋俱縣西北化龍橋在縣東宋慶元六年縣令葉益命僧了性募緣建嘉定六年縣令李端誼重修今廢

永春縣

龍津橋在十四都舊名東渡宋嘉定間建國朝洪武二十七年僧定機重修鄭洋坑橋在十五都元至正九年里人劉丁仕重建上二橋俱縣東石井橋宋紹興二年里人陳仁建有下爐橋元至正二年里人林進建上二橋俱縣東山華①石橋在五都元至正三年里人林末②秀建壺口橋在八都宋紹興二年建長一十七丈國朝洪武十九年呉孔昭重建白紋坑橋在九十都洪武元年里人陳干觀建步雲橋在十一都元至正二

校注：①華　②永

十一年里人陳淳順建

龜龍橋在二十都宋紹興二年僧法師募衆建長二十有九丈

柱埧橋在二十三都洪武五年里人鄭仕建

晝錦橋在三十五都宋紹興十五年建淳熙十四年邑人林灝重建上九橋俱縣西

連芳橋在四都宋紹興二年里人蘇謐等建

藍田橋在二十一二都宋紹興六年范天成建上二橋俱縣北

登瀛橋在縣東北十九都宋淳熙十六年邑人黃維之鄭誼建長一十五丈

化龍橋在八都一名觀瀾宋紹興二年里人林勝奇建又二十都亦有化龍橋宋紹熙三年重建

乘駟橋在二十一二都宋紹熙三年蘇子美建

白葉橋在二十二都宋淳熙二年里人蘇得成建

嶺兜橋在二十三都洪武二年里人郭得人建上五橋俱縣西北巳上一十九橋俱存

通仙橋宋紹興十五年邑人林廷彥建元至正二年重建

登瀛橋宋紹興十八年建上二橋在縣東十五都

丁字橋在二三都元至正二年里人黃

細觀建漳溪橋宋淳祐中建高蹇橋宋紹興二年邑人陳知柔蕭公蔭建龍濟橋宋淳熙中僧月海建上三橋在六七都芳桂橋在九都宋紹興三年建黃龍橋在九十都宋紹興二十年僧智海重建永安橋宋紹興五年縣尉余安重建建德橋元至正四年僧比丘建上二橋在二十都源溪橋宋淳熙五年里人林均德建梯雲橋宋紹興五年蕭添與建上二橋在二十一二都雲津橋宋嘉定十一年建鎮春橋宋紹興三年里人陳知柔建慶雲橋宋紹興三年里人何泰建上三橋在二十五都巳上一十三橋俱縣西永鎮橋宋建隆間僧普足建長安橋元至元二年里人吳仲興建長溪橋元至正二年里人吳興仁建上三橋在十三都雲龍橋在十四都宋紹興中縣令林聘建淳熙中縣令陳宏規重修巳上四橋俱縣南桃源橋在十八都宋淳祐元年建金龜橋在十

九都宋紹興十年建元至正三年雍大觀重建劚頭橋元泰定二年里人歐以賢建隆興橋宋紹興三年里人何志必建上二橋在二十一二都化鱗橋在二十五都宋紹興十一年重修已上五橋俱縣北崎兜橋元至正七年里人鄭良建大檣橋元至正八年里人林六觀建上二橋在二三都攀龍橋在二十三都宋紹定四年里人鄭子泰建已上三橋俱縣西南萬安橋元泰定二年里人陳敬建華洋橋元至元十三年里人黃厚仁建橫口橋元至正十五年僧雲海建楊美橋洪武二十三年里人蕭桂建上四橋在二三都登龍橋宋紹興間邑人王冑建亞魁橋宋紹興二年僧自雲建上二橋在二十一二都上六橋俱縣西北已上三十三橋俱廢

安溪縣

大禹橋在縣東長泰里建口橋在常樂里正統六年邑人巡檢李森建■

構屋二十三間於其上大灣橋　上任下任橋　石圳單板橋上三橋在崇善里源頭埔頭橋　牛嶺橋上二橋在龍興里馬遊橋

盆口橋　卓舍後橋　東山橋　下坑橋上五橋在感化里已上一十一橋俱縣北茫洲橋　東園橋　溪口拱橋　仙人跳

橋　湯頭拱橋上五橋在崇善里大嶺橋在□□里已上六橋俱縣西北自①六禹橋至此先後圮壞邑人巡檢李森陸續修建黄塘橋俗呼坂橋里人吳昱重建龍津橋

宋慶元間建長六十八丈廣二丈四尺上覆以屋凡四十三間元季圮國朝天順五年邑人巡檢季②森重建西港橋在永安里宋淳熙九年僧性全建上二橋在縣東谷口橋又名佛口雙

濟橋上二橋在清源里俱宋僧普足建西洋橋又名宣石在依仁里鳳池橋宋開

校注：①大　②李

禧三年邑令楊承祖建嘉定六年縣令陳宓重修上四橋俱縣西

埔墫橋在縣西南永安里巳上七橋俱廢

吳浦渡在溪北五里

薛坂渡在溪南五里又名仙苑渡

大洋渡在崇信里又名横槿渡上三渡俱縣西

建口渡在常樂里亦名仙灣渡

下林渡其水發源於來蘇里升山上二渡俱縣東北

惠安縣

瓊田延壽橋在一都宋時建凡一百二十九間長一里許元至元間里人曾大通等重修

大柘海逕石橋在二十四都元至正二十六年僧法助建

獺屈嶼橋在二十五都宋開禧間僧道詢身率其徒挐舟運石建橋七百七十間直渡海門凡五里許潮平則沒半落則可通人行

浮梁橋在二十六都釃水爲五道長十餘丈

龍江橋在二十七都宋端拱間建紹興二年重修

通濟橋在二十八都宋慶元間里民黃氏建上六橋俱縣東

龍津

橋宋時建俗名南嶺橋陳公橋在二都宋紹興八年邑令彭元達建得仙橋在二十六都宋里民黃氏建上三橋俱縣南躍津橋宋崇寧中里人謝文德建嘉定初其從子宜中重修巨濟橋宋時建上二橋在三都菱溪永濟橋在三四都宋治平二年邑令張盖建後圯紹興三十二年郡守趙令衿重建民爲立生祠於其左今廢豐樂橋在七都又名仁壽俗呼蔡頭橋有亭曰豐樂庵曰仁壽張店橋在十一都宋治平間建青龍橋在三十四都宋寶祐中僧道詢建　國朝天順六年僧惠昭重修上六橋俱縣北馬山橋在縣東南二十二都元至元十九年僧法助建谷口橋在縣西南十七都宋紹興二十一年建　國朝宣德元年里人何貴重修輞川橋在縣東北三十四都舊爲渡當邑要衝涉之者衆多有覆溺之患成化二十一年知縣張桓建橋凡五十餘丈民甚便焉晉江蔡清爲記

漳州府

龍溪縣

慶豐橋在府城縣治之北舊名瑞豐宋嘉定間燬郡守鄭昉重建因其舊址增而高之改今名　朝天門橋在朝天門外　東河頭橋　教場前橋在東隅　圳股橋在東廂上四橋俱府城東　安豐門橋在安豐門外　西橋上二橋在府城西隅　名第橋唐元和間建以周匡物登進士第名　龍驂瀛橋宋淳熙四年有龍奮其下故名　登仙橋上三橋在府城南隅　河道頭橋　通津橋舊名臨清宋淳祐間郡守黃朴改今名　薛公橋在通津門外宋紹熙間始作浮橋嘉定間郡守薛楊祖乃累石爲址而梁之長二十六丈然橋西地勢稍下每洪潦暴至輒齧橋西而其田皆沮洳矣五年郡守趙汝讜既浚沙枝爲港復建乾橋一十七間於橋南以殺水勢又爲小橋二十四間於乾橋之南以便行人其西

南一帶舊有土堤障水以朝郡城潦至輒壞紹興元年尚書顏師魯守泉貽書寓公陳宏規累石爲堤以障之淳祐三年師魯孫侍郎頤仲復修築之視舊差壯 國朝天順五年堤決於水知府童信重修成化十年橋二間及石門壞於洪水十一年知府張瓚重修復建樓石門之上扁曰鎮海

栅尾橋 舊軍旗造船置栅於此因名

佘史君橋 其地舊有佘史君家上八橋俱府城南

丙申橋 唐元和十一年建宋淳熙三年重建其創建重建之年俱值丙申因名

洗馬潭橋

四石人橋 上三橋俱府城北

開元前橋 在府城西北開元寺前

西港橋 洪武六年建上覆以亭

流岡橋 凡四百六十餘間長二百五十餘丈上二橋在二十六都

東港橋 洪武九年建上有亭

拱成橋

晋佩洋橋

通仙橋

通源驛東橋 上五橋在二十七都

虎渡橋 界二十七二十八二都之間即柳營江橋也相傳造

橋時有虎渡江又古諺云虎渡通人行漸漸出公卿郡人因以名橋宋紹興中郡守趙伯遏始造浮橋嘉定七年郡守莊夏累石爲址凡一十有五架梁而覆以屋扁曰通濟嘉熙元年火郡守李韶捐私錢五十萬又規畫得錢萬緡以助役越四年橋成長二百丈址高十丈𨻳水一十五道東西各有亭郡守黄朴爲記淳祐元年燬于兵 國朝洪武三十一年知府錢古訓仍其舊址以木爲梁搆亭其上正統四年復燬六年知府甘英奏請重建十一年分巡僉事陳祚檄經歷曾復董其役明年告成天順五年亭爲颶風所壞尋修復之成化十年復爲颶風所壞二十二年知府劉瀚重修

滄江橋在一三三都巳上九橋俱府城東

横溪橋　南平西橋　白蒙徑頭橋上三橋在二十一都

太平橋在二十三四都巳上四橋俱府城西

億運橋洪武間建成化十五年同知蔣濬重修

官田橋成化十五年壞於水十八年里人曾于清等修

南溪前橋上三橋在

六七都月溪橋在九都路通鎮海潮汐往來商賈貿易皆萃於此木綿市南橋在十二三都景泰七年知府謝騫重建已上五橋俱府城南松州太平橋功德橋上二橋在二十三四都浦南橋在二十六都元至正三年建已上三橋俱府城北七星橋在府城東南四五都湯坑橋下有溫泉和溪西橋上二橋在府城西南二十一都西渡在府城二十一都洋西渡在府城南十三都松洲渡在府城北二十三四都西浦渡在二十七都浮宮渡在四五都綠石渡在一二三都上三渡俱府城東南鷔渡在二十二都鄭江渡蓬萊渡上二渡在二十三四都浦頭渡在□□□都已上四渡俱府城東北

漳浦縣東溪橋在縣東門外宋慶元四年郡守傅伯成建元至正三年道士溫琫累石重

建長三十丈

五鳳橋在南門外宋淳祐間累石爲址跨以石梁長三十丈又建乾橋一百四十間長二百丈國朝洪武三十四年圯于水主簿程石琮重修

長脚橋元大德二年僧碧潭建

吴港橋宋淳祐二年鄉人郭寬建驪水爲一十五道長八丈九尺上二橋在縣東七都

永濟橋在縣西門外宋淳祐二年僧一行建長八丈九尺

鹿溪橋在縣南舊爲魚腹渡宋慶元四年郡守傅伯成建累石爲址上跨石梁驪水三十六道長五十丈後圯於水國朝洪武七年知縣焦惟敬命僧汝緣重建上二橋俱在八都

新亭橋在縣北七都元至正間僧伯江建已上七橋俱存

南詔橋在三都

雲霄橋在六都

盤陀橋在八都上三橋俱縣南

度仙橋在縣東南十都

蔡坑橋

茭蔘橋上二橋在縣西八都

三古橋

黄林橋

横章橋

龍山莊橋

虎坑橋上五橋在縣北二十八都

已上七橋俱宋慶元四年郡守傅伯成建通上一十一橋俱廢

龍巖縣

龍津橋 在縣治南舊名通闤初以木爲之宋乾道間縣令李宗回命道人曹法進募衆伐石剏建淳熙十五年縣令張能慰詹利正增修夅構亭二十五間改名登龍元至正元年火二年達魯花赤捏古柏徙建于縣街清高山下改今名十四年圮于水二十七年縣尹朱建重建

虎渡橋 在縣治西門外洪武十九年縣丞周尚文重建并冓亭二十七間於其上宣德五年邑人同知玉①源捐貲倡里人張存吉林宗胄等累石爲址架木爲梁覆之以屋三十五間正統九年壞於水時源致仕歸又捐金六百餘兩斵石重修仍覆以屋

東橋 在縣治東東宮下舊在東門外徙建于此疊石爲址覆之以屋今壞

長泰縣

南津橋 在縣治南二里許界人和欽化二里之間宋嘉泰三年縣令呂炎以縣之

校注：①王

水西流創石橋於此障之王子信詩西水障戍東水去南津移得①此津來

南靖縣

德仙橋在縣治東永樂元年邑人蔣宗羨建正統六年典史周鼎重建并作亭其上十三年寇燬景泰三年縣丞王偉重建易以石梁

②貢濟橋在縣南清寧里元至正十七年僧端岩建

湯坑橋在縣北永豐里元至元間建國朝景泰五年知府謝騫重修

永濟橋在縣治南元至正間僧天岩建石址木梁長三十一丈其上構屋爲間如其長之數今廢

漳平縣

通濟橋在縣西居仁里伐石爲梁長十丈

前村橋景泰元年龍岩縣醫官陳哲捐貲募衆重建

西城橋成化六年重建上二橋在聚賢里

花橋天順二年重建

龜湖橋永樂間里人盧彥和暨曾氏捐貲募衆伐石甃其兩岸跨木爲梁構亭九間於上覆以亭

石馬橋

泰平橋上四橋在和睦里已上六橋俱縣北

龍江渡在縣前今

校注：①北　②育

官爲造舟歲役民操之以濟行者内有龍井因名

鹽場溪口渡 在縣西丁坂社成化十七年龍溪義民翁實捐貲造舟并構亭東岸歲入田租以給造舟者

羅溪渡

南洋渡 在縣北九房社岸東有亭上二渡今俱爲官渡

汀州府

長汀縣

濟川橋 在麗春門外俗呼水東橋宋慶元間郡守趙①俏檣始以石易木後圯淳祐間郡守盧同父重建元末復圯 國朝洪武間重建尋壞於水永樂九年知府宋忠指揮常庸捐俸募緣重建十四年復壞於水明年忠又捐俸倡郡人丘入福等重建後又圯成化十七年知府黄埕知縣謝珪復捐俸爲倡命義官胡文海等重建○宋郡守陳軒詩十萬人家溪兩岸綠楊煙鎖濟川橋

惠政橋 五代時名雁州橋宋初重建改名惠民紹興間壞于水郡守張昌捐俸重建郡人因呼張公橋嘉泰

校注：①柏檜

間郡守趙彥𢇁疊石爲四虹淳祐間又壞于水縣令兼一新募衆重建　國初洪武間復圮永樂十三年知府宋忠知縣姚誼各捐俸倡郡人丘人福等重建

南臯橋 宋慶元間郡守陳韡創建未及就後韡弟映來守□鍾而成之扁曰崇棣橋嘉定間圮于水郡守傅康捐俸重建更今名蕭田陳宓書扁淳祐間又圮于水尋復建今廢上二橋在鄞河坊

有年橋 在永康坊宋紹興間建後圮於水乾道間郡守謝知幾更造浮橋扁曰太平繇虹之橋淳熙間郡守趙不慢復作輿梁而屋之嘉定間郡守鄒非熊重建改名太平　國朝成化十二年知府徐墳重脩

興雲橋 宋寶祐間重建

通遠橋 今廢上二橋在崇善坊

金沙橋 在左廂登俊坊久廢旁有庵

清江橋 在青巖里景泰初閩人胡波瀾兄弟建凡四址架梁而覆以屋成化十七年圮于水波瀾之子覓姪孫孫文海募衆重建

新橋 在歸陽里宋郡守趙崇模建久廢已上九橋俱縣東

七里鎮橋 成化十五年知府戴禧通

判李祺規畫，命義官余理董建。

南拔橋久廢。上二橋在縣西朱紫坊。

畫眉橋在鄞河坊白難嶺下。永樂十五年知府宋忠倡郡民丘人福等建，架木爲梁而屋之。

鎮南橋在羅坊，俗名上渡橋。宋慶元間郡守趙伯檜建，後圮於水。

黃蜂橋在□□里。成化十一年通判李祺、知縣吳潛規畫，創建石址，木梁而構亭其上。

普濟橋俗呼橫板橋。宋淳熙間圮於水，郡人鍾慧常捐貲更造石橋，縣令劉通政爲記。

廣渡橋宋淳祐間重建，郡守盧同父書扁。寶祐中又圮。上二橋在青泰里。

南安橋舊爲遊繩渡。宋淳熙間始建橋，後燬，今復爲渡。

普通橋舊名石壁橋，今廢。上二橋在古貴里。已上七橋俱縣南。

攀桂橋在攀桂坊，亦名盛春。先燬于火，永樂十一年知府宋忠募衆重建而屋其上，十四年圮於水，景泰六年知府俞僩復建。

寧化縣

雙虹橋在縣治西。宋紹定間寇燬，淳祐間重建，尋圮于水，縣令林公①王復建，後又

校注：①玉

圯國朝永樂間陰陽訓術伍淵源同耆老吳羊等重建

壽寧橋　正統十三年燬于寇天順六年知縣梁昂倡致仕官伍志亨等募建

萬壽橋　舊名阜通宋元豐間縣令江淵建政和間燬嘉熙間縣令劉煥重建易今名以橋下爲祝聖放生池故也寶祐間又燬縣令林公王①倡衆復建國朝永樂間知府宋忠規書□捐俸修復上二橋在縣治南

龍門橋　在縣東舊名龍津又圯成化七年知縣鄭瑄令耆民伊彥忠等募衆重建爲石址十又一加梁而壘其上

東渡　在縣東興善里

留口渡　水勢屈曲府②至此必經宿故名

禾口渡　上二渡在縣西龍上下里

馬家渡　在興善里昔有馬姓者造舟以衛渡故名

石馬渡　在龍下里溪有石如馬因名上二渡俱縣北

程步岡渡　在縣西北龍下里

上杭縣

浮橋　在鎮東街之東成化十年僉事余諒撤同知程熙等規畫刱建尋壞於水十二

年議復檄通判李禎重建計用舟三十又二貫以鐵索

駟馬橋在縣治西舊名通駟以木爲之屢壞於水宋①慶元間累石爲址而屋其上改今名後亦圮　國朝②永樂九年邑人周永定等捐貲重建成化十年巡撫都御史張瑄檄同知程熙知縣蕭宏規畫重修訓導張韻爲記

東街橋在縣城東成化五年邑人林節捐貲砌之以石

將軍橋疊石爲址上覆以屋

鄭坑橋架木爲梁而屋之上二橋在縣東北白砂里

語口渡在在城里

黃狄渡

藍家渡上二渡在勝運里巳上三渡俱縣東

南塔渡

張灘渡

水南渡上三渡在在城里

南蛇渡在來蘇里巳上四渡俱縣南

梅溪渡在在城里

迴龍渡在平安里上二渡俱縣北

水西渡在縣東北在城里溪水自北西流故名

武平縣

東安橋在縣治東二十步

太平橋在豐順平里宋寶祐間重建改名登

校注：①慶　②永

雲 國朝天順四年甃石重建

萬安橋 在□□里

金鷄橋 在縣東高吳保 上三橋俱縣東

望仙橋

通濟橋 在千户所城外成化十年重修 上二橋俱縣西

青雲橋 舊名迎恩天順五年重建而屋其上

三嶺橋

化龍橋 元至正間壞於水 國朝景泰四年重建

賴坊橋

九龍橋 洪武間圯於水

南安橋 在□□里洪武二十年燬於寇 上六橋俱縣南

萬方橋 永樂十四年圯於洪水正統十二年重修

雙湖橋 洪武二年建累石爲址而架屋其上 上二橋俱縣北

清流縣

龍津橋 在縣治東舊以舟渡宋淳熙間縣令吳松始議爲橋功未及半以寇廢輟紹熙間縣令曾造捐俸倡率僅足石墩嘉泰間縣令吳補之始搆亭其上橋東西爲二閣東曰快倚西曰凌雲榜旁創菴曰濟川紹定間寇燬端平間縣令王元瑞重建元至正間贑州寇燬 國朝洪武二年知

縣朱仲恭復建宣德間災正統七年主簿徐友諒請于朝募邑民伍佑等累石爲墩八搆亭三十有一間覆之其總率經畫則參政宋彰也

鳳翔橋在縣治西舊名魁星宋淳祐間縣令林奕重建改名祝聖後圮於水寶祐閒縣令林應龍修復之元至正六年燬于連城冦 國朝洪武二十九年知縣宋忠重建并搆亭二十又九間改今名永樂十三年災成化十二年耆民黃得興雷宣巫佑昌等重建僅成石墩分巡僉事周謨規措成之并搆亭三十間十七年山水衝激壞其二墩亭圮殆半知縣凌寀捐俸募衆葺而新之

南門浮橋凡用船十有三貫以鐵索立椿①於兩涯繫之成化十七年水衝壞大半尋募衆重新

三港橋在坊郭里宋慶元中僧妙金建上二橋俱縣南

北門浮橋其制與南門浮橋同

嵩溪橋在永得里宋寶祐間縣令林應龍重建國朝洪武初壞於水知縣朱仲恭重修成化九年悉圮於水十六年參議黃澄副使劉柯命知縣凌寀累石爲墩而梁之

白石橋

校注：①椿

清口橋上二橋在坊郭里已上四橋俱縣北溪口橋在倉盈里通仙橋在夢溪里

上二橋俱縣東武陵橋在夢溪里香坪橋在北團里上二橋俱縣東南

連城縣

龍爪橋在縣治東在城里元至正三年邑民沈得慶建後圮于水　國朝永樂五年僧惟祿等募眾重建

晝錦橋在縣治西宋縣令董與幾建後圮于水　國朝洪武二十三年知縣馮志良命邑民林茂輕募眾重建

文川橋在縣治南舊名清溪宋紹興間縣令劉國瑞重建改名耀桂後圮于水縣令黃舉重建洪邁為記尋燬嘉定間舉之從子埒來為令復建又燬於寇元至正間照磨帛周卿重建改今名　國朝成化十二年燬縣丞吳琬率民疊石為址梁而屋之

通濟橋在縣治南在城里宋慶元間縣令鄭康成建

黃公橋在縣治北在城里元至正五年邑人黃天祐建

龍坑橋永樂二年里人葉張興募眾建

溪邊橋洪武六年里人陳輕二募眾建

永豐橋元至正二十年里民陳辛六疊石爲址而梁之復搆亭七間於其上上三橋俱在縣東姑田里

常豐橋宋淳熙間縣令常圖建國朝洪武七年知縣劉雍重建

惠濟橋洪武五年里人陳均實建上二橋在南順里

永龍橋在河源里洪武二十年僧惠廣建石址木梁上搆亭十有一間已上三橋俱縣南

林公橋永樂四年里人林茂輕捐貲剏建幷搆亭五間覆其上

李公橋洪武三年里人李得旻募衆建

徐公橋宋邑人徐二八捐貲剏建郡守盧同父書其扁曰徐長者橋國朝洪武二十年燬二十八年徐氏之孫仲禮重建改其扁曰徐公橋永樂三年為洊水所壞今其子孫為舟以濟行人邑人號徐公渡上三橋俱在縣北北安里

馮口渡在河源里

楊家渡在表席里上二渡俱縣南

歸化縣

濟川橋在縣治東二百步永樂間圯于水成化八年僉事周謨發公帑餘貲命耆

老吳榮莅督工重建上覆以屋一十七間教諭趙智為記

惠利橋 在縣治南廣濟街永樂二十二年建成化十七年縣丞羅素主簿祝齡倡衆重修

白沙橋 成化九年知縣郭潤教諭趙智各捐俸倡　衆重建

太平橋 宣德八年清流縣募衆重建上二橋在歸上里

清平橋 永樂間清流將樂二縣募衆重建

龍湖橋 成化八年知縣郭潤募衆重建上二橋在興善里已上四橋俱縣東

晏公橋 在縣西歸上里新興鋪洪武間圯於水成化十七年縣丞羅素主簿祝齡倡衆重建

夏陽橋 在縣東北中和里成化十七年邑人少監蕭忠捐貲重建

南陽橋 在縣西北歸上里葉舍坑成化三年里人葉長清募衆重建

巖前渡 在縣東歸下里

永定縣

古溪橋 在縣西南溪南里潮州民江碧淋等募衆修建而壘其上

深渡橋 在縣東北太平里成化三年邑民蘭惟時募衆建

古田渡 在縣治東通明門外

錦豐渡

在縣西

司前渡在縣南興化巡檢司前上二渡俱在溪南里

豐稔渡在縣北勝蓮里

豐稔寺前

羅灘渡在縣西南溪南里

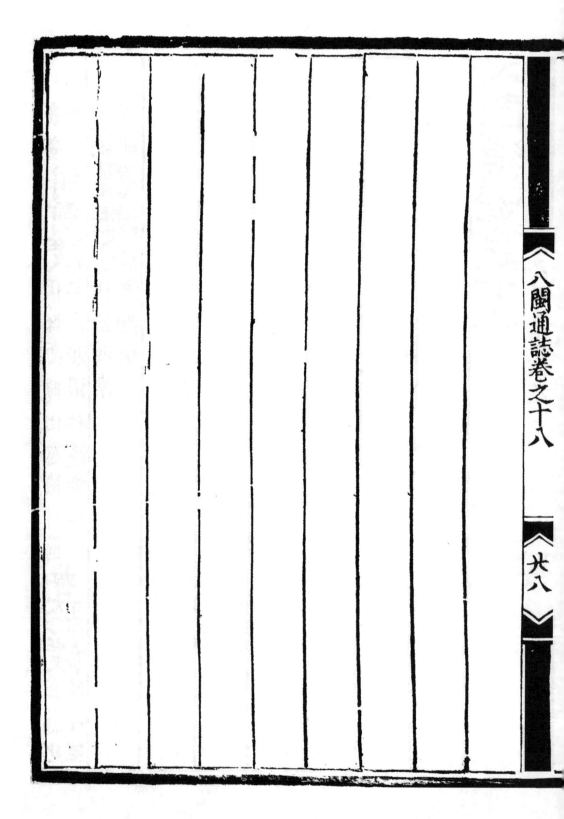

八閩通誌卷之十九

地理

橋梁

延平府

南平縣 明翠橋在府城東建寧門外舊名明秀 西浮橋在府城西水門外 東浮橋在府城南福州門外上三橋皆官籍民夫守之以時修繕 延平橋在府城東隅舊名陌平宋宣和中郡人范滐建郡守董洪重建改今名 四鶴橋在府城西四鶴門外 風雩橋在府城南延平書院前宋嘉定二年郡守陳宓建元季兵燬 國朝洪武三十年里人王希哲重建 延安橋宋嘉定中郡人趙崇曾建 登科橋 大鑿口橋上二橋俱宋慶曆中郡人

范迪簡建

湻口石橋宋嘉祐中郡人范峒建

湖頭浮橋宋元豐元年建　國朝永樂十七年壞於水上五橋在衍仙下里

乘駟橋在汾常里舊名普濟宋熈寧中郡人葉唐懿建已上六橋俱府城東

馬坑橋在府城西隅舊名化龍元至正十年里人蔡旻軽重建改今名

永慶石橋宋熈寧中里人允詢建

小浴坑口橋宋熈寧中里人宋宜甫建

尨溪口石橋宋元豐中里人葉唐稷建上三橋在劍津里

西芹石橋宋崇寧中里人蘇均建

小芹口石橋宋端平中郡人王孟峒建

鹵水石橋宋嘉定中郡人趙崇虒建上三橋在長砂上里

藥材橋元至正中里人康富建

杉洲橋元至正中里人楊興隆建

南洲橋洪武二十五年里人楊善發建上三橋在大源外里

廣度橋在天竺里宋淳熈中里人鄧文舉建已上一十一橋俱府城西

同仁橋在府城南長安北里舊名黃龍橋成化初燬邑

人太監黃賜潘瑛請以賜金重建朝廷亦賚助之橋成賜名同仁　御製碑記

十里庵橋　舊名利涉宋紹定中郡人許合建

安濟橋　舊名通濟宋寶慶中郡人趙必洪建上二橋在崇福里

清風橋　在長安北里唐貞觀中里人吳益建上三橋俱府城東南

湖頭渡　在府城東演仙下里

沙口渡　在府城西長砂上里

橋舟渡　在遷喬里

岳溪渡　在金砂里上二渡俱府城東南

將樂縣

龍津橋　唐嗣聖中里人廖雲建

龜山橋　宋咸淳中縣令黃去疾①建國朝永樂三年燬邑人楊德敬重建上二橋在龍池都

瀨口橋　元至正三十年里人徐彥卿建

楓溪橋　元至正三十年僧惟心募衆建上二橋在高灘都已上四橋俱縣東

三華②橋　在水南都舊名利涉宋紹興三十五年邑人侍郎黃伯固建後燬于兵元至正二十三年署縣事理問裴彥直重建

校注：①疾　②華

國朝洪武三十四年圯永樂三年千戶董秩募衆重建疊石爲址架梁而覆以亭

昇仙橋　宋淳祐十二年建里人連萬等重建

圓通橋　宋紹定五年僧王山建上二橋在池湖都

張坊橋　宋元豐中僧正心建

路口橋　宋淳祐三年僧玉泉建上二橋在隆安都已上五橋俱縣南

萬安橋　在縣北萬安上都元延祐元年里人方重簡建

水東渡

三磵渡　在積善都三磵灘下上二渡俱縣東

蛟湖渡　在蛟湖都

城南渡　上二渡俱縣南

尤溪縣

坦覆橋　宋紹興五年建　國朝洪武二十八年重建永樂十六年壞於水十七年知縣雷殷復建

毓秀橋　宋嘉定元年縣令何自強建名跨鰲以朱文公生於此改今名　國朝洪武三十五年知縣黃采重建累石爲址搆亭其上正統十三年寇燬

晝錦橋　在登雲坊舊晝錦下坊也宋紹興三年建上三橋俱縣治西

青印橋　在縣治南宋紹興十九年建累石爲址覆之以

亭元至正二十四年壞於水二十六年縣尹袁正璹重建　國朝宣德二年燬七年縣丞儲禮復建
石橋在十都　廣濟橋舊名通濟在十六都上二橋俱縣東　迎駟橋　濟川
橋上二橋俱宋嘉定二年建　林畬橋上三橋在一都　紀板橋在五都宋嘉定三年建今
圮　陂石橋元至正間圮　國朝永樂十七年知縣雷殷倡建　康安橋上二橋在六都
德化橋以路通德化名俗名林坑橋宋端平三年建　國朝洪武二十八年知縣王諒重建上覆
以亭　石灰橋在二十七都元至正二十年建　花橋在□□都宋嘉定四年建　國朝洪武二
十一年燬三十四年重建　大田橋在三十三四都　嵩安橋在四十九都　藍下橋
新橋上二橋在五十都巳上十四橋俱縣西　通濟橋在十七都俗名通路橋　容戟
橋在二十三都俗呼拷橋上二橋俱縣南　紫巖橋宋嘉定三年建舊名漿溪　國朝永樂九

年知縣黃采重建改今名

博利橋俗名大夫橋以其傍有大夫廟洪武七年建上二橋在七都

周保橋俗名大池橋在十都上三橋俱縣北

榮達橋舊名董隴橋在縣東南二十五都

上驛橋在縣東北十一都元泰定四年建

水東渡在縣治東青印溪頭二溪合流處舊有浮橋

汶口渡在縣西四十七都源自沙縣龍巖縣界二水合流而來下流為石龜渡嵩口渡西南流為麥村渡又折而西流為浮流渡田溪口渡又下為小黃渡

康濟渡在縣東北迎春門外舊有橋

沅灘渡在縣東北八九都其流自康濟來下為陳大黃渡又下為樟坱門渡復迤①連流為雍口渡又下流為板溪渡又下流為爐村渡

沙縣

招慶石橋在東嶽行宮前其水自縣治前凡九②拆出橋下入大溪名九曲龍池又四都亦有招慶橋

登瀛橋俗呼東門橋一山介二水間俗名山洲宋李綱改名仙洲建浮橋命以今

校注：①邐　②折

名紹興二十九年郡守胡舜舉重建累石爲址而覆以亭邑人呼爲胡公橋尋圯紹定三年重建 國朝永樂十六年燬後濟以舟

無雙橋在縣治前街西一名前凰橋宋紹聖二年張致遠建

無敵橋在縣治後街西一名後凰橋宋紹聖二年邑人鄧蔵用募衆建

石橋 **步雲橋** **鳴玉橋**上三橋俱在和仁坊

翔鳳橋在縣治南宋紹聖四年縣令謝璿初建浮橋名平津縮公費贏餘仍市田取米以備繕修淳熙十年縣令宋自強徙建凝翠峰驛前改名凝翠後復徙故處嘉定四年又改建板橋于鳳凰山之下更今名始構庵入浮橋田米命僧守之九年燬尋重建元至正二十年兵燬二十六年綜理官都事宋宗泰復建 國朝洪武二十九年重建正統十三年寇燬景泰元年知縣余寬仍建浮橋

雲衢石橋在縣南鳳凰山下宋淳熙十六年邑人黄顯建

洛溪橋在縣東南[redacted]都宋崇寧二年縣令王瓘建淳熙十二年縣令宋自強重建又名宋公橋

陳家樓

石橋一名澄江橋在一都　通濟石橋　胡光橋永樂十四年火上二橋在二都

漁溪灣石橋在三都　冊溪橋　玉口橋　隱相橋一名通津

迎仙橋一名高砂　城頭石橋　鸕鷀口石橋上六橋在五都　後宅

石橋　黃坑口石橋上二橋在六都　琅溪橋　從安橋洪武二十

四年建　福臨橋　歸雲橋上四橋在八都　熙成橋　登平橋一名

揖秀橋上二橋在九都已上一十八橋俱縣東　碧峰石橋　杉溪石橋上二橋在

二十二都又二十四都亦有杉溪橋　延安橋　上水口橋　①華口板橋

英風橋　橡林頭橋上五橋在二十三都已上七橋俱縣西　義恩橋在九

都　幼溪橋在十都　冨口板橋　梛源板橋　楊村板橋

校注：①華

寶峰石橋上四橋在十一都
新溪橋
昇平橋
黃溪橋上三橋在十二都
進福橋
高橋宋開寶八年建里人張確舉南唐狀元及第而橋適成因名高橋盖取高科之義上二橋在十三都
大漈橋
四洲橋上二橋在十四都
榔坑橋永樂十二年建
張坑橋
八字石橋上三橋在十五都
登雲橋
茂溪橋上二橋在十六都
俞屯石橋
湧溪橋
里仁橋上三橋在十七都
俞屯板橋在十八都已上二十二橋俱縣北
前坑橋
吉平橋
長坑橋
增祿橋上四橋在四都
溪平橋
福源橋
大基口橋上三橋在七都
大黃橋
小落橋
北充石橋
雙溪橋一名雙清橋上四橋在八都已上十一橋俱縣東南
高板橋在二十都
淳祐

橋　徐坊石橋上二橋在二十一都　連坑石橋　小溪石橋上二橋在儀奉團　吉樹橋　福西橋　大平堄橋上三橋在二十四都巳上八橋俱縣西南　西來橋在九都宋嘉泰元年建　通濟橋　紫雲橋舊名通駟橋　垂虹橋一名羅公橋上三橋在十都　黃巖橋在十一都巳上五橋俱縣東北　朱源板橋在十一都　歸坑橋　黃北坑橋上二橋在十九都巳上三橋俱縣西北　玉溪渡在玉溪口洪武中玉山寺僧鉞峯創庵曰崇福置田一十六畝以備造舟并食操舟者　高砂渡在□□都　黃公渡在□□都　清洲渡在□□都　龍江渡在□□都一名琅坑渡　將軍渡在真隱凝翠兩峯之間昔鄧將軍光布徙縣治時置因名上六渡俱縣東　黃隔口渡在□□都　班竹渡在□□都　王口渡在□□都　基鏡頭

渡在□都□　馬鋪渡在□都□　溪口渡在□都□　橫龍渡在□都□　三原渡在□都□　管前渡在□都□　杉口渡在□都□　荆村渡在□□都上十一渡俱縣西　安濟渡在縣東北十都舊有橋永樂十四年圮今爲渡

順昌縣

迎福橋在縣治東以近侍中廟故名

基溪口橋一名阜通元至正中里人朱斌建　國朝永樂十四年圮於水後僅架徙杠成化十三年義官劉保改造石梁

鴻門橋成化十三年義官陳珪建上覆以亭凡二十間

蜚沙橋成化十七年主簿羅□建上三橋在縣東石溪都

寧武橋一名登仙元至正二十年里人楊琳等募衆建

鵬翔橋上二橋在驛站都

富文橋在富屯都元至順間里人廖伯和重建長一十六丈六尺復覆以亭凡十有七間　國朝永樂十一年火後爲徒杠成化九年縣丞趙壐重建并構亭二十三間於其上上三橋俱縣西

水

南橋在縣南水南都成化八年僧道寧建槎溪橋在縣西南淨安都成化五年邑人陳鐘建雲衢橋元至順間里人馮大雅重建長一十二丈爲亭十有五間章富橋元至正初里人馮馬七建長一十三丈爲亭十有五間上二橋在壽榮都要津橋在仁壽都洪武十三年里人吳克剛重建長十有八丈爲亭十有九間上三橋俱縣西北濟川橋在縣治東宋元祐中縣令俞偉始建浮橋紹定中縣令趙必英累石爲址而梁其上并覆以亭　國朝洪武七年知縣張縉重建二十一年燬今以舟渡龍溪渡在水南都左員山右臨澗路轉山坳始與橋直宋紹定二年寇至官兵據橋爲險與寇敵寇遂敗走橋久廢今架木以通往來龍津橋在長壽都洪武十七年邑人張子昪募衆重建長一十八丈爲亭一十七間永樂十四年圮於洪水今爲徒杠上二橋俱縣南萬全橋一名仁濟在莒口都元至順中里人楊興甫重建後圮於水遂濟以舟楫雙溪橋在崧溪都久廢

今渡以舟上二橋俱縣西北　余坊渡在縣治東　東渡在双峰驛前　西渡在稅課司前　灌站渡在縣西驛站都

永安縣

武陵橋在縣治東門外　廣寧橋在縣治西門外　鎮清橋在縣治南門外　石橋在縣治北門外　中村板橋在二十四都　溢洋橋　楊梅橋上二橋在四十一都　虎溪橋在縣西三十一都　漁潭橋在二十七都　西洋橋　桂口橋上二橋在二十八都巳上三橋俱縣南　安定橋在二十都　德星橋　忠善橋　建安橋上三橋在二十五都　會清橋　大陂灘頭橋上二橋在二十六都　栟櫚口橋在二十七都巳上七橋俱縣北　吉溪橋在縣西南二十九都　浮流口渡在縣治西門外邑人楊彥誠偕弟彥祥置義田給贍舟工以濟渡　下渡

距縣一里許元鄉人王添禄置義田以贍舟工

贇溪口渡在都鄉人銑覺靈置義田以給舟工

固發口渡在二十六都臨溪有閣扁曰臨津元鄉貢進士沙人王中爲記

東關渡在二十五都鄉人蕭憲置義田以贍舟工上四渡俱縣北

童家渡在二十八都

小練渡

上國巫渡

上石船渡

上板橋渡上四渡在二十九都

大淘口渡

小淘口渡上二渡在三十都巳上七渡俱縣西南

邵武府

邵武縣

武德橋跨樵溪二曲宋郡守蔡克□架木爲梁後易以石

沙堤橋跨樵溪三曲元元統閒僧無欲建

化源橋舊名化城在文廟前跨樵溪四曲紫衣道士建

泮水八橋在府學內跨樵溪五曲

泰和橋在泰和坊跨樵溪五曲下元至元三年郡人張文亨

建今圯

仙溪橋跨樵溪六曲宋熙寧初郡人徐熙春建

晏公橋跨樵溪七曲宋咸淳間道士李有存建

昇平橋在昇平坊跨樵溪八曲元泰定間郡人黃子文建

五姊橋跨樵溪九曲正統間郡人李宗顥建

通津橋跨樵溪九曲尾景泰間郡人謝永寧建

車閘橋跨樵溪口正統五年郡人李宗亮重建

濟川橋在府城西北俗名水北宋嘉泰二年郡守芳立言經始至嘉定初落成因名嘉定紹定三年燬端平元年郡守趙以夫重建改名端平淳祐十二年圯咸淳中重建改名環碧元至元十六年搆亭其上尋圯大德六年重建改名大德元統二年復燬至正三年同知吳克忠累石為址凡十有三架梁而亭之改名至正邑人黃鎮成為記二十一年又燬 國朝洪武八年知府張文昱因舊址重建改名樵溪永樂四年又燬正統十年知府揚衡累址已就物故而止成化四年知府盛顒以百户劉覲奏獲 成命遂覘措復建為亭者三為屋而楹者五十有九改今名橋

之南別爲屋以居守者興化府知府岳正爲記**東嶽橋**在東嶽廟前跨樵溪支流正統間里人龔祥生建**昇仙橋**亦跨樵溪支流俗名弔橋宋紹興十八年里人黃子成建扁曰永福國朝永樂十四年圮洪熙元年重建尋復圮宣德中知縣鄒良重建天順間知府何交更今名**三公橋**舊名行春後名綉衣宋咸淳三年漕使黃萬石尚書馮夢得郡守廖邦傑重建因改今名國朝永樂間圮宣德間知府劉復知縣鄒良重建**東浮橋**舊名濟川元至正七年總管鄭晟建上二橋在行春門外**步雲橋**宋淳祐間道士李守本建後圮元元統間郡人上官東皐疊石重建**泉山橋**洪武三十四年知縣夏祥鳳始建木橋永樂二十四年圮于水正統六年郡人鄭德清重建石橋上二橋在一都**通濟橋**在二都元至正十六年里人吳源生建又四十八都亦有通濟橋元皇慶元年里人黃鎮成建　國朝永樂十四年圮于水天順五年邑人致仕縣丞傅崈重建成未三日又圮于水成化二

年恭募衆復建**將溪橋**洪武三年里人吳伯受建成化十七年郡人高景初募衆重建後圮二十年郡人張舉生同景初等復建**清安橋**元至正十八年里人黃晳建**林下橋**洪武八年里人危善建**鳴山橋**永樂十五年建上四橋在三都**洒溪昇雲橋**宋端平間建後圮 國朝洪武三十三年知縣夏祥鳳命僧義峰等重建永樂十四年復圮正統五年知縣顏宗重建又圮成化五年知府盛顒伐石重建**水南橋**郡人蘇彥銘建上二橋在五都**丁字橋**宋紹興十五年里人楊和建後圮元泰定二年韓妙圓重建 國朝成化七年圮知府馮孜復建**大平橋**成化六年知府馮孜重建**乘駟橋**元延祐六年建**皇華橋**元至正十七年建**官橋**元至正元年里人周原受建上五橋在六都**龔墩橋**在八都元大德元年里人范文開建**豐山橋**在九都洪武元年里人趙有夔建**五通橋**在十都元至正十年里人蔡榮友建

拱辰橋在十一都洪武十年知縣劉[redacted]建**固住橋**在十二都元至正間建後圮國朝洪武十五年重建**里仁橋**在十五都**泰定橋**宋紹興十四年縣令張注建二十二年燬于兵元泰定三年縣丞趙友石疊石重建邑人危西仲爲記**太平橋**宋紹興十四年建後圮國朝洪武十四年重建永樂十四年圮尋復建又圮成化十年知府馮孜知縣王拯累石重建**龍勝橋**景泰五年里人廖永通建上三橋在二十二都**新屯橋**在二十七都元至正間拿川范氏累石爲址而梁之長六十丈餘二十二年燬于兵**銅青橋**元元統間以石易本①釃水爲五道國朝永樂十四年圮于水正統四年重建成化十七年水復壞其半知府劉元修復**鶴冲上橋****鶴冲下橋**上二橋俱永樂間圮正統五年重建尋復圮成化十年知府馮孜知縣王拯復建**東保橋**洪武十六年里人陳義甫建**新鋪橋**正統九年邑人沙彥清重建天順二年圮

校注：①木

乎水成化十年知縣王拯重建上五橋在二十八都巳上三十三橋俱府城東

神安橋在四十三都宋紹興二十九年邑人上官端儀建

花橋宋紹興間建紹定間燬于兵元至正中重建後圮國朝天順元年里人龔壽孫復建

神碶橋成化三年里人龔永達等建

高爐橋成化十七年里人寗永瑛等建上三橋在四十五都

晝錦橋在四十六都宋皇祐中建元至正十二年火國朝洪武初重建永樂十四年圮于水成化十七年知府劉元命里人高應興等重建

官橋在四十七都宋紹興五年里人徐盎建後圮仍復建

飭溪橋在四十九都宋開禧中建淳祐十二年郡守梁寀重修隨圮于水寀復建國朝永樂間又圮于水上七橋俱府城西

通泰橋舊名至善後改今名永樂元年同知侯澄重建天順二年圮六年知府何友復建邑人僉事鄭允隆爲記成化八年又圮十七年知府劉元募官好義者累石爲址架而壘之

仁遠橋宋紹興五年郡人李文壁

建朱文公題扁上二橋在武寧門外中營橋在二十九都元至正五年里人黄緫建藥師橋在三十都洪武四年里人昊以忠建成化二十年郡人危得和重建陳家灣橋在三十一都元大德七年里人馮元亮建南橋在三十二都洪武十八年鄉人黄子受建三溪橋在三十三都元至正十九年里人謝均善建太和橋在三十四都永樂八年鄉人蕭子忠重建已上八橋俱府城南石鼓橋元天曆間里人傅安建國朝永樂十四年圯宣德中知縣鄒良重建成化八年又圯知府馮孜復建北浮橋舊在上流百餘步扁曰望仙後廢宋淳祐十二年郡守葉寀重建元至順間又廢國朝永樂九年僧綱壐外重建移今所成化四年又廢十年知府馮孜重建後又廢十四年知府劉元重建平皐橋正統九年郡人段文昇重建賽羊橋曾沱橋上五橋在樵川門外謨口橋元至正二十年里人葉榮建鎮龍橋天順間知

廟何支重建上二橋在五十一都

何祿坑橋景泰二年邑人陳彥禎等易建以石

延陵橋成化二十年郡人吳仕禎建上二橋在五十三都已上九橋俱府城北

容溪渡在二十一都

吳屯渡在二十二都拏口驛前上二渡宣德間邑人元辛保置舟仍給田租七石以贍舟工

新屯渡在二十七都

水口渡在水口寨上四渡俱府城東

灑口渡在十三都盧田口上三渡官設舟以濟

黃溪渡在黃溪口宣德間郡人段文讓置舟并田租十石以贍又搆屋為行旅止宿之所

綉溪渡在綉溪口宋里人尚書謝源明置舟以濟後廢國朝洪武十三年郡人饒伯達復置舟上二渡在十五都

義渡在十六都朱坊洪武間里人朱妙休置舟并僱工以濟已上四渡俱府城南

中和渡在府城北大乾鋪前舊過勛溪渡又過求崇渡成化十六年知府劉元以勛溪歲有覆溺之患遂改渡於此勛溪求崇二渡俱省

危家渡在府城東北八

都

樵溪渡 在樵溪門外今有浮橋郡人周文通詩蘆荻花殘一雨晴寒江晚渡有舟橫帆移浦口琉璃滑棹入波心翡翠明日暮恍如天上過月明還似鏡中行蓬窗穩坐詩情愜颯颯秋風兩鬢生

泰寧縣

利涉橋 在縣治南舊在上流二十步許元至正十二年燬于兵國朝洪武初知縣陳摛遷今所石址木梁釃火爲五道六年知縣何天衢覆以屋凡四十八楹永樂十九年水壞其一址尋修復之正統十三年燬于寇景泰五年縣丞劉盛作浮橋以濟天順四年知縣張恒仍舊址復建成化十七年知縣范瀚重建

朝京橋 在縣治東北半里許元至順間建後圮國朝洪武二十八年知縣張仲達重建永樂十八年圮于水天順六年疊石爲址而梁以木成化五年水又壞其半知縣徐琛命邑人黃受榮等復修邑人御史葉茂爲記

晝錦橋 在縣東街尾舊名東橋以葉祖洽書晝錦歸因改今名至正間燬

安泰橋 在水南保一名延福洪武三十一年縣丞甘道重建長一十四丈五

尺

朝天橋洪武三年重建

迎爵橋宋淳祐間鄉人蕭試甫建石址木梁長二十五丈有奇元至正間兵燬國朝景泰三年仍舊址架梁其上上二橋在朱口保

瀛州橋宣德二年里人將孟和建成化二年里人楊秉中等重建

黃公橋元天曆間建國朝洪武二十七年鄉人鄭均祿重建并搆亭於其上上二橋在梅林保

安濟橋在交溪保元至正間建國朝洪武二十五年知縣龔才善重建永樂十八年復圮于水

龍湖橋元至正二十四年邑人謝申重建

昇平橋永樂十九年里人黃源令建

錦溪橋正統四年邵武衛指揮胡興建上三橋在龍湖東保

山夾橋在福山保已上十橋俱縣東

隆興橋成化五年知縣徐琛重建長二十丈有奇

福興橋宋端平間邑民鄒氏建石址木梁國朝洪武九年知縣定定搆亭其上成化十七年里人江景良等重建上二橋在水南保

上衢橋在永興上保永樂五年邑人楊真重建

下衢

橋在永興下保元延祐間鄉人江大老建國朝洪武三年邑人徐月山重造

仁壽橋在仁壽保元至正間鄉人廖均保建國朝成化九年鄉人吳志祥等重建

開善橋在開善上保洪武九年鄉人江馬三建

均福橋石址木梁洪武三十年道士吳益祖構亭其上

福冲橋元天曆間圯後鄉人李茂輕重建上二橋在水南保已上八橋俱縣南

瑞溪橋元至正十二年鄉人楊勝甫建國朝永樂七年里人李月堂重建

神仙橋景泰二年里人李景頹建上二橋在瑞溪保

上高橋在上高保元至正七年鄉人曹孟甫建國朝正統二年僧係堅重建成化十七年僧普祥復重建

長興橋洪武十七年里人蕭馬等重建

白鶴橋元至正間里人馮千五建國朝正統六年里人馮伯亭伯善重建上二橋在長興保

將溪橋在將溪下保元至正間建國朝永樂十五年里人蕭繼寧構亭其上

杭橋在福興下保元至正間里人立仲鄉建已

上七橋俱縣北**雙溪渡**在縣西梅口保元至正中里人顏均慶置舟仍贍以田十餘畝今官設舟以渡元黃元實爲記**青州渡**在縣南開善保

建寧縣

鎮安橋在朝天門外宋紹定元年縣令趙紡夫建累石爲址者七爲屋楹者百有四中爲放生亭東爲濟川庵元至正二十一年邑士馮真卿重建　國朝洪武三十年燬永樂十八年邑人廖彥擧等重建正統二年圮三年復建**東拔橋**宋咸淳中建　國朝永樂十三年廖彥擧等重建成化十五年邑人徐橲溫復建上二橋在縣治東**容駟橋**在縣治南水南街宋乾道八年建慶元五年縣令趙師棠脩　國朝宣德元年重建正統二年廖彥擧等復建**拱辰橋**宋淳祐中建扁曰莊武　國朝洪武十四年知縣崔士①昭亭其上更今名天順五年主簿丁暹命邑人陳仕澄等②里建**龍勝橋**　**萬達橋**天順八年里人丁永深募衆重建上三橋俱在縣治北拱辰門外

校注：①昭　②重

楓坑橋永樂五年主簿譚克敏建天順五年主簿丁暹復建三溪橋永樂五年譚克敏建天順五年丁暹重建成化二十年邑人宋鑑重建袁莊橋龍津橋上二橋俱永樂三年知縣趙伯潤建已上四橋俱在縣東洛陽保查口橋在富田保正統間邑人劉自善等建景泰間里人王文弼等復建龍湖橋在新城保宣德二年建磜下橋在里心保水南橋在上黎保景泰元年鄉人黄道堅建錦坑橋在銀坑保上五橋俱縣西渭嶺橋吉溪橋景泰五年邑人連德寅建上二橋在長吉保新安橋在都上保景泰五年建鐃溪橋在鐃村保上四橋俱縣南泄下橋在黄溪保舊名黄溪橋宣德間重建天順元年鄉人劉六三等復建溪峯橋在藍田保宣德八年邑人徐汝受建青雲橋在青雲嶺下宣德四年邑人陳仲榮建上三橋俱縣北下渡浮橋在縣治東宋開禧三年縣令鄭繼道建因

名鄭公橋後廢為渡名下渡今為浮橋以濟

三澗橋在縣東黄舟保宋司理張𢽾義建因名張公橋今廢為渡

東門橋在里心保洪武十二年巡檢咬住建今廢

槎江橋在富田保宋咸淳間建今廢上二橋俱縣西

通濟橋在縣治南儒學前後廢為渡名中渡

利涉橋在縣治南門外宋紹定二年縣令趙紡夫建浮橋淳祐中縣令廖邦傑題扁後廢為渡名石壁又名上渡已上六橋俱廢

竹洲渡在在城保

蘭溪渡在都上保上二渡俱縣東

楓演渡在縣南長吉保上二渡俱官設舟以濟

光澤縣

平濟橋在朝宗門舊名東渡橋宋嘉定中建元至正十二年燬于兵

絃歌橋在鼎魁坊元泰定元年縣尹況逵建以其隣於學宮故名至正六年主簿胡日新重建

弘濟橋在惠濟坊舊名西渡橋宋元祐四年縣令魏閎建後圯于水嘉定五年縣令徐杰以石重建因名徐

公橋元至正十九年燬于兵 國朝洪武七年主簿李祥重建成化四年知府盛顒復重建改今名俗呼杭橋

西**杭橋**在弘濟橋西北跨杭溪宋嘉定五年縣令徐杰建元至正二十年燬于兵 國朝洪武七年重建永樂三年圮八年邑人黃孟舟等重建或云舊名西渡橋即弘濟橋未詳

通濟橋在縣市杭頭宣德八年主簿曹仕原建上覆以亭名環翠

陳家橋元至正間里人陳千三建因名後圮 國朝永樂八年更建以石

石捲橋元至正二十四年里人危文昌等建

永豐橋宋建元燬 國朝洪武二年重建

黃溪橋元至正間建後圮 國朝永樂十六年里人高用復建

官橋洪武三十年里人高彥輝重建上五橋在二都

路口橋洪武九年邑人黃均曙重建

九里橋洪武十三年僧靜逸建後圮宣德八年杉關巡檢陳洪重建元危昂霄詞晴虹十丈跨杉溪偏稱夜涼時我來正值一灘月響萬木霜飛謫仙不住人間世此恨有誰知何人畫我倚闌得句

聽水忘歸上二橋在九都已上十橋俱縣西

萬安橋　在十都舊名清化元至正六年縣尹朱萬初重建十九年燬于兵　國朝洪武九年知縣林孔孫重建復圮永樂十六年邵武總旗李用琢重建尋又圮宣德四年主簿沈宗重建八年水　又圮其半縣丞張覆修復訓導朱徽為記

東西橋　洪武十三年建永樂十四年圮十五年里人高伯榮重建

華①橋　洪武七年建永樂十六年重建

邑橋　洪武六年建上三橋在十五都

通濟橋　在十七都宋宣和六年里人嚴伯和妻陳氏建因名嚴婆橋淳祐十二年圮于水　國朝洪武二十六年重建復圮景泰五年邑人黃文亮等更建以石改今名

崇仁橋　元建後圮　國朝洪武二年里人上官壽安改建以石

徑山橋　元至順二年建至正十二年燬　國朝永樂八年邑人黃孟珦等重建上二橋在十九都已上七橋俱縣北

望仙橋　在縣東南三十都元至正八年縣尹朱萬初建

通濟渡　即東渡在縣治東

大販

校注：①華

渡在二都西溪　鎮嶺渡在一都　崇仁渡在十九都宋淳熙十四年里人上官邵叟捨田買舟以濟　茶富渡在二十六都上三渡俱縣北

興化府

莆田縣

兼濟橋在府治東北舊寧真門外初名寧真宋太平興國八年建其下僅通流水而已　國朝成化三年知府岳正疏郡城裏河改建石橋釃水為三道更今名上覆以亭亭南北各為坊三南坊扁曰忠貞街北坊扁曰壽康街東兩坊扁曰河南堤西兩坊扁曰河北堤　望海橋在望海門外宋邑人林國均修舊以木為梁國朝天順五年知府潘本愚易之以石　章公橋舊為斗門宋崇寧二年通判章炳文造因名紹興十四年知軍汪待舉重修為斗門三間陳俊卿有記後廢為橋元至正十二年僧覺真重修增其址二尺而構亭其上橋東建觀音堂進士顧承慶為記上二橋在東廂

蓮塘石橋去府城三里許舊以木為之正統十三年里人曾用敬伐石重建叅議黃常為記

熈寧橋舊為白湖渡熈寧間始議造舟為梁古讖云白湖腰欲斷莆陽朱紫半鄭僑詩千尋水面跨長橋隱隱晴虹卧海潮結駟直通黃石市連艘橫斷白湖腰靖康元年郡守江常合衆力甃石累址繼守張讀續成之欄楯兩旁其脩四十尋廣二十之一亦名通濟徐師仁為記時有議欲移橋於木蘭陂之下者邑人林國均以為不若今所江闊岸平無喧豗撞擊之患遂用其言而橋卒成

冲溪第一橋

第二橋

通津橋成化初知府岳正重建

岳公橋成化二年知府岳正開溝浚塘東之水以溉湖公南力二里之田因創橋民號岳公橋林文為記上五橋在胡公里

涵①口橋成化二年知府岳正建

新渡橋

厝柄橋上三橋在南力里

樟橋宋淳熈十六年僧日山建

滆水橋淳熈四年里婦陳萬一姐建

濟龍橋

咸淳

校注：①涵

橋宋咸淳間建 國朝正統間知縣劉玭脩塘頭橋淳熙十年王銘建上五橋在景得里熙春橋在谷清里元至正二十五年里人吳信妃建東埭前橋天順間士民士①行安捐貲重建石埠橋成化十七年鄉人郭士清募衆重脩普濟橋在皇跦天順八年鄉人朱尚勤募衆重修上三橋在連江里化龍橋在莆田里元延祐四年僧龍源建 國朝洪武十八年僧空隱修寧海橋元元統二年龜洋寺僧越浦始累石為橋長一百□十丈橋南北各度以亭復建招提用備憩宿名曰吉祥未幾為洪水齧去其累者十七 國朝洪武三十三年同知徐源命僧湖江及空隱霞城曰可等募緣重建歷十餘年而始成九招提亭宇悉新之檢討三山王偁邑人林環皆有記莆諸橋功力之鉅此為第一寧海前橋聖墩橋上二橋俱宋承信郎李富建已上三橋在孝義里蘆浦溝西橋成化二年知府岳正重建龔墩橋新溝

校注：①王

橋

過渡橋

歐家前橋 上四橋俱李富建已上五橋在延興里

四翁溪小石橋 宋咸淳四年鄉人陳芹建

杭下溪小石橋 宋德祐元年僧普吉建

綬文溪四翁橋 在印山下流如綬帶故名陳中詩峯巒列衛山如印溪澗來朝水似文

文江舊橋 在龍山西上四橋在武盛里已上三十三橋俱府城東

城南第一橋 在迎仙門外舊以木為梁宋紹興十七年建亭有華表扁曰惠一後改一為益今俱廢天順五年知府潘本愚易橋梁以石

第二橋 在第一橋之南舊有華表扁曰惠二今廢

繼志橋 洪武十五年里人黃老圓建上覆以亭

県頭橋

溝口橋 上三橋在惟新里已上五橋俱府城南

使華橋 在府城北西有使華亭興化縣令立鐸為記今俱廢

龍橋 在塘東元大德十一年鄉人戴福建

水口橋 大德間里人戴祐建因名戴橋

下橫港橋 大德間里人黃德明

建後為海湖所①壞國朝景泰六年里人戴旭以修海②堰餘貲遷建**水通橋**初名龜塘橋以其通永豐通津二斗門之流改今名永樂間里人寥良驥③建天順六年其子崇登脩上四橋在惟新里**新塘橋**在安樂里宋淳熙二年鄉人李十二秀等建**桃梨江橋**元至正三年鄉人徐二秀建**小嶼橋**宋景炎元年鄉人劉端明等建上二橋在禮泉里**小石橋**在合浦里庄頭村宋淳祐四年鄭郡馬建宋時要宗室女俗穪為郡馬鄭逸其名已上八橋俱府城東南**永豐塘東斗門橋**　**永豐塘西斗門橋**上二橋俱唐貞觀元年邑人方常卿建**南寺前橋**　**南寺東橋**二橋舊皆有亭**南門外栁橋**上三橋在南廂俱李宗建**元豐橋**在南廂亦曰上杭橋俗呼杭頭橋在施水亭之東施水亭即今錦亭舊温泉渡後為浮橋宋紹興二十八年轉運使姚沇始建石橋提刑樊光遠郡守朱定國相繼脩治林大鼐為記紹

校注：①壞　②堰　③驥

熈二年郡守趙彥勵更造并建護橋庵今廢迴瀾橋在木蘭陂之右紹興八年僧官李宏建因築木蘭陂成故名國朝永樂十一年通判董彬重修花亭橋在文賦里元至正六年建國朝永樂十四年張圓覺重修而覆以亭上二橋俱府城西南瀨溪橋舊為莆陽渡當南北要衝宋紹熈十三年始造浮橋乾道三年郡守鍾離松於下流百步山峽間作舊基建橋弗就淳熈十年魏國公陳俊卿郡守林元仲募衆移建于此方秉白為記橋北有魏公祠堂今廢猴溪橋成化二年知府岳正重建上二橋在文賦里已上十橋俱府西南後埭通監橋在府城拱辰門外宋李富建舊為木梁國朝天順五年知府潘本愚易之以石猿臂橋猿臂下尾橋陳家口橋魏厝前橋上四橋在延興里魏塘西橋吳刀橋澄渚橋宋紹興間始造石梁已上七橋俱李富建澄墩橋天順七年

主事黃訑募衆重建鐵沙橋成化二年知府岳正重修上五橋在仁得里陳倉下七間橋李冨建僧德全重建國朝洪武三十二年僧晦中修景泰六年里人姚福德重修大洋橋初為木梁正統五年姚福德始易以石成化二十年里人募衆重建上二橋在孝義里楊公橋洪武十五年僧永谷建仙人橋在紫霄巖前後改名聽泉白杜橋李冨建上三橋在尊賢里延壽橋舊名知政橋俗呼渡塘橋橋下溪流無聲其紗鼎明如玉按舊志昔有瞽者過此掬水而飲曰是間當出狀元至白杜家塾見侍郎方會曰此兒骨相當作狀元翌日又遇尚書徐鐸曰此真狀元也昨日者非後果然宋建炎元年建紹興二十年改今名國朝正統五年推官吳思諒重修方熙為記下溪頭延壽橋李冨建上有亭今廢上二橋在常泰里新港橋舊為渡宋建炎三年始建橋國朝宣德十年主簿唐禮重修新橋亦名龍橋清溼橋舊名涵①頭

校注：①涵

市橋吳坂橋　劉厝前橋　真人宮前橋　李埔尾橋
上六橋俱李富建已上七橋在延壽里澄渚瀨頭橋　埔頭橋上二橋在興教里俱李富建
四馬橋元至正三年僧古月建江口橋在迎仙市東界莆田福清二縣間南一半屬莆田北一半屬福清東西二溪所會傍曰龍津亦名尚陽宋淳祐二年建元延祐間圮至治三年福清州知州趙煥鄉經畫重建泰定元年始訖功　國朝洪武二十七年復圮莆田知縣王文焯命僧空隱修之不逾紀而石梁中折興化府知府周宗璲復命囊山寺僧宗清等修之未幾石梁再折者六宣德六年縣丞葉淑文仍命僧求清等修之橋舊三十四間溪闊門狹水勢奔突易於衝嚙遂䟽為六十有四增其高廣邑人顧文為記天順元年知府潘本愚重修方熙為記成化二年知府岳正以分巡僉事劉子肅罰贖之積撤①其舊址之傾圮者加甃以石而高大之正自為記十年同知習襄十五年知府劉澄

校注：①撤

亦嘗修治林誠為記

迎仙橋舊為迎仙渡宋建炎三年僧祖遜覩洛陽橋規畫砌建釃水為二十四道牓曰龍溪今廢

蒜溪橋在迎仙驛北十里亦名道者橋此橋以地理計之當在福清縣界姑依舊志録之

桃源橋在迎仙市西今廢上五橋在待賓里

報親橋在廣業里已上三十二橋俱府城東北

漁滄橋宋熙寧二年太守趙彥勵重建今廢

龍橋

道堂橋上二橋俱李富建

林店溪橋

妙寂寺前橋

駕龍橋在莒溪紹興二十年僧慧寂建上有亭

尉斗橋淳熙三年僧無了建上亦有亭 國朝洪武十三年僧月庭重修已上七橋俱在府城西北常泰里

仙遊縣

卧龍橋舊名萬安亦名安利俗曰東渡橋在縣東三里石鼓山之麓宋嘉定初邑人陳讜命僧守淨募衆砌建而亭其上為間凡三十又六 國朝永樂間燬成化元年翰林檢討鄭紀致

仕訓導柯溙倡邑人陳俊明等凡千餘人合財重建仍亭其上以其勢崢嶸如龍卧淵中且其地於邑屬東方七宿而鄉人又以紀在告中方之卧龍焉合是三者更今名紀有建橋記八年夏北岸馬頭為霖潦衝齧知縣黃燦命工增闢三門以疏水勢學士柯潛為記十八年北岸第四門二數壞亭宇一間隨之而圮紀復謀知縣彭昭修之

石馬橋 宋嘉定間陳讜命僧守淨募衆建僧碩菴師傑共成之上覆以亭為間六十有奇元末火國朝洪武二十五年僧方石募衆重建仍亭其上為間凡四十又四復圮於水今石址尚存

俞潭橋 一名石雲宋嘉定間僧師傑建國朝正統間典史葉本捐俸銀三十兩命僧倡衆建上二橋在香田里

拱橋 一名賡橋在鐵山正統九年鄉人陳德新捐貲搆建其下洩水之甃疊石為彎門如人拱抱之狀故名

通津橋 在東門村宋寶慶二年邑人迪功郎林公麟建

三坑橋 元至正二十七年僧方石募衆建上三橋在折桂里已上六橋俱縣東

曾仙橋

在孝仁里大坂村宋乾道初邑人劉文野僧妙隨建林①毅傅學詩僧紹傑募衆重建上構亭三十三間陳讜為記國朝洪武五年圮於水十年龍華寺僧東濵重修

大濟橋在大圳宋崇寧二年建紹興五年重修韓任為記後圮於水邑人寺丞葉彥炳漕元潘夢登貢元陳大川重建國朝成化六年里人鄭必謙復募衆修之

御史橋在上坂村宋熙寧十年建御史王田墓在焉因名上二橋在善化里

蔣溪橋在養志里宋邑人林革建縣以石為梁自此橋始

鹿鳴橋在碧潭塔菴之東舊名石碧宋邑人提舉葉元璘建後改名東溪成化七年圮於水十一年邑人鄭紀倡士民吳廷瑞等重建落成之日有鹿鳴故易今名

古瀨橋宋葉元璘建

朝天橋舊名中嶽在中嶽院之右舊廢正統五年邑人鄭恒淑捐貲重建改名嵩溪成化十年圮於洪潦十一年其子紀倡衆重修②乞流之③敦二洩水之門三其上有亭橋成紀適以丁內艱服闋將朝京師鄉人因易以今名郡人林誠為

校注：①毅　②屹　③墩

記

步雲橋 在朝天橋之西數百步成化八年鄭紀捐資率衆剏建鄉之人士登雲路而入京師者皆道經於此故以為名

登瀛橋 在朝天橋上流步雲橋之北數步許成化十九年鄭紀率衆建既落成而紀適北上鄉人以其將復登瀛洲也故以為名

高田橋 在高田院前唐咸通二年建鄭良士詩到此溪亭上浮生始覺非野僧還惜別遊客亦忘歸月滿千岩靜風清一磬微何時脫塵俗扙履頤相依上六橋在萬善里已上十橋俱縣西

仙溪橋 在南溪舊名昇仙一名南橋宋紹興八年邑人朝奉大夫陳可大捐貲倡造元大德至大間王應辰陳甫孫僧藏澗重修國朝景泰元年里人弟宏賛張邦重同僧平淵復修橋南舊有陳公祠堂

新橋 在石碑宋宣和二年里人朝奉大夫林一鳴朝散傳①桴請②卓道者募衆建

建安橋 宋紹興間知縣陳高改道建橋邑人以高建安人因以為名後卓道者重建雙林寺僧紹趨重修搆亭其上今圯

鮮溪橋 在舊雙林寺前邑人浴溫泉者

校注：①傳　②請

道經于此成化八年重修

和美橋一名虎尾橋在羅埔村宋建炎四年建上五橋在永興里

聖泉橋舊名鞏橋在孝仁里聖泉村元至正三年建

清澤橋在連江里太平橋西南上有亭成化十一年户部郎中陳遷率衆建已上七橋俱縣南

黄橋在縣比功建里黄橋村宋景德三年建

沙溪市橋宋慶曆初邑人洪忠捐家貲建

登仙橋在顧店村宋時建 國朝洪武間龍華寺僧東溟募衆重建上二橋在香田里

太平橋一名金鎖橋在楓亭市雙溪所會橋狀如曲尺宋慶曆元年邑人洪忠捐貲建沙溪太平等凡七橋蔡襄為路漕奏補本軍助教

坑邊橋舊以木為梁歲久幾圯 國朝正統間里人鄭彥輝倡僧募衆易之以石焉

雙溪橋在雙溪港頭上三橋在連江里巳上五橋俱縣東南

通僊橋舊名城山橋在孝仁里城山村宋宣和六年長者劉實傾家貲造石梁十四間復亭其上知縣林渙為記

延慶橋一名楊梅橋在金沙村宋紹興

八年謝嬪游氏建陳讜為記

馬山橋在馬山之下成化十九年里人吳尚玉建上二橋在仁德里巳上三橋俱縣西南

仙水橋在仙水廟前宋崇寧元年林長若建紹定七年圮於水郡守趙汝固嘗為邑丞丐夢仙水廟有十九年再求之語後守此邦果符其夢遂捐金倡成之

金馬橋舊名石馬在文殊院前亦名文殊橋紹興十年蔡推葉繼益建上二橋在常德里

拱橋在興賢里黨西村宋開寶五年建

郭洋橋

龍津橋在長嶺下宋時半嶺黃氏建慶元三年圮於洪潦邑人迪功郎謝廷名居士黃鵬重修陳讜書額

東林橋宋開禧二年貢士謝懿德林衡建

鯉湖橋在鯉湖道南

蕭橋在舊平坂鋪之北蕭氏建

白皃橋鄉人陳彥正偕族人創建

銀巖橋在興化縣址西南宋知縣施禹功建開禧元年迪功郎伊鼎重建未就而沒三年知縣陳嘉始成之

恩波橋舊名東郭宋崇寧中郭氏建歲久漸圮嘉定元年知縣陳嘉易而新

之壽峰橋上二橋在興化縣址之東忠愛橋宋紹興中知縣丘鐸建上十橋在興泰里已上十三橋俱縣東北登雲橋在闡賢里耶湖宋天聖五年建官成橋宋淳祐二年建梁谿橋舊名上余橋宋乾道間邑人余滉捐貲建嘉定間火滉之孫募衆重建飛鳥橋宋建炎間邑人陳安國建龜峰橋在龜峰之下宋天聖三年建神堂橋在神堂村宋淳祐三年建上五橋在善化里環碧橋在汾陽大勲山下宋紹興二十一年里人李仲舉建上覆以亭雙濟橋在九座村宋寶祐四年邑人紀一洪捐貲募衆建縣尉黄岩孫為記九座橋宋天聖二年僧法本建侍者橋在九座山下宋天聖三年僧大辨建上四橋在興賢里已上十橋俱縣西北

福寧州

本州

赤岸橋 宋皇祐五年僧文果募緣剏南北海船皆萃於此 國朝成化十年知州劉象命耆老吳汝哲等募緣重建扶欄

迎春橋 在州治東門外以木為之

閘頭橋

阮當橋 在一都郡人阮當捐貲修建因名

藍溪橋 在一都唐乾符三年建

石湖橋 在蕉江里里多溪蚤曲互流昔有王氏號仙源者始剏石橋橋歲久而圯成化十六年里人高宏募緣重建并搆亭其上凡九間已上六橋俱州東

金波橋 宋嘉定十六年縣令揚志剏建石橋 國朝成化十年知州劉象建亭其上

乘駟橋 在秦溪門外

通津橋 郡舉子赴試者必經此橋故名又橋在臨水祠畔俗因呼夫人橋上三橋俱州西

南門橋 在寧化門外宋淳熙五年進士許晟募眾建今僅存二梁

安民橋 在四十一都安民里宋政和元年鄉人揚師隆等募眾建

淤溪橋 在五十二都大金山其流峻急民苦艱涉元至元三年寶巖僧妙峯捐貲率眾就兩崖間疊石

爲址而梁以巨石國朝洪武二十年禁大金城石為官軍所①折正統四年鄉人築土砌石以通行者

戴假橋 距州二里歲久石址欹側鄉人募衆重砌俗呼新橋其下舊通潮今下流堙塞潮不能至矣

攀龍橋 在昭賢里元至正二年里入縣尉林洪倡衆建上覆以亭溪舊名龍溪因名橋曰攀龍亭舊有聯句云大丈夫乘駟馬以凌雲亨衢萬里聖天子駕六龍以御極壽域八荒

登仙橋 在霞浦其水出自藍峯舊名藍峯橋俗傳嘗有仙翁飛昇於此故改今名

綵紅橋 在建善寺左橋之下溪水清泚州人染五色者於此浣之其色鮮明故以名橋

朝天橋 去州十里凡仕宦北上者皆飲餞於此故名巳上八橋俱州南

龍首橋 在州治北門外永樂十四年州人募衆建初以木爲梁今易以石

飯溪渡 在州東五十里

鹽田渡 在州西三十五里南海之濱

寧德縣

鄭公橋 宋紹興三年知縣鄭芾建

天津橋 在儒學前成化十五年縣丞潘

校注：①拆

璇建上二橋俱縣東惠政橋宋元祐二年建上覆以亭上三橋俱在一都藍橋在二十二
都正統二年建已上二橋俱縣西鵬程橋宋元祐五年建澤民橋　鳳仙橋
上二橋俱宋治平三年建聖堂橋元祐二年建上三橋在一都飛鸞橋在二都飛鸞嶺
宋淳熙三年建上五橋俱縣南朝天橋宋元豐元年建其上有亭登瀛橋宋宣和元年建
三元橋元大德元年建崇德橋正統二年建上四橋俱在一都趙公橋宋淳熙二
年知縣趙□建麒麟橋永樂十五年福林宮道士倪欽重建上二橋在四都普濟橋在鳳
山寺前唐咸通二年建千佛橋在穹窿溪上宋太平興國四年建上二橋在十二都已上八橋
俱縣北溪口渡在縣東五都西溪渡在縣西九都飛鸞渡在縣南二都
溪南渡在四都東墻渡在七都童境渡在八都青崖渡在十三都

上四渡俱縣北

福安縣

甘棠橋 在縣治南元至正三年縣尹趙元善建國朝永樂十二年知縣周南重建正統十四年構亭其上成化五年橋圮於水十九年福寧州同知馬迪署縣事捐俸復建橋畔有池曰金塘亦名鳳眼

留江橋 在□□都宋紹興十年里人阮楚建淳祐十一年里人阮昇重建

龍首橋 元皇慶元年主簿胡璉建

卓坂橋 上二橋在十八都

道者橋 在□□都元至順元年縣尹高琛建已上三橋俱縣西

登龍橋 在二都宋乾道五年建淳祐十年知縣林子勳重建邑人繆蟾赴春試嘗飲餞於此及第進士第一而歸鄉人因以登龍名橋

通濟橋 元皇慶間主簿胡璉建國朝成化五年圯于水鄉人募衆重建

壽山橋 在溪南

玉峰橋 宋淳祐七年里人陳昂代石砌建

合掌橋 元至正元年里人劉玉峯建

化蛟橋 在二十六

都宋元豐間早①鈞登進士第邑人因以化蛟名橋国朝成化五年圮於水鄉人募衆重建已上六橋②俱縣南

梯雲橋在十都上有亭洪武十二年鄉人林□□③

沙潭橋在六都以木為梁建亭其上凡二十一間下有盧湫神物居焉正統初里人林宗遠建

水南橋在十都覆之以亭

龜靈橋在九都上亦有亭已上四橋俱縣北

貴登橋在縣東南□□元至正四年里人孫子玉建国朝永樂十一年里人孫孔文重修

玲瓏橋在縣西南二十三都巖港為石墩凡百餘今圯

伏虎橋在縣東北西峯寺前

棲雲渡在五都有亭號曰碧雲

塡頭渡

坂頭渡

長汀渡

富春渡

龍潭渡上六渡俱縣西

高家渡

任家渡天順二年邑人林子仕歉置有亭以庇候④者在□□□

白沙渡

灘頭渡在三十四都

下邳渡在三十六都

水北渡三山續志水作來

官家渡

校注：①卓 ②橋 ③建 ④候

上二渡在二十都藨村簡崎渡在二十九都蘇江渡在三十一都上八渡俱縣南

澄頭渡在十都湖塘渡在七都巖湖渡在四都白石渡在□□

黃崎渡在□都已上五渡俱縣北武溪渡三山續志載此渡而縣志不載未詳

八閩通誌卷之十九

八閩通誌卷之二十

食貨

民惟邦本而食貨則所以養其生資其用者也閩地負山濵海平衍膏腴之壤少而崎嶇磽确之地多民之食出於土田而尤仰給於水利民之貨出於物産而尤取資於坑冶凡是數者非獨民賴以生而土貢財賦亦由是而出焉嘗考之於史唐之時民物猶未甚蕃故其貢賦亦未甚夥及王氏僭僞遂以區區數州之地而供宗

廟百官之費尋復兄弟相殘分裂割據百役繁
興用度不足乃增田畝山澤之稅至於魚鹽蔬
菓無不倍征民之財力至是竭矣宋興猶未能
盡革南渡以來軍國之需皆仰給於江南供億
繁重固其宜也至我
國家稽古立法貢篚有常賦入有等而凡前代一切無
名之征始盡除矣書曰庶土交正祇慎財賦此
有虞之所以盛也詩曰大東小東杼軸其空此
周室之所以衰　於此有以見民物之登耗賦

貢之繁簡而世道之隆替係焉豈細故哉乃志

食貨

戶口

福州府

唐戶三萬四千八十四 口七萬五千八百七十六 宋戶三十萬八千五百二十九 口五十九萬五千九百四十六 元戶一十九萬九千六百九十四

國朝戶九萬四千五百一十四 口二十八萬五千二百六十五 閩縣戶二萬七十五 口五萬八千四百四十八 侯官縣戶一萬八百五十四內寄庄八百五十二戶 口二萬二千七百一十六 懷安縣戶八千九百五十七 口一萬九千一百五十三

長樂縣戶一萬六千五百五十口五萬四千二百六十二

連江縣戶五千九百有八口一萬六千八百一十七

福清縣戶二萬一千八百四十八口七萬八千五百二十三

古田縣戶七千八十五口二萬一百一十二

永福縣戶一千二百一十八口三千二百七十三

閩清縣戶九百有三口三千八十二

羅源縣戶一千九百三十七口六千一百八十七

建寧府

唐戶二萬二千七百七十口十四萬二千七百七十四

宋戶一十九萬七千一百三十七口四十三萬九千六百七十六

元戶一十二萬七千二百五十四口五十萬六千九百二十六據元史修

國朝戶一十二萬二千一百四十二 口三十九萬三千四百六十八 建安縣戶一萬一千四百九十二 口五萬五百有六 甌寧縣戶二萬五千二百一十三 口八萬四千九百七十四 浦城縣戶二萬一千一百五十六 口六萬一千九百三十四 建陽縣戶二萬四千七百五十五 口八萬三千九百四十七 松溪縣戶八千九百六十八 口三萬一千九百二十二 崇安縣戶一萬五百有六 口八萬三千九百四十七 政和縣戶六千八百 口二萬四千七百有四 壽寧縣戶三千二百五十二 口一萬一千六百五十一

泉州府

唐戶二萬三千八百有六 口十六萬二百九十五 宋戶二十五萬五千七百五十八 口

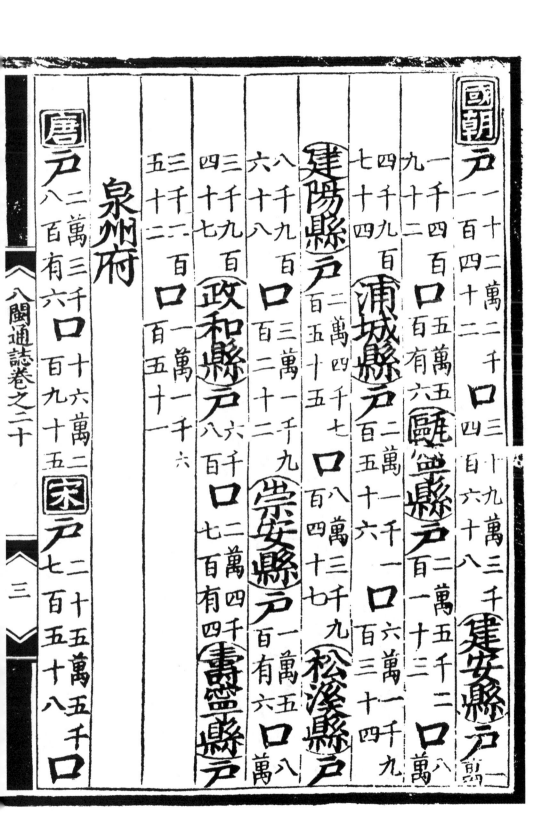

三十五萬八千八百七十四摭郡志修元戶八萬九千六十口四十五萬五千五百四十

五摭元史修

國朝戶四萬一千八百二十四口一十八萬八百一十三晉江縣戶一萬八千七十

九口六萬七千四百有七南安縣戶六千三百九十五口二萬二千三百四十

三同安縣戶六千七百一十二口三萬八千九百二十六德化縣戶

一千一百七十三口四千九百七十一永春縣戶一千九百有八口五千八百

六十六安溪縣戶二千三百八十口八千六百七十五惠安縣戶四千

五百有六口三萬二千六百二十五

漳州府

唐戶五千八百四十六口一萬七千九百四十據唐史修

宋戶一十一萬二千一十四口一十六萬五百六十六

元戶二萬一千六百九十五口十萬一千三百有六據元史修

國朝戶四萬九千二百五十四口三十一萬七千六百五十一

龍溪縣戶二萬一千四百七十六口一十二萬七千一百五十一

漳浦縣戶一萬一千五百九十三口六萬二千二百八十二

龍巖縣戶四千九百八十五口三萬九千六百有九

長泰縣戶一千五百五十口一萬六千三百六十

南靖縣戶四千五百六十八口三萬四千三百一十五

漳平縣戶五千一百八十二口三萬七千九百三十四

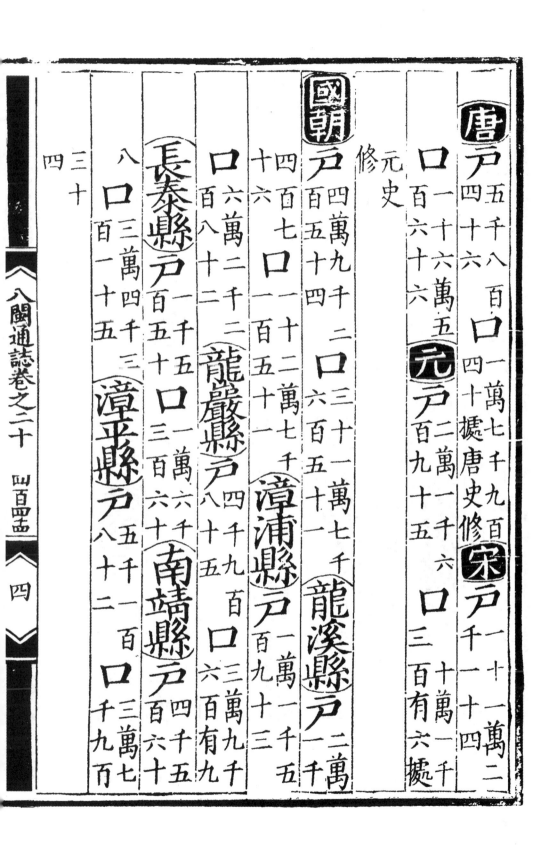

汀州府

唐戶四千六百八十口一萬三千七百有一據唐史修宋戶一十五萬三百三十一口三十二萬七千三百八十元戶四萬一千四百二十三口二十三萬八千一百二十七據元史修

國朝戶四萬三千三百七口二十五萬二千八百七十一

長汀縣戶八千八百二十二口四萬二千八百一十七

寧化縣戶六千五百六十五口三萬六千一百三十三

上杭縣戶四千六百五十五口二萬六千八百有一

武平縣戶二千七百三十口一萬四千五百九十七

清流縣戶八千二百二十三口五萬六千二百七十二

連城縣戶四千七十五口三萬五百六十九

歸化

縣戶五千九百有三口三萬三千九百一十七

永定縣戶二千二百九十八口一萬三千七百六十七

延平府

宋戶一十五萬七千八十九口二十九萬七千一百四十五

元戶八萬九千八百二十五口四十三萬五千八百六十九

國朝戶六萬三千五百八十四口二十三萬六千三百二十五

南平縣戶一萬二千二十七口五萬二千四百五十八

將樂縣戶八千三十口三萬四千六百八十二

尤溪縣戶一萬五千八百六十一口四萬八千一百八十九

沙縣戶一萬二千七百六十七口三萬八千四百一十八

順昌縣戶六千九百四十八

口三萬三千三百三十四永安縣戶七千九百五十一口二萬九千二百四十四

邵武府

宋戶二十一萬二千九百五十二口五十五萬八千八百四十六元戶六萬四千一百二十七口二十四萬八千七百六十一

國朝戶三萬九千六百四十四口一十三萬二千二百八十二邵武縣戶一萬九千六百一十一口五萬六千九百有三泰寧縣戶六千七百九十二口二萬七千二百一十二建寧縣戶六千四百二十六口二萬一千一百二十一光澤縣戶六千七百九十二口二萬七千四十六

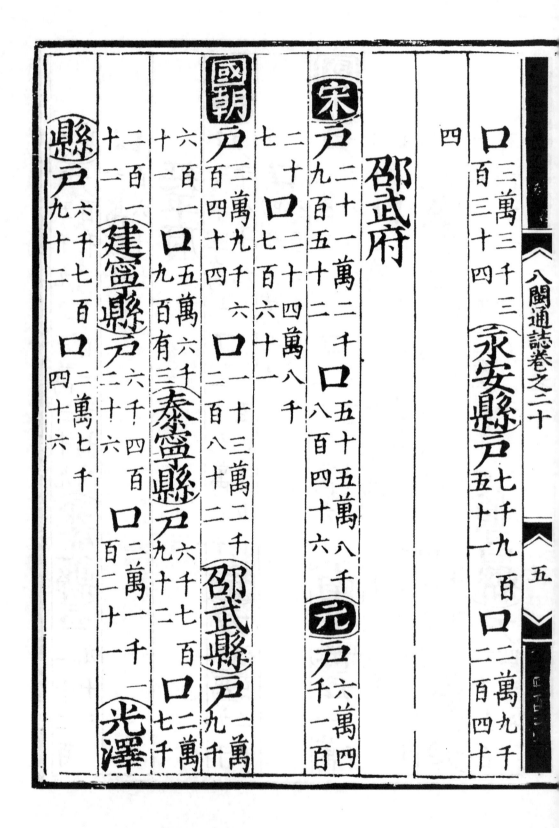

興化府

宋戶六萬四千八百八十七口一十四萬八千六百四十一元戶六萬七千七百三十九口三十五萬二千五百三十四

國朝戶三萬一千六百八十七口一十八萬有六

莆田縣戶二萬八千九百九十九口一十六萬五千四百七十

仙遊縣戶二千六百八十八口一萬四千五百三十六

福寧州

宋元本州及寧德福安二縣俱屬福州府

國朝本州戶六千二百口一萬八千三百三十五

寧德縣戶六千七百二十九口二萬一千三百二十九

福安縣戶七千四百三十口二萬八千二百五十九

土貢

福州府

唐蕉布　海蛤　文扇　茶　橄欖　宋荔枝乾　荔枝煎　生荔枝紹興初貢二十四年罷　紅蕉花布大中祥符天聖元豐元祐間俱貢紹興初以福清觀音尼院請罷　乾薑　沙魚建炎三年罷　鹿角菜　紫菜俱宣和七年罷　蕉乾建炎初罷　上供銀六萬八千七百四十一兩四錢　大禮銀每遇郊祀年別進奉九千兩　上供錢六千貫　無額上供錢一萬五千五百一十八貫七百五十文　上供軍器物料甲葉六萬八千九百一十五片黃牛皮九百四段六十尺羊皮一千八百一十二張一十尺　認發建寧府黃牛皮四十

八段羊皮八十九張泛抛每歲兩料甲葉三萬五千片黃牛皮八百段羊皮七百張已上並係通判廳收納起發

元

錦荔枝二十萬顆錦圓眼二十萬顆柑二千二百顆橙三千顆已上閩侯官懷安三縣貢掃鼠皮一百二十張福清州閩侯官懷安長樂羅源五縣貢沙魚皮一百五張福清州閩侯官長樂連江羅源五縣貢綉段一百疋納襖二百領刺白繫腰已上録事司歲造常月課上下半年驛送

國朝

段四百二十五疋合用荒絲一千三百二十八斤二兩藥味七百六十三斤已上俱各縣分納

閩縣荒絲二百三十六斤四兩弓三百四十八張弦一千七百四十條箭八千八百四十五枝雜皮二百九十張翎毛一萬二千根翠毛二十箇軍器料銀四百八十六兩六分一釐三毫

侯官縣荒絲一百四十九斤弓一百

八十九張弦九百四十五條箭四千八百六枝雜皮二十張翎毛九千五百
根翠毛一十五箇軍器料銀三百兩八錢九分六釐懷安縣荒絲
九十八斤弓一百三十五張弦六百七十五條箭三千四百三十枝雜皮一百六十
張翎毛八千根翠毛一十箇軍器料銀二百一十九兩八錢八分四釐
九毫五絲九忽四微長樂縣荒絲二百三十二斤弓三百四十二張弦一千七百
一十條箭八千六百九十七枝雜皮四百七十張翎毛九千三百根翠毛
二十五箇軍器料銀四百七十四兩四錢九分一釐七毫連江縣荒絲一百
五十斤弓一百五張弦二百二十五條箭二千六百七十枝雜皮二百五十張
翎毛九千五百根翠毛八箇軍器料銀一百六十二兩二分四毫九絲六忽

四微。福清縣荒絲二百八十九斤，弓三百六十張，弦一千八百四十五條，箭九千三百八十三枝，雜皮二百八十張，翎毛一萬二千根，翠毛三十箇。古田縣荒絲一百二十斤一十二兩，弓一百四十七張，弦七百三十二條，箭二千七百三十八枝，雜皮二百張，翎毛六千根，翠毛一十二箇。永福縣荒絲三十八斤一十四兩，弓二十七張，弦一百三十五條，箭六百八十六枝，雜皮一百二十張，翎毛四千五百根，翠毛四箇，軍器料銀四十六兩二錢九分。閩清縣荒絲二十七斤，弓一十八張，弦九十條，箭四百五十七枝六分，雜皮一百一十張，翎毛三千根，翠毛三箇，軍器料銀三十四兩七錢一分八釐六毫五忽七微七纖。羅源縣荒絲三十五斤，弓四十八張，弦二百四十條，箭

一千二百二十枝　雜皮二百四十張　翎毛二千五百根　翠毛四箇

建寧府

唐　蕉花布　練竹練　宋　上供細色茶五綱　麤色茶七綱　練布　年額上供銀九千七百五十四兩　大禮助賞銀二千七百五十六兩　聖節銀　大禮進奉銀各一千七百兩　提點司進奉銀三十七兩五錢已上俱建安甌寧建陽松溪政和五縣所供總數浦城崇安二縣無考

國朝　段四百五十三疋遞年分泒各縣多寡不同　建安縣　茶一千三百八斤　金橘五百二十斤　弓三百五十張　弦一千七百四十六條　箭三千四百九十二枝　雜皮六百五十

張翎毛一萬一千根翠毛四十八箇甌寧縣段連閏月八十二疋七尺
弓四百五十張箭四千五百八枝弦二千二百五十四條雜皮六百三十張翎
毛一萬八千五百根翠毛六十二箇浦城縣段一百二疋一丈九尺閏月加六
疋弓三百二十六張九分弦一千六百三十四條箭五千八百二枝六分四釐雜皮
四百九十張翎毛一萬五千根建陽縣雜皮六百二十張翎毛一萬
八千根松溪縣雜皮一百五十張翎毛六千根崇安縣織金
段五疋閏月加一疋素段一十九疋閏月加三疋弓一百九十五張弦九百七十
五條箭二千八百六十六枝翎毛六千五百三十四根政和縣雜皮一百二十
張翎毛四千根壽寧縣雜皮五十張翎毛一千五百根

泉州府

唐 綿 絲 蕉 葛俱州貢 苧布 苧麻 蠟燭開元中貢 蚺蛇膽元和年始貢

宋 蕉布永春縣出 生苧布各二十疋 綿一百兩南安縣出俱淳祐中貢 山薑 花三十朶 橄欖子上色一萬顆次三萬顆治平六年罷 綿一百兩 蕉布 葛布共五十疋元豐中貢 松子五百斤宣和六年詔減後罷 上供銀九千六百四十二兩三錢 上供錢一萬五千七百六十五貫七十五文 大禮賞給錢一萬八千九百九貫三百九十五文 春冬衣賜錢二萬六千二百貫五百二十五文 犒軍錢三千七百二十三貫四百文巳上本州所轄七縣□①數

元 砂哩唎 金櫻煎 金櫻子一十石

校注：①總

國朝

藥味一千一百斤各縣分納晉江縣段二百二十一疋閏月加一十八疋一丈三尺弓六百六十四張弦三千三百二十條箭九千七百八十六枝雜皮六百二十張翎毛一萬六千根翠毛四十八箇南安縣段一百二十疋閏月加十疋弓四百一十五張弦二千七十五條箭六千五百三十一枝雜皮四百一十張翎毛一萬二千根翠毛一十五箇同安縣段一百二十疋閏月加十疋弓三百一十六張弦一千五百八十條箭三千七百八十一枝雜皮三百六張翎毛四千根翠毛一十五箇德化縣弓八十四張弦四百二十條箭一千八枝翠毛四箇永春縣弓一百四十四張弦七百二十條箭一千六百五十九枝翠毛四箇安溪縣弓一百四十六張弦七百三十條箭一千七百一十二枝翠

毛（惠安縣）段一百疋閏月加八疋一丈一尺弓三百三十一張弦一千六百五十五條箭五千二十三枝雜皮三百五十四張翎毛一萬二千根翠毛一十四箇

漳州府

唐鮫魚皮二十張甲香五斤宋鮫魚皮柑橘①貢宋史修

國朝藥味一千二百五十四斤（龍溪縣）段一百四疋一分四毫閏月加八疋四分一釐弓九百七十二張弦四千八百六十條箭九千九百五十二枝翠毛五十箇翎毛二萬根雜皮一千張（漳浦縣）段四十六疋七分一釐弓四百五十六張弦二千二百一十條箭四千六百六十八枝翠毛二十二箇翎毛九千五根雜

校注：①從

皮四百九十張　魚線膠以魚鰾一十一斤八兩二錢四分折買閏月加一十五錢五分

龍巖縣

段二十五疋七分四釐五毫閏月加二疋六釐五毫　弓二百四張　弦一千二十條　箭二千八十九枝　翎毛五千三百根　翠毛一十二箇　雜皮三百張

長泰縣

段一十二疋五分五釐四毫閏月加一疋二分七釐　弓七十二張　弦二百六十條　箭七百三十七枝　翎毛三千七百根　翠毛四箇　雜皮一百八十八張

南靖縣

段三十疋一分三釐四毫閏月加二疋四分六釐　弓一百九十二張　弦九百六十條　箭一千九百六十六枝　翎毛六千三百根　翠毛一十箇　雜皮三百二十二張

漳平縣

段二十五疋七分四釐五毫閏月加二疋六釐五毫　弓一百四張　弦一千二十條　箭二千八十八枝　翎毛五千二百根　翠毛十箇　雜皮三百

三十張

汀州府

唐蠟燭二十條　宋蠟燭二百條　上供銀七千九百四十五兩八錢三分五釐

聖節進奉銀　大禮銀各二千兩　上供錢九千七百七十貫九百一文

國朝長汀縣弓四百一十二張　弦二千六十條　箭三千三十四枝　翎毛一萬根

翠毛一十六箇　水獺狸皮九十三張　黃鶴狸皮一十張　竹狗狸皮一十張　九節狸皮三十五張　香狸皮一十三張　木狗狸皮一十張　花狸皮一百一十九張　寧化縣弓三百七十一張　弦一千八百五十五條

箭二千七百枝　翎毛九千一百根　翠毛一十六箇　九節狸皮一十張
九節羔皮三張　花狸皮一十張　花狸羔皮五張　香狸皮十二
張　羊羔皮五十張　松鼠皮三十張　獐羔皮二十張　黃鼠皮
四十張　猪獾皮　狗獾皮各二十張　白面狸皮三十張　上杭
縣弓三百七張　弦一千五百三十五條　箭二千二百四十枝　翠毛二十箇　翎
毛六千七百八十根　雜色皮一百九十七張　武平縣弓一百一十八張　弦
五百九十條　箭八百五十四枝　雜皮一百七十張　翎毛五千五百根　翠
六箇　軍器料銀五十八兩八錢五分七釐四毫一絲六忽六微　清流縣弓三白
一十四張　弦二千二百二條　箭二千二百二枝　翎毛二千五百根　雜色皮一百

九十五張翠毛一十六箇連城縣弓二百一十五張弦一千七十五條箭一千
五百六十二枝鹿皮一十張小鹿皮三十九張斑狸皮二十一張九節
狸皮一十八張獺皮六十六張翠毛一十箇歸化縣弓二百一十八張
弦一千九十條箭一千五百五十一枝翠毛一十箇六分水牛底皮四張
木狗狸皮一十張花狸皮五十二張香狸皮一十張黃狸皮一十
張水獺皮二十張九節狸皮二十張竹狗皮一十張永
定縣弓一百四十五張弦七百二十五條箭一千五十七枝翎毛三千二百二十
根翠毛六箇雜色皮九十三張

延平府

宋

土茴香　茶按宋史修　銀六千三百七十兩此順昌一縣所貢南平將樂尤溪沙四縣無考

國朝

南平縣　段二十七疋　弓五百二十張　弦二千六百一條　箭六千四百七十七枝　雜皮七百二十張　翎毛一百五十六根　翠毛三十三箇　軍器料銀二百五十九兩六分四毫九絲一忽六微

將樂縣　段一十七疋　弓三百九十六張　弦二千一十五條　箭四千八百六十枝　雜皮四百四十張　翎毛一萬一千八十根　翠毛二十五箇　軍器料銀二百五十三兩五錢

尤溪縣　段一十四疋　弓四百八十七張　弦二千四百三十八條　箭六千一百三十一枝　雜皮四百六張　翎毛一萬一千三十八根　翠毛三十二箇　軍器料銀二百四十九兩五分六毫三絲四忽四微

沙縣段二十五疋弓四百六十四張弦二千三百三條箭五千八百一十五枝雜皮六百四十三張翎毛一萬七千一百四十根翠毛三十三箇軍器料銀二百四十九兩五分七釐六毫三絲四忽四微

順昌縣段一十四疋弓二百一十五張弦一千五十二條箭二千七百二十二枝雜皮四百二十張翎毛一萬一千四百根翠毛二十二箇軍器料銀一百四十九兩三錢八分九釐九毫四絲三忽六微

永安縣段一十三疋弓二百六十張弦一千三百條箭三千二百六十枝雜皮三百七十一張翎毛九千六百二十二根翠毛二十五箇軍器料銀二百五十三兩五錢一分六釐六毫八絲一忽

邵武府

宋

紵（擬宋史修）上供銀一千四百四十一兩四錢　乾會聖節銀二百五十兩

大禮銀四百兩

國朝

邵武縣弓九百五十八張　弦四千七百九十條　箭七千九百八十四枝　雜皮七百六十張　翎毛二萬一千一百七根　魚鰾八斤九兩　翠毛五十四箇

泰寧縣弓二百六十二張　弦一千三百一十條　箭二千一百八十四枝　雜色皮二百六十張　翎毛五千四百根　魚鰾一斤十四兩　翠毛一十五箇

建寧縣弓四百四十張　弦二千二百條　箭三千六百六十六枝　雜色皮三百八十張　翎毛八千六百五十二根　魚鰾一斤　翠毛一十五箇

光澤縣弓四百四十張　弦二千二百條　箭三千六百六十六枝　雜色皮四百張　翎毛二千八百

八十根　魚鰾三斤二兩九錢　翠毛一十七箇

興化府

唐橄欖　沙橘　宋綿一百兩　葛布一十疋　上供錢七千五百四十貫文　節旦上供銀共一千八百三十三兩三錢三分四釐

國朝莆田縣段三百一十四疋　弓一千七十五張　弦五千三百七十七條　箭四千一十二枝　雜皮二千七百八十四張　翎毛三萬七千五十六根　翠毛六十五箇

仙遊縣段二十四疋四分　弓八十四張　弦四百一十八條　箭三百一十二枝五分　翠毛六十五箇　水牛底皮一張　白眞黃牛皮二張　雜皮二百一十六張

福寧州

元

沙魚皮一十五張

國朝

本州段四十一疋三分　弓一百二十張八分　弦六百四條五分　箭三千七十一枝　雜皮二百張　翎毛五十九百六十根　翠毛二十二箇　折熟鐵八十九斤七錢六分　魚鰾一十八斤九兩八分

寧德縣段四十一疋二分　弓一百四張三分　弦五百二十一條　箭二千二十二枝　雜皮二百張　翎毛五千二百三十五根　翠毛一十箇　折熟鐵七十八斤八兩四分　魚鰾一十三斤一十一兩二錢

福安縣段五十一疋五分　弓一百四十六張　弦七百三十四條五分　箭三千七百三十五枝六分　雜皮二百六十張　翎毛八百三十八根　翠毛一十二箇　折熟鐵一十二斤八兩　魚鰾二斤一十四兩

財賦

福州府

宋夏稅鈔共八千六十九貫有奇租課錢五千八百九十七貫苗米租米

白米糙米豆麥雜子共一十九萬五千二百八十八石有奇稷粟各五

斗麻皮一十三斤芋二斗贍學糴本錢經制錢總制錢綂

制官供給錢官戶不減半役錢僧道免丁錢共三十五

萬五千四百六十四貫八百九十七文元夏秋稅鈔四千八百六錠秋粮租季

米麥豆八萬五千一百七十九石七斗有奇穀七百八十一石有奇鹽課鈔諸

色課鈔茶課鈔各務辦鈔房地租鈔共一十四萬六千六百六

錠有奇鐵五萬七千一百七十四斤四兩

國朝

鐵課九千六十一斤每年坐派各縣多寡不同後倣此

閩縣夏稅鈔二百五十三錠四貫九百二文秋粮米二萬四百六十八石五斗有奇戶口食鹽米四千五百一十四石六斗八升魚課米九百七十一石九斗有奇閏月加米三十八石九斗有奇

農桑絹七疋餘絲綿一十五兩七錢五分實在桑一萬一千三百三十八株每四十株折地一畝通折地二頃八十三畝五分每畝科絲綿五錢每絹一疋用絲一斤二兩原額鑄瀉課鈔六錠一貫五百二十文茶課鈔二錠四貫八百八十文房地賃鈔二十二錠二貫四百八十文吐退還官園租鈔四貫九百六十文沒官果利鈔八錠四貫六百文係官房屋租鈔一百五十三錠三貫三百文

本縣税課局原額遇歲正辦　商税課鈔四千二百一十六錠四貫四百二文　門攤課鈔六百文　窯冶課鈔二十二錠一百八十文　契本工墨鈔一錠三貫　茶引由鈔三錠一貫　酒醋課鈔三百七十五錠四貫一百六十文

帶辦江南洲税課局遇歲實徵課鈔　商税課鈔二千二百二十八錠一貫五十文　門攤課鈔九百九錠三貫四百文　契本工墨鈔一錠三貫　茶引由鈔三錠八百文

河泊所　魚鰾二十七斤一十四兩八錢四分　翎毛八千九百三十七根

候官縣夏税鈔二百一十五錠六百九十一文　秋粮米正耗一萬七千四百八十七石一斗二升八合五勺　戶口食鹽米一千九百八石三斗二升　魚課米五百八十四石六斗

六升四合閏月加米四十八石七斗有奇農桑絹九疋餘絲綿三十八兩五錢河泊所魚鰾一十三斤五兩五錢翎毛五千八百四十七根

懷安縣夏稅鈔八十四萬八百九文秋粮米一萬二千六百三十八石六斗六合六勺戶口食鹽米一千三百八十石八斗魚課米三百一十六石五斗九升閏月加米四十八石七斗河泊所魚鰾九斤六兩七錢翎毛三十九根

長樂縣夏稅鈔一百七十錠三十四文秋粮等米一萬二千七百四十一石四合戶口食鹽米三千七百九十九石一斗二升魚課米六百七十四石一斗閏月加米二十一石有奇週歲實徵係官房屋租鈔一十一錠一貫四十文茶課鈔一貫四百八十文本縣稅課局週歲實徵商稅鈔一千四百九錠三貫九百

八十文門攤課鈔六百九十四錠一貫六百文契本工墨鈔四貫窰

冶課鈔二十六錠一貫二百二十文酒醋課鈔一百二十九錠二貫四百文

河泊所魚鰾二十一斤一兩五錢翎毛六千七百四十一根連江縣夏

稅鈔一百四十一錠一貫二百九十一文秋粮等米一萬二千二百九十一石有奇

戶口食鹽米一千二百九十五石九斗二升魚課米八百八十八石一斗七升

七合閏月加米六十五石有奇農桑絲綿六兩二錢五分週歲原額酒醋

課鈔一百二十五錠九百二十文鐵課鈔一百二十一錠三百七十六文官房

租鈔三十三錠二貫八百四十文房地賃租鈔六錠四貫七百六十四文追

問鹽課幷抄沒山園水埧等課鈔一十錠二貫三百三十四文

茶課鈔三貫五百八十文

本縣稅課局遞歲實徵商稅鈔五百七十二錠二貫四百九十文

門攤鈔三百六十三錠二貫四百文

水磨鈔二錠四貫四百文

契本工墨鈔四貫

河泊所魚鰾三十九斤一十五兩

翎毛一萬二千三百二十四根

福清縣夏稅鈔三百九十八錠二百九十六文

秋粮米三萬二千二百六十九石三斗四升五合

戶口食鹽米五千二百七十八石八斗八升

魚課米三千二百九十八石一斗四升閏月加米三十四石有奇

農桑絲線一十四兩七錢五分

遞歲原額酒醋課鈔五百五十八貫七百文

官房臺賃鈔四百一貫二十文

房地租鈔四貫二百一十文

鐵課鈔六十八貫九百文

茶課鈔一十七貫二十文

海口稅課局課鈔

八千八百二十貫六百七十文逕江稅課局課鈔六千四百五十四貫一百三十七文本縣稅課局課鈔八千二百六十四貫二百四十二文海口場課鹽一萬三百四十四引六斤九兩七錢牛田場課鹽九千五百六十引四十二斤一十五兩六錢

古田縣夏稅鈔一百九十三錠四貫九百二十八文秋粮米一萬四千一百七十四石有奇戶口食鹽米一千五百七十五石四斗八升農桑土絹一疋餘絲一十六兩八錢商稅鈔六千九百六十三貫五百三十文內本色鈔一半折錢鈔一半該錢六千九百六十四文課銀一千二十五兩課鐵六千五百七十四斤一兩閏月加增五百五十三斤九兩七錢

永福縣夏稅鈔五十八錠四百四十二文秋粮等米四千八十五石四斗五升八合七勺戶口食鹽米三百三十六石

二斗八升農桑絲綿八兩九錢週歲實徵酒醋課鈔九十錠一貫八
百八十文房地賃鈔九百一十文茶課鈔二貫八百一十文鐵課鈔
三十六錠係官房屋租鈔二錠三貫三百六十文帶辦稅課局週
歲實徵商稅課鈔一千一百六十三錠二貫七百文門攤課鈔四百
八十五錠三貫九百文閩清縣夏稅鈔一百四十一錠一貫二百九十一文秋
粮等米七千三百五十一石二斗七合二勺戶口食鹽米二百一十一石有奇
農桑絹一疋餘絲綿三兩八錢五分週歲實徵酒醋課鈔六十錠三
貫六百四十文係官房屋租鈔二錠四貫二百六十文房地賃鈔四百
六十文茶課鈔一貫五百三十文鐵課鈔八十錠二百五十文帶辦稅

課局實徵商稅課鈔七百二十五錠二貫六十六文契本工墨鈔四貫門攤課鈔三百三十七錠四貫六百文窰冶課鈔六十錠九百四十文課鐵一十三百五十四斤三兩

羅源縣夏稅鈔六十四錠七百一十三文秋粮米五千石八斗有奇戶口食鹽米四百三十二石三斗二升魚課米五百八十三石三斗九升一合閏月加米二十五石有奇農桑絲綿一十三兩六錢商稅課鈔一千八百九十五貫八百七十二文五分中半兼收

建寧府

宋夏稅本色絹一萬一千八百四十四疋有奇雜折麥粟穀黑豆馬草秋稅糯米錢共六萬二百五十七貫有奇秋粮糙米白米官

屯田米共六萬五千九百一十八石五斗有奇已上俱建安甌寧浦城松溪政和五縣所輸總數建陽崇安二縣無考

國朝

鐵課一萬三百一十五斤建安縣夏稅鈔三百五十四錠三貫八百九十二文秋粮米二萬七千四百二十二石八斗四升七合戶口食鹽米三千八百三十三石八斗魚課米九百二十九石二斗六升九合六勺閏月加米一百六十八石五斗七升六合二勺農桑生絹四疋一丈二寸茶薦新二百一斤採春二十七斤先春六百四十三斤次春二百六十二斤紫筍二百七斤商稅鈔二千九十七錠三貫七百九十七文門攤鈔二千五百九十六錠一貫一百五十文酒醋鈔五十六錠八百文契本工墨鈔一錠一貫四百文鐵課八百六十六斤折鈔一十七錠一貫六百文瓦窰

課鈔六十五錠二百文閏月加鈔二錠二貫一百文甌寧縣夏稅鈔三百四錠
六貫九百五十九文秋粮米二萬三千三百八十八石一升三合五勺户口食鹽
米五千六百五十八石三斗四升農桑絹一十二疋二丈四尺魚課米九百二十
九石二斗六升九合六勺閏月加米一百六十八石有奇商稅門攤酒醋契本
工墨鐵冶瓦窰共鈔四千八百三十二錠八貫九百四十七文鐵課八百六十
八斤浦城縣夏稅鈔三百八十九錠四貫三百七十四文秋粮米五萬九千
一百七石九斗五升六合九勺農桑生絹四十三疋二丈八尺三寸户口食鹽
米四千四百七石六斗八升魚課米七百七十二石六斗八升四合閏月加米六十四石
三斗九升三勺三抄農桑絲絹二十一疋六尺九寸三分鵝翎毛一千六百二十

九根魚鰾三斤六兩三錢黑鉛鑄瀉課鈔一十五錠五百一十文房地
賃鈔二十錠一貫六百六十文茶課鈔一十五錠一貫五百五十文茶引油
鈔七錠二貫水磨碓課鈔二百三十四錠一貫二百文本色鐵課一千
九百五十六斤四兩五錢鐵課鈔四錠八百文商稅鈔四千八百七十四錠八百
三十文門攤鈔三百九十四錠三貫七百四十文酒醋鈔八十八錠三貫七百
四十文窑冶鈔三十五錠四貫五百二十文契本工墨鈔一錠三貫新
增過山稅鈔四百二錠三貫銀課三千兩建陽縣夏稅鈔五百
一十錠四貫七百九十五文粮米三萬五千八百六十七石五斗三升八合五勺六抄戶
口食鹽米六千一百四十六石七斗二升魚課米八百二十一石八斗六升七合

四勺閏月加米五十石有奇農桑絲絹五疋九尺八分魚鰾六斤一十一兩翎毛三千一百三十三根銀課八百九十兩鐵課一千一百三十七斤八兩

松溪

縣夏稅鈔一百二十七錠一貫八百四十四文秋粮等米九千三百九十五石九斗六升七合七勺戶口食鹽米二千三百六石八斗八升魚課米一百八石四斗五升一合三勺閏月加米八石有奇農桑絹二疋二丈八尺五寸四分夏稅絹八疋一丈一尺一寸三分茶課鈔九錠二貫四百一十八文係官房屋并地賃鈔一十七錠一貫六百一十一文鑄瀉黑錫鈔三貫一百三十八文茶引由鈔一十錠一貫本縣稅課局遞歲額辦商稅鈔八百四十一錠一貫七百二十文門攤鈔四百八十五錠二百文酒醋課鈔八十三錠

三百六十文窯冶鈔一十四錠三貫五百二十文契本工墨鈔一錠一貫四百文銀課二千二百兩鐵課二千四百九十二斤折鈔一十二錠二貫三百文永樂八年奏徵本色存留遂應塲閘辦銀課支用除支用二千一百六十斤外餘鐵三百三十二斤輸府收貯

崇安縣夏稅鈔二百七十八錠一貫五百六十六文秋粮米二萬一千二百四十四石三斗九升八合一勺夏稅絹八十疋一丈六尺八分三釐茶薦新四百二十八斤探春三十二斤先春三百八十斤次春一百五十斤戶口食鹽米三千一百三十一石三斗六升農桑絲絹八疋二丈一尺六寸魚課米四百三十八石六斗四升二合五勺閏月加米三十六石五斗五升四合翎毛六千五百三十四根魚鰾一十三斤九兩七錢七分商稅鈔一千七百五十五錠二貫四百八十文門攤鈔

一千二百六十九錠四貫九百五十文酒醋鈔一百八錠二貫四百文窰冶鈔四十錠三貫六十文契本工墨鈔二錠一貫銀課一千一百兩

政和縣

夏稅鈔九十三錠四貫八百二十八文小麥二十六石二斗五升一合絲綿二十五斤五兩八錢六分五釐秋粮等米七千二百五十三石三斗一合戶口食鹽米一千六百三十五石六斗八升魚課米四十四石九斗五升二合六勺閏月加米三石有竒農桑生絹二疋二丈三尺茶課鈔二十九錠一貫一百二十八文官房屋租鈔二十五錠二貫三百七十八文旁地賃鈔一貫二百二十八文黑錫鑄瀉課鈔三貫六百六十四文稅課局商稅鈔五百八十八錠三百九十文門攤鈔一百五十八錠四貫一百二十文茶引由鈔七錠三貫酒課

鈔六十錠九百六十文窑冶鈔一十六錠八百文碓磨鈔一十七錠一貫六百八十四文契本工墨鈔一錠一貫四百文銀課一千二百兩鐵課二千四百九十一斤一十一兩

壽寧縣

夏稅鈔二十六錠三貫二百文秋粮等米二千三百七十六石七斗四升八合二勺戶口食鹽米八十五石有奇週歲額辦茶課鈔七錠九百六十九文係官房屋并地賃鈔一十六錠二貫六百一文黒錫鑄瀉鈔八百三十二文茶引由鈔一錠四貫七十文帶辦窑冶鈔一十三錠二貫三百三十二文銀課五百五十八兩

泉州府

宋嘉泰間產錢三萬四千七百八十六貫二百四十六文淳祐間產錢三萬

三千六百四十二貫三百三十六文布稅小麥稈錢　黑豆錢　鹽息錢　陪綱錢　遺利錢　僧道免丁錢弁脚錢　獄廟官供給錢　統領官供給錢　在京吏祿錢　統制官供給錢　職田漁水錢　經總制錢　官戶不減半役錢　貼納鹽錢　免役錢　減吏稚役錢　丁米錢　產鹽錢　浮鹽錢　二五分增稅錢　費頭錢　轉運司職田漁水錢共三十一萬三千六十九貫五百四十二文秋稅糙米　白米　義倉米　職田米　轉運司職田米共九萬四千九百二十四石六斗有奇已上本州所轄晉

江南安同安德化永春安溪惠安七縣總數

元夏稅鈔八百五十九錠二十三兩九錢有奇

秋粮苗等米九千四百六十六石八斗有奇已上永春惠安二縣總數晉江同安德化安溪南安五縣無考

國朝

鐵課二萬六千七百四十九斤

晉江縣夏稅鈔三百二十五錠一貫四百七十二文

秋粮等米三萬七百一十七石二斗四升一合一勺六抄五撮

魚課米二千二百四十八石一斗四升閏月加米七十四石有奇

戶口食鹽米四千八百九十五石四斗八升

農桑絹一疋一丈三尺一寸六分

商稅等課鈔八千二百八十九錠一貫二百八十六文

酒醋等課鈔七百五十錠一百八十文

河泊所比附等課鈔一百九十錠三百三十九文

潯美場鹽課額辦鹽三萬三千六百一

十一引二百六十六斤洒州場鹽課額辦鹽九千二百八十五引一百二十一斤

南安縣夏稅鈔二百八十錠五百九十九文秋粮等米二萬三千四十三石有奇魚課米二百九十七石七斗有奇閏月加米一十六石有奇戶口食鹽米一千九百三十九石六斗八升農桑絹二丈四尺九寸商稅等課鈔三千六百七十七錠一貫五百二十二文酒醋等課鈔三百四十五錠一貫三百三十二文

同安縣夏稅鈔一百九十八錠四十四文秋粮等米一萬七千七十石有奇魚課米七百石有奇閏月加米五十八石四斗二升戶口食鹽米二千八百七十四石八斗八升農桑絹四疋一丈四尺六寸商稅等課鈔一千六百三十八錠五百四十四文酒醋等課鈔四百四十四錠四貫三十一①文浯洲場

校注：①文

鹽課額辦一萬四千九百七十六引三百六十一斤

德化縣夏税鈔八十五錠九百八十六文 秋粮等米六千三十八石六斗八升七合四勺 户口食鹽米四百五十六石七斗六升 農桑絹一疋一丈八尺六寸 商税等課鈔七百一十七錠三貫八百一十九文 酒醋等課鈔四百八十八錠一貫二百七十二文

永春縣夏税鈔一百二十七錠一貫六百九十一文 秋粮等米九千四百一十一石九斗一升五合一勺 户口食鹽米四百五十二石八斗四升 農桑絹二丈三寸 商税等課鈔一千三百二十六錠一貫七百三十文 酒醋等課鈔二百六錠三貫四百五十四文

安溪縣夏税鈔一百七錠二貫三百八十五文 秋粮等米七千九百三十三石二斗一升二合六勺 户口食鹽米七百三十五石四斗

四升農桑絲一丈九尺九寸商稅等課鈔一千六百二十六錠四貫七百六十五文酒醋等課鈔一百四十一錠四貫二百七十文惠安縣夏稅鈔一百八十九錠四百四文秋粮等米一萬五千六百三十六石三斗二升三合五勺魚課米九百二十七石有奇閏月加米七十七石有奇戶口食鹽米二千三百二十一石三斗六升連閏共折鈔一十八萬八千六百一十貫五百文農桑絲一疋九尺二寸商稅等課鈔一千四百一十三錠四貫五百三十七文酒醋等課鈔二百八十五錠四貫三百五十二文惠安場鹽課額辦鹽七千三百五十二引四十八斤一十兩八錢

漳州府

宋嘉定間產鍮銅等錢共三萬五千二百六十七貫六百一十一文　夏秋麥豆穀官田赤白等米七萬五千二百八十五石六十五升五合　淳祐間高荒俵寄職田夏秋等錢共一十三萬三千三十二貫六百六十四文　官產豆穀赤白等米共四萬四千四百八十二石八斗五升五合已上俱

本州所轄漳浦龍溪長泰龍巖四縣總數

國朝

龍溪縣夏稅鈔三百八十三錠三貫六百九十七文　秋粮等米四萬一千三百三十六石有奇　魚課米五百二十七石七斗有奇閏月加米四十二石有奇　戶口食鹽米七千六百石八斗八升　農桑絹三疋餘絲一十一兩九錢五分

漳浦縣夏稅鈔二百四錠四百三文　秋粮等米二萬四千六百一十六石三斗七升一

六合七勺魚課米四百五十七石八斗七升四合三勺閏月加米三十八石有奇戶口
食鹽米四千五百五石八升農桑絹一疋餘絲七兩二錢（龍巖縣）夏稅
鈔五百五十五錠三貫八百五十一文秋粮等米一萬一千二百五十二石有奇農
桑絹五疋餘絲五兩六錢五分戶口食鹽米二千八百七十三石三斗六升（長
泰縣）夏稅鈔六百九十錠四貫四百一文秋粮等米一萬一千九百二十
七石七斗八升九合六勺戶口食鹽米一千二百二十石二斗八升農桑絹
九疋餘絲九錢（南靖縣）夏稅鈔一千五十錠八貫七百二十一文秋粮米
一萬九千六百三十九石六斗四升七合三勺魚課米四石一斗九合一勺閏月加米三斗
戶口食鹽米二千五百二十二石二斗農桑絹五疋餘絲三兩二錢一分（漳

平縣夏稅鈔四百二十錠四貫四十五文秋粮等米七千二百六十三石

有奇農桑絹四疋餘絲四兩五錢一分戶口食鹽米二千六百三石

八閩通誌卷之二十

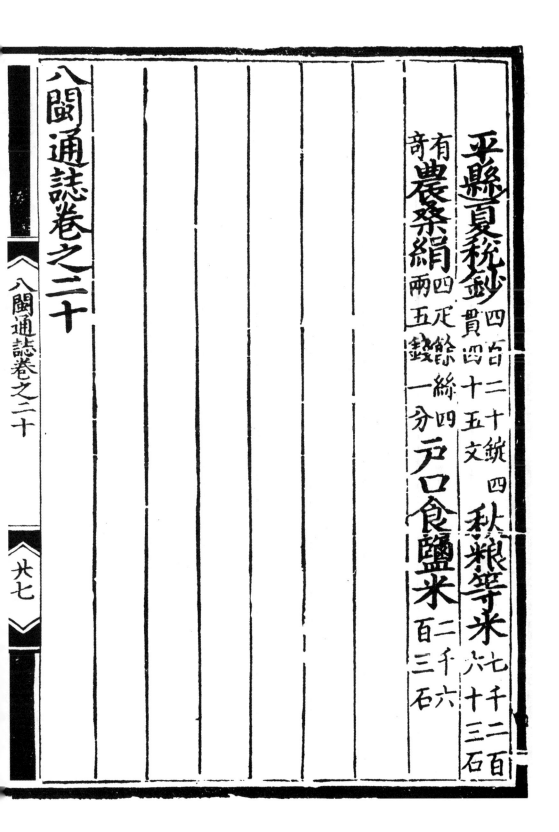

食貨

財賦

汀州府

宋夏稅錢四萬二千七百九十七貫二百二十四文　秋苗米二萬五千九百二十三石八斗七升已上本州所轄長汀寧化上杭武平清流連城六縣總數

國朝鐵課九萬九千七百九十三斤

長汀縣夏稅鈔三百六十八錠四貫八百二文　秋粮米二萬四千一百石有奇　戶口食鹽米二千八百七十五石八斗四升　農桑絹二疋餘絲二兩　官房官地賃鈔五錠八貫七百八十八文　酒醋

茶課鈔一百五十七錠三貫一百五十二文窯冶鈔四十三錠六百一十文商
稅課鈔七百二十六錠一貫三百七十四文（寧化縣）夏稅鈔二百九十一錠
三貫二百八文秋粮等米一萬四千八百五十三石有奇戶口食鹽米二千
八百九十石五斗六升週歲該辦酒醋課鈔三十六錠二貫六百四十文
窯冶課鈔一十二錠四貫五百七十文係官房屋賃租鈔一十二錠
一貫八百一十文茶課鈔三貫三百八十文軍務犂耙鈔一百六十文
帶辦稅課局商稅課鈔一千八錠九百文門攤課鈔三十九錠
六百文（上杭縣）夏稅鈔一百四十五錠四貫八百六十四文秋粮等米
一萬一百七石二斗八升七合一勺戶口食鹽米一千七百五十八石八斗八升農

桑絹一疋桃李柿樹鈔三貫九百八十二文官房官地賃鈔二錠四貫七百三十六文窯冶門攤契本税契鈔七十三錠九貫二百七十五文商税鈔一千一十三錠二貫七百三十八文酒醋茶課鈔二十九錠四貫九百九十文

武平縣夏税鈔一百二錠三貫一百五十八文秋粮等米七千七十八石有奇戸口食盐米一千八十七石七斗五升週歳該辦酒醋課鈔五十二錠四貫八百一十文茶課鈔一錠一貫八百八十文茶子油樹租鈔二百五十文房地賃鈔一錠二貫八百五十文係官房屋賃鈔一貫一百九十文帶辦税課局商税課鈔三百九十八錠一貫四百九十文門攤鈔三錠四貫一百文

清流縣夏税鈔七十八錠三貫

二百二十三文秋粮等米共五千一百四十六石四斗二升六合戶口食盐米二千二百七十五石二斗八升農桑絹四疋酒醋課鈔四十七錠八貫三百一十四文門攤鈔一十七錠七百八十五文商稅課鈔八百五錠二貫六百文樊公會稅鈔二百六錠三貫五百文

連城縣夏稅鈔一百一十八錠四貫一百一十五文秋粮等米七千六百九十七石三斗一升一合戶口食盐米二千一百二十二石五斗六升農桑絹二疋二丈八尺魚課鈔六十九錠七十二文週歲該辦酒醋課鈔二十七錠三貫七百二十文窯冶課鈔三十五錠二貫六十文房地賃鈔一錠八百八十文係官房屋賃鈔二錠四貫八百六十二文茶課鈔一錠三貫五百五十文帶管稅課局商

税課鈔五百六錠四貫五百文門攤課鈔二十錠二貫契本工墨鈔八百文歸化縣夏税鈔一百五十錠一貫四百七十七文秋粮等米九千七百三十石二斗八升三勺戶口食盐米二千九十九石四斗魚課米六十七石八斗二合農桑絹七疋酒醋等課鈔四十錠一貫三百一十六文商税課鈔三十一錠一貫一十二文永定縣夏税鈔八十八錠一貫秋粮等米五千八百五十六石五升二合戶口食盐米九百三十八石二斗四升農桑絲七兩二錢官房地賃鈔六貫八百六十七文酒醋茶課鈔二十七錠一貫七百七十五文門攤契本税契鈔八十五錠商税鈔四百六十錠一貫桃李柿樹鈔一貫九百九十二文

延平府

【宋】產錢　夏秋稅錢　夏秋料役錢　秋粮租米折價錢　夏稅木炭稈草麥錢　秋稅油麻粟豆錢　商稅錢　酒店戶錢共一十二萬六千七百九十四貫二百二十四文　苗米四萬一千六百四十四石四斗有奇已上將樂尤溪沙順昌四縣總數南平一縣無考

【元】產錢二百八十五錠六十貫一百八十七文尤溪沙順昌三縣總數南平將樂二縣無考　秋粮正耗米脚共米五萬九千四百六十九石有奇將樂尤溪沙順昌四縣總數南平一縣無考

【國朝】鐵課三十七萬四千二百二十八斤

【南平縣】夏稅鈔二百三十二錠三貫五百

九十文秋粮等米一萬六千二百九石有奇户口食盐米四千二百九十四石九斗四升魚課米二千三百二十八石一斗五合九勺閒①月加米二百六十九石有奇農桑絹二十九疋一丈三尺四寸五分歲辦鑄瀉課鈔一十七錠一百五十文窑冶課鈔一十四錠係官房屋租鈔五十二錠六百四十文房地賃鈔五錠一貫五百九十文茶課鈔七百四錠二百文茶引油鈔一十三錠三貫本縣所屬西芹等稅課局週歲實徵商稅課鈔五千五百四十七錠五百五十八文契本工墨鈔二錠一貫二百文門攤課鈔一千九百八十一錠一貫一百四十文窑冶課鈔二十三錠三貫一百四十文稅契課鈔一百九十五錠一貫三百文水碓磨課鈔八十八錠

校注：①閏

二貫二百三十文麯糖課鈔一百八十五錠六百五十文酒醋課鈔一百
九十九錠四百四十文魚課鈔一十一錠一貫八百六十文將樂縣夏稅
鈔一百八十五錠一貫八十八文秋粮等米一萬一千七百四十八石八斗八升戶
口食鹽米二千五百五十九石六斗魚課米七百七石八斗六升閏月加米五十
石有奇農桑絹三十二疋一丈週歲實徵鑄瀉課鈔一錠二百八十
文房地賃鈔六錠七百九十九文係官房屋租鈔三十錠九百二十二
文牛租鈔二十三錠四貫九百七十文茶課鈔一十八錠三貫四百四十一文
茶引油鈔一十四錠二貫四百六十四文酒醋課鈔一百五錠一貫四百一十
九文本縣稅課局并萬安稅課局週歲商稅課鈔三千

二百二十四錠二貫二百九十文門攤課鈔二千九百八十八錠六百文稅契課鈔二百四十三錠二貫三十文契本工墨鈔二錠三貫九百文窯冶課鈔四十二錠三貫九百二十文麯糖課鈔二十六錠四百八十文

尤溪縣夏稅秋租鈔二百一十八錠四貫四百一十八文秋粮等米一萬五千五百二十二石四斗九升四合一勺戶口食塩米三千四百七十四石五斗六升魚課米四百八十八石三斗四合八勺閏月加米四十□石有奇週歲鑄瀉課鈔二錠三貫二百四十文牛租鈔二十錠係官房屋租鈔一十七錠二貫二百二十九文房地賃鈔六錠三貫九百二十文黑錫粉課鈔三錠一貫四百文茶課鈔二十五錠一貫二百六十文茶引油鈔一十八錠二貫比

附虧免課鈔二十錠二貫六百八十文稅課局週歲課鈔一千三百
二十七錠三貫六百一十文門攤課鈔九百八十三錠二貫六百文窯冶課
鈔三十錠二貫稅契課鈔七十五錠二貫三十文契本工墨鈔一錠
六百四十文西瓜課鈔五錠四百文麯糖課鈔一十六錠一貫九百文
酒醋課鈔五十六錠一貫八百四十文沙縣夏稅鈔二百六十二錠五貫
四十文秋粮米一萬七千八十九石八斗五升六合二勺戶口食鹽米五千
六百六十二石九斗六升魚課米四千二百六十二石一斗閏月加米三百五十五石有奇
農桑絹二十四疋一丈五尺三寸週歲鑄瀉課鈔三錠三貫五百三十二文
四分七釐酒醋課鈔一百五錠五百四十一文二分房地賃鈔一十五錠四貫

八百九十六文五分係官房屋租鈔六十九錠一貫五十八文三分三釐茶課鈔二十錠七百三十一文九分四釐茶引油課鈔一十一錠三貫二百七十六文四分八釐稅課局商稅課鈔四千九百二十錠七十文門攤課鈔二千四百五十九錠二貫六百文稅契課鈔四百六十八錠一貫一百文契本工墨鈔三錠一貫窯冶課鈔九十三錠三貫二百四十文西瓜蓮蓬菱角課鈔七錠三百八十文麯糖課鈔五十錠三貫五百文

順昌縣

夏稅鈔一百三十九錠六貫二十文秋糧等米一萬六千八十七石六斗九合四勺戶口食鹽米二千二百八十石五斗魚課米八百三十一石六斗六升閏月加米六十九石有奇農桑絹二十六疋二丈三尺歲徵鑄瀉課鈔二錠係

官房屋租鈔六錠二百八十文　房地賃鈔三錠二貫二百八十文　窯
冶課鈔四貫五百文　没官水碓磨課鈔二錠一貫六百八十文　茶
課鈔一十五錠一貫六百七十文　茶引油課鈔一十六錠四貫　税課局
商税課鈔一千二百三十八錠二貫二百六十文　門攤課鈔一千一百二十
四錠二貫　窯冶課鈔一十二錠二百文　麯課鈔三錠一貫　水碓磨課
鈔一百一十一錠四貫四百八十文　税契課鈔二百二十一錠四百文　契本
工墨鈔一錠一貫四百文　通天神會課鈔二十三錠三貫二百文　酒
醋課鈔三十六錠一貫四百四十文（永安縣）夏税鈔一百二十七錠八百
五十六文　秋粮米七千九百一十八石六斗一升三合七勺　戶口食塩米三千

四百二十八石九斗二升魚課米一千五百三十五石五斗六升九合二勺閏月加米一百二十八石有奇農桑絹一十五疋七尺七寸五分週歲買徵鑄瀉課鈔二錠二百文係官房屋租鈔三十三錠一貫八百六十文窯冶課鈔四貫七十一文茶課鈔一十一錠二百文茶引油課鈔六錠一貫房地賃鈔九錠一貫三百一十文酒醋課鈔五十四錠一百文鐵課一萬二千八百一十七斤

邵武府

宋咸淳閒夏稅錢五萬一千六百四貫九百七十二文苗稅米二萬七千三十四石四斗巳上本軍所轄四縣總數

元苗稅米三千八百三十六石五斗二升二合此建

寧一縣總數邵武泰寧光澤三縣無考

國朝

鐵課一萬九千三百九十一斤

邵武縣

夏稅鈔三百五十二錠四十三文秋粮等米三萬一百八十五石一斗四升一合三勺戶口食鹽米四千二百五十七石有奇魚課米九百五十一石四斗三升閏月加米七十九石有奇農桑絹九疋一丈二尺七寸遞歲實徵酒醋課鈔一百七十二錠九百六十文係官房屋賃鈔二十六錠二貫五百八十九文房地賃鈔八錠四貫六十文窯冶課鈔七十一錠二貫一百一十文水碓磨鈔二十八錠六貫六百八十文鑄瀉課鈔四貫三百四十文茶課鈔一十九錠三貫三百四十一文茶引油課鈔二十四錠四貫本縣稅課局并拿口稅課局遞歲

商稅課鈔二千一百八十四錠三十文契本課鈔二貫門攤課鈔八百八十七錠三貫八百文

泰寧縣夏稅鈔一百錠八百二十九文秋粮等米七千六百七十八石三斗七升九合戶口食鹽米一千九百六十四石有奇魚課米一百四十五石七斗六升七合閏月加米一十二石有奇農桑絹五疋九尺週歲實徵酒醋課鈔二十錠八百文房屋賃鈔四貫三百六十文房地賃鈔一貫六百八十文窯冶課鈔二十二錠二貫六百八十文水磨課鈔八錠四貫茶課鈔四錠二百文茶引油鈔一十七錠三貫二百文稅課局週歲商稅課鈔五百八十錠三貫八百八十文門攤課鈔六百二十一錠三貫契本工墨鈔一錠一貫

建寧縣夏稅鈔二百

四十八錠四貫三百四十七文秋粮等米一萬一千二百九十九石七斗五升九合四勺戶口食盐米一千五百五十八石有奇魚課米八十一石九斗三升六合閏月加米一十二石農桑絹一十四疋三尺三寸週歲實徵窯冶課鈔一十六錠五百文酒醋課鈔四錠三貫八百文房屋賃鈔一十四錠一貫九百八十文房地賃鈔一百六十文茶課鈔五錠七百八十文茶引油課鈔一十三錠三貫四百文稅課局週歲實徵商稅課鈔七百一十六錠一貫三百文契本工墨課鈔一錠一貫門攤課鈔五百六十八錠二百文光澤縣夏稅鈔二百五十錠九百九十二文秋粮等米一萬二千九百七十六石有奇戶口食盐米一千九百一十二石有奇魚課米

二百五十四石七斗三升一合六勺閏月加米二十一石有奇農桑絹五疋一丈三尺五分

週歲實徵房屋賃鈔一錠一貫九百文房地賃鈔二錠八百六十文茶課鈔一十錠三貫六百六十文窯冶課鈔三錠三貫三百五十文茶引油鈔一十一錠牛租賃鈔二十六錠一貫二百五十文稅課局週歲實徵商稅課鈔六百九十錠三貫九百文門攤課鈔四百八十九錠二貫四百文契本工墨鈔三錠一貫酒醋課鈔六錠八十文過山稅鈔四千七百錠三貫五百文

興化府

【宋】夏稅四色錢正錢布錢折麥錢折草錢免役夏秋二料錢官

戶不該免役錢　僧道免丁錢　産鹽錢　丁米
錢　小米折價錢　都税務額錢　轉運司歲給
弁大禮年分增給錢　春冬衣賜錢　經總制錢
無額錢　鹽本錢　興化軍學諸色錢　莆田縣
學每年貼養士錢共二十八萬六千九百八十七貫三百九十八文　秋税
苗米官莊米　興化軍學白米　興化縣學粮米
共七萬三千七百五十九石八斗有奇建炎三年因盜起撥本軍米二萬五百石納於福州以應軍期急用後遂爲定例謂之猶剩米除興間知軍事張允蹈奏蠲一半乾道間知軍事鐘①離松再請全免

校注：①鍾

國朝莆田縣夏稅鈔五百八十二錠三貫四百七十二文秋粮米四萬八千二百二十石三斗七升四合戶口食塩米一萬一千八百三十三石六斗八升魚課米二千五百八十石五斗七升五合翎毛二萬五千八百一十根魚鰾八十二斤一兩二錢五分正辦本縣稅課局商稅課鈔二千七百五十錠一貫五百九十文門攤鈔三百六十七錠八百六十文窯冶鈔七十一錠八百六十文契本工墨本色鈔一錠三貫八百文酒醋鈔四百七十錠二貫三百五十文鑄瀉鈔一錠四貫七百六十文係官房屋租鈔二百二十錠三貫一百七十二文房屋賃鈔四錠三貫七百二十文茶課鈔四十七錠二貫九百五十文茶引油鈔二十九錠帶辦黃石稅課局商稅課鈔

一千六十八錠門攤鈔二百七十四錠二貫四百二十文窯冶①鈔一百五十一錠
三貫六百八十文契本工墨鈔一錠一貫二百文仙遊縣夏稅鈔
二百四十六錠三貫二百九十五文秋粮等米一萬八千九百五十一石有奇戶口
食盐米一千六十三石有奇魚課米一百一十七石二斗六升四合閏月加米九石
七斗有奇歲辦商稅課鈔三十三錠三貫三百□十文窯冶課鈔六錠
四貫契本工墨課鈔一貫一百二十文酒醋課鈔七十一錠一貫四百
五十文鑄瀉課鈔一錠三貫四百五十文係官房屋租鈔七錠三貫
二十文房地賃鈔一錠二貫六百三十六文茶課鈔七錠一貫七百四十文
茶引油鈔二十二錠四貫帶辦稅課局遇歲實徵商稅課

校注：①冶

鈔二千四百七十一錠四貫五百七十文門攤課鈔四百一十八錠一貫三百文

窯冶課鈔一十九錠一貫七百二十文契本工墨鈔四貫八百文

福寧州

宋夏稅產錢一千一百貫九百二十九文秋稅苗米一萬五千一百五十六石二斗有奇已上本州并寧德縣總數元夏稅秋稅鈔一百六十九錠一十九兩四分此寧德縣總數本州及福安縣無考粮米一萬五千一百五十六石二斗三升五合此本州并寧德福安二縣總數

國朝本州夏稅鈔一百六十八錠二貫八百五十七文秋粮等米一萬一千八百六十三石四斗二升五合六勺戶口食鹽米一千三百九十三石六斗魚課米

五百九十五石八斗七升閏月加米四十九石有奇農桑絹二疋餘絲十四兩商稅

門攤等課鈔二千六十四錠一貫五百三十七文銀課原額七百七十六兩今加

增一千一百七十二兩鐵課三千二百三十七斤寧德縣夏稅鈔一百二十

五錠四貫七百八十四文秋粮等米一萬六十九石一斗五升三合魚課米二百

九十八石五斗六升閏月加米二十四石有奇戶口食盐米一千七百石七十六升

農桑絹四疋餘絲一十兩七錢一分土産六十五斤一十三兩一錢六分商稅

門攤等鈔一百三十三錠一貫一百文銀課五千九百兩鐵課鋼鐵

一千七百五十二斤一十兩荒鐵一千五百八十四斤一十兩福安縣夏稅

鈔九十四錠六百七十五文秋粮米六千五百六十三石五斗五升三合七勺戶口

食盐米二千二百六十石七斗二升魚課米八十三石五斗閏月加米六石有奇

農桑絹五疋一丈一尺商稅門攤等鈔一千九百七十四錠二貫八百九十五文

銀課原額三千六百兩今加增一千七百五十一兩

土田

福州府

宋墾田官莊田職田贍學田園山地池塘陂堰林坂埕并續增田園沙洲田共一十萬六千二百四十二頃二十一畝有奇房廊屋六十八間屋地基三十一所

元計撥民田官莊田職田贍學田續置田并園林山地池塘溪灘土埕共四千八

百二十九頃八十二畝有奇并五十三段二截草洲一處水浹二十步水圳三十二步屋二十五間白地并園一百三十五户○按三山續志郡自混一以來未嘗經界若田若園歲有計撥頃畝注云有司具年科官民租粮田土數目申省謂之計撥

國朝閩縣官民田園池地山三千二百八十九頃九十三畝二分九釐侯官縣官民田園池塘湖地山四千四十頃一十二畝九分五釐懷安縣官民田園池地山二千一百五十三頃一十畝六分二釐長樂縣官民田地二千二百八十四頃九十八畝五釐連江縣官民田園池塘地山一千五百九十九頃七十一畝五分福清縣官民田地五千五百六十九頃二十畝六釐古田縣官民田園地池二千四百五十八頃三十

畝三釐永福縣官民田園山塘地七百四十七頃六十三畝八分四釐閩清縣官民田園地山一千三百五十七頃二十七畝二分三釐羅源縣官民田地池塘山一千三百一十三頃六十一畝三分內新墾民田地一十畝七分

建寧府

國朝

建寧縣官民田地山塘四千八百四頃九十八畝一分三釐甌寧縣官民田地山塘三千六百二頃九十五畝七分八釐浦城縣官民田地山塘一萬五千六頃三畝六釐七毫建陽縣官民田地山塘六千一百四十頃二十畝一分四釐六毫松溪縣官民田地山塘一千五百五十

九頃六十一畝三分七釐八毫崇安縣官民田地山塘三千六百五十九頃一十七畝四分六釐政和縣官民田地山塘園一千一百五十八頃五十六畝壽寧縣官民田地山塘園三百七十三頃七十七畝七分八釐

泉州府

國朝晉江縣官民田地山蕩四千二百四十二頃三畝六釐南安縣官民田地山塘蕩三千六百九頃五十七畝七釐同安縣官民田地山蕩二千五百八十八頃一十二畝二分三釐二毫德化縣官民田地山林一千五十五頃九十三畝五分四釐永春縣官民田地山塘蕩一千六百三十一頃六十三畝八分安溪縣官民田地山塘一千三百九十一頃

七十五畝五分惠安縣官民田地山林塘二千四百五十二頃四十二畝二分七釐

漳州府

國朝龍溪縣官民田地山塘蟶埕三千八百六十九頃七十六畝七分五釐内圓眼樹一十株漳浦縣官民田地山塘二千五百九十四頃一十七畝八釐内圓眼樹八株龍巖縣官民田地塘并水車基折田一千六百五十六頃二十四畝六分七釐長泰縣官民田地塘溪潭山一千四百一十二頃三十九畝八分四釐南靖縣官民田地山塘一千八百九十七頃四十一畝五分五釐漳平縣官民田地塘九百四十二頃七十七畝五分

三釐

汀州府

國朝長汀縣官民田地塘山三千九百二十一頃三畝一分寧化縣官民田地山塘二千二百九十六頃五十八畝七分上杭縣官民田地山塘一千八百一十九頃九十九畝武平縣官民田地塘山一千二百六十三頃四十畝二分五釐清流縣官民田地塘八百七十三頃八十三畝六釐連城縣官民田地塘山一千三百一十一頃八十二畝四分歸化縣官民田地塘山一千五百八十頃八十七畝六分四釐永定縣官民田地塘山九百七十九頃五十三畝七分

延平府

國朝南平縣官民田地山塘園二千二百三十五頃五十八畝五分五釐三毫

將樂縣官民田塘一千七百八十七頃三十五畝九分九釐三毫

尤溪縣官民田地園池并額外廢寺基地二千四百六十一頃三十八畝五分

沙縣官民田地山園池二千二百九十三頃三十九畝八分三釐二毫

順昌縣官民田地園塘一千六百七十四頃三十畝五分

永安縣官民田地山園池九百五十四頃一十三畝一分四釐五毫

邵武府

國朝邵武縣官民田地塘四千九百五頃三十九畝四分一釐

泰寧縣官

民田地塘一千三百四頃四十八畝八分

建寧縣

官民田地塘一千九百三十九頃二十八畝六分

光澤縣

官民田地塘二千一十八頃五十九畝五分

興化府

國朝

莆田縣

官民田地山九千一十四頃一十一畝

仙遊縣

官民田地山四千六百八十九頃三分四釐

福寧州

宋

民寺觀田園地共一萬八千九百五十三頃六十四畝有奇此本州幷寧德縣總数

元

官民田地池塘四千三十四頃八十九畝三分四釐七毫此本州幷寧德福安

二縣總數

國朝　本州　官民田園地山二千一百五十四頃一十一畝九分　寧德縣　官民田地山溪港一千七百四十八頃八十八畝五分一釐　福安縣　官民田園地塘等一千二百三十四頃七十七畝七分七釐

水利

福州府

閩縣　按三山志宋嘉祐二年郡守蔡襄命三縣疏濬渠浦知連江縣權閩縣事朱定開濬負城河浦百七十六計二萬一千九百七十四丈均用民力凡八萬九千溉田三千六百餘頃　石浦橋浦接崇賢里界至臺頭長八百二十丈　石浦橋裏第一小港至牛

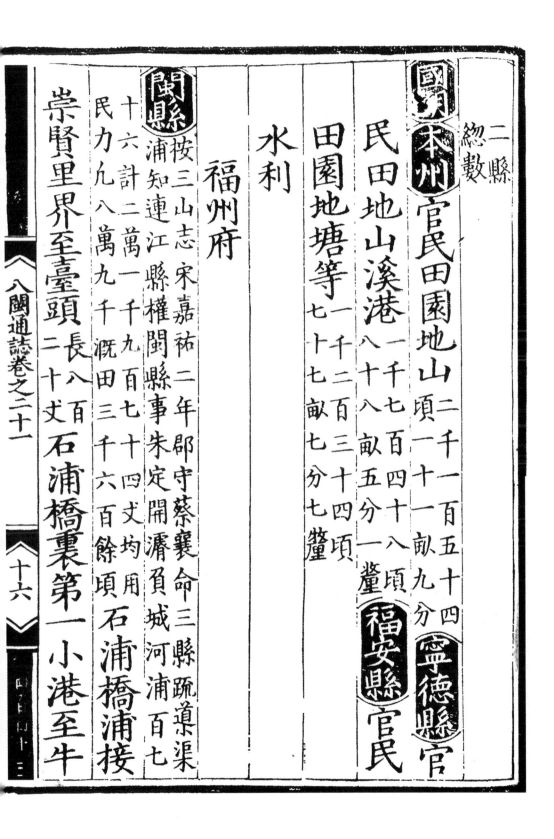

路浦長二百三十丈第二小港浦長七十三丈無量壽院前第三港浦長四百三丈第四小港至嶽前浦長四十丈寶月院前浦長三百一十丈寶月院前洋中湖塘長一百五丈統軍塘浦長一百五十丈中間接曲浦長五十五丈圳乾浦長一百三十丈塘尾浦長一百二十丈湖塘浦五段一橋外瑞聖里長十丈一橋由長七丈二段共長四十丈一段長十六丈林娘塘長四十五丈西塘長二十丈寶月油車浦道頭及小浦七條一長五丈一長四丈一長五丈三尺一長二丈一長一丈一長三丈林大慱車頭長二十一丈牛路口車頭弁圳五條長十六丈浦西圳長四十丈浦東圳長二十五丈五尺一圳長十四丈大圳長三十丈大浦畔圳長二十五丈華①

校注：①華

①巖橋角圳長二十三丈　統軍塘地圳長十六丈　岳邉洋中圳長三丈　岳邉大圳長十五丈　岳邉圳長三十一丈　塘尾金家車頭長九尺　古山圳長三十五丈　王家車頭長八丈　東浦尾吳勝官車頭長三十五丈　鄭家車頭長二十丈上三十一所在易俗里　南塘浦長一百五丈　塘浦長二百三十丈　潘洋浦長九百五十丈　前洋浦圯面長二百五十丈　小橋浦長七十丈　前洋浦圯薛陳車頭長三丈五尺　前洋車頭長四十丈　陳稔車頭長十一丈　車口車頭長十二丈　寶月車頭長一丈五尺　王賓車頭長四丈　四石車頭長十二丈　陳興車頭長三丈　潘洋浦及塘頭車頭長十九丈　茆舍前車頭長五丈　經院車頭

校注：①嚴

長十二丈李宗車頭長十六丈任日新車頭長一丈五尺陳保陳元宗車頭長八丈孫九車頭長六丈黄贊車頭長五丈張石保車頭長六丈小橋浦車頭林贇車頭長二丈經院車頭長三丈陳□車頭長八丈經院田下土草湖三車頭長一丈五尺西浦尾周忻車頭長十一丈上二十七所在瑞聖里懷安界上浦長四百四十丈湯洋王志□車頭長三十四丈陳司徒等車頭長十八丈上三所在孝義里巢嶼古下浦長六百四十丈湖西浦長三百三十丈湖塘浦長一百二十丈南塘浦長二百一十丈湖井浦長一百三十丈林都衙小插浦長二百一十丈呉□□石小瀌長七十丈圳尾插浦長五十丈湖

壜浦長二十丈王紘車頭長十二丈陳陶車頭長七丈彌勒車頭
長三丈商伴兄車頭長一丈八尺慶觀車頭長六丈陳勝車頭
長八丈大乘□車頭長二丈張廷等車頭長二丈七尺鄭八車
頭長二丈八尺□□乘車頭長四丈陳哥洗車頭長一丈五尺□
□車頭長十尺趙轉車頭長三丈許清等車頭長□丈五尺陳
後車頭長一丈五尺大乘彌勒車頭長□丈上二十五所在桑溪里橋外
方家前小浦□龍浦上二浦各長二百丈鄭嬌小浦□□西
面屈曲小浦長一百五十丈康山小浦長二百五十丈湖浦南面長二
百一十丈潘浦長二丈鏡浦長一百□十丈□尾浦長二百一十丈橋裏小

揷浦長六十一尺東嶽塘長一百四十丈鄭磜小浦長九十七丈阮塘
長一丈浦東磜內小浦長四十八丈方家門前□浦長四十丈吳
宅浦長二百丈鄰塘浦長二百五十丈□平車頭長一百七十丈蔣乖浦
長三百丈鄭坂浦長□□丈鄭五車頭長八丈尾埕車頭長二十丈林
家車頭長七丈五尺李家車頭長八十丈林師車頭長十丈二尺已上二
十五所在歸善里師姑浦長一百四十丈官塘浦長一百七十五丈東嶽至
牛頭橋浦長二百二十丈西塘浦長一百三十丈塘尾浦長五十八丈報
慈浦長二百丈前塘浦長七十丈龍舌浦長八十丈高孤浦長三十丈高
家浦長一百一十丈高家田浦長二十七丈薛宅前浦長二十七丈報

慈浦口大浦長一百丈東坂浦長九十丈長腹浦長四十丈上十五所在古山里象村官塘長七百餘丈溉田五十二頃猴嶼官塘上嶼長四十丈中港并下嶼俱長三十丈溉田二頃餘蒜村石泉庄塘長十三丈溉田僅四頃上三所在江左里舊志在合浦南里翁崎石村官塘東西計七百餘丈溉田十七頃餘大孟官塘長九百五十丈溉田十三頃餘浯溪陳塘長十三丈瀦雨水溉田一頃餘上三所在江右里舊志在合浦北里童續洲贍學塘長八十丈溉田五十畝王埔翁塘長三百丈溉田一頃半後嶼清福塘長二十丈溉田六畝上灣王塘長七百餘丈溉田七百畝白巖陳塘長二百丈溉田二頃良陀林塘長四十丈瀦①雨水溉田五十畝上六所在嘉登里舊志在海畔里遐上九里九一百三十八所俱府城東王中臣浦長二十七

校注：①雨

丈康山浦長六十丈白塔浦長一百九十丈遠南門外水閘邊小浦長四百丈五龍堂後浦長三百丈鄭廟邊小浦及車頭長五十五丈後陳南面小浦及車頭長一百二十丈北面及車頭長五十五丈王塚小浦及車頭長一百二十丈王中臣小浦及車頭長二十二丈羊官路南小浦及車頭長三十八丈白塔頭小浦及車頭長十五丈上十二所在高惠里洋車路口小浦長三百丈資福院前浦長二百五十四丈石步頭浦至太平寺基廟前分二浦共長一千三百丈吉祥庵前浦長四百九十丈石步頭至舡梅墩浦長二百四十六丈薛墫浦長九十一丈薛墫重浦長一百五十六丈錢塘抵

候官界浦長三百五十丈馬頭抵候官界浦長八百丈上九所在嘉崇里通上二里九二十一所俱府城南康山浦長九百五十丈鑠港邊浦長七十丈石浦橋浦長一百六十丈西石浦小橋浦長四百丈後王浦長七十丈後浦長六百七十丈湯門外浦長七十丈茶焙浦長三百一十一丈石浦南浦長八十丈官河北頭小浦長九十丈南頭小浦長二十丈稅務前浦長一百三十丈茶焙浦車頭長三十二丈第二小車頭長五十丈後浦四石車頭長四十丈古山車頭長四十八丈石浦小橋車頭長四十丈康山浦東頭長九十五丈又車頭長三十丈城外官河長六百十八丈上二十所俱在府城東南崇賢里東崎岊溪二水閘積水以溉民田浩溪

水閘舊刱以禦海潮溉民田千有餘畝鄉人梁堂重修

龍塘水閘在孟溪溉田四十餘頃上四水閘在府城東合北里

海隄按唐志在縣東五里大和三年縣令李茸築初每歲六月潮水鹹鹵禾苗多死隄成瀦溪水殖稻其地三百戶皆良田

候官縣按三山志宋嘉祐二年蔡襄命疏導渠浦六十九延袤百二十五里田主以四分佃戶以六分開濬借盤水利者亦四分助之仍令民以時修治不用命者有罰

白龜浦長二百十四丈五尺

報恩院前浦長九百八十丈

林野庄前浦

高宅前浦上二浦俱長一百八十三丈九尺

大王小浦長一百五十七丈八尺

林周園下浦長四十八丈

末山浦長六十丈

新橋浦長一百丈

趙宅前浦長一百四十八丈八尺

曾家橋浦長二百八十丈

石山浦長一百二十丈八尺

南浦長二百丈

橋

亭小浦長一百二十二丈四尺舊俱屬英宅里興福院小浦長二百二十七丈三尺舊屬孝順里山後大浦長八百八十八丈高弄浦長四百二十丈錢塘王浦長九百三十丈浦東屬閩縣王石堂小浦長一百七十五丈錢塘小浦長一百九十丈西橋南小浦長三十九丈舊俱屬正節里石湖浦至報恩前浦長一百十二丈王山西橋至石湖橋浦長一百七十二丈菱角塘浦長二百九十二丈官塘浦長四百三十二丈西禪塘浦長一百四十二丈宋①山院前小圳長九十六丈丘公官池長二百四十丈應真前小圳長二百四十二丈西禪前小圳長八十丈舊俱屬永欽里三會浦長一百四十二丈張家洋浦長一百七十六丈橫圳長一百一十丈松栢洋浦

校注：①永

長一百七十五丈長定官池長一百七十七丈舊俱屬處仁里已上三十五所俱在一都潮塘浦長六百丈中浦長五百三十丈楊宅浦長三百二十丈五曹浦長五百一十丈翁宅浦長三十二丈宋塘浦長四十丈舊俱屬孝成里白竈浦長六百九十四丈趙宅浦至水陸塘浦長三百八十五丈道浦二一長一百二十丈一長九十丈邦浦長二百丈宋浦長六十丈五曹浦尾浦長八十丈舊俱屬新安里洪塘浦長五百七十丈橋裏浦長四百四十丈裏洲塔前浦長四十丈四尺外洲浦長一百二十一丈後崎浦長七十丈窯頭浦長六十丈廐頭浦長六十九丈白葉崎浦長三十九丈館前浦長六十七丈王簡浦長六十丈林師浦長五十丈功德院浦至懷安縣界大章浦上二浦各長五

十五丈舊俱屬方樂里按三山志自石岊石而東經甓瀆至柳橋俱通舟楫貞元十一年觀察使王①翃開縣西南五里有湖二百四十步與西湖通今柳橋是也

牛墩浦長四百四十五丈五尺

鄭崎下浦長二百四十八丈

張崎下浦長二百四十丈

上浦長五十丈

西禪園浦長四十丈

翁前浦

墩頭浦上二浦各長六十丈

塩嶼上浦長三十丈舊俱屬方興里已上三十三所俱在二都

西湖距府城三里迤邐至城南流接大壕通南湖蓄水以溉民田爲閩時周迴十數里築室其上號水晶宮其後盡爲民田宋淳熙間郡守趙汝愚奏請開濬悉復其舊宋陳俊卿詩鑿開百頃碧溶溶頫上錢塘彷彿同楊柳兩堤聯綠蔭芰荷十里散香風波②涵翠巘層層出湖接新河處處通輿誦載塗農事起從今歲歲作年豐自宋至今復淤塞殆盡旱澇無所蓄泄民以爲患○相傳此湖舊有山越王無諸時一夕飛往臨海郡一本云在府城西南誤

雲澳池

校注：①翃　②涵

在草市都馬鋪三山志及縣志俱無此池今依三山續志增入通上俱府城西

懷安縣

東湖 在府城東北二都晉太守嚴高築城時與西湖同開鑿以泄兩澇舊記周廻二十餘里宋慶曆中漸塞為民田而猶有湖至淳熙間則盡為民田矣今鄉人猶有湖塍之號○方輿勝覽云在閩縣西群書一覽云在閩縣東俱誤

陽崎浦 長一十五里其間又或散入小浦八九都民田皆仰溉此水

吳山浦 東去一十餘里十都民田仰溉此水

凰崗浦 溉七八都民田上三浦俱通陽崎江潮

澤苗浦 東去一十餘里至湖裏接浩溪之水溉十一十二都民田

廷澤浦 東去一十餘里接橫溪之水溉十二都民田

仙坂浦 東去二十餘里接語溪之水亦溉十二都民田上三浦皆通澤苗江潮已上六浦俱在府城南按本志邑所轄地西北依山東南瀕江依山之田多高仰瀕江之田多崩陷其尤甚者西北一派接壤芋原稍值淫雨則成巨浸害田傷稼其患有不可

勝言者故晉郡守嚴高鑿東西二湖以泄之今東湖湮塞而西湖亦淺狹民所賴者惟水南六浦耳其他民田浦所不能通者成化十七年知府唐珣又督民濬渠瀦水以備之又按三山志嘉祐二年郡守蔡襄從樂遊橋下開沿城外抵湯門琴亭湖心至北嶺下去思橋北出河尾船塢散入港北小浦中浦石泉安國以北知縣樊紀復作橋十三曰濕堹瞪北小浦中浦湖心琴亭越塘龍腰後溪桑翁嶺下范溪瀨溪

長樂縣按三山志長樂濱海山淺而泉微故瀦防特多大者爲湖次爲陂爲圳埒海而成者爲塘次爲堰毋慮百五十餘所每歲窩溪澗雖不淺消滴亦不足用必將雨滂澍乃獲均洽及農事畢則皆爲無用之地矣以是狡①民或侵或請民失其利宋咸平熙寧屢有訟者建炎初縣令陳可大乃大修塘埒陂湖乾道九年縣令徐謩復延耆老講究水利爲斗門及湖塘陂堰百四所溉田九二千八十三頃

浦埭長三百五十丈通淡潮横埭溉田種二百石

河頭浦埭長三十丈中置閘溉田三

晉溪

校注：①狡

須上二所在縣西賓賢里福湖俗呼北湖嘉禾大石新城屯四堰合爲
一長一千九百八十丈溉田種四百石橫嶼湖周三百一十丈四齋貫冓長六千九百丈溉田種
千餘石上三所在建興里鏡石何師新三堰合爲一長二百丈溉田十頃新晉
塘斗門泄桃阬自龍潭等水入演江舊志無此斗門今依縣志增入上二所在清平里新田
陂長六十丈溉田種四十石灌洋陂長一百一十丈溉田種一百三十石上二陂俱食童溪水
湖前陂長三百丈溉田種四百石坵溪食童溪水長二百一十丈溉田種二百五十石上四
所在靈石里大塘跨昆由敎素崇賢同築四里大斗門二知縣徐蕃築基方廣二十餘丈兩旁抵
海長一千五十丈溝港共長三千七百丈渚福清界水溉田種千石按三山志所載如此而縣志亦有大
塘注云昔縣令李茸諭民築堤沿海三萬六千餘歩以禦鹹潮或時衝潰皇祐中縣令吳仲舉縣尉曹元

振俾民高大其址引同桑昆由等里大溪之水溉田餘澤以傍及崇賢敦素清平十餘里民到于今受其賜二說不同未詳孰是**荻蘆陂**長六十丈圳長三百五十丈瀦高陂水溉田種五百石上二所在昆由里**凌古塘**在逍遥里周一百二十丈二竇圳長一百五十丈溉田種六十石**金漈湖**湖近江爲飛沙填塞**章坂童溪陂**長五百丈塘一圳二溉田三十頃**東港**食新塘水長一千五百丈圳長八百丈溉田十一頃上三所在良田里**覆船洋**在敦素里橫溝直溝可通潮圳溝三食大塘水長二千二百三十丈溉田十頃通上七里九十六所俱縣南**大圳等五浦**長九百丈溉田四十餘頃**米籠浦**長二百五十丈溉田六頃**官塘浦**長一百一十丈溉田五頃餘**陳師浦**長一百丈溉田一頃餘**官坵等四浦**長一千七百二十丈溉田六十六頃**王坵浦**長一百二十五丈溉田五頃餘**白竈浦**長五十丈溉田三頃餘

鼇石浦長二十五丈溉田一頃餘後角浦長九十丈溉田四頃餘銀盞浦長七十五丈溉田八頃餘渡龍浦長九十丈溉田七頃餘坂塘浦長二十五丈溉田四頃餘宮堰浦長二百六十丈溉田十頃古塘浦長一百五十丈溉田六頃師娘浦長三十五丈溉田四頃浦口小浦長七十五丈溉田二頃下籠坂浦長五十丈溉田三頃橋頭浦長五十四丈溉田七頃蠣殼浦長一百丈溉田十頃龍窟浦長三十五丈溉田三頃朱湖高浦長二十丈溉田三頃延祥斗門舊志不載今依縣志增入上二十二所在崇丘里東洋塘長一千二百丈禦鹵潮瀦雨水子塘三共長一千五百丈溝一長三百四十丈橫埭二路閘以竇溉田種三百石西洋塘長九百五十丈有斗門溉田種九十六石上二塘今俗呼白芒坑東西塘鄭湖塘洩水港抵海長二百丈竇三溉田種四百石

崔塘有斗門西抵海埕長一千一百二十丈　崔塘洋溝長一千三百五十丈溉田八頃

鄭湖周二十丈溉田三十畝　前塘長二千餘步　後崎塘長一千餘步上八所在絃歌里按三山志有崔塘而縣志不載縣志有前塘及後崎塘而三山志不載疑古今廢置之異名號更改之殊然不可考也姑並志之以俟知者

穫洋王背大溪中圳劉背二溪在招賢里皆出自龍潭圳五共長一千九百一十丈閘四溉田種三十石　黃弄溪長二百丈陂長五十丈溉田十二頃　溪口溪三坑共長一千四百九十丈溉田五頃　橫圳長九百丈溉田五頃上三所在永勝里

桃阬湖即桃枝湖也東西一百三丈四尺南北三百一十六丈五尺埕塍圳四泒溉田種千餘石僞閩時勢家私相轉鬻為田宋咸平間民訟之勑復為湖熙寧間又有侵耕之者知縣蕭竑因括湖塘陂堰簿而圖之擇主領立經界培堤岸碑于湖之旁今周五百一十丈為石

斗門三圳長二千三百餘丈瀦乾溪水溉田二十九頃跨逍遥清平二里今俗呼南湖沙坂後洋溪長五百丈入挑枝湖溉田七頃上二所在進賢里董塘長二十六丈食山泉溉田五頃半丞天溝長六百八十丈溉田七頃韓塘溝長六百丈有小圳瀦橫源溪水溉田種七石百石溝在沙漠下食賓閭尾水長六十丈溉田七十畝上四所在和風里通上六里凡四十一所俱縣東南趙塘浦長七十丈蘆蕁浦長四百丈官塘浦長二百五十丈孤塘浦長四十丈九石浦長三百丈車下浦長七十丈新塘浦長八十丈圳兊浦長二百丈孤洲浦長四百丈上九所在嵩平里石瀨陂長五百文溉田種七百石古散陂長七百一十丈溉田種三千石上二所在同榮里俱食龍潭水周陂食童溪水長一千丈溉田種四百石前曾塘食龍潭水長二百丈口為石閘禦溪漲尾為石凾①埤長一丈五

校注：①函

尺溉田種七十石

丁塘 食龍潭石瀨陂水長七百丈溉田種三百石上三所在依福里通上三里凡十四所俱縣西南

保豐塘

橫埭 長十丈溉田種百石

嶺口三塘 上塘長□十丈下塘長三十丈溪尾塘長二十丈食大□大□二山水溉田一百四十石

金冬坑 長四丈溉田種十餘石

倪塘 長四十丈通嚴湖水尾溉田種三十石

林簡塘 食龍潭水長六百五十丈圳長二百五十丈溉田種三百石

稠港 長一千一百丈溉田千餘頃

浦塘洋積水

三港及圳 長二千六百四十丈溉田三十六頃

潭頭斗門 泄利劉雲橋之水入海舊志無此斗門今依縣志增入上十所在方安里

嚴公湖 舊名嚴湖在大宏里陳長者嚴光施田為之周三千二百八十丈瀦大奢兩水實四溉田四百五十頃跨方安敦化二里今俗呼西湖相傳光之子恭商販維揚嘗市黿五十而捨之光家居一日有被黑衣者五十人送錢五十千曰君之子揚州所附還

迨及恭回驗之實未嘗有乃悟贖盜之報遂捨宅為寺田為湖按舊志又云湖起於唐寶應二年未知孰是

陳塘港 會七十二洋水溢則開斗門歸絃歌里溝及林花溝瀆入海

陳塘大官溝 跨和風敦化大宏三里長三十二百丈漑田二十頃

賓閭湖 唐天寶五年倉曹林鷗於方樂崇仁和風三鄉築堤五處復捨已田鑿此湖周一千二百丈竇八溝八溝闊一丈二尺漑四里民田凡七百餘頃因復開陳塘港以泄三鄉及西湖之水而注之江又奏請立石於爐峰皇恩寺紀其限界禁民不得侵傍湖餘地為田以妨水利詳載本湖規簿今俗呼東湖三山志又云舊載上下湖海風飛沙積而成之

上湖石塘 長一百二十丈有斗門漑田七百石

陳塘斗門 泄賓閭上下湖及宏源溪水舊志無此斗門今依縣志增入上五所在方樂里

屘尺塘 在新開里長一百五十丈漑田一種三十石

元祐港 宋元祐中縣令袁正規以十七都之田窪下歲被渰沒遂開縣尉卓棊後山為

港以泄其水抵陳塘港西注之海又鑿寺簿林嵒庄前之山爲渠直出漳港石梁南注之江民德之因請名曰袁公港正規辭曰此天子之功也遂名之曰元祐港按縣志所載如此舊志但有元祐溝注云長千餘丈斗門一溉田種七百石而不言開刪始末疑即此港而異其名耳

東溝 唐倉曹林鶠鑿湖開溝潦則泄水歸陳塘港旱則瀦水以溉民田轉流而東至登賢官路而止宋元祐中縣令袁正規開鶠程卓塘周庄各洋水路一鑿渠以通石梁錦橋一鑿卓嶺及登賢官路而接此溝遂名龍津舊志不載此溝據縣志增入上二所在崇仁里適上五年凡二□所俱縣東北

章港塘 在十五都

閭山塘

海路塘 上二所在十四都

南網塘 在十八都按三山志及縣志無上四塘今依三山續志增入縣志又有劉山塘而三山志及續志俱不載疑即閭山塘也

卓嶺港 在十七都舊有港自黃崎東入于海爲洲所壅淹田數十頃元祐閒開港埴草培沙爲堤南自黃庭經牛山入于漳港

而阜嶺亦有港減水而西厥後俱廢元大德元年達魯花赤□□浚阜嶺港經后屯甘墩入陳塘港然地勢稍高僅減水三分之一餘田尚淹沒云此亦據續志增入通上五都汍六所俱縣東南

海隄按唐志距縣十里大和七年縣令李茸築立斗門十以禦海潮旱則潴雨則減旁皆成良田按三山志云唐武德六年折閩置長樂則二邑也而皆築於茸之手相距纔四年①必是更宰不然則攝也

連江縣

小橋塘　四模上下路塘疑即舊志四木洋橫塘　後坂王前塘疑即舊志王前塘　毗毗後大渠塘疑即舊志龍卧院前塘　毗毗塘舊志作皮屯　雙碑塘　縣東大渠塘疑即舊志大渠塘　赤爐洋塘　後欖塘　王早洋塘後塘　西林寺前塘疑舊志庵前塘上十一所俱欽平下里縣志無小橋塘雙碑塘赤爐洋塘三山志又無後欖塘王早洋塘後塘西林

壽前塘疑亦古今廢置之殊名號更改之異也大苛縣志無此苛圓塘上二所在嘉賢上里
師子塘　龍山茭湖至新塘　水莧塘　財溪苛
王浦塘有斗門上五所在嘉賢下里峽塘　水合塘　洗馬塘舊志
作池大小栢塘　松塢塘上五所在崇德里鄭塘水圳　官圳
後塘圳　小涸溪　南般圳　烏爛塘上六所在安德里王
孫塘　管瀆二塘上三所在保安里橋木塘　土花塘上二所在
建興里橫坑塘　大潭苛　劉舍塘　董舍前塘　外
埕塘　孫圳　官田圳　浦頭斗門上八所在永貴里舊志無此五
塘今依縣志增入通上八里凡四十二所俱縣東縣前塘抵浦口塘三脚塘　方

崎裏塘疑即舊志峯崎塘　下塘疑即舊志崎下裏塘　峯凹椇洋塘疑即舊志
四木洋下塘　赤爐塘　雙木黃塘　雙木柴橋塘舊志有雙木黃
塘又有雙木蓮塘此塘未詳的為何塘　北禪小崎塘　興慶前壇頭五
石塘疑即舊志五石塘　黃賈塘　縣前大渠塘　王塘　小嶼
塘　浦下塘上十四所在欽平上里舊志無縣前大渠塘黃賈塘王塘小嶼塘浦下塘縣志
又無三脚塘北禪小崎塘疑亦古今廢置名號更改之異也　王塘　烏石塘　劉
家洞塘　羅唱塘　大門塘　括塘　括大塘　僧
屋塘　官路塘　猛浦塘上十所在仁賢里舊志在欽平下里　古塘
林湖塘上二所在清河里舊志在光化里　張坂埼　王宅埼　爐沖

背古圳　小洄背　中圳背　前塘上七所在光臨里舊志在臨江里

溪西背　烏石背上二所在安定里縣志無此二背通上五里凡三十五所俱縣西

塘圳浦　秦塘　牛圳　多交塘　王塘有斗門

龍泉圳　龍潭背舊志作溪　荻蘆嶺圳　西橋圳　薦福塘

師姑塘舊志作浦　西川圳舊志無此圳今依縣志增入上十二所在縣南新安里

東塘湖在欽平下里北野舊志在進賢里隋開皇十三年邑民林堯等捨田為湖周二十里溉七里民田四百餘頃歲久壅閼姦民侵冒幾半為田唐咸通初縣令劉逵奏復之民為立祠後令李褎為記宋淳化初縣令鞠仲謀以木斗門易壞更造以石復梁而亭之外造小橋六小斗門七又置田園立斗門戶主①其出納以備修葺仲謀自為記復奏降特敕約束民門四山野地不許請佃邑人亦為立祠其

校注：①間

後亡民復漸次侵耕至慶曆初縣令陳某汪某又相繼復之而鄉人陳鑄林簡復捐貲倡衆築堤於湖之東西北三面計一千四百餘丈立石柱一百二十以表湖界嘉祐初縣令朱定乾道間縣令曾模皆增修之淳熙間縣令傅伯成嘉定間縣令陶武淳祐間縣令游義肅咸淳間縣令宋日隆俱嘗修斗門 國朝洪武間姦民復漸壅塞爲田幾及半矣水利寖廢民復以爲患

東塘溪耆 洋門耆 柴蛇耆 神宮坂耆 王坂耆 東灣村耆 斜泉耆 神宮後耆 南洋石灘耆 石峽神宮耆 鄭門前坂耆 溪柄翁前耆 南山耆 陳趣耆 新洋耆上十五所在進賢里 縣志無此十五耆 石峽耆 大溪耆 溪東耆 鳳山耆 溪東大耆上五所在安義里疑即今仁義里 縣志無此五

背通上三里九二十一所俱縣北高梁大塘有斗門湖探塘壇橋塘
有南北斗門官莊塘陳舍後塘舊志舍作屋長浦塘鄭崎
塘城門塘石橋塘可塘黃崎塘有斗門統軍
塘水洋中圳竹橋師姑圳南塘圳澄巖苛
西泄苛濱洋橫坑外塍塘斗門上十九所在縣東南安慶
里下廳塘官橋塘上二所在縣東北集政上里澄田苛在縣西北歸仁
里

八閩通志卷之二十一

八閩通誌卷之三十二

食貨

水利

福州府

福清縣 東西塘在永東永西里縣東西之水分瀦以備火患後東塘民塞其半宋淳熙三年居民火乃易塘東民田鑿以廣之橫經學門以象泮水 琵琶槽跨永東新安二里宋大中祥符間士民並海築埕政和八年饕風駕濤壞之宣和三年重修長二千餘丈溉田種三百餘石形如琵琶故名○新安舊志作新豐 石塘陂在文興里宋祥符中知縣郎簡築並江為之食河頭水溉田種五百餘石 西陂塘 東陂塘 古龍陂 程溪陂上四所在方成

里後塘　龍潭陂　建臨陂　擇善院前陂　東溪
陂上五所在求賓里王洋塘　後塘上二所在方民里舊志在方樂南里通上五里
凡十二所俱縣東慶陂　姚下陂　石蛇陂　萬安陂　鏡
塘　後塘　戴塘舊志作陂王塘　姚塘　姚陂　馮陂
上姚陂　後陳陂　姹陂　黄陂上十五所在清源里下洋陂
龍潭陂　潘墘陂　張洋陂　大洋陂　景洋陂
裏後洋陂　陂頭陂　南坑舊志作南阬新洋陂　嶺口
陂　叚平陂　長潭陂　北洋陂　龍溪陂　新洋
南洋陂　郭陂　龍溪　張陂　嶺口陂縣志無此陂師

姑陂　程陂　新陂　董陂　吴陂　大莒陂　文殊陂　北湖　官陂　小陂　白葉芮南湖　簡陂　游陂　下宅陂　鄭馬隴陂　大洋陂　溪西陂　周塍陂舊志作周陂塍　磨陂　龍陂舊志此陂在新安里而縣志乃載於此未詳上四十一所在新寧里　膳陂膳一作膽溉田種三百石　小洋陂疑即舊志洋陂　翁前陂　漳壿陂　馬陂　裹洋陂　崑崙陂溉田種四百五十石　蓮荷塘舊志作陂　陳塘　巖陂疑即舊志上巖陂　許陂　游塘　曾舍　前陂　西陂　灘陂灘一作攤　寺家陂　王陂溉田種一百七十石　寺後陂舊志作寺家塘　雙吠陂溉田種五十石　章東陂　百衆陂上二

陂各溉田種六十石舊志無上三陂而續志有章東百衆二陂又無雙畎陂馬栖垻見續志上

二十二所在永福里梁塘　前塘　烏焦塘　竹頭塘　宅舍

塘　古塘　白鮫塘舊志作陂興塘舊志作陂厤洋陂　周重

陂　林塘陂　張塘陂　無患陂溉田種三百石章塘溉田種四

十石田源陂溉田五十餘畝杜高陂舊志無章塘及此二陂今依縣志增入鄭神

陂　賭飲陂舊志作堵飯陂上牙陂　兩盡陂　神宮陂

張公陂上六陂舊志在永壽里已上二十二所在善福里通上四里凡一百所俱縣西元符

陂在新豐里唐天寶中置名天寶陂宋祥符中知縣即簡重修熙寧五年知縣權其歲督田户鳴鼓興

築不至者有罰圳長七百餘丈溉田種千餘石後鄉人乞罷之自是田多旱損元符初提舉鍾某檄知縣

並正柔修之鎔鐵汁以錮其基溉田如舊更今名元季圮國朝洪武三十四年按察司僉事陳瀨檄本縣募衆重修溉田種一千餘石

東禪塘 宋開寶中中山人劉逢以密地數千丈施東禪寺乃築埠塍塍內港九三泥門一斗門五十年始成自是歲收千石治平初復壞乃增高其塍溉田三十二頃有奇

靈石庄陂 溉田七十五頃六十畝

洪福庄陂 溉田四頃五十畝舊志無此二陂今依縣志增入上三所在靈德里

綿亭洋 安善溪出雙髻山至鵜鵠山下綿亭洋宋祥符元年僧惟真截溪十二派築堤八百一十丈斗門四九九年乃成溉田四十頃

林塘　竹湖　後溪陂　林橫塘　東渡陂　漆林洋白瀨陂 食蒜嶺溪水唐黄蘗僧所開夾岸埠港長二十餘丈外捍海潮內禦驟潦溉田種二百石上七所在光賢里

郭塘　麻車塘 車一作甲　陳坑塘　劉坑塘 上四所在福唐里舊志在欽唐里　鄭

塘　壚洋塘　倪宅塘　潘占塘　曹塘　福坑塘　白塘　葛坑塘　龍潭應塘應一作磨　信坑塘　東一龍塘上十一所在平北里舊志在安夷北里　王澳塘在平南里舊志在安夷南里　嘉塘　馬屋塘　鈌塘　高岭塘　道塲塘按舊志上五塘并鳳塘共溉田種百餘石　林子洋塘夾海爲之　江陰塘舊志無此二塘今依續志增入上七所在江陰里　松潭洋在仁壽里　顏塘　南溝　北溝　橫溝　赤漏溝　中溝　鳳塘舊志以此塘屬江陰里而縣志載之於此未詳上七所在潯陽里通土①九里九四十二所俱縣南

三十六脚湖在海壇里海壇山湖水青碧荷花叢生甘②中魚鱉甚蕃黿鼉有高於人者湖旁沙善崩人之徉者多陷没每一二年或三四年有大雷雨即湖之水白决

校注：①上　②其

黿鼇魚鼈皆乘流入海

吳田塘（舊志此塘在惇和南里）　寺家塘　郭塘

桑塘　鰻坑塘（上四塘舊志在歸化南里巳上五所在化南里）　洪塘　古塘

陂　大松坑　秋蘆陂　蕭塘陂　蕭塘　門前塘

鄭塘陂（上八所在隆仁里舊志在栖仁里）　陳塘　林塘　楊塘（縣志無此塘）

沆塘　潘塘　薛塘（上六所在臨江里）　大塘（在海傍閩王築堤以防海潮長一千餘丈溉田種三千六百石）

占計塘（亦閩王築溉田三千餘頃）　木椎塘　括塘（上四所在井德里舊志在拜井里）

黃蘗海塘（跨井得隆仁二里東西三百五十丈斗門三間洪武十四年築溉田十五頃通上六里九二十九所俱縣東南）

漳塘　池家塘（舊志無家字）

林陂塘　應天寺前陂（舊志寺作院）　石臼坑塘　場

前塘舊志作陂

溪南陂

西洋陂舊志作塘

香巖上下洋舊志巖作嚴宋天禧二年僧師振募衆築堤九百丈斗門四泥門五九十一年乃成溉田二十頃餘

香巖五老港舊志巖亦作嚴老作峯

卓嶺陂

朱步嶺陂上十二所在萬安里

蘇溪陂宋天聖二年西禪請萬安安香二里鹵地因遏爲陂溉田千餘頃泒別爲蓮塘十六頃熈寧間知縣郭棐詩萬工塡巨海千古作良田

橫塘

羊陂溉田種三百石

黃塘

靈石蠏嶼塘金山之東逕港之濱有鹵地至蠏嶼宋元豐初僧俱胝捍爲田捍長一千五百丈港有石斗門

靈石白麟洋在逕江之南金山溪流奔注潮水出入宋元豐中僧俱胝捍之長一千□百丈港大小十有一石斗門一溉田種六百石

法海陂溉田四十頃五十畝上六所在安香里

黃蘗鄭渚田在蘇田里舊志在來蘇里漁浦之南瀕江地也唐天寶中嘗爲田後廢宋

天禧初僧發元堤之長三百二十丈斗門二十四望
之若長坂外捍內防日與風濤為敵而屹然自若隄
今無恙高陂溉田一頃五十畝東圳陂疑即舊志圳東塘溉田三頃二十畝貫林
陂溉田三頃有奇陳下塘舊志無下字林陂溉田二頃後塘陂疑即舊志後溪
塘窐斜塘溉田二頃三十畝黃沙陂溉田一頃五十畝南灣塘溉田三頃
二十畝湖潭陂溉田一頃九十畝如塘笙坡塘溉田一頃基陂
南洋陂溉田一頃三十畝北洋陂溉田一頃橫溪塘舊志作陂鄭塘陂
趙塘陂上二陂各溉田二頃官塘鏡塘舊志鏡作境官洋陂後
溪陂蘆塘陂橋頭陂官塘縣志無此塘鄭平陂舊志
作塘陂頭陂屯塘溉田種四石下蓮塘溉田一頃牛臺塘溉田三頃

卓宅塘溉田一頃五十畝舊志無上四塘今依縣志增入上三十一所在清遠里通上四里九五十所俱縣西南溪田陂　洞子陂　石塍陂　後塘陂　官塘　練木陂　劉洋陂　鄭前陂上八所在循仁里潘陂　嚴陂　呂陂舊志作塘馬槽陂　官塘　天竺陂　游塘　木溪陂　王盃陂　洪塘　薛洋塘舊志作陂陳正陂　牛天塘　麻昌塘舊志作陂加塘　官塘縣志無此塘施塘舊志作陂官陂上十八所在方興里通上二里九二十八所俱縣西北

古田縣　倪洋在縣東橫溪里上洋陂在和平里長七十丈溉田種三十石高頭洋陂長一百五十九丈溉田種一百二十石西雲陂長一百六十五丈溉田種七十石上

二陂在崇禮里巳上三陂俱縣西平湖溪源陂長六十四丈溉田種二十石陳坑陂長一百五十八丈溉田種二十石東洋陂長四十丈溉田種十石上樞陂長四十五丈溉田種二十石上五所在横溪里鄒洋陂長四百五十丈溉田二十頃樟尾陂今爲吳洋陂長一百二十丈溉田一十八頃吳元陂長二百四十丈溉田七頃巖頭陂長二十丈溉田三頃雙瀬陂長五十丈溉田二頃溪平陂長一百五十丈溉田七頃五十畝上六陂在新興里蔣洋陂長三百七十丈溉田種一百二十石徐洋陂長二百八十丈溉田種二百五十石潨下陂長二百二十丈溉田種二十餘石覆舵陂舵一作船長一百三十七丈溉田種十五石上四陂在慕仁里通上三里九十五所俱縣北感溪陂長十二丈溉田十頃小溪陂長八丈溉田四頃瑞雲陂長一百二十丈溉田四頃屈斗

陂長一百一十九丈溉田種三十石上四陂在縣西南保安里碾洋陂長五十丈溉田種五十石湖潭陂長一百五十丈溉田種七十石諸家陂長五十丈溉田種六十石五峰陂長五十丈溉田種五十五石上四陂在縣東北部南里

永福縣按三山志宋時塘陂每季官一檢舉勸諭興修白葉湖宋乾道二年修溉田種十石後黃陂食溪水綿亘五里溉田二頃上二所在縣□康元里官臘二塘在縣□永安里內塘十四畝百二十步外塘十八畝八十步溉田種十五石大鄉官塘在縣□歸義里周百餘丈溉田二石五斗嵩口塘食濟溪水周八畝溉田一頃峬塘長百餘丈溉田種十石上二塘在縣□保德里

閩清縣按三山志諸里村落各堰小溪成陂溉田種五萬餘石樊嶺陂在安仁里白洋

陂在賀恩里上二陂俱縣東　梅洋陂在護仁里　仁王陂在金沙里　連溪陂在蓋平里上三陂俱縣西　溪源陂在孝順里　賢良陂源出傳巖流至磔嶺約三里餘爲巨石所遏邑人陳暘欲鑿而通之石工已備無所措手暘乃具服拜禱有頃石巖自裂其流遂通人獲灌溉之利甚博①以暘嘗應賢良科因名　鄭峬陂上二陂在宣政里　瀘口陂　横宅陂上二陂在居仁里通上三里凡五陂俱縣南　林峬陂在縣北仁壽甲

羅源縣　永利渠宋慶曆間縣令陳偁疏鑿以溉民田民蒙其惠因號曰永利仍建亭渠傍名曰陳公亭

建寧府

建安縣　際上陂　村尾陂　橋亭陂　石坑陂　平

校注：①溥

林陂 臺前陂 袁墩陂 白杜陂 橋頭陂 廟前陂 源挺頭陂 蘇源陂 張分陂 岐頭陂 張坑陂 大嶺前陂 小广源頭陂 小广陂 小坑陂 謝坑陂 復冨尾陂 葉坑陂 赤嶺陂 鄭寮陂 寺前陂 高橋陂 龍焙下坑陂 大汾陂 陳汾陂 陳岸陂上三十陂宋時建 陂頭水洐陂溉田二百餘畝 官陂水洐陂溉田二百五十畝 孤池水洐陂溉田五十餘畝 東山下陂溉田二頃二十餘畝上四陂國朝建 水池塘 葉坑塘 後塘 池塘 村頭池塘 孤池上五所宋時開已上四十所在吉苑里 上焙

陂　張墩陂　水路陂　魏墩陂　後山陂　橋頭
陂　李德陂　仰嶺陂　獅嶺高陂　箬坑陂　蘇
口陂　澤源官圳陂　徐園陂　東完陂　石壁陂
戲壇陂上十六陂宋時建　葉墩陂溉田二頃七十餘畝　南源陂溉田一頃五十
餘畝上二陂國朝建已上十八陂在建寧里　上村陂　赤岸上村陂　吳
屯尾陂　黃家陂上四陂宋時建　庵村陂溉田七十畝　豬母橋陂
溉田六十餘畝　石嶺塔陂溉田一頃八十餘畝上三陂國朝建已上七陂在順陽里　視波
陂　墩尾陂　胡渚陂　上挺陂　張迪功陂　中
分陂　大挺陂上七陂宋時建　官陂溉田三頃六十餘畝　交溪陂溉田三頃

五十餘畝　鄭屯陂漑田三頃七十餘畝　上范陂漑田五頃三十餘畝上四陂　國朝建巳
上十一陂在安泰里通上四里凡七十六所俱府城東　九際陂　高冡墓林前
陂　檻坑陂　梘前陂　陳坡陂　尤墩陂　苧溪
陂　埂前陂　際尾陂　劉厝口陂　柱墩陂　庄
前陂　西山陂　丘嶺溝陂　橫劉陂　龍門寺前
陂　吳大源陂　黃嶺陂　蕭溪陂　雷坑陂　蕭
溪廟前陂　雷墩前陂　馮坑陂　藥師坑陂　劉
坊村尾陂　雷坑陂　劉坊村陂　樓前陂　峽裏
陂　丁坑陂上三十陂宋時建　西陂漑田五百餘畝　尼山葫蘆口陂

溉田五頃三十餘畝上二陂國朝建已上三十二陂在旁村上里 銅溪陂 安龔陂 山頭陂 山尾陂 游家場前陂 丘坑陂 鳳溪陂 游家車欄坂陂 漕源陂 魏墩陂 黃墩前陂 范墩陂 游墩陂上十三陂宋時建 陳陂溉田一百餘畝 游陂溉田四十餘畝 大坳陂溉田一頃五十餘畝上三陂國朝建已上十六陂在旁村下里通上二里凡四十八所俱府城西 大坑陂 搭棚坑陂 蕭坑陂 大村陂 葉重興陂 李村陂 葉夫陂上七陂宋時建 曾蝢陂溉田二百餘畝 雙溪陂溉田一十一頃五十餘畝 迪口巨濟陂溉田五頃二十餘畝上三陂 國朝建已上十陂俱在府城南秦溪內里 官陂 臺陂 林墩陂

陳源陂　葉墩陂　葉墩下陂　根口陂　飲井陂　翁墩陂　鐵場陂　張墩陂　際頭陂　留分頭陂上十三陂在南才里宋時建　游家墓下陂　上屯陂　麻曆坑陂　冷源坑陂　益源坑陂　邊石陂　五十陜陂　分尾陂　小溪陂　郭屯廟前陂　張源陂　賴石口陂　大小滌下陂　石林坂陂上十四陂宋時建　崩溪陂溉田八百餘畝　楮樹山大陂溉田一千餘畝按舊志宋時已嘗開築此陂而新志又以爲國朝洪武間開築豈其旣廢而重建之歟　益源陂溉田八百餘畝上三陂國朝洪武間建　春塘宋時開已上十八所在將相里通上二里九三十一所俱府城東南　杉溪陂　東粵陂

烏石頭陂　箬曆坑陂　大挺蕩陂　上下二鄉坑陂　黃源陂　黃富陂即今南富陂上八陂宋時建　東粤陂頭陂

溉田二百餘畝小康村頭陂溉田三百餘畝中村塘溉田八畝上三所國初建已上十一所在秦溪外里陂頭陂　羅坑陂　長柄坑陂　漿陂

呂墩陂　謝坊陂　小溪陂　赤岸館尾陂　溪坡陂　梧鼠陂　上瞿石倉陂　吳墩溪頭陂　高陂

百丈溪坑　坑源泉水陂　普通陂　謝馬橋陂即今駟馬橋陂　中瞿陂上下八陂宋時建　大百丈溪陂溉田四十餘畝　伯通橋陂溉田五十餘畝上二陂國朝建已上二十陂在登仙里通上二里凡三十一所俱府城西南　苦

祶坑陂　佘源坑陂　葉坑陂　巡坑陂　烏石陂　前墩陂　葉墩陂　水東陂　角湖陂　下津陂　刀横坑挺陂　劉坊陂　後山挺陂　陳墩陂　坡下陂　後殿陂　後田塘角陂　麻山下陂　游⿰田廷陂考之字書無⿰田廷字恐即町字之誤　西皇陂　石壁陂　下洋陂　下苙陂　⿰田廷尾陂　黄晏坑陂　麻州頭陂　桃源陂　赤山源陂上二十八陂宋時建　大官陂溉田一十一頃七十餘畝　松嵬下陂溉田七頃三十餘畝　塘谷陂溉田四頃五十餘畝　井後鄭墩陂溉田五十餘畝　僉源陂溉田三頃四十餘畝　陂頭大陂溉田七頃五十餘畝　大源陂溉田

四頃上七陂國朝建已上三十五陂在東萇里連墩陂　前團陂　嶺根陂　范團陂　鑾前陂　張團挺陂　吳團陂　重興院陂　源口陂　莒坑裏陂　下源卓家陂　莒坑陂　石門陂　後坡陂　左溪陂　下陂　光坑陂　方嶺陂　王潭陂　鄭家陂　蘆慈陂　石陂上二十二陂宋時建黃塘源陂溉田一頃三十餘畝漁溪連屯陂溉田二頃二十餘畝上二陂國朝建已上二十四陂在川石里通上二里凡五十九陂俱府城西南

甌寧縣

曹墩陂溉田二百餘畝陳田陂溉田一百餘畝黃墩陂溉田一百二十畝余墩陂溉田一百七十餘畝上四陂在慈惠里錢墩古陂在梅岐里溉田

三頃三十畝

黄竹壠陂在麻溪里溉田一百餘畝通上三里九六陂俱府城西國朝建

王陂在黄塘口溉田一萬餘畝先是陂有妖爲害屢崩民以爲病宋時郡人吳栻以玉圍尺投之自後陂不壞故名

峽頭陂溉田三千餘畝上二陂宋時建

程墩官陂溉田五頃七十餘畝

嶺下陂溉田二頃八十餘畝上二陂國朝建巳上四陂在禾義里

南山陂在水吉南山溉田二萬七千餘畝

烏石陂在水吉陳坑溉田二千餘畝上二陂在禾供里宋時建

翁陂溉田五百餘畝

楮滸街尾堂前陂溉田二百餘畝上二陂在禾吉里

横山鋪前陂溉田五頃二十畝

塘仔陂溉田九頃七十餘畝

埂頭陂溉田一頃五十餘畝上三陂在崇安里通上四里九十一陂俱府城北

黄墩陂溉田二百二十餘畝

東江石壁巖陂溉田三百三十餘畝上二陂在梓溪里

前嵐路下陂溉田一百餘畝

龍

村虎溪陂溉田八十七畝夏鄭①玉溪陂溉田二百一十三畝大曆石壁陂溉田五十三畝橫坑陂溉田八十五畝上墘溪陂　頭陂溉田六十七畝夏鄭②際上角巖陂溉田三十八畝上七陂在西鄉里通上二里凢九陂俱府城東北小夫陂溉田三百餘畝張墩巷口陂溉田四百餘畝交溪陂溉田二百五十餘畝上三陂在府城西北吉陽里已上十二陂俱國朝洪武十年建

浦城縣張家庄陂　東石橋陂　裴若屯陂　硤頭陂　臨江嶺陂　吳嶺下陂　陂頭陂上七陂在郊楊里大劍陂　師姑陂　黃公陂　余家陂　破角陂上③陂在慕泰里官莊陂　中村上下陂　山路頭南口陂　高

校注：①②鄜　③五

頭陂　南溪村陂　雙坑椒木坑陂　雙溪百衆陂
平石上際陂　李村横山前陂　深渡陂　和尚陂
羅屯陂　貟盤陂　排章口大陂　平石
下際陂　橦木陂　徐三大陂上十八陂在大石里　毛家陂
楊屯陂　小洋源陂　棺陂　方家陂　漁師陂
張家陂　井嶺陂　石際頭陂　上坑口陂　張屯
陂　瀆嶺陂　李坑陂　郎官大陂　瀆源毛家陂
暫村陂上十六陂在泰寧里　曾家洋大陂　苦竹坑陂　破角
大溪陂　徐家陂　封陂頭陂上五陂在高泉里　株林洋口

陂　三孔山陂　蔡坑山陂　西段陂　吴源陂
龍井嶺陂　楮林陂　黄伯洋陂　安鋪橋陂　小
充坑陂　外村陂　湖尾陂　黄源水坑陂　黄源
口陂　高源坑陂　楊家陂　周⿰王益陂　周三五陂
葉十八陂　清潭陂　石鼓陂　殺狗陂　陳源陂
上二十三陂在孝弟里通上六里九七十四陂俱縣東　寺後陂　余生陂　張
家倉陂　交溪陂　石壓陂　石嶺陂　峽陂　陳
源陂　蔡九郎陂　虹橋陂　黄師陂　劉源陂
官塘　大堰上十四所在上相里　魏司馬溪陂　洪源溪陂

洪源橋上陂 橋下陂 黃家陂 橫源溪陂 橫源山坑社稷壇後陂 社稷壇後大陂 登壇陂 巖頭陂（上十陂在招賢里） 庵下陂 楊村橋頭陂 大塢山陂 廟下陂 權山前陂 又塢前陂 吴村陂 吴村前陂 權分陂 上鐵坑陂 鐵場陂 峽分陂 張圳陂 巖前大最陂 南山下陂 上方陂 楊村陂 上場前陂 鐵坑陂 官關尾陂 官關陂 南山陂 塔源石塘（上二十三所在仁風里） 莒源陂 瓜洋陂 石陂頭陂 吴潭陂 官墈陂 沿州陂

龍井陂　龍頭陂　蛇陂上九陂在新興里　邊村陂　汪家陂　偃潭陂　鼓樓前陂　大陂頭陂　九里陂　竹溪陂　吳良陂　秋竹塢新陂　峽口陂　葉陂上十一陂在永康里　大仙殿前陂　安撫源陂　毛源陂　祖源陂　竹源陂　姜源陂　陸源陂上七陂在太平里　柿洋陂　塘源陂　外洋陂　横陂　長灘陂　南山源陂　贅嶺根陂　官橋陂　贅山頭陂　溪湖陂　鷄山頭陂　北叚陂　朝謝道陂　臺後山陂　焙姑陂　黃陂　洋坑陂　社壇前陂　責口橋下陂

上十九陂在永平里通上七里凡九十三所俱縣西隨坑碓前陂　倉丘陂

黄叚陂　西陽黄村百衆陂　逢源坑翠巖陂　大

湖嶺庵前陂　牌前陂　西隱寺前陂　萬壽寺前

陂上九陂在縣南清湖里黄婆陂　水搥頭陂　鼓樓陂　東

陂　西陂　峽口陂　檀木陂　謝村陂　陂頭陂

古寺潭陂　呂村二陂　張村陂　石歸山陂　祖

村頭陂　前溪門前陂　坂心陂　煥頭陂　水口

陂上十八陂在官田里楊家陂　楊家口陂上二陂在船山里靈巖陂

廬山徐村陂　黄伯灘陂　周村陂　朱公灘陂

山早木根陂　五社陂　蔣村陂　黄傅陂　東裏洋陂　裏洋神木根陂上十一陂在忠信里　江村古陂　蔡洋鵝頭陂　陂頭石溪陂　蔣家古陂　長洋頭古陂
洪源壇古陂　洪家巖前古陂　蔡坂洋頭陂上八陂在鴈塘里　詹溪陂　張村陂　李村陂上三陂在安樂里　臨江陂
五畝陂　將軍山陂　白石陂　吳陂　下洋陂
江陂　北源陂　龔陂　烏石上陂　烏石下陂
墈下陂　古樓下陂　墈下頭陂　資勝源陂　嶺柄陂　何村陂　横壓陂　筯竹陂　小盤陂　廟

下陂　壠垇源外羅巖陂（上二十二陂在畢嶺里通上六里九六十四陂俱縣北）
上村陂　龍堂陂　蓬江寺前陂　古溪陂　九
石坑口陂　橫溪陂　東溪下陂　陳溪陂　巖口
陂　中村陂　際頭陂　庵前陂　湖頭陂　龍閣
陂　上臺山下陂　亣頭陂　西村陂　峽陂　石
田陂　洋坑陂　上際陂　下際陂　大坑陂　嶺
根陂　吳禮陂　陳家陂　陂頭陂　董家陂　西
陂　汪池橋頭陂　松嶺陂　橋頭陂　社屋前陂
游家庄前陂　周家坑陂　村尾陂　磨車前陂

匣尾陂　棗木店陂　陂下陂　竹園陂　下坑陂

橋頭陂　龍前陂　黄橋頭陂　張公陂上四十六陂在縣東南上原里

賴波二陂　鄭林二陂　轉水二陂　官山陂

半嶺三陂　一足嶺陂　演坑二陂　常坑陂　演坑頭陂　常坑頭陂　陳源二陂　洋丘陂　井彼陂

潮充陂　朋完陂　石陂　大漄陂　小漄源頭陂

小漄石匣裏陂　石匣外陂　小漄尾陂　漈上陂

漈下陂　湖尾陂　蕭源陂　蕭安禮門口陂　石累陂　廣教寺前陂　廣教寺陂　西山陂　西源

陂　官路下陂　道塲陂　橋下二陂　楞伽寺前陂　謝坑陂　路下陂　杭坑陂上三十八陂在總章里　漈下陂　馬頭丘陂　曹田陂　椰前陂　烏石下陂　蔡村陂　翁八橋下陂　虎猪陂　石卑頭陂　驛前陂　盖竹吳廷輝陂　石倉陂　劉乙陂　南橋南壽陂　葉呂陂　歐源張陂　李村葉冲陂　小洋陂　劉屯陂　張坂張陂　竝源口陂　上洋葉陂　驛前陂　廿山陂　大廟嶺下陂　古塘　後塘上二十七所在①請安里　石壁面前陂　山福陂　古樓貟陂

校注：①靖

潘村陂　石𥓌頭陂　翁大傅陂　後溪頭陂　李村陂　張司户孫陂　張司户陂　王朝奉陂　楊墈陂　葉南壽二陂　李琥陵二陂　葉敦義陂　子橋陂　吳處仁陂　下洋陂　四大陂　重洋陂　葉煥陂　東遊陂　葉暹陂　子期陂　黃家段陂　上洋陂上二十六陂在人和里　溪邊二陂　藥石頭二陂　溪尾三陂　賴溪陂　賴溪橋頭陂　象古橋頭陂　象溪陂　淇源陂　將溪尾陂　詹四門首陂　陂頭陂　象口陂　叉溪頭陂　西山下寺陂　赤嶺

頭陂　石坑陂　祥坑陂　葛村二陂　黎嶺根陂　赤一二陂　長山尾陂　社壇前陂　張五十門前陂　吴村陂　張村陂　箕頭陂　石鬼陂　葉村四陂　象源十陂　黄衢坑陂　上莊陂　赤源下陂　石灘橋陂　黄衢橋陂　蔣橋頭陂上三十五陂在東禮里　李柘陂　石際陂　將軍陂　李梅陂　余落陂　鄺韶陂　横橋大溪邊陂　章村陂　黄餘社稷陂　石壁陂　徐坊陂　監社陂　全家陂　法源陂　子疆古陂　棗塘上十六所在登雲里通上五里九一百四十二所俱縣西南　章

村陂　王屯陂　陳村陂　茅洋陂　章家屯陂　黄家壊陂　郊楊坑陂　潘屯陂　童烏口陂　甘源二陂　溪邊陂　溪尾陂　周家庄陂上十三陂在縣東北登俊里　大洋陂　湖陂上二陂在通德里　谷木巖陂　黄公巖陂　梨梁廟前陂上三陂在樂平里　五平廟前陂　毛家陂　後坂壠陂　後洋蓮塘上四所在長樂里通上三里九所俱縣西北

建陽縣

黄陂在縣南興賢下里馮源口邑入黄盛建溉田七頃有奇　①乹陂在縣北崇文里溉田五頃有奇　陳陂在縣西南興賢中里元延祐三年里人陳宗寶建溉田八頃有奇　油陂在縣東北同由里鄉人范好問建溉田五十頃有奇　臯陂在縣西北嘉禾里武溪溉田二十頃

校注：①乾

有奇

松溪縣化龍陂在縣西十四都溉田二百畝黃泉陂溉田一千五百畝三百陂溉田三百畝上二陂在縣南一都菴溪陂在九都溉田千畝龍居陂在十都溉田千餘畝陂角陂溉田五百畝官橋陂溉田三百畝上二陂在十二都梅圹①陂圹②邑人讀如仰音在□□都梅口正統十四年大學生巢鼎捐資募工伐石爲圹③三十餘丈溉田五百餘畝凤公圹④在八都宋景定三年鄉人朱儀孫以柯屯之田高仰謀于同鄉凤儀之鑿山爲圹⑤通胡坑之水溉田十頃餘鄉人德之因名通上五都九六所俱縣西南

崇安縣傅公堤在縣東街宋縣令傅壅所築也瀕溪民居賴以捍蔽後因溪流驟溢堤岸崩潰室廬多壞於水元達魯花赤完者秃首捐俸錢倡民之尚義者修之東陂在四隅里埶陂

校注：①②③④⑤圹

黄石陂上二陂在從①藉里　昏陂在下梅里上九五所俱縣東　王龍陂在黄伯里

蘆陂在黄村里上二陂俱縣西　蘆山陂在豊陽里　陽陂　崧陂　高蘇陂上三陂在會仙里已上四陂俱縣南

清獻陂宋慶曆初縣令趙抃以邑多水患乃疊石爲堤以遏其衝遂開陳灣陂分西溪之流由石②維以入下縣又從縣西鑿陂于星陽灘田甚廣人懷其惠久而不忘因取其諡以名陂嘉定間縣令趙必愿淳熙間縣令王齊輿修之

濟川閘即宋趙抃所築陳灣陂後因暴流横潰縣廨民舍多爲衝决元至治二年邑宰劉沅祖乃相水所出之地累石爲閘因旱潦而爲啓閉民賴其利沅祖字濟川因以名之上二所在縣北石③碓里

岑陂在縣東南建平里

陳屯陂在縣東北吳屯里

政和縣

黄熊陂在縣坊　范屯陂　游田陂　姜屯陂上三

校注：①籍　②③雄

陂在縣東感化里

百梨⿰田廷陂在長城里

浮竹官陂在高宅里上二陂俱縣西

坊①頭上陂　坊②頭下陂　山灣陂　瀛口陂　吳家陂在尋路門下坑上五陂在縣南東衢里

泉州府

晉江縣

萬家湖亦名東湖舊溉田九百五十頃有奇後茭葑壅塞幾成平陸宋慶元初郡守劉穎募工開濬總二萬八千丈有奇積泥爲小阜九七湖之西南置斗門四以通海潮歲久寖廢今湖畔多爲田唐歐陽詹有泛東湖序李誼二倉記云城之東隅有萬家湖者渺瀰十里一本分萬家湖東湖爲二蓋誤也

尚書塘距城一里許唐貞元五年刺史趙昌開溉田三百餘頃名常稔後昌入爲尚書民思之因更今名

浯浦埭方圓三百餘丈

洋埭方圓二百二十丈

莊埭方圓

校注：①②圹

三十丈。嵩埔埭方圍二百二十丈。赤霞陂長一百餘丈。東禪埭菱塘周圍二百丈。上九所在府城東附郭鸞歌里。白衣埭長四十丈。沉洲埭舊名沉洲，每歲五九月海漲岸崩，鹹水輒傷禾，宣德中邑民李龝捐貲築埭以捍海潮。天水淮在通淮門外，唐郡守趙啓以田多鹹壞，鑿渠擁抱之，疏涵①三十六，傍通江流入淮渠，溉田至百八十頃。後守陳洪進、曹修睦相繼浚治，盡撤舊②涵，別營新③涵三，視潮往來以爲啓閉。上三所在附郭登瀛里。養魚埭、永福埭各長三十八丈。徐陂長一百二十三丈。南洋埭長一十三丈。石園埭長四十三丈。謝翁埭長三十七丈。張埭長五十六丈。東洋埭長一十三丈有奇。赤霞埭長二十九丈。連墩埭長二十一丈。上十所在附郭臨江里。通上二里九十二所，俱府城東南。黃陂在附郭常泰里，長五十一丈。正陂長三丈。紫帽坑

校注：①②③涵

在紫帽山塔下東西峯之間水勢高下多爲磨礱下流漑田蘇陂　吳陂　桃陂

相家陂　官陂　錢塘溪上六所水源俱出水磨坑岬埔潭周圍九丈

已上九所在附郭興賢里通上二里九十所俱府城西南泉山陂長一十餘丈僕射塘

唐元和二年刺史馬總開漑田數百頃後總贈僕射人思其功因名上二所在府城東北附郭崇陰里

玉欄浦　洑田塘周圍四千九百八十丈中有石牛水漲不没鳴則岸潰鄉人爲立祠

新塘　謝埭　蔡塘俱與洑田塘相接太沙塘與永福里盈塘相通周圍

二十五里源接波斯溝小沙塘周圍十里介於龍田大沙之間二塘水濁此塘獨清里人因名

爲濯纓吳埭接小沙塘水上八所在聚仁里潘逕埭長八十餘丈前李埭

後李埭各長三百餘丈前顏埭　後顏埭各長三百八十餘丈大吳鍾

埭長六百餘丈　麥園埭長九十餘丈　小吳鍾埭長八十餘丈　梅林舊埭長一百六十丈　梅林新埭長一百一十丈　陳坑埭長三百八十丈　涵①口埭長六十三丈　沙尾埭長一十一丈八尺　蔡坑埭長五十丈　林坑埭長七十六丈　水月菴前湖　西坑外埭長七丈　東石埭永樂初邑民顏正堅築溉田二頃有奇　上十八所在仁和里　蓮埭長一十九丈　章埭周圍二十八丈　李安塘周圍四十五丈　沔洲埭長三十五丈　峰火埭長七十丈　井尾埭長四十八丈　許塘長四十八丈　石父埭長六十丈　石烏湖長四十七丈　新塘　吳墳埭　洪塘　十四都新塘　曾埭長二十丈　上十四所在勸善②里　虺湖　龍湖按山川志亦有龍湖不言在何都疑即此湖也姑兩存之以俟知者質焉

校注：①涵　②善

上二湖各周圍二十餘里　沙湖方圓長五里　方湖方圓二百八十丈　姚湖方圓四十丈　吳盈埭長三十丈　琒林頭埭長三十丈五尺　掑塘計五百四畝四十步上八、所在絃歌里　港据埭長五十四丈　乾湖長三十八丈　赤湖長一十丈上三所在興寧里　植壁港　東安埭長一百二十六丈　白騎塘方圓二十八丈　周塘長一十五丈　梅塘長四十三丈　龜湖長一千八百餘丈　象畔塘長一百七十八丈　後田塘長九十八丈上八所在江陰里　盈塘長一千三百餘丈　顏埭長九十三丈　臨禽埭長九十二丈　蔡青埭長八十四丈　紙幡埭長二十三丈　林埭長一十八丈　陳埭浦　陳埭合南浦諸水爲斗門二宋慶元間里人林國華林成築　國朝宣德五年林良稷重修　吳店小塘　練埭長二十八丈九尺　朱

埭長四十一丈　蔡陂長二十八丈　車犢陂長五十三丈　龍井陂長七十四丈　香爐陂長一十三丈　洋塘長八十三丈　清塘方圍八十五丈　郭巖村塘上十八所在永福里　蔡陂長六十八丈　黄埭長二十三丈　蘇愷埭長五十二丈　崇福埭長三十三丈　蔡縣尉埭長四十三丈有奇　陳通判埭長三十一丈　林都巡埭長八十三丈　鄭意等埭長一百四十丈　王推官埭長五十五丈有奇　涵①口埭長二十八丈有奇　公廨埭長三十八丈　峰火埭長六十②八丈　傳吏部埭長七十二丈　方神基埭長六十三丈　横氏埭長四十五丈　太平院埭長三十九丈　粥院埭長四十八丈　太温埭長三十八丈九尺　蔡埭長六十三丈四尺　蘇埭長二百二十九丈　封崇寺埭長四

校注：①涵　②傅

十三丈 帝釋埭長三十六丈 資壽寺埭 柯金紫埭各長三十九丈

煙浦埭廣袤五六十里襟帶三十六埭綿亘永靖和風永福永樂沙塘聚仁六里水源九九十有九縣田三分之一仰溉于此衆推里之蓋德尊且富者主之以時疏築民賴其利歲久壅塞富人因而田之遇旱暵則苗無所仰給宣德間里人丁仲孚主其事因辨於官累歲不决適巡按監察御史陳祚按泉仲孚力爭之其事始白由是水利悉復其舊翰林修撰劉儼爲記按舊志昔有吳姓者嘗傾家貲築此埭弗成因溺水死鄉人立廟祀之

煙浦下王大埭 陳侍郎宅埭各長七十五丈

赤塘長一百一十丈 廣福埭長四十八丈 沿江斗門永樂十五年邑人洪克正募衆重修上三十一所在和風里

陂洋陂一名清陂長三千六百八十丈 逕塘

蘇塘上二塘在陂洋陂之下縈廻十餘里已上三所在沙塘里

東石埭在仁和里永樂初邑

民顔正堅築溉田二頃餘通上十里九一百一十二所俱府城南郭景陂長三十餘丈渌
水陂長十丈寺前犢陂長一十三丈有奇鍾埭長二十三丈白石埭
長六十一丈深陂長四十八丈洋埭長七十丈留公陂舊名豐峪陂在峪口宋右
史留元剛築直六十步横十三丈爲斗門五上八所在愛育里韓陂楊木陂洪
巖陂石壁陂伏烏陂八丈陂倉陂觀木
陂大陂林陂蓮塘翁圳塘香大塘上十三所
在常建里施陂王陂王前陂王前上塘陂上四所在善政
里呂塘在仙溪里已上四里九二十六所俱府城北謝陂塘長六丈五尺蚶洋
陂長八十餘丈莊塘長三十五丈有奇李陂源出葛洲長二十八丈北乾陂

長三十五丈曾塘長二十五丈發源謝莊許陂長四丈八尺吳陂長三丈張
陂與許陂謝陂相屬其水歸盤湖上九所在養能里柯宅谷陂長二十丈五德陂
長二百丈梛堰陂長三十丈陳塘陂長四十丈洪塘陂長三十七丈張烏
陂長三十丈後尾坑陂五陂五斗陂上二陂各長二十丈洪陂
長一十二丈上吾塘長一十五丈糞斗洋陂長十二丈曾陂長一十五丈
高涇陂長九丈儻林陂長一十五丈曾陂長二十一丈黃塘陂長三
十一丈後洋牛陂長二十六丈許隴陂長三十二丈都油潭陂長二
十丈徐塘陂長一十七丈深堰陂長二十三丈楊塘陂長三十①長丈有奇
貴陂長四十三丈黃陂塘周圍一十二丈牛糞陂長二十五丈吳陂長二

校注：①□

十丈已上二十七所在務本里莊陂周圍二十九丈吳陂長二十八丈呂陂長一十丈

石圌潭陂長四十餘丈陳陂長七十餘丈周究塘周圍七十餘丈新塘周圍三十餘丈郱井塘周圍六十丈南塘陂長一十七丈蘇坑曾陂長一十三丈上十所在仁孝里安海港有灌溉之利安海埭永樂初邑民蔡添祐築瀦田一頃餘呂塘長一十八丈寺前塘周圍二十三丈曾蔕塘周圍一千餘丈甘塘周圍二十一丈孫雲塘長三十二丈謝陂長九丈徐李陂長三丈石埭陂上十所在脩仁里通上四里凡五十六所俱府城西南

八閩通誌卷之二十二

食貨

水利

泉州府

南安縣

沙陂　龔塘　蕭陂　京塘上四所在縣東三都　萬石陂距縣三里　王塘陂　呂塘上二所在二十一都　延福陂在二十二都　釋迦陂　上陂　吳塘陂　吳陂上四所在二十九都通上三都九八所俱縣西　官塘　許塘　吳高塘　新塘上四所在縣南二都　五里陂　塔山陂　葉陂上三所在八都　下生院前塘　盧山後陂上二

所在十七都通上二都九五所俱縣北陳塘陂崑崙陂莊塘陂沙陂赤石陂後安陂上六所在二十三都吳境陂在三十二都官陂福平陂寺家陂蜩蛇陂東灣小陂李常陂黃陂柸橋洋陂李陂上九陂在三十三都官陂在三十四都通上四都九一十七所俱縣東南徐塘陂在一都上陂官陂張陂新塘陂竹濟陂楊陂桃梨陂淡竹陂白漸陂苦隴陂坑陽陂林灣陂崎山陂蔡分陂坑陂陳洋陂坂塘蔡陂岑兜桃花陂上十九所在三十五都孫陂官陂上二陂在三十六都官陂洪

塘陂 松塘 樞陂 鬱陂上五所在三十七都 官陂在三十八都

自家洋陂 下尾塘 可塘 許塘陂 洪塘 蓧

塘 後塘上七所在三十九都 周陂 黄埭上二所在四十一都 下尾圖

在四十三都 曾府埭 官塘 留府埭 郭前塘 [illegible]

塘 岑頭圖上六所在四十四都通上九都九四十四所俱縣西南 塘上陂

徐塘陂 蓮塘 馬坂陂 曾陂 下甲陂 張家

塘 劉陂上八所在四都 赤石莊陂在五都通上二部九九所俱縣東北 蘇陂

太上陂上二陂在六七都 黄陂 陳行埔陂 豐榮陂上三陂在

九十都 曾陂 龍潭陂 陳陂 姑陂上四陂在十一都 南乾

陂　梁家陂　楊郭陂　上溪陂　官莊陂　源龜
陂　田囷洋陂上七陂在十二都　澄境陂　林口陂　延福
陂　廖陂　蔡陂　磨陂　東洋陂　徐塘園中陂
蒲提陂　山邊陂　柯家陂上十一陂在十四都　黃山陂　官
陂　山園陂　蔡頭陂　百梁洋陂上五陂在十五都　松陂
官塘陂　坑陂　林坂陂　侯崙陂　長洋陂上六陂在
十六都　漸山陂在十八都　侯安陂　小陂　陳塘上三所在十九都
靈源陂在二十都　觀瀾陂　陳陂　牛屎陂　官田洋陂
下村陂　皂莢陂　蕉坑陂上七陂在二十四都　上塘陂　田

麗陂 沙陂 蔡真人塘上四所在二十六都 官陂 馬塘陂
上二陂在二十七都 趙塘陂 八尺陂 中塘 鬼塘 官陂
大塘上六所在十一都通上十四都凡六十二所俱縣西北
同安縣 盧陂 溪東陂 大口坛陂 義陂 前岡
曾陂 石盤陂 官路塘 王塘 吴塘 科斗塘
劉烏塘 崑崙塘 新塘 韓塘 徐塘 盧塘
魏塘 黄塘 蔡塘 蔡宅塘上二十所在歸化里 李陂 新
陂 東坑口陂 王陂 洪竹陂 馬陂 蔡陂
紙縛陂 馬塘 許大塘 三會陂 無底塘 林

塘　李塘　蕭塘　劉塘　北塘　南塘　上塘
蔡塘上二十所在安仁里　朱心陂　官陂　眉洋陂　辜痕陂
梅龜蓬陂　石阜陂　曾陂　葉陂　朱陂　官陂
辰塘　葉塘　聖果塘　歐塘　連塘　可塘　油
牙塘　李中塘　許渭塘　鈌塘　鄭塘　官塘
王塘　徐塘　前村林塘　會新塘　海豐埭　諸
埭　陳新埭上二十九所在仁德里通上三里九六十九所俱縣西　小同陂　董
陂　李陂　余陂　曾陂　石馬陂　牛嶺陂　吳
陂　蔡陂　石竹陂　陳陂　外塘　古瀨陂　石

泉陂 雙林塘 浮烏塘 阮邪塘 陳林塘 李
湖塘 普慈塘 東山塘 官塘 戴塘 水塘
楊塘 顏家門前塘上二十六所在縣北感化里 鐘陂 李陂
曾陂 葛陂 洪坑陂 慈氏塘 林塘 行軍塘
鄭塘 棗林塘 洪官塘 馬塘 蘇塘 承天上
塘 承天下塘 東洪塘 錡坑塘 蓮塘 棗塘
鹿苑塘 擺巷塘 侯塘 蓮塘 蘇處塘 李塘
上二十五所在同禾里 吳陂 徐山陂 傅陂 黃陂 可塘
官塘 陳塘 蘇塘 小鯤塘 葉塘 蓮塘 張

塘　陳塘　蔣家塘　史林塘　莊門前塘　杜門塘　禾重塘　彌塘　宋塘　界頭洪塘　王塘上二十二所在民安里　馬陂　宋陂　吴陂　信塘　南塘　盈塘　莊塘　白牛塘　吴蠢塘　王塘　牛尾塘　孫[illegible]塘　竹浦林處前塘　浦南塘　新埭上十五所在翔風里通上四里九十六十二所俱縣東南　坤陂　吴陂　黄陂　石桂陂　甘陂　姚陂　經冬陂　烏泥陂　赤竹陂　徐陂　許陂　盧陂　目明塘　洪塘　西湖塘　蔡塘　東塘　新塘　西洪塘　前埔塘　小同溪塘　翁

處前塘 新塘 魯塘 蔡塘 隴尾塘 山前塘

光孝埭 草埔埭在從順里上二十九所 劉洋陂 新囷洋陂

王陂 吳坑陂 大葦陂 筠竹陂 大洋陂東

陂 南洋陂 馬園黃陂 玉峰陂 吳陂 水磨

陂 塘潭陂 洋坂井尾陂 劉陂 趙塘 洪塘

苟塘 龍鸞塘 謝塘 張塘 下尾塘 鄭官塘

林塘 寶林塘 魯塘 南院埭 石埭 沈浦埭

上埭在積善里上三十一所 洪浦橋官塘 尾塘 歐塘 方

塘 鷄鬖塘 後洋蔡塘 古樓徐塘 高林埭

浦東埭　陳處埭　曾埭　蓮板新埭　陳埭　薛
鶖埭　新埭上十五所在嘉禾里通上三里九七十五所俱縣西南　官坡　東
乾陂　西乾陂　石阜陂　黄陂　張宅陂　碌磧
齒陂　西乾下陂　崇勝陂　陳陂　石純陂　曾
潭陂　苟骨塘　李塘　沈塘　林塘　陳廛塘
李塘　林後塘　上王屋邊塘　潘塘上二十一所在縣東北長興里

永春縣　蔡坑橋陂　新塘後門陂　平床高後大陂
留坑橋下陂　坑源橋下陂　鄭坯陂　發洪坑陂

溪灘陂　石硿吳陂　鼈坑陂　林田陂　魯洋陂
大柱山黃欄裏陂上十三陂在十五六七都　琳田陂　倉頭洋頭
陂　雙門陂　姜坑福壽陂　洋源水尾陂　西絹
平床陂　龜龍西陂　龜龍橋下陂　盖竹洋大陂
洋斛陂　長沙陂上十一陂在十八九二十都通上二都凡二十四陂俱縣東　湯
邊陂　陳巖下陂　胡坑陂　陳巖大陂上四陂在六七都
陂頭陂　溪西陂　衕山陂　下粵陂上四陂在八都　隴丘
陂　承魚陂　東灣陂　林陂　鄭陂　夾漈東村
山裏陂　流水泉源陂　傅洋陂　上坂陂　西向

下尾鄭陂上十陂在九十都通上三都凡十八所俱縣西東巖陂　大坑陂

南浦尾溪陂　大坂大坑陂　陂墘巖前塠陂上五陂在十一二都馬洋山前陂　瓜陂　鄭陂　吳洋浪湯陂上四陂在十三都前岑頭洋解陂　大禹陂上二陂在二十四五都通上三都凡十一陂俱縣南封崇陂　牛鼻壠漏尾陂　山門陂　東汰倉前陂　大坑陂　官田頭陂　白馬陂　張埔陂上八陂在縣東南十四都福安路下陳塘陂　杜山墘陂　中坂巖前陂　石埕坑杜山陂　溪洒陂　陳貭畬頭小路口下溪洲南新陂上六陂在縣西南二十三都任田陂　丘田

衡山陂　上坑姚田陂　上磜陂上四陂在一都　王坑陂
黄沙陂　歸洋令水下灣陂　下洋陂　曲斗陂
上桃林宅際上陂　莊林下門前少坑陂上七陂在二三都
葛邊陂　香審陂　蘿飯頭陂上三陂在四五都　水尾橋頭
陂　伴林陂　林口陂　劉頭鋪下坑陂　陳田嶺
西頭陂　蘆陂上六陂在二十一二都通上四都凡二十陂俱縣西北

安溪縣　周塘　蘇塘　上洋塘　黄潭塘上四塘在縣東長泰
里　烏德陂　楊梛陂　烏顛陂　洋塘上四所在依仁里　石
蛇陂　洪巖陂　黄新塘　洪塘上四所在新溪里　鄭巖陂

卓元東洋陂上二陂在新康里 洪巖洪山陂在新溪六都二大陂也 高陂 亭前陂 西門陂 石陂 石鼓陂 山洋陂上六陂在崇善里 陂烏陂在来蘇里 蔣塘在光德里通上七里凡十九所俱縣西 産坑陂 上塘 可塘上三所在縣南永安里 蘆燈兩塘陂在縣北還集里 前山坑陂在縣西北感化里

惠安縣 蓮塘湖在縣東民蘇里廣一里袤倍廣之數溉田十頃 溪底湖在縣東南安仁里廣半里袤倍之溉田二頃 龍湫潯在縣北一里螺山之左畔歲久湮塞或侵為田國成化十八年冬知縣張桓命工疏濬 石鏡陂 城山陂 承天陂 萬歲陂 菱洋陂 普安陂 妙音陂 盧陂 黄陂

前坂陂　淡竹陂　小林陂　倉前陂　大房陂
碣石陂　桄李陂　林乾陂　陳塘陂　洋中深陂
上林陂　前坂下陂　許店前塘　峬洋塘　黄盧
壠塘　坑下陂　大普安塘　樟樹兜塘　齋堂前
塘　林舍前塘　聶新塘　棹林塘　上陂塘　詹
塘　郭塘　張路上塘　牛步塘　官埭　後倉埭
石湖埭　後坑埭　大陳埭上四十一所在崇德里　興陂　康
陂　揚陂　延壽陂　上朱坑畆圳　小古坑畎圳
上六所在待賢里　白坂陂　庵西陂　倉前陂　山前陂

山前塘上五所在泰康里　小兜陂　崇福陂　張坑陂　鄭陂　東洋陂　蘇陂　坑源陂　大兜陂　前逕陂
山腰塘　方塘　高仰塘　兜下塘　新塘　小塘
北塘　福勝塘　憑塘　渌塘　張塘　楊宅塘
玉塘　前門塘　許塘　鄭塘　蘇坑塘　東林塘
大潭　赤湖　後湖　寨湖上三十一所在守節里　承天埭
開元埭　前林埭上三埭在□□里通上五里九八十六所俱縣東　索上陂
王明陂　併洲埭上三所在長興里　張陂　碌水陂　胡陂
後門陂　二八陂　劉塘　西塘　洪塘　林宅塘

上九所在禮興里 封崇埭 浮坑埭上二埭在□□里通上三里凡十四所俱縣西

劉府埭水浦 壕林埭水浦 曾庄埭水浦 林尋埭水浦 長分陂 石礙陂 故宅陂 白巖陂

百擔陂 白葉陂 故項陂 小溪陂 康井陂

長潭陂 白巖畎圳 雙髻山兜畎圳 後洋坑畎圳 沿溪上田畎圳 澳溪洋畎圳 林口馬壠溪畎圳 大中陂上二十一所在尊賢里 楊燕水浦 曲塘 李坑塘 近山坑源田畎圳 林塘 溪湖埭 曾崎埭 陳埭上八所在安仁里 鄭陂 董陂 洋陂 運酬陂

白巖陂　歐陂　蔡宅陂　賈南陂　洛陂　小陂　大溪上陂　大溪下陂　大溪尾陂　西塘　懸鍾坑畎圳　謝宅坑畎圳　黃田坑畎圳　張庄溪上十八所在民蘇里　黃洋陂　六林陂　林前陂　乾峯陂　官陂　新坑陂　林田陂　石盤陂　發洪塘　上板塘　魏林塘上十一所在同信里　馬山埭　許內埭　鎮奇庄埭　鎮奇庄外埭　前頭埭　馬上外埭　崇福庄南埭　塹頭埭上八埭在□□里通上五里九六十七所俱縣南　崇福庄北埭　石塍庄埭　大郎埭　東洋埭　網川上庄埭

蔡埭 吳埭 布埭庄埭 左丞相埭 戴倉埭上十埭在縣北□□里 西洋陂 東洋陂 院前塘 師姑塘
鍾井塘 遞口塘 蔡塘 劉師塘 乾塘 林塘
徐店上塘 前吳埭 遷塘 橋塘 江庄塘 歷
外下塘 缺塘 翁塘 李塘 倚壠大塘 倚壠
小塘 方師塘 當溪石橋塘 梁次云埭 林紹
埭 陳廷儒塘 長坑埭上二十七所在德音里 西塘在延壽里通上二里九二十八所俱縣東南 龍津陂 大部陂 山前陂 江店
陂 南坑陂 按山石陂 吳陂 巨濟陂 江店

塘　官塘　南門外塘　新塘　缺塘　山邊田塘
鄭門前塘　許坑塘　劉家塘　牛塲塘　江店南
塘　魏塘　東坑塘　前王塘　周塘　前安塘
辜塘　黄師父塘　舜公塘　上村塘　上坑塘
瓷窑塘　南坂塘　牛塲中塘　橋亭池塘　牛塲
下塘　林邊塘　傅菴前塘　東坂路下塘　立店
門前塘　胡舍上塘　後洋菴塘　西呉登前塘
瓷窑後塘　瓷窰下塘　竹坑嶺頭塘　許坑塘
許塘　後塘　下田塘　官林尾留塘　王孫埭水

浦上五十所在平東里甘塘陂　小陵陂　新陂　烏龜陂
曾陂　官陂　吳陂　大官陂　黃陂　後內官陂
永豐陂　觀邊陂　黃塘陂　甘泉陂　新塘陂
舍利院前陂　甘坑新塘　官莊塘　後內山兜塘
西吳塘　大陂塘　後埔塘　法石厓塘　蘭盤埭
鱸鰻埭　赤嶼埭上二十六所在歸化里產田陂　謝陂　王
箕陂　曾陂　下梁陂　澤梁陂　劉門前陂　後
峬塘　吳塘　石斛塘　洛塘　林門前塘　許塘
新塘　吳塘　陳塘　柳坑塘　泡埭上埭　泡下

埭　壽尾坑　柳潭上二十一所在祥符里　楊高塘　吳勝塘　楊汝翰塘　黃師姑塘　黃西佐塘　吳訥塘　王容埭　楊高潭　吳訥潭　吳欣潭上十所在溫陵里通上四里凡一百有七所俱縣西南　桑田陂　西洋陂　坂上山坑陂　東洋陂　上蔡陂　新宅門前塘　梅林塘　蔡塘　普空前塘　新宅下塘　東鄭塘　白石大塘　打捕新塘　乾尾塘　西亭前潭　白石安潭上十六所在縣東北光德里　新陂　康陂　章陂　山柄塘　西溪塘　應坑塘　黃浦塘　後蔡塘　白塘　莒將塘　臨

坑塘　山前塘　黄嶺塘　新坂塘上十四所在縣西北民安里

漳州府

龍溪縣

東湖周迴千餘畝宋紹興間郡守劉才邵沿湖建斗門以時啓閉至今民蒙其利宋郭祥正有詩　新渠宋紹興間郡守劉才邵沿浦築渠凡四十頃師魯爲祀①　鄭公渠在留佩洋宋嘉定間郡倅鄭煥浚郡人立石刻曰鄭公渠　章公渠在揚名坊圳般橋宋淳祐間郡守章大任浚民立石刻曰章公渠上湖并渠四所在府城東門外　流世港在二十六都東通翁建港接九龍江西通東港接南門溪水北通長墻儀鳳南通蕉山埔尾溉田數萬畝舊港之西旁數畝堙塞溪漈時至輙傷田稼成化九年知府張瓚督民濬治如舊　水口塘在二十七都溉田二十頃　洲頭洋岸　洋中岸　南壇洋岸　草頭洋岸　內田

校注：①記

洋岸　舊溪洋岸　五甲洋岸　百分洋岸　深埭洋岸　內洲洋岸　新溪洋岸　大埭洋岸　漸溪仔洋岸　南蒿內田洋岸　上洲中洲洋岸　沙白洋岸　南洋仔岸　北蒿洋仔岸　內田洋岸　新溪八分洋岸　東洲洋岸　玉洲新田仔洋岸　洲頭上溪洋岸　官埭康港洋岸　郭使洲洋岸　蘇洲洋岸　瀛洲新豐洋岸　新開園外洋岸　滄洲洋岸　園下東山門口店後洋岸　塘洲仔庵後洲頭洋岸　楊洲東洋岸　南邊洋岸　東埭洋岸

新泥洋岸上三十五岸計長三萬二千五百八丈二尺各高一丈二尺或四五尺厚一丈八尺或二丈二三四尺俱在二十八都官港上通栟櫚營江下通石美港長二十餘里溉田一百餘頃歲久壅塞成化十八年知府姜諒督民重疏治之新埭二所俱瀕海所以障鹵水使不害稼也歲久崩壞知府姜諒重修復增建斗①以時蓄洩吳陂　楊陂　新陂　蠔礁埭岸　海洋埭岸　東邊埭岸　烏嶼海印埭岸

西塘新埭岸　六甲顏埭岸　茭芋埭岸　直道埭岸　先峰埭岸　施埭堤岸　周染埭岸　埭岸

石魚埭岸上一十三岸計長一萬五千九百六十四丈各高一丈厚一丈五尺或二丈已上十九所在二十九三十都通上四都凡五十六所俱府城東仙溪陂　餉賀陂　竹

校注：①門

洋陂　臺洋陂　南豐陂　山溪源陂　獨坐陂上七陂俱在府城西二十二都

禾平埭源出漈山及龍鬚漈合流而至於此溉南山寺田數十頃宋延祐間築成化十八年知府姜諒重修計一千八百餘丈

趙埭積大悲岩坑及金龜漈二水溉田四頃有奇

西埭亦積大悲岩坑水爲斗門以時蓄洩溉田十頃有奇上二埭俱洪熈元年南山僧無溢修築

塘頭社埭岸　禾平莊埭岸　黃埭岸　溪乾帶埭岸　溪乾登帶埭岸　豐田霞尾溪乾埭岸

豐田市尾莊埭岸　青浦內洪安埭岸　青浦　仙埭岸上九岸計長八千三百六十三丈各高一丈二尺厚二丈五尺或六七尺已上十二所在四五都

溪頭陂溉田十頃有奇舊以沙土築之歲屢崩成化十八年知府姜諒檄海門巡檢許

堇役易之以石鴻福埭豬鴻山之水溉田十頃有奇舊法濟寺僧掌之後爲豪右所據成化十八年知府姜諒復褫以與民俾修築之民樂其利因改其鄉曰豐樂吴山平社埭岸

許坑社埭岸　浮岐社埭岸　蘇埭岸　廿埭岸

淇埭岸　嶺後社內圍埭岸　龍灣社埭岸　雙分社埭岸　排鋪厝埭岸　圳尾社埭岸　上墩社埭岸　東山社埭岸上十三岸計長八千二百一十八丈各高一丈六尺厚二丈六尺巳

上十五所在六七都倒港南接南陂北從北港旁通河角謝倉以至許坑溉曰①千畝台隸洋埭岸　斜埭洋埭岸　黃②埭洋隸岸　永興莊埭岸

朱埭埭岸　宮前後洋埭岸　謝倉內埭岸　謝倉

校注：①田　②隸洋埭

外包埭岸　二十八分外埭洋岸　二十八分內埭洋岸上十岸計長三千六百三十一丈各高一丈四五尺厚一丈六七尺已上十一所在八都太①保陂昔有謝都官者築海為田繼有陳太保者引水開圳設斗門以時蓄洩溉田百餘頃然沙土善崩民以為患景泰初鄉人劉廷奮率衆請②于郡縣驗田聚穀悉砌以石　磯洲埭岸　吳邊埭岸　港頭埭岸　溪尾埭岸　普賢埭岸　草尾埭岸　翁埭港岸　張蘆邊埭岸上八岸計長五千一百丈各高一丈二尺厚一丈五尺或七八尺已上九所在九都　高洲洋岸　新洲後洋岸　方處下洲尾洋岸　港尾菴後洋岸　許溪里洲洋岸　福河白蓮塘洋岸　程泥洲四圍岸　泥仔洲

校注：①保　②于

四圍洋岸　溪邉洲尾洋岸　新洲臨洲洋岸　官洲泥邉洋岸上十一岸在十一都計長一萬五千九百九十三丈各高一丈三尺厚一丈八九尺

鄒塘源出紫雲巖　浯淇塘源出石獅巖下限以石閘而時蓄洩之上二塘在十二三都各溉田百有餘畝

施墩上圳在十六都通浯淇塘水溉田六十餘頃知府姜諒重浚通上七都凡六十一所俱府城南

白銀陂　鄭陂　林陂上三陂在二十二都

逢萊港溉田百餘頃舊為流沙所堙成化十八年知府姜諒督民濬①之

松柑浦溉田百餘頃

陳陂　白衣陂　吴陂　縣陂　張陂　林陂　董遷陂　林角陂　大黃陂　黃竹陂　普通陂上十三所在二十三四都

郭坑塘在二十七都嵗久堙塞成化十八年知府姜諒重濬溉田二十餘頃通上三都

校注：①濬（浚）

凡十七所俱府城北

月港　南接田尾港溪源北接西溪上流潮汐吞吐溉田以萬計亦通舟楫

禾平港　通坑滌及龍鬚滌港兩畔為斗門三以時儲泄溉埭田萬有餘畝上二港在四五都

廣濟陂　在八都宋郡守①傅為所築累石為堰長一百三十丈自洪礁倒港歷八都六七都及漳浦縣二十八都溉田千有餘頃歲久頹圯 國朝景泰五年知府謝騫命邑民蘇日躋修築尋復為洪水所壞成化十七年知府姜諒規措財用托致仕運判蘇殷及大使何金督工重修民感其惠因呼曰姜公陂

普賢埭　在九都潴太保陂水溉田四頃有奇知府姜諒重修

陳洋陂　菖溪陂　瞻軍陂　石陂　陳陂　官陂　師姑陂　大壽陂　古溪陂　古溪下陂　蔡陂　緑陂　徐陂　弖陂　上十四陂在十二三都

西浦　在二十七都其水自南門溪迤逶迴繞其旁有港時引潮汐溉田十

校注：①傅

頭有奇上有村中通舟楫鴻江埭岸　許林頭埭岸　西埭岸

後林埭岸　石圍埭岸　北市埭岸　堤邊埭岸

海倉埭岸　石甲頭埭岸　澳頭埭岸　林尾埭岸

觀音後埭岸　陵坑埭岸　赤石埭岸　暫尾埭岸

鐘林尾埭岸　長嶼埭岸　山頭埭岸　東坑埭岸

後逕埭岸　莊水頭埭岸　後浦埭岸　排頭埭岸

吳貫埭岸　馬厝前埭岸　劉厝前埭岸　鄭墩埭岸　南內埭岸　南外埭岸上二十九岸計長三千九百九十七丈各高一丈五尺厚一丈八尺或二丈通上六都凡四十八所俱府城東南

巳上港浦陂塘及埭皆仍舊迹間有嘗

經灊治者已各疏其下其埒岸通計一百二十八處蓋爲府治東南瀕海恐潮汐害稼故築以捍禦之也歲久漸圮成化十六年知府姜諒檄縣丞吳鵬典史應華董其邑民重修

樓花陂在府城西南二十一都溉田百餘畝天順五年為洪水所壞成化十五年知縣朱琳重修

王陂　石陂

中陂　北陂　官陂上五陂在府城東北二十六都

漳浦縣

西湖在縣西門外邑中衆水所匯宋嘉定間縣令趙師縉鑿湖築岸翔立水門時其蓄洩以溉民田周圍五百一十五丈

開元陂在縣南十七都界舊開元寺有南北二埭田三十餘頃故築是陂瀦水溉之

陳翁陂　何嶹陂　廣濟陂詳見龍溪縣水利志

橫口陂上四陂在縣北二十八都

龍巖縣

鄭陂在縣東門外

謝洋陂在縣西

官陂　呂陂俱在謝洋

陂之下新陂在東山烏石陂在烏石頭上二陂俱縣南

長泰縣永利陂雙圳陂上二陂在彰信里方陂在方成里通上二里

凡三所俱縣東蕈塘陂史院陂上二陂在縣西仁和里顏甫陂舊為洪水

所壞知府姜諒檄知縣劉鐸重脩古樓陂上二陂在縣北旌孝里田水陂在恭順里

西洋陂在善化里上二陂俱縣東北良崗陂在縣西北石銘里

南靖縣車頭陂東山陂大寨陂車田陂油

車瀨陂港仔陂九良陂廟下陂馬頭陂

渡船頭陂湖湫村陂酒甕潭陂湯坑陂倒

樹徑陂張湨陂吳田陂虎爬瀨陂鴻田陂

潭頭陂上一十九陂在縣西歸德里共溉田二百頃　圳頭陂　坂仔陂
新陂　後溪陂　銅鼓陂　南山陂　上坂陂　後
塔陂　馬溪陂　烏田上陂　烏田下陂　寶峰陂
新巖陂　虎陷陂　湖潭陂永樂十八年里人李伯瑾開築灌田千餘畝前
主事黃文史爲記上十五陂在縣南清寧里共溉田一百五十頃　溪仔陂　下路陂
龍路亭陂　陳洋陂　凃寨陂　湧口陂　龍山陂
鐵山徑陂　寶珠山陂　官洋陂　白浪瀨陂　田
北下陂　寨下陂　庵頭陂　田寮上陂　徑頭陂
銅嶺上陂　溪仔下陂　荒山陂　林口陂　硿口

陂 田寮下陂 後到陂 石佛陂 新店陂 銅嶺下陂 深渡陂 流下陂 壟後陂 余倉陂上三十陂在永豐里共溉田二百五十頃 金港陂 河園上陂 田墩陂 河口陂 南門陂 洪溪頭陂 巖下陂 巖山陂 小溪上陂 中陂 下陂 張倉上陂 下陂上十三陂在習賢里共溉田二百頃通上二里凡四十三陂俱縣北

漳平縣 後溪洋陂在居仁里源出凌家山溉田六頃有奇 東陂在和睦里甕石截溪車水以溉田故名上二陂俱縣北 黃畬澗源出三重嶺西流入龍江 小塢澗源出覆鼎山下歷後葛 安坑澗源出凌家山 寧坑澗源出仙帽山及牛隔山 高巖

澗源出巖澗歷大青諸處上五澗俱流入龍江每歲東作之時則築陂蓄水以溉田

汀州府

長汀縣

官陂積水之所　張家陂　鄭家陂　中陂橫截鄞坑廣袤數十里上四陂在府城東左廂金花坊　西田陂在歸陽里　南接橋陂在在城里纍石爲堤引水入官濠東流上二陂在府城西　何田大陂在府城南清泰里障劉源溪入中陂又障黃坑澗抱山數曲合流出何田市心疏爲數十圳以溉田俱①城膏沃

上杭縣

官陂在縣東白沙里　高陂在縣南太平鄉　梁陂在縣西北在城里昔鄉民有梁姓者募衆纍石爲陂溉田數頃

武平縣

黃田陂在縣西豐頓平里

校注：①成

清流縣

成陂（在龔坊） 新陂（在白石橋） 雷公陂（在吳家鋪） 楓陂（在上保上。四陂俱城郭里） 胡椒陂（在黃地巖） 陽陂（在嵩溪舘上） 黃坊陂（在清水塘） 橋下陂（在嵩溪） 牛屎陂（在潭口） 黃婆陂（在完池） 伍陂（在大坑門首） 嵩溪陂（在舘前下） 大段陂（在湯坊） 池陂（在池溪上。十陂俱縣東永得里） 牛河陂（在風夾） 石壁陂（在西坑） 橋下陂（在田頭） 新橋陂（在羅坑） 和尚陂（在李田） 羅漢陂（在下馮） 石壁陂 黃陂（上二陂在下謝） 朱家陂（在泌淵坑） 門首陂（在塘下。已上九陂俱縣南四保里） 大陂（在源坑在細坑） 際合陂（在中地水口） 雷公陂（在塘源坑） 牛陂（在橫坑） 石梯陂（在羊蹄坑上。七陂俱倉盈里） 牛家際陂 黃亂陂 石峽陂（上三陂在三都） 小坑陂（在二都） 余

朋陂在平地夾　陳家陂在羅坊　白沙陂在四都　西坑陂在石拔　品地陂在一都　洞口陂在磯頭上十陂俱憂溪里　上湖陂在急龍　馬家陂在張家營　姚坊陂在船湖　滸坊陂在班竹上四陂俱北團里　石子下陂　段上陂　嚴塘下陂　陳家嶺下陂　嶺下陂　新田上陂　石佛陂　黃家沙陂上八陂在羅村里通上四里凡二十九陂俱縣東南按縣誌每歲農隙之時縣官一人循行境內諸陂督得利之家修築以備旱澇

連城縣

彭坊陂在在城里元初築　大田陂在北里呂屋崗　吳公陂在官坊　牛陂在郭坑口　店前陂在後洋　吳地陂在峯頭　陽畬陂在龍坑上五陂在姑田里通上三里凡七所俱縣東　大田陂在縣西南順里　官陂在班竹　黃城

陂在官陂之下上二陂在南順里　大安陂在下畬隔口　立坊陂在中田尾　大分陂在赤嶺尾　新陂在壁州溪　余坊陂在余坊尾　過路陂在魏坊尾　嶺背陂在李坊村上七陂在河源里　官田陂在劉家車　陳張陂在岡溪　大洋陂在蒲湖上三陂在表席里通上三里凡十二陂俱縣洵　石陂在黃公橋之上元初築　蘇坑陂在北山菴下　巖陂在上江坊　夾口陂在徐坊　石航陂在黃屋山下　中陂在溪源上六陂在縣北北安里　龍爪陂在縣東南在城里元初築以溉縣前之田數百畝已上縣境諸陂皆因其田勢卑高而置以資灌溉為設守者稍有崩決輙加修葺

歸化縣

八字陂在縣西興善里溉田千餘頃　楊嫲陂在縣東北歸上里黃竇昔嘗有孀嫗楊氏捐貲創築以溉衆田邑民利之因名

永定縣 高陂在縣東太平里 大陂在勝運里洪武間築 蔡家陂在南溪里龍潭昔有蔡姓者募衆修築因名上二陂俱縣南 杭陂在縣西北勝運里 杭陂水圳在縣北勝運里自接官亭西環繞縣前直抵通明門以堰杭陂之水縈紆屈曲灌溉田疇居民食飲亦賴焉

延平府

尤溪縣 官陂在縣西南二十八都方廣數十畝溉田數千頃餘浸旁及他境

沙縣 鸕鶿小溪陂在五都溉鸕鶿村城頭坂田 西山小溪陂溉西山一帶田 天王陂溉天王寺田上二陂在八都 官莊小溪陂在□都溉官莊高砂坂田通上三都凡四陂俱縣東 覆嶺根陂溉俞屯鴈山下戊坂田 湧溪陂溉湧溪俞屯黄墩坂田上二陂在□□都 官舍坑陂在□都溉高橋坂一帶田通上二都九三陂俱縣北

順昌縣

張公渠在縣治北洪武七年知縣張縉開源出龍興巖居民舊於山之腰決小渠引水溉田僅載畨米五斗而已西南有古渠堙塞已久縉迹其地經度卑高以廢田易民田鑿山通渠爰①目龍興巖山腋過赤嶺行九里有奇抵縣治官民利之因效白公渠故事命以今名

邵武府

邵武縣

大圳陂 芙蓉陂各溉田二十頃 官陂溉田一十五頃 二侯陂溉田五頃 李家陂在李家坊溉田一頃五十畝 大源窠口小溪陂溉田二頃 興聖寺上陂溉田三頃上七陂在一都 百泮陂在二都溉田八頃 瑞田窠口陂在三都溉田六十畝 洒口陂溉田二十頃 勳潭陂溉田一十五頃 大陂在烏茶坑溉田二十頃有奇 石角陂在樟樹下溉田十頃 小錦陂在和豐陂下溉

校注：①自

官原下段和豐陂在官源鋪前溉田十二頃結子陂溉田二十八畝車碓陂溉田七十畝王塘其塘有三曰上麥湖中麥湖下麥湖舊傳王氏潴水之所因名王塘上十一所在五都丁字橋陂溉田八頃饒公陂溉田二十頃上二陂在六都黄公陂溉田五頃神公陂溉田二十頃官塘窠口陂溉田二十五頃南山下陂溉田六頃上四陂在七都禾窟石陂溉田五頃黄广①陂溉田四頃排下陂溉田六頃上三陂在九都楊竹陂在十都溉田九十畝洋頭陂在十一都溉田十頃一十四畝桃溪陂溉田四十頃鳴山陂溉田二十五頃傳家坊陂溉田五十頃上五陂在十七都馮墩陂溉田一頃有奇興林寺前陂溉田一十頃上二陂在十八都西川坑陂溉田一頃有奇民田後陂溉田一頃一十畝上二陂在十九都槎湖岊陂

校注：①广

在二十二都溉田二頃三十畝大竹樟臺陂在二十六都溉田二頃天湖嶺陂
溉田四頃赤岸花橋頭陂溉田六頃上二陂在二十七都通上十一都凡三十九陂俱府
城東濟仙橋陂在四十六都溉田三頃羊角陂在四十九都溉田一頃七土
橋陂高家渡陂各溉田一頃石壁陂溉田一頃二十畝上三陂在五十都
徐家陂溉田一十頃四十畝任家陂樵嵐陂各溉田一頃二十畝平阜
陂溉田一頃油榨陂在樵嵐口其流至悟空寺前分三道一視入城內由上水寨下水寨東出
一由囬囬山下至山川壇東注白渚橋下入溪溉田一頃有奇一出濠上圳入花園至仁壽叚溉田二頃
永樂間壢塞天順間里人張賔等請官重濬上五陂在五十二都通上四都凡十陂俱府城西小六
郎陂溉田一十頃黃八羅口陂溉田一頃二十畝上二陂在三十都觀陂在三

十一都漑田九十二畝大洋坪陂漑田一頃五十畝山東方陂漑田一頃二十畝上二陂在三十二都石堀陂漑田一頃五十畝新陂漑田一十頃暗溪口陂漑田八十畝烏石叚陂石溪頭陂各漑田一頃六十畝官陂漑田一頃二十畝梁家平陂漑田八十畝上七陂在三十三都梁家陂在三十五都漑田二頃四十畝梁家陂漑田九十六畝黎嶺陂漑田一頃六十畝上二陂在三十六都永豐原陂在三十七都漑田三頃[厂+壹]陂在四十八都漑田六十畝通上八都凡一十七所俱縣南觀音陂在二十八都漑田四頃中營官陂漑田一十頃四畝烏田陂漑田一頃三十六畝暑山陂漑田十頃上三陂在二十九都通上二都凡四陂俱府城東南上樵陂在四十五都漑田四十頃竹頭陂漑田二頃黃栢溪臯頭陂漑田

一頃五十畝松林頭陂溉田三十畝胡家窠口陂溉田八十畝丁家叚陂溉田五十畝上五陂在四十七都通上三都凡六陂俱府城西南屯叚陂觀莊陂上二陂在府城東北各溉田二頃

泰寧縣

千圳陂在末①口保溉田四頃有奇大潭陂在福興下保溉田二頃楊坑陂溉東西二叚田五頃有奇鸕鷀陂縣令胡玻築溉田一十頃上二陂在水南保通上三保凡四陂俱縣東楊坊陂在縣西瑞溪保溉田二頃三十畝大均陂在永興上保溉田五頃中坊陂在仁壽保溉田東岸田二頃衢口陂在永興下保溉田二頃五十餘畝上三陂俱縣南北莊陂在住②城保楊鴉陂在崇化保上二陂俱縣北各溉田二頃有奇

建寧縣

黃陂溉田一頃五十畝官陂溉田二頃上二陂在永城保稅下陂

校注：①永　②莊

在各陽保溉田二頃惠安陂溉田二頃二十畝雷陂溉田五頃一十畝上二陂在開山保
已上三保凡五陂俱縣東鄢家陂溉田三頃寺壇陂溉田二頃五十畝觀音陂
溉田一頃五十畝灧湖陂溉田五十畝上四陂在富田保石角潭陂溉田一頃八十
畝黄家陂溉田一頃一十畝石陂溉田一頃六十畝廣洋陂溉田一頃一十
畝上四陂在都上保蟠湖陂溉田四頃彭家陂溉田三頃五十畝上二陂在上黎保寮
前陂溉田二頃五十畝蕭家陂溉田一頃八十畝上二陂在銀坑保官陂在里心保
溉田三頃石觜陂溉田一頃五十畝德新陂溉田一頃三十畝上二陂在都下保李
家陂溉田一頃六十畝石陂溉田一頃五十畝上二陂在大南保郭家陂在靜安保
溉田一頃五十畝破田陂溉田二頃五十畝梅樹陂溉田一頃有奇上二陂在新城

保嚴坑陂溉田一頃三十畝石上陂溉田二頃上二陂在桂陽保黃家陂在排前保溉田一頃五十畝竹窠陂溉田八十畝塘頭陂溉田一頃有奇祝家陂溉田八十畝上三陂在太南保應家陂溉田二頃烏石陂溉田一頃五十畝上二陂在安吉保通上十二保凡二十八陂俱縣西雙溪陂溉田二頃五十畝張公陂溉田一頃五十畝石陂溉田三頃五十畝上三陂在將田保石前陂在赤下保溉田一頃七十畝官人陂在赤上保溉田五頃九畝塘在長吉保溉田二頃有奇九支塘在鐃村保溉田一頃有奇通上五保凡七所俱縣南惠安陂溉田二十畝雷陂溉田二頃四十畝畬陂溉田五頃有奇黃原陂溉田一頃五十畝上四陂在黃溪保黃家陂家在陂上二陂在黃溪保各溉田二頃石牛陂溉田三頃五十畝藍坑陂

溉田一頃二十畝上二陂在藍田保洋田陂溉田一頃四十畝洋背陂溉田二頃四十畝

漠溪陂溉田一頃五十畝上三陂在安仁保通上四保凡十一陂俱縣北

光澤縣

大五陂溉田八頃二十畝龔家陂溉田二頃一十畝上二陂在十八都

鄧家陂在三十都溉田三頃有奇通上二都凡三陂俱縣東丘家陂溉田二頃高田浦前陂溉田一十八頃赤嶺上陂溉田一頃赤嶺下陂溉田七十畝太傅上陂溉田二頃上五陂在二都官家陂溉田一頃二十畝潔頭陂溉田二頃三十畝上二陂在十都通上二都凡七陂俱縣西梧桐陂溉田五頃車磨陂溉田四頃

張家陂溉田一頃上三陂在十九都昭德陂溉田一十二頃梁家陂溉田一頃

大黑風陂溉田一頃四十畝上三陂在二十都饒家陂　烏驚陂溉田三十

畝上二陂在二十一都 清塘陂溉田十二頃 山口陂溉田一頃上二陂在二十二都

王家陂在三十四都溉田二頃 茶阜陂 東頭陂各溉田一十五頃 舉

賢陂溉田一頃八十畝上三陂在二十六都 闍黎陂在二十八都溉田一十三頃 高

連陂在二十九都溉田五十畝通上七都九十六陂俱縣北 道士陂在縣西南六都溉王①

三頃有奇 尚陂溉田一頃二十畝 田頭陂溉田一頃上二陂在縣東北二十三都 南

山陂在十六都溉田一頃六十畝 石城陂在十七都溉田八十畝上二陂俱縣西北

校注：①田

八閩通誌卷之二十四

食貨

水利

興化府

莆田縣 **木蘭陂**在府城西南惟新里木蘭山下溪源自永春仙遊西南下合澗壑之水三百有六十會流東注于海宋①洽平初長樂錢氏女始議堰陂於將軍巖前據溪上流陂成輙壞既而同邑林從世復来相溪下流改築於上杭温泉山口將成潮勢衝激亦壞熈寧八年候官李長者宏實應詔募而来始相地于今址會有馮仙智日者授以規摹率衆錢七萬餘緡疊石創陂三十二間間各樹石柱二而置閘其中以時縱閉陂深二丈五尺闊三十五太②即陂之右疏渠道水障東流而南注者三十餘里爲

校注：①治 ②丈

大溝七小溝無數漑南洋上中下三段民田上段惟新南匿胡公三里爲水泄九塘四溝圳八水瓣斗門一中段莆田南匿國清三里爲水泄一溝四林墩洋城斗門二下段莆田連江興福三里爲水泄二溝四合之凡漑田萬餘頃歲輸軍儲三萬七千斛遂以舊潴水横塘陳塘許塘新塘唐坑塘凡五給爲民田而截其三及大孤嶼白水等田為穀共二百九十三石二枋一角白地夫工子頭等錢共三百七十七貫二百六十三文足號陂司財穀陂置役人正二副一甲頭一小工八水手二柱傾則支閘圯則易圳壅則疏圍缺則補歲各有酧劳田食錢若①干具有定例紹興二十一年縣丞陳彌作復採衆議爲劄子以上於郡欲革四弊立五例其條畫尤爲詳盡二十八年陂失故道由北岸而東奔縣丞馮元肅修而復之鄭樵爲記元延祐二年興化路總管張仲儀復創斗門於陂之北岸名曰萬金而鑿渠引水以漑北洋延興孝義仁德三里民田　國朝洪武八年歲久陂缺壞通判尉遲潤修永樂十一年陂堤岸崩通判董彬命耆民

校注：①干具

朱季和董役重修并易閘板以石先是陂之石柱為風濤所折遂減其四間而甃石以為之護及是又各以巨石覆之致仕教諭林圭為記宣德六年陂堤岸復崩縣丞陳叔文盡撤其舊樁杙入地以固其址然後甃石於底漸殺其上至石梁而止視舊堤廣加尋有二尺員外郎陳中為記天順六年陂穿漏而圮壞者九六間南北堤岸亦崩缺知縣王常命士民王行安董役悉撤舊址先實以灰土而堅築之然後布杙絫石盡復其舊郎中陳俊為記陂之南岸有二廟皆宋時邑人所建以祀宏及錢氏者也元柯舉詩壺山水遶恩波在村北村南處處耕 國朝朱元道詩群黎共戴東西廟一水平分南北溪陂司之例今廢已久其田尚載版籍計四頃九十畝七分內酧勞陂正副及李長者廟祭祀香燈田三頃二十四畝八分俱不科粮着為令○按鄭樵重修記智日貰酒于宏家三年不責酧將行曰當與子遇木蘭山前宏先期而俟智日乃以方畧夜役鬼物朝成竹樊先是木蘭有讖曰逢築則築至是宏乃依竹作堤而陂始克成又

故老相傳今陂基下有石盤處水底橫亘北山陂盖因石為址而石成之九两石相聳處[1]各為凾[2]如銀錠狀而範鐵汁於其中故能與洪流敵之經久不壞萬金斗門今不置閘按郡人龍溪主簿趙孟慈邵武教授丘臣甫等立石刻新創萬金斗門記以為總管張仲儀建而本路判官林定老撰協應廟記又以為總管郭朶兒僉憲張仲儀同建二說不同竊詳斗門記刻於斗門初成之時其言必可據而廟記作於至順元年相去僅十五六年其所傳不同處如此不知何也

木蘭陂下大溝通小溝二在府城南惟新里

沙溝大溝在胡公里通何厝橋溝後黃溝溪船頭溝新溝九四內何厝橋溝舊與南力里白埕溝不通成化二年知府岳正始開新溝一道其水源以溉胡公南力二里之田

上下渠大溝通漏頭東溝等處九小溝六

羅外大溝通後陳樟橋等處九小溝七俱在南力里

洋城斗門前大溝

校注：①處　②函

通小横塘等處小溝四在谷清里林墩斗門前大溝通小
溝九後洋大溝通小溝三十有八俱在連江里五龍橋
等處小溝九在連江景德二里清浦化龍橋等處小溝二十
有七在萬田里南田企石等處小溝四在合浦里東山斗門等
處小溝六在興福里横塘新塘等處小溝三在安樂里已上大溝七小
溝一百有九俱在府城東南皆宋李宏所開也國
朝通判董彬縣丞桑叔文知縣劉玭知府潘本愚岳
正間嘗修濬焉永豐斗門在渠頭元至正二十年創橋
國朝永樂四年鄉人廖良驥改為斗門宣德三年其
子履常重修通津斗門在下樓與永豐斗門相通元至元二十年創國朝
永樂初廖良驥募衆修宣德間其子履常復募衆重修鄭坂斗門天順四年知府潘本愚建

上二斗門在惟新里**漳魚港斗門**在南力里舊名北塞成化二年知府岳正重建**洋城斗門**在谷清里舊為洋城泄宋淳熙元年知軍事潘時改創提舉宋藻為記紹熙二年趙彥勵重造溉田六百一十頃七畝國朝景泰三年知府張瀾主簿陳煥葺盡撤舊址疊石為階至閘而止甃為門二南洋斗門此其最大者林墩次之東山又次之**林墩斗門**在連江里宣德七年縣丞葉寂文命耆老陳彰晦重修郡人陳中為記**東山斗門**在澄口東山之南木蘭之流至此已絕舊為涵①泄至元末始創為斗門國朝洪武初里人林用震得東張澄口之地堤海之田後其子因私水利白其事復修斗門增設涵閘自是高亢之田均沾木蘭之流矣景泰六年知府張瀾命士民吳時耕董役重修**水辦斗門**上二斗門在於興福里已上六斗門俱在府城之東南**胡蘆埭涵**

埭子涵　**五洋埭涵**　**珠浪村涵**　**新莊埭涵**

校注：①涵

贍齋埭涵　港尾埭涵　新隱大埭涵　塗厝埭涵

天與埭涵　禮拜寺埭涵　西塔莊埭涵　九洋埭涵上十三涵在連江等里通洋城林墩斗門

銀盞埭涵　開山埭涵

瓦藤埭涵　奈天埭涵　慈聖埭涵　屈卯埭涵

東堂下埭涵　草垣埭涵　九洋埭涵　同知埭涵

東堂上埭涵　萬安埭涵　蘵豆埭涵　新莊埭涵

廿七洋埭涵上十五涵在興福里通東山斗門

國清塘在縣東南景得里唐貞觀元年置塘有三十六股周廻三十里溉田五百頃宋時闊五十丈為斗門一水瓣橋一溝一溉田七十頃五十五畝郡人林大鼐撰李長者傳云木蘭陂成發塘五所惟晉國清塘以偹大旱陂力所不

及者宋鄭耕老遊國清塘詩湧金門外盡菰蒲四月
行人客上都六月國清塘上望依稀身更在西湖巳
上俱南洋水利

均惠陂 在文賦里西漈瀑布泉之下舊以木為之名官陂陂之下分為二渠其一歷石門由埧頭以達下皋其一逕趨西埔歲久陂發下皋田多而得水反少西埔田少而得水反多成化十九年按察司副使劉喬行部至莆民以為言乃命稽其田之頃數而定其水之分數然後伐石為陂而按其所得分數以通水道使各歸其渠由是水利始均更其名曰均惠

永豐塘 周迴一里溉田一一百頃宋時闢二十丈溉田一十一頃六十畝塘東西各有斗門宣德六年縣丞葉叔文修

諸泉塘 亦名諸小塘周迴一里溉田四十頃

歷潯塘 在東埔周迴四里溉田一百四十頃宋時闢二十二丈溝一斗門一溉田一十六頃有奇上二塘俱廢為田已上三塘在府城西南南廂俱唐貞觀元年置

下黄華①嚴埭上下二斗門 在府城西南南廂宋元祐七年方廣翁創國

校注：①華

朝正統五年萬壽宮道士陳玉玄陳瑞雲重修已上俱府城西南諸處水利

延壽陂在府城北常泰里唐建中間郡人吳興築溉田二千餘頃唐書地理志云溉田四百餘項延壽溪西附山東距海南北皆通浦溪流元出渡塘赴浦以入于海興始睦海為田築長堤於渡塘遏大流南入沙塘坂釃為巨溝首三南溝①南溝北溝廣五丈或六丈並深一丈析巨溝為股溝五十有九廣一丈二尺或一丈五尺並深丈横經直貫所以蓄水也即陂之口別為二派曰長生港曰兒戲陂瀨海之地環為六十泄所以殺水也其利幾及莆田之半今郡指李宏所開者為南洋吳興所開者為北洋云之②　國朝永樂五年府通判董彬重修改名永利陂今仍舊名

兒戲陂在延壽陂上東邊吳興慮時水為患於渡塘溪口別分一派通浦壅沙為塍遏水入洋兩大溪溢自推沙而注于海水漲滙溪南下沙復自壅成塍不勞人力通塞自如若兒戲然今尊賢里田多仰溉於此水

長生港即延壽陂口中港也吳興慮時水為

校注：①中　②删去“之”字

患於漏塘上開港通溪港內深八尺廣五丈其口深四尺接溪以大水為則務欲開拔溪源時水下海民田獲利遂號長生港今東廂延興延壽仁德孝義諸里田多仰溉於此水初尊賢里人以兒戲陂地勢稍高水之入為難乃私為斗門於長生港而塞其水使專注兒戲陂成化十二年東廂耆民方叔進林良弼方汝清鄭璧輝鄭永寧等白其狀於分巡僉事陳輕乃檄指揮僉事丁遠往區畫之因計其田之頃數而定其水之分數大約以長生港應得十之八九兒戲陂應得十之一二遂定議復決長生港而置牐於其陂每啓一晝夜泄水以溉諸里田而復閉一晝夜蓄水注兒戲陂仍於二水各命里耆一人司其啓閉復於他里之無與此利者一人以總督之○成化十二年福寧道處分按驗今刻石於龍陂廟

南大溝一通小溝二十有一　自黃贒橋西至琵琶槽遠及章魚頭

莆洋段溝二　林埭溝灌本埭田斗門西溝灌西嶼田

蘆浦塘溝二　東蘆溝灌本埭田烏龜頭溝灌

蘆浦與濠塘田新塘溝二橫塘圳口溝灌第二搞田并菜塘田捺臂溝灌第一橋田菓塘
溝四小溝灌林塘洋田南分溝灌章魚頭田潘埭溝第三段溝各灌本溝田南箕段溝
二中嶺頭溝灌王塘洋田西腰溝灌南箕洋田西嶺段溝二湖中溝小林塘頭溝各灌
本溝田琵琶槽段溝四黃官塘溝李落溝下溝各灌本溝田南溝灌琵琶槽溝田章
魚頭溝一號章魚小溝灌本溝田陳塘溝一號嶺下溝灌本溝田中大溝
一通小溝二十有六①目沙塘迤邐至聖墩濠浦塘方埭溝②溝本溝田南分溝
灌南分洋田濠浦下溝灌濠浦塘田三步段溝二腰溝灌三步段田南來瀝塘溝灌國懽院
田漏塘溝六吳隴溝腰溝七弓溝鴨籠溝烏程溝南分溝各灌本溝田陳塘溝二
七弓溝灌兩畔田新溝灌本溝田深浦塘六黃圳溝灌慈壽院田鄭溝魏塘溝南分溝各灌

校注：①自　②灌

本溝田北洋溝灌北□國懽上生院田陳埭溝灌本溝田**北来瀝溝三**北来瀝溝寧海鎮後溝各灌本溝田嶙浦溝灌本溝及北来瀝田**嶙浦塘溝三**洪佩屋後溝灌本溝田嶙浦溝灌小嶙浦田鳥鉞屋後溝灌本溝田**渡頭段溝一**號新姨溝灌本溝田**北大溝一**

通小溝二十有二自徤塘出吳刀灘于魏塘接太保庄而下**徤塘溝四**後疆圳溝陳墩前溝圳古溝各灌本溝田蘇塘東溝灌瀝源田**竿墩塘溝二**豬肝溝竹墩溝各灌本溝田**菱浦塘溝二**方埭溝灌古埭田王埭溝灌方埭田鄭渠溝灌慈壽院田游塘溝灌方埭鄭埭田**陳塘溝二**暢山邊溝灌暢山田陳塘溝灌陳塘田**陳壩斗門**在孝義里

宋淳熙元年知軍事潘時重造紹熙元年趙彥勵更創於舊基之北溉田四百六十七頃七十畝仙遊傅①淇為記　國朝正統六年知縣劉玭重修學士盧陵錢習禮為記○按舊志承議鄭淑儋二洋議以沿海

校注：①淇

地皆泥滓非有堅土盤石可因為基一小罅漏湧水可遏上重下虚隨以圮壞斗門之利有不能為而龍圖王悅記云水泄固甚省費亦不無小害溪流暴漲白于官而往決之下田已苦浸淫矣其塞之也必待水涸乃施畚築高田又無以灌溉矣其後廢而為斗門雜木石之費不貲而工役易辨①以瀦水之高下為版閘之啓閉勞數夫之力於頃刻下等之田一均其利究觀二公一時之論各以所見而水泄非復曩時全具斗門於今實甚利焉所謂不能為者顧不能無少勞費矣夫植基欲固則浚溝宜深自無頹圮之患乃如鞏石為之暫廢而永利固非所宜憚也今洋城陳壩二斗門自潘守經始於其前趙守更創於其後皆斷地見底而後疊木石自是南北二洋深下之田舊為水患者悉變上腴②矣

蘆潚斗門 在延興里紹興二十八年縣丞馮元肅重造斗門三間郡人王悅為記淳熙四年知軍事汪作勵移創於舊址之西元延祐間縣尉謝元重修 國朝永樂八年主簿劉獻重修復圮二十一年郡人黄道隆奏請復修

校注：①辦　②腴

里人陳宏濱因改造為二間新港斗門舊名慈壽宋端明學士蔡襄創紹熙二年知軍事趙
充勵重造溉田一百八頃元皇祐元年總管郭朶兒遷于新港因改今名郡人柯舉為記　國朝宣德五
年縣丞葉叔文修郡人陳道潛為記正統二年主簿唐禮重修郡人林文為記泄口斗門在仁
德里天順四年知府潘本愚重修已上四斗門俱府城北漏塘下泄二漏塘泄鄭康泄蘆
浦塘下泄二蘆浦東泄蘆浦西泄潘埭下泄一西埽泄今號潘姐泄竿墩
塘下泄二林幹泄香崙泄三步塘下泄二鄭康泄魏安泄今號三步泄葽
浦塘下泄三呂端公泄倪居泄南浦泄今號鄭泄深浦塘下泄六今號榕浦
林質泄郭育泄國歡下泄林均泄上生下泄王川泄南箕段下泄八陳司馬泄今號南箕
泄吳孫泄潘如泄歐陽泄瑞龍泄正議捷泄林惠泄省埭泄蘗塘下泄二第一橋泄今號

東溝泄潘塘泄號潘埭泄

北岸澳段下泄四鄭携泄永豐泄陳寔泄洪籟泄

𡾋浦段下泄十劉伴泄翁修泄劉糙泄康因泄蔡司馬泄周常泄莊兒分泄林芳泄上生下泄林太壓後泄今號林太泄

渡頭段下泄六林昳泄蔣睦泄林嶼泄陳壩浦泄楊意泄陳灘官泄今號陳獻洰泄

新塘下泄三鏈塘泄國歡泄瀝源泄

濠浦塘下泄一濠浦泄

琵琶槽段下泄三芋洋泄琵琶槽泄湖中西嶼泄

濠塘泄泄舊有隄宋嘉定十六年秋潦暴至隄潰屢築屢圮寶慶三年郡人陳①宓捐俸錢幾千緡通判陳振孫贊之踰月而成郡人鄭寅為記已上水泄俱在府城東北孝義里舊有六十條其口皆廣十有二尺深六尺承溝之流以泄於海乾德中國歡院僧賂主陂者匿采鴻泄而失其一繼而吳氏築章浦又失其二慶曆間迎福院僧築紫霄埭復失其三今所存五十有四而殺水衝要之所徃徃易為斗門○按舊志陂無歲收財穀即其地

校注：①宓

而分為塘者十有一為段者十職塘者曰塘長職段者曰委段分蒞其地陂長實兼董之所溉田以種計者萬餘頃而外埭之田不與焉九佃田種至碩者出夫二三五斛者半之隄岸之有補疊水泄之有開塞溝洫之有浚治塘長委段各帥其二故九陂濠塘抵塘之吏必擇占產之高有田於其間者克①之

海長圍 宋紹定二年築其內學田居之已上俱北洋水利

太平陂 宋嘉祐中知軍士②劉諤創引荻蘆溪水溉田七百頃廢三塘為太③分太和田以償諤之陂作籍其餘及東塘屯前田為陂之從防計掌陂事陂首一陂幹一甲頭二長工二各有食田長工食直給與陂首郡人鄭樵為記　國朝永樂二十一年里人黃道陸④奏請重修

西吳埭 引荻蘆溪水灌田二十八頃一十畝

蔡陂 **楝林陂** 各引太平陂上流溉田二十六畝

太和塘 偽閩時置周迴十五里溉田五十餘頃後廢為圳五澗一丈五尺深一丈引荻蘆溪水溉田二十七頃五十畝

圭田陂 舊為水圳溉田

校注：①充　②事　③田　④隆

千有餘頃永樂二十一年黃道隆奏請廣舊圳為陂因名圭田訓導李煥為記已上在興教里

南安陂舊分為南灣上下洋二陂在望江永豐待賢三里俱引荻蘆陂水溉田共一百頃宋紹興十五年縣丞王康功修郡人黃公度為記　國朝正統六年知縣劉玭更創合二陂為一陂曰南安郡人陳中為記

新塘周圍半里溉田三頃二十畝

方塘亦名白杜塘溉田二十五畝

游塘溉田一頃三十六畝

鄭塘溉田四頃二十五畝上四塘後廢為田

張莊陂引游溪水溉田二頃二十三畝

鹽塲陂引張莊陂水溉田二頃七十五畝已上俱尊賢里

鹹潭陂引游洋溪水溉田一頃二十畝

石枝蓮陂引鹹潭陂水溉田五畝

王峬陂引石枝蓮陂水溉田一頃三十畝

林下陂引王峬陂水溉田二十六畝

可畎陂引林下陂水溉田二頃

陳官陂引可畎陂水溉田一頃八十畝

洋利陂　上舍陂　下湖陂各亦

引蔣洋溪水相通灌溉上九陂在常泰里○自鹹潭以下三陂舊在豐成里自林下以下三陂舊在保豐里自洋利以下三陂舊在本里**館洋陂**引迎仙溪水溉田十二頃二十三畝**東渡陂**溉田四頃二十五畝**梅林陂**承白瀨潭下蒜溪水溉田三頃四十二畝**荻蘆陂**亦引迎仙溪蒜溪二水以通灌溉上四陂在持[1]賢里○按舊志無荻蘆陂**瀨洋塘**唐貞觀五年置周迴一十里溉田二百頃宋時闊三十丈斗門一內外洋溝圳大小一十七溉田一百单八頃後更名勝壽塘宋大觀間宣義郎致仕蘇直奏言濱海之民決堤涸水取魚非惟走失水利抑亦有害聖朝好生之德乞增築堤防禁民捋捕仍乞名聖壽萬年放生池永不得停廢朝廷從之**西衛塘**闊三十丈有奇引荻蘆陂水溉田二十八頃上二塘俱廢為田**涵[2]江水心河**溉蘇劉埭田正統八年知縣劉玭疏通郡人方熈為記**東吳埭**灌田四十七頃**端平莊斗門**舊名涵[3]頭宋淳熈十六年

校注：①待　②③涵

知軍事張淵創元皇慶間總管郭朶兒遷于下徐攺曰端平已上在延壽里新豐埭斗門
永樂四年里人黃從周創南隱莊斗門正統十四年知縣劉玭重修上二斗門在待賢里已
上俱府城東北諸處水利蘇洋溪陂溉田三頃六畝餘白沙小陂溉田二頃二十
五畝雙坑溪陂溉田二頃十九畝灣洋溪陂溉田三頃二十畝赤口溪
陂羅乾陂各溉田三頃十八畝西音陂溉田二頃十畝有奇龍亭溪陂
溉田一頃二十五畝荻蘆溪陂溉田二頃二十六畝吉垾溪陂名潭溪
陂各溉田二頃二十六畝薛洋溪陂溉田二頃二十畝已上十二畝俱廣業里水利○灣
洋溪陂舊志在崇仁里赤口溪以下三陂舊在安仁
里龍亭溪以下二陂舊志在清源中里名潭溪以下
二陂舊志在清源東里

仙遊縣

烏石陂在縣治東二百五十步舊經云其側有巨石盤亘①名黑色因號烏石②塘溉田二頃三十五畝　曲塘在縣西百五步溉田一頃二十畝　大洋陂溉田三十畝　沈陂溉田五十畝　柳洋陂溉田十畝　林前陂溉田三畝　洋坑陂溉田五十二畝　水磨陂溉田二頃十九畝　蔡陂溉田六十四畝　東分陂溉田三十畝　西塘溉田三頃九十四畝　磨上陂溉田十畝　盧塹陂溉田二畝　西坑陂　陳秋門前陂各溉田十九畝餘　湀底陂溉田三十畝　西分陂溉田四十八畝　坑口堰溉田二十畝　新田堰溉田八畝　洋頭堰溉田二十畝　陳六門前陂溉田十九畝餘　洪墘堰溉田三畝餘　石巖堰溉田九十畝餘　劉宅堰溉田三十一畝餘　泉井墘堰溉田三十三畝　小坑口堰溉田二十四畝　大分堰

校注：①石　②陂

溉田五十畝皋陂溉田三十六畝洪下堰灌田五畝王舍前坑小堰溉田四畝
溉田三畝鄭嶺下堰溉田五畝磨前陂溉田五十畝歐坑小陂溉田四畝
塘東陂溉田二十二畝已上三十二所俱在附縣功建里黄宣陂溉田四頃七十畝
東南乾陂溉田一頃四十一畝上廊小陂溉田一頃八十六畝餘黎石堰
溉田四頃三畝師姑堰溉田三頃小洋堰溉田七十三畝奚坑小堰溉田八十
四畝羅漢堰溉田三十畝上廊陂溉田四頃二十三畝北頃陂溉田一頃二十
畝屏風陂溉田二頃五十二畝鄭坑陂溉田三十五畝魚塘陂溉田十一頃四
十三畝餘蕭分陂溉田一頃四十七畝南乾西圳陂溉田二頃十九畝上重
坑圳梘①堰溉田四十二畝九仙陂溉田二頃十畝餘大泉一口溉田十八

校注：①梘

畝神堂陂溉田五十九畝餘山嶍陂溉田九十五畝後分陂溉田七十六畝
青潭陂溉田七十八畝九石陂溉田九十五畝營前陂溉田六十四畝藍坑
陂溉田八十五畝餘潘前都大陂溉田三十畝大官陂溉田十九頃二十二
畝洋泉水口陂溉田四十畝下亭堰溉田二十畝何領峰殊坑
下圳陂溉田一百畝白葉陂溉田二十畝侍郎陂溉田四十畝椰陂
溉田二百畝極樂陂溉田一頃餘陳庄陂溉田三十畝大分陂溉田二十
畝蘇陂溉田四十畝四君陂溉田五十四畝白陂蘇屋前陂
蘆乾陂上三陂各溉田二十畝那坑上下四陂溉田三十五畝垾堄陂
溉田十五畝洋浦泉溉田三十畝五泉溉田四十畝泉窟溉田五十畝劉

塘溉田六畝陳宅門前塘溉田六畝王沚塘王連塘上二塘各溉田八畝官塘溉田十五畝温田橋頭塘溉田十畝洋平陂溉田五十畝白華陂溉田一頃八十二畝蘇洋陂溉田一頃五十畝宅上堰溉田一頃四十一畝鄭坑堰溉田三十五畝城角東坑堰溉田二頃六十八畝靈巖院前坑堰溉田二十五畝李洋陂溉田六十畝吴洑陂溉田四頃八十畝西圳陂溉田四頃九十畝梅衝陂溉田五頃六十畝董隴陂溉田四頃三十八畝東揆第七陂溉田三頃四十四畝對竹第六堰溉田八頃餘蔣陂溉田五頃六十畝承胡陂溉田六十一畝黄陂溉田四頃四畝石滌陂溉田四畝詹隴塘陂溉田一頃九十五畝前倉堰溉田七十八畝烏石前坑溉田九十五畝乾尾

井泉溉田七畝東梘洋尾陂溉田二頃七十一畝上張洋陂溉田七十七畝黃倉塘溉田二十畝鄭坑壠陂溉田十八畝吳塘堰溉田二十畝觀前陂溉田五十三畝楊陂溉田五頃新陂潘田陂連陂溉田種千石北港陂溉田種二百石陳卅八陂溉田種二十石已上八十六所在縣東折桂里

自黃官陂至温田橋頭塘舊在本里自洋平里至李洋陂舊在咸平里自吳洑陂至陳卅八陂舊在常德里

黃坑陂溉田一頃五十五畝章林陂溉田十五頃四十畝石舟陂溉田七十七畝瓷竈陂溉田三十五畝餘胡因陂溉田五頃白湖陂溉田十一頃三十六畝餘上坂陂溉田五十九畝茅洋陂溉田三頃章塘陂溉田五十九畝陷下洋溉田九畝餘大夫陂溉田三頃溪口及琴陂溉田四頃五畝黃洋

陂溉田四十二畝陳竇陂溉田一頃官洋陂溉田一頃五畝章檻陂溉田一頃十畝餘東洋陂溉田八十七畝吳陂溉田四十二畝餘上田塘溉田二十畝西洋陂溉田一頃韓家門前堰溉田六十畝上生乾堰溉田二十畝西院堰溉田三十畝潘潭堰溉田六十畝餘竹林前堰溉田三十畝雙脚堰溉田二十畝上田堰溉田三頃上田小堰溉田一頃謝巷堰溉田五十畝官田堰溉田九十五畝章乾堰溉田六十畝陳分堰溉田二十畝竹淵堰溉田二十畝李田堰溉田五十畝紫田堰溉田九十畝何乾堰溉田五十畝陳浦堰溉田三十五畝因景堰溉田六十畝挪洋堰溉田三十五畝泥分堰溉田六十畝劉陂溉田五十二畝薑陂溉田六十五畝竹頭

陂溉田五頃陳塘陂溉田六十畝桃枝陂溉田五頃三十二畝潘陂溉田四頃二十畝黄坡水磨陂溉田八十畝子田陂溉田八十七畝行工陂溉田十四頃八十三畝堪坑西洋陂溉田一頃三十八畝吴充坑陂溉田六十五畝吴伎陂溉田三十畝陳陂溉田三十四畝岐山方陂溉田二十二畝青山陂溉田一頃二畝餘高望陂溉田一頃五十一畝烏石陂溉田一頃四十二畝吴徹陂溉田十三畝林乾陂溉田五十二畝餘坑源陂溉田十六畝椰引陂溉田四十三畝張乾陂溉田一頃三十三畝大弄陂溉田九十畝楊陂溉田七十六畝蔡宅下陂溉田三十畝大分梘口陂溉田六畝官陂溉田一頃三十七畝小柯陂溉田十二畝飛烏陂溉田四頃二畝餘黄塘陂溉田一頃

二十畝埀前陂溉田一頃二十九畝黄塘小陂溉田九十七畝陳洋陂溉田
四十九畝西欖陂溉田二十四畝餘彭宅陂溉田十畝餘洋上陂溉田二十
四畝餘已上七十六所在善化里自黄坑陂至泥八堰舊在本里自劉陂至陂山方陂舊在廡絜里自青
山陂至洋上陂舊在璇珠里觀後田陂溉田五十六畝葛累陂溉田五十五畝餘
潘塘陂溉田一頃五十畝陳店陂溉田十四畝峬西坑陂溉田二頃十三
畝幽澗陂溉田一頃十七畝大洋陂溉田三頃二十畝金牛跡陂溉田
一畝里官圳洋陂溉田三頃十三畝西梘陂溉田三十頃羅陂溉田二頃
二十八畝上坂陂溉田一頃圳股頭陂溉田五十畝圳股溉田二頃洋分
陂溉田四畝烏石陂溉田四頃七十九畝麻黄小坑陂溉田一十畝劉宅

坑陂溉田四十畝　義規陂溉田十二畝　漈柄陂溉田六十畝　盧壠陂溉田一十五畝　横圳陂溉田六十八畝餘　波疇陂溉田七十畝餘　環湖溉田五十畝餘　洋塘陂溉田五頃　大洋陂溉田五頃四十三畝　山⿰山尋陂溉田七頃一十畝　陳宅陂溉田九十三畝　東溪陂溉田四頃二十六畝　柘山陂溉田一頃九十九畝　高坑山禺陂溉田八十七畝　苦竹坑陂溉田一頃三十六畝　後⿰石曹坑陂溉田七十畝　烏石陂溉田四頃九十畝　李梘陂頭堰溉田五十畝　清泉院前堰溉田三十五畝　蔣埠陂溉田三十七畝已上三十七所在文賢里自觀田陂至環湖舊在本里自洋塘陂至蔣埠陂舊在清泉里　章水陂溉田一頃九十畝　水南陂溉田九十畝　白杜陂溉田十三畝　中洋陂溉田五十畝　官城陂溉田五頃　劉

壠陂溉田二頃四十六畝　磨下陂溉田二頃　狐狸陂溉田四十畝　坑尾陂溉田七十畝　新坂陂溉田二十畝　余田陂溉田五十畝　小官陂溉田三十畝　古瀨陂溉田一頃二十畝　張陂溉田九十畝　黃塘陂溉田二十畝　大官陂溉田一頃七十畝　郭塘陂溉田二十六畝　水南陂溉田七十二畝　孤單陂溉田三頃三畝　洋中陂溉田三十畝　小孤單陂溉田一頃　大目官陂溉田七十八畝　石晉陂溉田一頃三十畝　余田陂溉田二頃餘　崩坽陂溉田二頃十畝　郭畿陂溉田一頃九十六畝　荷葉陂溉田十頃十六畝　黃陂溉田二十五畝　黃乾石馬陂溉田一頃三畝　寺家陂溉田一頃九十畝　崩坽後陂溉田二頃四十畝　郭坑洋陂溉田七十四畝　黃塘陂溉田八十二畝　官城陂

漑田一頃七十畝柘山陂漑田六十三畝大目小溪陂漑田五十畝黄梘陂漑田三十三畝餘已上三十七所在萬善里通上三里九二百五十所俱縣西薛洋陂漑田二頃二十畝潘乾陂漑田三十五畝西溪陂漑田四十畝官塘陂漑田八十四畝鄭竹洋陂漑田十五畝奠分陂漑田一頃五十畝阮坂陂漑田四頃杏灣陂漑田九十八畝前塘陂漑田一頃五十畝後門陂漑田二頃九畝卓坂陂漑田一頃四畝摘乾小陂漑田九十五畝大乾陂漑田五十畝小坂陂漑田二頃四十畝吴塘陂漑田三頃五十四畝石斛陂漑田一頃四畝大坂陂漑田一頃七十八畝含口陂漑田七頃芹山陂漑田九十三畝羅埔陂漑田七十畝前坑陂漑田五十四畝上段陂漑田二十畝嶺[illegible]①陂漑田二十五畝

校注：①垗

極漉陂溉田二十畝徐泉陂溉田四十畝魚倉陂溉田七畝陳平陂溉田四十一畝店頭瓜園陂溉田四十一畝坡畔陂溉田三十二畝角宅陂溉田十九畝陳根陂溉田二十畝西溪洋中陂溉田一頃二十畝貞陂溉田四十四頃洋中陂溉田一頃二十畝已上三十四所在孝仁里自薛洋陂至極漉陂舊在本里自徐泉陂至洋中陂舊在香山里黄陂溉田四頃潘充陂溉田三頃洊陂溉田五十六畝院陂溉田七十畝竈前柯園陂溉田十一畝下宅陂溉田一頃三十六畝巷口陂溉田一頃塩亭陂溉田七頃張塘陂溉田一頃李宅陂溉田三頃十畝蔣陂溉田一頃七十畝竈前陂溉田三十畝陳宅陂溉田六頃中陂溉田九十二畝古陂溉田二頃四十一畝黄嶺陂溉田四十二畝無礙

陂溉田四頃二十畝
竹林陂溉田二頃三畝
李宅陂溉田九頃十畝
車陂溉田九十畝
陳陂溉田一頃五十畝
杜陂溉田三頃三十三畝
山頭柳六陂溉田一頃四畝
芹山陂溉田九十二畝
羅峬陂溉田七十畝
南塘陂溉田十五畝
前沆陂溉田五十四畝
下坂陂溉田三十五畝
上坂陂溉田二十畝
上洋陂溉田四頃六十畝餘
水溝陂溉田六十畝
鬼塘陂溉田八十畝
羅洋陂溉田二頃二十畝餘
瓷竈前柯園西陂
倉前陂上二陂各溉田六十畝
上段陂溉田一十畝
瓷竈陂溉田七十畝
蔣潭陂溉田一頃十三畝
董隴洋中陂溉田五十三畝
小坑堰溉田二十三畝
塩坑下陂溉田八十五畝餘
盧陂在石牌新橋之東
聖泉在石牌拱橋之西北昭靈真君靈跡之地溉田數千畝號

曰聖泉雖遇旱歲不竭黄陂在石碑之西水車陂在南橋溪之濱湖裏陂在縣
南十里石牌洋子陂在縣南十里大麥陂榔分陂在溪南七里西溪橋頭
吳井陂在縣南七里榔分陂下牛皮陂在縣南七里陳子洋陂在拱橋西
巳上五十二所在永興里孤塘陂溉田二頃七十畝巖頭陂溉田二頃三十畝七
木陂溉田一頃蕭坑陂溉田一頃八十一畝大塘陂溉田一頃八十畝五宅
陂溉田二頃二十六畝溫陂溉田八頃章塘陂溉田五十畝上石馬陂溉田
四十八畝東溪泥隴陂溉田八十□畝石馬陂溉田二頃洸陂溉田五頃十畝
羊蹄陂溉田六十畝連坑外陂溉田一頃六十畝吳倉前陂溉田六頃
四畝朱玉陂溉田二頃五十九畝石坂陂溉田三頃十畝林東墩陂溉田六頃

四十畝林波溙塘溉田三頃林波樂塘溉田六頃八十畝臘亭外陂溉田八頃臘亭裏陂溉田二頃六十四畝□陂溉田六十九畝重東墩陂溉田十三畝已上二十四所在連江里郭隴陂溉田二十八畝漈口坑堰溉田一頃三十六畝黃坑紙⿰石曹堰溉田一頃三十五畝方坑紙⿰石曹堰溉田二十畝石門堰溉田二十三畝白坑堰溉田一頃五畝鱸鰻空堰溉田七畝龍泉陂溉田九頃八十畝長壽陂溉田一頃蔡地池溉田二十畝梛洋陂溉田四頃四十畝蔡坑陂溉田四十九畝東布洋陂溉田四頃三畝新洋陂溉田六十五畝吳洋陂溉田一頃九龍洋陂溉田十頃六畝袧骨陂溉田七十畝姜黃陂溉田三頃十五畝歐陂溉田六頃楓林洋陂溉田四頃前政陂溉田一頃溪

塅陂溉田十頃烈石洋陂溉田四頃新洋陂溉田一頃西洋陂溉田四頃章朝洋陂溉田一頃六十畝莊前陂溉田六十五畝余洋陂溉田一頃三十五畝林背頭陂溉田八十一畝溪尾孫陂溉田一頃施坂陂溉田一頃四十四畝黄砂洋陂溉田八十九畝吳洋陂溉田一頃七十二畝東山洋溉田二十二畝陳洋陂溉田一頃林坂陂溉田二頃東洋上高陂溉田一頃四十九畝旱洋陂溉田一頃三十四畝新田洋陂溉田二十四畝大洋陂東洋陂上二陂各溉田四頃六十五畝東洋下高陂溉田九十三頃宅後洋陂溉田七頃割股洋陂溉田三頃衆洋陂溉田一頃五頃①官田陂溉田九十九畝陳乾小坑陂溉田三十三畝紫坑陂溉田十八畝宅角陂溉田三十一畝宅

校注：①畝

柄陂溉田二十一畝　陳橋學陂溉①日二十一畝　塘上陂溉田四十四畝　鄭園下坡溉田三十六畝　官田洋陂溉田四十四畝　陳乾鳥石坡溉田三十二畝　陳皂陂溉田六十二畝　臺前第一陂溉田九十畝　下格陂溉田二十四畝　洪溪陂溉田九十畝　曾陂溉田一頃五畝　黃淡陂溉田一頃四十畝已上六十一所在慈孝里自郭瀧陂至新洋陂舊在本里自西洋陂至黃淡陂舊在依安里通上四里凡一百七十所俱縣南　黃洋陂溉田一頃四十八畝　上陳重陂溉田三十畝　黃潭陂溉田三十畝　汣田陂溉田三十三畝　官背陂溉田三頃一畝　黃田陂溉田三十畝　石碧陂溉田一頃四十一畝　陳潭陂溉田一頃二十畝　官栗園陂溉田六十五畝　高埔北坑陂溉田二頃十二畝　蔡慣陂溉田四十九頃二十二畝　官背

校注：①田

下陂溉田二頃四十九畝　陳大陂溉田九十六畝　大官陂溉田四十七頃二十二畝
林二高陂溉田二十畝　官陂下水頭堰溉田一頃四十七畝　下湖
溉田十畝　溪頭陂溉田一十五畝　相思陂溉田六十八畝　赤石洋陂溉田九①畝
五畝　黃洋陂溉田十三畝餘已上二十一所在縣北安賢里自黃洋陂至下湖堰舊在本里自澄
頭陂至黃洋陂舊在晝錦里　白杜陂溉田七頃　黃陂溉田三頃　張宅小堰溉田
五畝　柯陂　連陂上二陂各溉田三十四畝　鄭井陂溉田一頃　井潭陂溉田
五畝　李溝上堰溉田四十八畝　李溝中堰溉田十畝　田陂溉田一頃七十三畝
螺坑陂溉田九頃九十五畝　張陂溉田七十五畝　南岸陂溉田十一畝　胡邊
小堰溉田六畝　蔡堰溉田一頃　郭宅陂溉田四十頃　石潭陂溉田一頃九畝

校注：①十

官陂堰溉田一頃三十九畝 連坑堰溉田十畝 莊前堰溉田九畝 羅乾堰溉田五十一畝 赤坑堰溉田十二畝 東坑堰溉田二頃一畝 三攬堰溉田二頃二十一畝 法石前堰溉田一頃二十一畝 湀下對竹陂溉田三頃十四畝 盧洋陂溉田五頃十七畝 連陂堰溉田三十二畝 新田堰溉田九十六畝 陳開門前堰溉田三十九畝 烏石陂溉田七十七畝 東坑陂溉田一頃一畝 黄塘陂溉田三頃四十九畝 長元陂溉田一頃一十畝 阮口陂溉田二十畝 黄塘積水塘溉田二十畝 官塘陂溉田十五畝 虫坑陂溉田五十二畝 倉前陂 置塘陂溉田一頃七十畝 上洋陂溉田二頃一十畝 溫巖陂 沱陂溉田五十七畝 郭洋陂溉田五十二畝 烏泥陂溉田十畝 朱主陂溉田

二頃五十畝 蘇洋陂溉田一頃餘 沇塘陂溉田四十畝 確陂溉田三十一畝 杜陂溉田二十六畝 甜竹陂溉田二頃四十六畝 後坑陂溉田十八畝 橄欖陂溉田二頃六十一畝 置塘前陂溉田九十九畝 松栢陂溉田五十八畝餘 杜陂溉田七十七畝 梛陂溉田一頃五十九畝 余洋陂溉田二頃五畝 鄭洋陂溉田六頃畝 洪塘溉田二十九畝 置塘後陂溉田九十七畝 石梯陂溉田二頃二畝 筭坑陂溉田一頃一十畝 坑西陂溉田六十三畝已上六十四所在縣東南香田里自白杜陂至法石前堰舊在本里自潦下對竹陂至黃塘積水塘舊在仙溪里自官塘陂至坑西陂舊在賜谷里 尚賢陂舊名新田陂溉田三頃二十畝後為洪潦推流莫能修築成化間居民曾尚賢因水勢移上流數十步築堰鑿山引水農賴灌溉之利遂易今名 白葉陂溉田十五頃 後洋

陂溉田一頃餘　故宅水磨陂溉田二頃五十畝　大洋陂溉田一頃七十四畝

北乾陂溉田一頃五畝　辜洋陂溉田一頃一畝　赤嶺堰溉田二十五畝　大赤

嶺堰溉田一頃二十六畝　後視①陂溉田四十五畝　林分堰溉田四十畝　黨陂

溉田一頃三十四畝　周洋陂溉田三十五畝　官陂溉田二十五畝　大乾陂溉田七十

六畝餘　林坂陂溉田三十五畝　盧崇因陂溉田三十畝　因內堰

溉田五十六畝　蘆叢陂溉田四十五畝　撥坑陂溉田十五畝　劉門前陂溉田

十六畝　涤坑陂溉田十二畝　莊前陂溉田二十畝　南塘溉田五十畝　大

嶺陂溉田二十畝餘　下倉洋陂溉田二十三畝　石岡陂既田十七畝　中溪

故陂溉田一頃六十八畝　李馬陂溉田四十四畝　陳乾陂溉田四十畝　高斜

校注：①梘

陂溉田五十二畝𥗽石洋陂溉田二頃一十畝張乾陂溉田四十畝岐分陂溉田三十八畝東林陂溉田三十九畝盧宅陂溉田七畝上坂陂溉田十四畝前坂陂溉田九畝楊梅陂溉田十二畝張陂溉田四十八畝莊宅陂溉田六十畝下倉陂溉田二十四畝石光陂溉田十八畝方宅陂溉田一頃一十畝嵩岑陂溉田十六畝曇犀陂溉田八十畝中溪新陂溉田一頃八十五畝黃田堰溉田五畝餘林垗①陂溉田六畝張溪陂溉田十六畝坑口陂溉田八十二畝上砂故陂溉田一頃二畝𥗽石上洋陂溉田四十二畝水磨陂溉田一頃洗馬陂溉田九十八畝石潭陂溉田十一頃三十八畝餘王廨陂溉田六頃七十三畝可坑陂溉田四十三畝林背堰溉田十二畝大坂

校注：①垗

坑堰溉田十畝　白湖堰溉田一頃十八畝　洪乾堰溉田七十畝　夕麻坑　涵[①]頭堰溉田三十畝　張乾陂已上六十五所在縣西南仁德里自尚賢陂至南塘舊在本里自大嶺陂至䃋石上洋陂舊在保德里水磨陂至張乾陂舊在養志里　石扇陂溉田三頃三十畝　縣州陂溉田四十畝　甜竹陂溉田九十畝　林婆陂溉田五十畝　耶湖陂溉田七十三畝　西庵陂溉田四十畝　倉前陂溉田二頃　西鄭陂溉田十五畝　楊屋前陂溉田八十畝　楊坑陂溉田七十一畝　楊坑後陂溉田一頃二十畝餘　黃淡坂陂溉田六十畝　白蓮陂溉田三十畝　謝林門坑陂溉田四十畝　白泉井溉田九畝　章木陂溉田一頃三畝　石繩陂溉田四十一畝　橫坑堰溉田十畝　岐分堰溉田二十畝　曲斗堰溉田三十畝　龍

校注：①涵

堂院前堰溉田十畝月臺院前井溉田二十畝尾兜堰溉田二十畝餘井尾洋井溉田十畝後黃洋坑溉田十畝上壠洋堰溉田五十畝下劉前洋堰溉田五十畝潘厝前南乾堰溉田十畝新乾洋堰溉田三十畝後坑前洋堰溉田二十畝勳洋上保泉溉田三十六畝勳洋下保泉溉田七十九畝白巖保泉溉田五十畝灘溪保泉溉田三十三畝大坑堰溉田二十五畝坑源陰泉溉田十二畝已上三十六所在興賢里自石翁陂至後坑前洋堰舊在本里自勳洋上保泉至坑源陰泉舊在來福里○按仙遊縣所轄一十三里陂塘六百二十有七而規制與莆田木蘭延壽等陂不同但隨溪流高下為之有司以時禁戒春則築陂瀦水以備旱乾秋成開陂以通舟楫

福寧州

本州營田陂 在擢秀里赤岸始壅於偽閩至宋開寶初著作郎王文昉引龍潭水以溉田尋塞紹聖二年知縣熊俊明疏而大之廣二十五尺嘉定九年知縣江聞祖重築復壞淳祐二年參政程伯大命知縣黃恪截流駢木為基其勢愈壯通直郎林甄訖今州東一都田畝皆藉其水之灌溉

桐山陂 在甂江里十七都地高少泉宋慶曆間士民障海為陂設水車灌溉田畝至今賴之

官⿰氵輦 在柘陽之西障溪為之溉田種一百餘石三山志及州志不載今依三山續志增入按字書⿰氵輦力淺切水也然今①倍蓄水陂堰之類並未見有曰⿰氵輦者考之連江縣志稱蓄水之背皆從水從輩疑此亦⿰氵輦字之誤也

斗門閘 在建善寺前開化橋下宋元祐二年知縣馬康侯修築溉田萬頃

東斗門

南斗門 上二斗門三山志及州志俱不載今依續志增入已上俱州東

校注：①俗

寧德縣

東湖在縣東一都縣山高水急前輩議歛築堤久矣宋淳祐間邑民有請于部者符下之日縣令李澤民躬率僚佐鳩工築堤九百丈周圍九百七十五步繇是田無旱澇之虞邑人德之號曰李公堤

周仙湖在二十都巖峯之上其深莫測鄉人賴其積水以溉田相傳昔有周姓者僊於此因名

金鐘湖在一十二都相傳宋元祐間有樵者見金鐘浮於水上因名其西村曰鐘洋上二湖俱縣西

仙湖堵平湖塘腹塘州志但作仙湖今按三①山舊在修在縣北十二都隋諫議黄菊創其長亘一里許廣百有餘丈引大溪之水溉田千餘頃湖源深遠歲旱不竭其田為霍童沃②壞宋淳熙二年有請佃者官以其妨民不給知縣儲□詩③起尺仙湖號堵平先賢曾此勸農耕若教一日歸豪右敢向黄公廟下行

赤鑑湖在縣北六都宋元祐四年州人林圭及聖泉寺僧養譽率陂下田戸百六十家錢創陂其上為橋號泗州以石為址延三十餘丈又於陂西水滐里築堤上廣二

校注：①山志舊修　②壤　③咫

丈長二里址亦以石復築堤二以為桿①致斗門二以司啓閉溉田三百一十八頃園藝不計也知縣留祐詩赤鑑有遺利曠古無人興又云今師歎斷海每砉當效靈後壊② 國朝宣德七年知縣儲命僧重修不就斗門亦廢

坑冶

福州府

懷安縣 高務坑三山舊志云微細今歇

連江縣 蔣洋南北山鐵坑在縣東嘉賢上里

福清縣 東窑塲 玉櫌塲俱在江陰里 南匿塲在江陰里高海魚臺 高還塲在南匿里上四塲俱縣南 練木嶼塲在縣東南安夷南里已上五塲並鐵沙塲

校注：①捍置　②壞

宋紹興乾道紹
熙間發後俱廢
古田縣 瓏溪場在舊郡南里 鄭洋場在舊□里 游老坑在舊保安
里 溫洋場 錐鑾場俱舊新俗里猿溪等豪① 莒溪坑俱舊移風里 保
東鐵坑 五年峰銀坑在舊崇禮里已上坑場俱宋崇寧淳熙間發後并廢 寶
興場在縣北二十九都宋時發尋廢□國朝宣德間、復發正統初罷十四年仍發景泰二年罷天順
間又發今照民丁粮歲輸之詳見財賦志 鐵場四所五都九都各一所二十一都二所 鐵
爐一十四所油麻坑口一所在五都七溪大山役保各一所俱在一十都白鵰上洋後垻南
坑九溪各一所俱在二十一都吟洋一所在二十三都蔣園一所在二十五都半坑一所在二十六都石
門一所在四十都丘地一所在四十一都

校注：①處

永福縣　保德場初銀後銅　黃洋場銀銅并輸　五龍場　銀斜場

龍場俱輸銀已上坑場俱宋慶曆嘉祐紹聖政和間發後並廢

建寧府

建安縣　鐵冶八所　鑄冶九所俱在縣東南才里

甌寧縣　鐵冶二所在縣西北西鄉里

浦城縣　福羅坑　長洋坑　斗潭源坑俱在縣北鵬塘里　楊

梅坑　竹施坑俱在縣東高泉里　橫縫坑在縣東北大石里　鐵冶二所

在縣南仁風里

建陽縣　銀場在縣西北嘉禾里

松溪縣 上下官坑 東山上下坑 半①巖坑 橫縫坑 空縫坑 漈頭坑 水壠坑 橫闌坑 十八塔坑 後井坑 續增已上俱遂應場銀坑舊十一所新一所今俱廢 鐵②冶三所 一在縣南東閔里五都一在縣西杉溪里之八都

崇安縣 銀坑 在縣西北周村里舞仙三堡山之後

政和縣 天壽銀場 吴山銀場 俱在政和南里 温洋銀場 在政和西里青田縣界已上三場俱廢 橫林銀錫場 在感化下里四都宋慶元間發舊有橫林局後鑛絶以官田場補額 赤石谿銀場 在政和南里十六都即今石豹坑 官田銀場 在政和里③里十三都有山前炭山三七吴泮烏巖鳳頭凢六所 谷洋銀場 在政和西里十

校注：①巖　②冶　③删去“里”字

六都有大磨七寶鳳尾凡三所鐵冶在東平里三十三都

壽寧縣大寶坑在縣東北十一都官臺山下

漳州府

龍溪縣鐵冶在□□都

漳浦縣銀坑在縣二都金溪山

龍巖縣銀坑在縣鐵石洋東寶山寶鈆①錫塲在縣西南一百五十三步宋時廢鐵塲在龍門興善節惠永福感化萬安六里

汀州府

上杭縣鐵冶②在縣東勝運里湖洋山名鐵嶂

校注：①鉛　②冶

武平縣 鐵場在縣南留①村里今廢

清流縣 南山爐在縣東南夢溪里今歇課以均徭户歲辦之

永定縣 鐵冶在縣西南溪南里桃杭嶂

延平府

尤溪縣 大蔣坑在縣治七都 魚灘頭坑在縣東北七八都 三連坑在縣東南十四都 田溪口坑在二十四都 王大滘頭坑 苦竹口坑 七里潭坑俱在二十五都 雙溪口坑在二十九都 匡口坑 溪仔坂坑 火石坑俱在三十一都上一十一坑俱縣南 蘇坑在三十六都 楊坪隔坑在三十七都 洨口坑 官庄潭坑俱在三十八都 盤古岩坑

校注：①留

在四十四都麻溪坑在四十七都上六坑俱在縣西南長婆坑在四十八都藍嶺田坑　谷口坑上二坑在四十九都已上三坑在縣西通上二十坑俱鐵場

沙縣　大濟銀場宋元祐間置　龍泉銅場上二場在縣西二十九都龍巖縣界　古銅場在縣東南九都古縣對岸唐時置已上三場俱廢

永安縣　下坑在四十一都　地坪坑　周坑　火燒橋坑俱在四十二都溪南坑　含堄坑

福寧州

本州　玉林場初輸銀并①鈆後輸銀錢馬坑　小葉坑俱輸銀并銅師姑洋坑　新豐可段坑　南平北山坑　銅盤等處

校注：①鉛

坑俱鐵坑 東山小乾鐵砂坑 柄羊埕鐵坑 新南安民二里大溪嶺下等鐵坑 北峯院後坑 牛皮灘瀾灘茶洋溪邊坑已上俱宋熈寧淳熈間發後並廢 黃海銀坑在州東北十八都正統十年發十四年廢

寧德縣

寶豐場在縣東十七都 寶瑞場按三山志在郭洋上二場俱宋元祐間發歷宣和靖康紹興以至淳熈其間或發或罷或併而為一後並罷　國朝洪武十九年邑民向安請復之永樂元年始復發輸課而寶瑞場以鑛脉斷絕遂不復發 陽護山鐵坑一作陽陵山在縣東十四都宋政和間發　國朝因之 車盂銅場在二十都宋元豐間發 林家地龍按嶺等銅坑宋淳熈間發後廢 新興坑在安樂里銀銅鉛并輸 寶豐場

八坊後洋鉛坑俱宋時發後並廢

福安縣

劉洋坑銀場在縣西十六都

上坪坑銀場在縣北七都

八閩通志卷之二十四

八閩通誌卷之二十五

食貨

土產

福州府

穀之屬

稻 爾雅曰稌稻說文謂稻為粳①稬稌屬也②稬亦名秫字林云③稬粘④稻而粳稻不粘今之食米皆粳稻釀酒則稬稻也其名品皆甚多而八郡土俗所呼又各不同不能悉載茲特取其大者志之

早稻春種夏熟

晚稻蓋早稻既獲再插至十月而熟者其米皆有紅白二色宋馬益詩云兩熟潮田世獨無盖謂是也

大冬稻米亦有紅白二色春種冬熟歲惟一收然其所獲與歲二熟者亦差相等

占城稻無芒而粒細湘山野録云宋真宗以福建田多高仰聞占城稻耐旱遣使求其種得一十石以遺

校注：①②③糯　④稻粘

其民使蒔之三山誌謂其有早晚二種邵武志謂其種有六十日可穫者有百日可穫者今八郡皆有之 稜稻之圃植者春種九十月熟有芒米有紅白二色 味香自福以南四郡皆有植之者然不多也已上俱粳稻 早秋與早稻同熟 晚秋與晚稻同熟 大冬秋與大冬稻同熟已上俱粳稻

粟 爾雅曰稷顆粒細於諸①粱江東呼爲粢禮曰明粢有黃白二種

黍

穄 甌治遺事穄米與黍相似而粒大上三種諸邑山谷中間有種者然甚少也

麥 廣雅云大麰也小秣也有類麰而殼稍異者俗呼米麥莆陽志所謂穬麥疑即此也又有一種曰蕎麥稈紅花白實三稜而黑秋花冬實

豆 菽總名大者有黃黑二色小者有綠赤白黑斑數色又有豌豆江豆蠶豆虎爪豆羊角豆刀鞘豆及黑白扁豆

麻 有二種一曰胡麻廣雅云巨勝膏可壓油本草名脂麻一曰大麻爾雅云枲皮可績布其實爲蕡三山誌云牝麻之子也

校注：①粱

帛之屬

絲閩中記此地蚕桑差薄所産者多類民間所須織紗帛皆資於吳航所至

紬土產之絲麄而類僅可爲紬絁耳

綃 綾 緞 紗 羅往年俱於蘇杭售以充貢近方有織者然亦不逮遠矣

吉貝布長樂梅花諸處閒有織者

苧布緝苧爲之圓紗者曰夏布有雜絲織之者曰蕉絲布諸邑間有之又有匾紗者曰綵布出長樂縣

麻布連江福清永福皆有之候官井蕉洲出者佳

蕉布海物異名記云取蕉灰理①其皮績以爲布舊嘗入貢

葛布緝葛皮爲布上二布諸縣間有之

貨之屬

銀古田羅源有銀場

鐵其品有三曰生鐵曰熟鐵曰鋼鐵出閩清福清古田三縣

鹽海物異名記云編竹爲盆熬波出素其法以竹篾織成用蠣灰塗縫滷浸之竹自不燒也南越志所謂織篾爲鼎和以牡蠣是巳漢書牢盆煑鹽用鐵爲之惟蜀與浙爲然今閩之鹽皆用日晒而成亦不復

校注：①埋

煑矣福清縣今有鹽埕**紅麯**出古田縣轉鬻四方**粉**磨緑豆爲之長樂福清俱出然不及建寧
者佳**糖**煑蔗爲之候官甘蔗洲爲盛**蜜**蜂所課也有巖石間作者有木枝間作者皆不若人家畜
者蜜濃而味美**蠟**蜜脾底也煑治乃成**藍澱**葉大叢生莖短有節折其莖以土壅之輒生蔡襄江
南月録云採以器盛水浸除滓挭攪之以灰即成諸縣皆有閩候官長樂尤多一種葉如蓼而圓者曰蓼
藍一種小葉者曰槐藍**紅花**本草名紅藍花用以染絳子亦可壓油**紫草**爾雅藐茈注云
可以染紫一名茈莀八月末種二月採根用窖籠藏之見海風則爛黑上二種諸縣皆有**烏梅**鹽晒
者爲白梅焙乾者爲烏梅諸縣皆有之閩縣尤盛**綿花**即吉貝諸縣間有之古田平沃處種者稍
多然終非其地之所宜也**苧**其皮可以績布一科數十莖宿根至春自生歲三四收**麻**有二種青
麻皮可績爲布黄麻皮僅可絞索耳**紙**竹穰楮皮薄藤厚藤凡柔韌者皆可以造舊誌謂竹紙出古田

羅源村落間楮紙出連江西鄉薄藤紙出候官赤岸厚藤紙出永福辜嶺今皆少造惟古田杉洋人造極粗厚者謂之錢紙即俗祀神楮幣也

茶 諸縣皆有之閩之方山鼓山候官之水西懷安之鳳岡尤盛唐地理志載福州貢臘面茶蓋建茶未盛前也

油 菜油菜子所壓者 麻油脂麻所壓者 桐油桐子所壓者 桕油桕子所壓者諸縣俱出

硝 取故墻鹹土淋水煎熬而成凢製火器錸金銀皆用之出閩候懷三縣

蔬之屬

菘 與蕪菁相類梗長而葉不光者為蕪菁梗短葉濶厚而肥者為菘周顒所謂秋末晚菘是也張九齡自函京携種歸曲江種之閩中呼為張相菘曾師建記謂北地無菘南地無蕪菁體性相似而形狀不同地土然也

芥 味辛辣歸鼻其品不一 青芥似菘而有毛 紫芥莖葉通紫作虀最美 白芥子麄大色白如粱米可入藥 南芥 花芥 石芥巳上皆葉之美者也

萊菔 俗呼蘿蔔

又有一種葉似茴香根黄色味甘而香曰胡蘿蔔

白菜本出北地近亦有之

油菜葉如白菜青色根微紫子可壓油

芥藍葉如藍而厚青碧色亦菜之美者臺心尤佳

萵苣避齋閑覽萵苣出萵國有毒百虫不敢近又有一種如萵苣葉有白毛曰白苣

蕹菜蔓生花白莖中虚摘其苗以土壅之輙活一名蕹菜避齋閑覽此菜本生東夷古倫國番舶以甕盛之譯不通但言甕菜能解野葛毒其汁滴葛苗立萎

菠薐又作波稜劉禹錫嘉話録此本出西域頗稜國有携其子來訛頗爲波閩中記以葉如波紋稜豈以義求之歟有

苦蕒①詩薄言采芑是也本草可傳蛇蟲咬蠶蛾出時近之則青爛蠶婦亦忌食

莙達莖灰淋汁洗衣白如玉色

同蒿令人氣滿不可多食

胡荽湘山集云即園荽也或謂之香荽幼幼新書云鵝不食草

莧赤莧莖葉深赤白莧色青而大紫莧色紫花莧人莧野莧也又有一種曰馬莧即馬齒莧也

蕨爾雅云蕨鱉也初生可茹其根可以爲粉

校注：①敷

薺 爾雅註薺味甘人取作葅及羮甚美東坡有食薺法且曰天生此物爲①凿人山居之禄也師曠占曰年將豐甘草先生甘草謂薺也

茄 一名落蘇紫茄黄茄白茄清水茄

瓠 似越瓜長者尺餘夏熟味甘又一種名瓠瓤夏末始實秋中方熟經霜可取爲器俗呼葫蘆小者名瓢

芋 本草圖經云蜀川生者形圓而大狀如蹲鴟謂之芋魁閩中出者形長而大小者如②夘生於大魁傍食之尤美

冬瓜

越瓜

絲瓜

笋 詳見竹之屬

蕈 爾雅云蕈似蓋亦名菌俗謂之菰其品不一胭脂菰生山林平沃地面鮮紅而光澤其底與莖俱白色香蕈菰生深林腐木上味極香美木耳菰亦生木上

薯蕷 今呼山藥蔓生莖紫葉青有三尖角似牽牛而光澤開細白花結實如鈴生山谷間根細如指③曰色極緊實刮磨入湯煑之作塊不散味更珍美食之尤益人過於家園種者又有一種根如薑芋之類而皮紫大者一枚可重斤餘刮去皮煑食之俱美但性冷於山藥耳土人呼爲藷音

校注：①幽　②卵　③白

若殊

薑老者爲母薑嫩者爲子薑

葱有二種胡葱香葱也長生葱七月種

韭説文云一種而文故謂之韭纂要云一剪一加糞一歲不過五剪養生訣録云性暖號草鍾乳

薤本草圖經云似韭葉闊多白無實又云九用葱薤皆去青留白蓋白冷而青熱也

蒜大者曰葫無瓣者俗呼獨脚蒜

水蘄音芹生池澤中有兩種荻芹根之白者可葅赤芹莖葉並堪作葅

紫菜附石生海上正青取乾之則紫色其纖者味尤珍近海諸邑皆有之而出福清者尤佳

赤菜海物異名記菜海生而紫蔓其大者曰麄角菜能解麪毒

菓之屬

荔枝樹高二三丈許大至合抱①頒類桂木冬青之屬四特榮茂不彫花似木犀青白色微香實初青漸紅肉淡白如脂玉性畏高寒州北數縣皆不可種連江之南雖種成熟亦晚直至北嶺而南始大番盛其品不一桂林皮麄厚大如雞子味甜中冠皮光而薄味清而甘視桂林差小金

校注：①頒

鍾皮麄厚色青黄味佳大亦類桂林上三品俱六月熟今取以充貢者也　江家緑類莆田陳紫而差大獨香味次之　緑核荔枝核皆紫而此獨緑　圓丁香荔枝皆旁蔕大而下鋭此種體圓味亦勝　虎支色紅而有青紋正類虎斑　牛心以狀言之長二十餘皮厚肉濇　玳瑁紅上有黒點類玳瑁斑　朱柹色如柹紅而扁大　蒲萄穗生一朵至一二百顆　蚶殻殻爲深渠如瓦屋狀　蜜荔枝純甘如蜜　丁香核如小丁香亦謂之穛核　大丁香殻厚色紫穰多而味微濇　雙髻每朵數十皆並蔕雙頭　真珠剖之純瓤圓白如珠　十八娘色深紅而細長人以少女比之俚傳閩王有女第十八好噉此因而得名　將軍五代間有爲此官者種之後人因以其官號其樹而失其姓名　釵頭顆紅而小可間婦人女子簪翹之側　粉紅荔枝多深紅而此以色淺爲異　中元紅荔枝將絶纔熟以晚重於時以上見蔡襄荔枝譜　一品紅者言於荔枝爲極品　狀元紅者言於荔枝爲第一也以上見曾鞏荔枝録　驪蹄以

其長大而甘柔也　金櫻上銳而下方色深黃栗玉似金櫻而圓其味差勝　洞中紅出於宿猿洞因名　火山核大而味甘酸四月先熟　星毬紅此一本出靈岫里田間枝條生葉大三倍色紅而不絳蔕根於臍銳者如不扁者如橘圓者如雞子傾者如皂莢形殊狀詭核皆如丁香亦有絕無者食之甘脆而有韻蓋神品也奪其枝而植者竟莫能逮焉　已上舊志所載　饅頭以其大如之皮亦粗厚味甘　磨盤皮亦粗厚一味甘大如雞子其近蔕處甚平故名①　雞母引雞子一朵數十枚大小錯出其大者核小□□　無核上二種俱七月熟　山中冠實大而圓　山金鍾實大微長　六月大實盈此荔枝之中等者也　扇畫實如饅頭皮薄上大下小味甘　中秋綠　松栢壘皮厚而粗大如饅頭　爭江瓶實如饅頭皮光上大下小　上七種俱山荔枝

龍眼　樹似荔枝而葉微小夌冬不凋春末夏初生細白花七月而實成形如彈丸皮黃褐色肉白而甘荔枝緣過龍眼即熟故南人目為荔枝奴

柑　樹高丈許葉厚色深

校注：①小者

青而澤花白而香俱冬熟其品不一　酥柑葉大實形長而匾皮黃而酥味甘微酸過冬純甘　佛酥柑一名佛頭酥皮礧磈而虛厚色紅而黃瓤小味酸微甘　脂柑出連江又名連江柑葉似酥柑而差小皮紅黃色味甘以上三種俱出閩侯懷三縣　里毛柑出福清縣以地名葉長而圓尖實上小下大皮黃色頗厚味極甘少核閩侯懷亦出而少呼爲蜜橙

橙亦柑類大似佛酥柑而皮光實味酸甜

香櫞樹有刺葉大而微厚實大者長尺餘黃色皮厚而香可食瓤微酸而苦又有一種色味皆如香櫞形似人手名佛指香櫞又名佛手柑亦名花柑

柚亦名香柑樹高一二丈葉重臺而大花五瓣而卷氣甚香洌實圓大金黃色皮厚肉小味甘酸一種實匾而小又一種肉紅而甘其種自廣傳來尚未多見

橘樹如柑而葉差小花白而香冬熟其品亦不一　鏡橘一名鏡柑形圓而匾色紅黃皮光瑩有楞味甘微酸　連江橘以其地名花葉差小實匾而圓皮薄色黃味甚甘閩侯懷亦出但少耳　酒橘形亦圓匾色

紅黃皮薄味甘　四時橘花實相繼頻年不絕皮薄味甘冬熟者尤佳　剪橘葉稀少圓尖色黃皮薄味甘酸　候橘一名橘花葉密而尖小結實最多大僅如錢色黃皮甚薄味甘酸　洞庭橘似鏡橘而差小色紅黃皮薄味甘酸上七種俱出閩候懷三縣　扁橘一名塌橘色淡黃皮薄味甘酸出閩縣　里尾橘出福清縣亦以地名葉圓尖而①蜜實扁皮薄其瓣明白可數色黃紅味甘而香　金橘樹葉花實俱小於諸橘而皮香甘可食尤可蜜煎以寄遠

桃其品不一　玉桃又名櫻桃又名早桃又名梅桃三四月間熟　金桃大徑二寸　味甘七月終熟　銀桃又名白秋桃大徑二寸味甘　合桃一種四月熟味甘酸一種五月熟一種六月熟俱味甘　七月桃大徑二三寸味甘　匾桃又名盤桃味甘酸　十月桃大徑寸半味甘酸　白蜜桃大徑寸半味甘　矮桃樹高者僅三四尺實如金桃而小秋熟　緋桃花純紅色　美人桃花粉紅色　碧桃花俱千葉　柰桃花葉形味皆桃但實光澤無毛為少異耳

李其品亦不

校注：①密

一白李亦名鵝黄實清脆五六月熟臙脂李皮肉俱紅味甘夏熟琥珀李皮紅肉黄味微澁秋熟夫人李皮粉紅色肉深紅味甘七月熟真珠李大如龍眼色青紅味差淡而酸

杏花如紅梅而豐艷實如梅而甘本出北地今郡亦有植者然結實甚少

林檎一名来禽一名花紅實似梨而小六月熟王逸少有来禽青李帖陳居山詩云来禽花高不受折昨暮胭脂今日雪又有一種花繁生如郁李而差大實如来禽而差小

柰似林檎差小而長淺青色莆陽志云即青李也

頻婆似林檎而大味尤勝本出北地今郡亦或種之

梨其品不一鵝梨皮薄而漿多輕消梨拒霜梨水梨赤梨紫梨煤梨綿梨梨之糜者也

柿其品非一花柿卵柿烏柿朱柿古田永福諸邑為多

石榴酉陽雜俎甜者曰天漿甚充菓品酸者入藥用花有紅白二色又有千葉者花紅艷可愛不實

棗其品非一大槩有紅白二色今閩中但有白者

栗外刺如蝟熟則罅拆①閩清永福諸山邑為多

校注：①坼

楊桃 楊字亦作羊臨海異物志楊桃其色青黃有五瓣或謂之五瓣子

枇杷 一名盧橘葉似驢耳狀四時不凋謝瞻賦云稟金秋之青條抱青陽之和氣肇寒葩於結霜成炎果乎纖露言備四時之氣也

橄欖 木端直而高秋實而味先苦後甘美者曰碧玉

楊梅 木似荔枝葉細陰厚實生青熟紅如鶴頂狀諸邑皆有而懷安桐口所產者尤佳

黃彈子 祥符圖經云黃檀子海物異名記云黃彈子實如彈丸葉如山桂而香又云本出越王祭壇之側曰王壇子楊鄒賦曰果則龍目荔枝王壇冊橘

菩提果 花如冠蕤葉似冬青而長實似枇杷而大味清甘而香或云西域有此果故謂之菩提

木瓜 爾雅謂之楙木狀如柰春末開花深紅色實如小瓜酢可食

銀杏 一名鴨脚子以其葉似鴨脚也歐陽公詩云鴨脚生江南名實未相浮絳囊因入貢銀杏貴中州又名公孫樹言其實久而後生小種而孫始食也歐陽公詩云始①□□三四歲久子漸多

餘甘 海物異名記菴摩勒果②□

校注：①摘纈　②圓

瑩如珠食之餘味始甘能𧮂蠱毒山谷以其先苦後甘名之曰敢諫子出福清縣

胡桃 本出羌胡今閩亦有之

山核桃 木高数丈葉翠如梧桐其實堅三輔黃圖謂之萬歲子

金斗 葉似橄欖而長實紅色味甘酸

椎 生山谷間似栗而絕小諸邑皆有之

蒲萄 一名馬乳西漢時其種自西域来有青紫二色今閩中但有青者亦不多也韓昌黎詩賸欲淵盤堆馬乳莫辭添竹引龍鬚

菴摩子 藤生附大木上實成熟外皮黃色中有殼裹肉如蓮可煮而食之或取以充果然非貴品也出福清

蕉 本草名甘蕉俗呼芭蕉葉長而大其卷心中抽榦作花一莖只一榦花如倒垂①菡萏每開一瓣則子駢生附榦自中夏開直至中秋後方盡子凡數十枚生青熟黃食之甘美亦可曝乾寄遠閩中所產者大槩有二種一種樹高丈餘子差大俗呼象牙蕉一種樹高五六尺子差小俗呼佛指蕉又一種樹高三二尺莖小開紅花無實俗呼紅蕉又一種無花實其苗可縷為布即所謂蕉布也

甘蔗 赤者白崑

校注：①菡萏

崙蕉白者曰荻蕉土人擣取其汁以爲沙糖

西瓜　甜瓜　黃瓜　土瓜一名新羅葛藤似葛根大者如碗小者如拳色青白味甘可以解醒消渴

蓮紅白二種有千葉者俱有實爾雅及陸機疏荷爲①美蕖華未發爲②菡萏巳發爲③美蓉其實蓮其根藕

雞頭芡也埤雅曰蓬鐏似雞首故曰雞頭俗云荷華日舒夜歛芡華晝合宵炕此陰陽之異也梅聖俞詩云蝟毛蒼蒼磔不死銅盤矗矗釘頭生吳雞鬬敗絳幘碎海蚌扶出真珠明

菱芰也葉浮水上花黃白色實生漸向水中埤雅曰楚謂之芰秦謂之薢茩武陵記云四角三角曰芰兩角曰菱其花晝合宵炕隨月轉移猶葵之隨日也

茨菰葉三尖如剪刀草根如鳧茨差大而長味甘方言謂之蘇

鳧茨苗如龍鬚草生下田根如小芋而扁色黑

藥之屬

薏苡春生苗莖葉如黍開紅白花作穗實青白色形如珠而長

黃精二月生苗

校注：①③芙　②菡萏

高一二尺葉如竹葉而短兩兩相向莖梗柔脆①頰□白桃枝本黄末赤四月開細青白花如小豆花狀子白如黍亦有無子者根如嫩生姜黄色入月採山中人九蒸九曝作果甚甘美

石菖蒲 生石磧上葉有②脊如劒者爲真其無③脊者名溪蓀生下濕地大根者名昌陽入藥以生石上一寸九節者良今黄蘗山龍④湫崖下⑤曝布飛⑥賤處生者絶佳然非神全不爲滅悸不能採也

地黄 葉生布地上有皺紋根如手指通黄色

天門冬 春生藤蔓大如釵股高至丈餘葉如茴香極⑦尖細而踈滑有逆刺根大如指長二三寸一二十⑧扙同撮

麥門冬 葉青似莎草長及尺餘冬夏⑨長生根生連珠形如⑩獷麥顆

艾 有大葉者有小葉者故名

紫蘇 葉下紫色甚香夏採莖葉秋採實俱入藥

薄荷 葉⑪尖冬不死夏秋採莖葉暴乾

白蘘荷 春初生葉似芭蕉根似薑而肥本草謂可以防蠱亦可辟蛇

茵蔯 春生苗秋枯經冬不死春復因舊苗生新葉故名茵蔯又一種大葉者曰山茵蔯

豨⑫薟 俗呼

校注：①頰□　②③脊　④湫　⑤瀑　⑥濺　⑦⑪尖　⑧枚　⑨生長　⑩穬　⑫薟

火杴草

菴蕳 狀如蒿艾可以辟蛇

蒼耳 本草作葈耳即詩所謂卷耳也一名羊負來

蘹香子 亦名茴香葉似老胡荽踈細作叢花頭如傘蓋黃白色實如麥而小又一種莖葉花實全類茴香但其實差小味尤香冽土人呼爲芹疑即蒔蘿也

天南星 苗似荷梗高一尺許葉似蒟蒻長枝相抱花似蛇頭紫色結實成穗似石榴子根似芋而圓

馬鞭草 其穗類馬鞭故名

蓖麻子 可壓油以其形如牛蜱故名近有自北地携子來種者莖實視土産者倍大

牽牛子 蔓生籬落間葉有三尖花帶碧色實作毬①丙有黑子三稜如蕎麥狀又有子白者不甚入藥

車前子 即芣苢也大葉長穗好生道傍一名馬舄一名蝦蟇衣

括樓 詩云果②蠃之實爾雅云天瓜本草云地樓蔓生花淺黃色實在花下亦名黃瓜方家擣其根作粉入劑

香附子 莎根也

剪刀草 按本草圖經生近水沙磧中葉如剪刀狀苗最軟嫩色深青綠③海叢十余莖內抽出一兩莖上分枝

校注：①内　②蠃　③每

開小白花四瓣蘂深黃色根大者如杏小者如李核色白而瑩滑一名慈菰一名白地栗一名河鳧茨福州別有一種小異採其根葉治癰腫良

商陸俗名章柳根葉如牛舌而長花作朵紅紫色根如蘆菔而長釋文云如人形者有神又有一種花白色

香薷似白蘇而葉細一作香葇生山谷石上者尤佳

決明子苗高四五尺葉似苜蓿而大花黃白色秋深結角其子生角中如羊腎主明目其葉春間亦可為蔬主肝毒熱

荊芥味辛溫莖高尺許開花成穗

何首烏春生苗葉葉相對如山芋而不光澤其莖蔓延竹木牆壁間根大者如拳各有五稜①瓣似小甜瓜赤者雄白者雌本名交藤因何首烏服而得名

羊蹄禿菜也葉狹長色深綠莖節間紫赤採根醋磨塗癬速効

牛膝春生苗莖高二三尺青紫色有節如牛膝因名

益母草詩謂之蓷本草謂之茺蔚郭璞云葉似荏方莖白花花生節間今園圃及田野多產之莖葉皆如郭說但其花色淡紅為少異耳

半夏②獨莖生莖

校注：①稜　②獨

端出三葉淺綠色頗似竹葉而光根下相重生上大下小皮黃肉白**香茅**苗葉如茅而香可煑作浴湯辟邪氣令人身香其花即茅香花**細辛**其根細而其味極辛故名**石盇**生山中子治蠱毒**連翹**按本草圖經有大翹小翹二種南方生者葉狹而小莖短纔高一二尺花黃實房黃黑內①合黑子如粟粒**石韋**本草圖經云一名石皮叢生石上葉如柳背有毛而斑點如皮故名福州自有一種石皮三月開花採葉煎湯浴云主風亦有生古瓦上者名瓦韋**石蠶**草根之似蠶者出山石上四時常有其莖青亦有節三月採根焙乾主走注風散血止痛**獨脚仙**生山林傍陰泉處春生苗至秋冬而葉落其葉圓上青下紫其脚長三四寸夏採根葉連梗焙乾治婦人血塊**赤孫施**葉如浮萍草治婦人血結不通四時常有採無時三山志云一名歲寒漿一名酸漿**紫金牛**味辛葉如茶上綠下紫實圓如丹朱根大紫色八月採去心③暴乾④順以巳戰生時疾脚氣痛風□□**小青**生②□其⑤□

校注：①含　②擣　③曝　④頗似巴戟主　⑤葉

治癰瘡甚効。**建水草** 其枝葉似桑，四時常有。土人取其葉治走疰風。**瓊田草** 春生苗葉無花，土人採其根葉治風。**石垂** 三月有花，土人採其子治蠱毒。**雞項草** 葉如紅花，葉上有刺青色，亦名千針草。根似小蘿蔔，枝條直上，三四月苗上生紫花，八月葉凋，其根可治下血。**香麻** 四季常有苗葉而無花，土人以煎浴湯去風甚桂①。上一十一品按本草圖經俱出本州。**茯苓** 深山有大松處皆有之，是多年松脂流入土中變成者，自作塊不附著根上。其抱根而輕虛者爲茯神。茯苓千年又化爲琥珀。**枸杞** 爾雅云枸杞檵，一名地骨。按本草圖經謂其實形長而枝無刺者枸杞也，圓而有刺者枸棘也。枸棘不堪入藥，而衍義又謂凡杞未有無棘者，雖大至有成架，然亦有棘，但此物小則多刺，大則少刺耳。今歷觀諸處所產枸杞未有無刺者，衍義之言似爲可據。**吳茱萸** 葉似椿而闊厚，實似椒子，嫩時微黃，熟則深紫。**金櫻子** 生郊野中，類薔薇，有刺，開白花，實如小石榴。**土紅山**

校注：①佳

本草圖經福州生者作細藤似芙蓉葉其葉上青下白根如葛頭治勞瘴甚佳

鹽麩子 葉如橘子秋熟爲穗粒如小荳上有塩似雪食之酸鹹止渴蜀人謂之酸桶吳人謂之烏塩

蒴藋 其木輕虛無心主續筋骨本草謂之接骨木亦謂之蒴藋

使君子 藤生花紅白相間實如梔子而稜瓣深殼青黑色內有仁白色始因潘州郭使君療小兒多獨用之

紫金藤 按本草圖經生福州山中春初生单生葉青色至冬凋落其藤似枯條其皮可治丈夫腎氣

千金藤 主一切血毒根黃赤如細辛

丁公藤 生依南木故號南藤莖如馬鞭有節紫褐色南史解叔①誰毋有疾夜禱庭中聞空中云得丁公藤治之可差即此是也

石南藤 其苗蔓延木上四時不凋葉可治腰痛

含春藤 其苗蔓延木上冬夏常青葉可治風

感藤 大如雞卵汁甘美如蜜生研傅蛇虫咬傷瘡一名甘藤蓋其感聲相近而訛耳又名甜藤

桑螵蛸 螳螂子也生桑上者爲佳以其得桑之津氣故爾

校注：①謙

木之屬

松 有五鬣者有三鬣者花上黄粉名松黄人多取以爲餅或作湯點之甚佳其節爲松明其脂爲白膠皮上緑蘚衣名艾納香用和諸香燒之其烟不散

栢 樊宗師①園詔謂栢爲蒼官其子香而可爇東坡詩云銅爐焚栢子又有葉側向而生者爲側栢

檜 爾雅云栢葉松身

杉 木類松而勁直葉附枝生若刺針然土人作宮室以此木爲上

樟 亦名豫章木高大葉似柟而尖長其氣極辛烈爲大舟及諸器皿多用之禽鳥含種所生者曰鳥樟

柟 郡人作宮室多以爲棟梁亦美材也字亦作楠古稱楩楠豫樟其所謂楠即此

櫧 葉如側栢

欏 木可爲器極②柰久遠

橡 亦可爲棟宇然久則蠹腐不及杉遠矣

樫杉 畧似水綿而木理輕鬆心赤色

杜松 葉似杉而小尖勁如刺木似松而有文

水綿 類杉脩餘而細葉郡城内外凡瀕水處多植之

桐 其種不一今閩産者大槩有二一種葉有三杈結子如胡椒可食者曰梧桐一種葉圓而末尖二月開淡紅花子可壓油者曰油桐二種之中

校注：①圖記　②耐

惟油桐爲多梧桐間有之然未見有結子者

梓 似桐而葉小花紫陸機云楸之疏理白色而生子者

相思 木堅而有文可旋爲器亦可作几案棊局之類

桑

柘 與桑異種皆可飼蠶

烏桕 葉似梨杏花黃白子黑色土人多取其葉以染皂子可壓油即桕油也

冬青 其葉常青四時不改許渾詩云未秋紅實淺經夏綠陰寒唐禁中呼爲萬年枝韓子蒼詩云無人知是萬年枝

槐 遯齋閑覽載俗語云槐花黃舉子忙謂槐之方花乃進士赴舉之時翁承贊詩云雨中粧點望中黃勾引蟬聲送夕陽①憶得當年隨計吏馬蹄終日爲君忙乃知俗語亦有所自也

檀 葉似槐

椒 木有刺子朶生味辛與蜀椒同類但不及蜀中者氣味濃冽耳俗呼花椒

檓 生山中葉與子似茱萸爾雅云椒樧醜莍桃李醜核言桃李屬皆內核椒樧屬皆外莍也

欓 字亦作欓其木有刺子朶生如茱萸辛辣如椒殺腥物

皂莢 南史云黃塵汙人衣皂莢相料理又一種曰肥皂亦可浣衣

木槵 葉如橄欖②面小實可

校注：①臆　②而

浣垢今釋子多取其子爲手珠本草謂之無患子

水楊 葉圓闊而赤枝條短硬多生水岸

柳 葉狹長而青枝柯長軟埤雅云柳柔脆易生之木與楊同類雖縱橫顛倒植之皆生然使十人植之一人搖之則無生柳矣立賢之道何以異此又況植之之人寡而搖之之人衆乎其言婉而有味又有一種皮如槐檀葉如樗而狹長亦生水側名欅柳

楓 似白楊葉圓而岐有三尖取其脂可以爲香

⿰木甫 字亦作榕海物異名記云材擁腫不中繩墨故謂之⿰木甫或曰其蔭覆寬廣故謂之榕宋熙寧中郡守程師孟多命植此自爲詩云三樓相望枕城隅臨去重裁①木萬株試問國人行住處不知還憶使君無此木自州以南爲多至劍建則不復産矣

楮 詩謂之穀生子如楊梅皮可績爲布亦可擣爲紙陸機云楮皮斑者爲楮白者爲穀

金剛 閩中記云木堅有文彩可爲床榻器用

櫧 似柞而子可食作屋柱不腐

楝 東皐雜録江南自春至夏有二十四風信梅花最先楝花最後唐人詩云楝花開後風光好

黃

校注：①栽

連茶　木高二三又①葉似槐而尖長春初芽始生可治以代茖②飲亦可為茹味香羡俗又呼凉茶樹

加條　閩中記云其葉可用磨犀角象牙

朴　葉如加條差小皮鱗皴而厚因以得名

白芽　木理極堅可為器玩

白櫟　詩云苞栩注柞櫟也其子為皂斗殼可以染皂陸機云徐州人呼為杼爾雅曰櫟其實梂釋曰梂盛實之房其實橡也然則作櫟也杼也栩也皆橡櫟之通名也

櫱　木如石榴皮黃子赤如枸杞子兩頭尖枝可對以染黃生山石間一名山石榴本草謂之小櫱

黃楊　葉細皮薄歲長三寸遇閏年則退一寸東坡詩山中草木隨時長惟有黃楊厄閏年

石楠　葉如枇杷有小刺凌冬不凋人多植庭宇間陰翳可愛不透日氣其木堅勁可為斧柯

檉　葉細而枝柔夏著花粉紅如粟一名西河柳

羅漢松　葉長而狹色蒼秀可愛凌冬不凋

櫻櫚　亦曰栟櫚子嫩未吐若可採充茹曰櫻魚梅聖俞詩青青栟櫚樹葉散如車輪

桄榔　樹以櫻櫚而高大外堅中虛斫其間有類

校注：①丈　②茗

子作穗生木端葉下有鬚木紫黑色有文理可以制器**竹木**其狀類竹可爲杖漳州志有桃枝竹疑即此也**吉兆藤**亦名烏理藤紫色其根爲降真香**金剛藤**根赤色土人或取以染鴨子俗呼茇蘋**香藤**緣木而生其氣清香又有南藤土人或取以釀酒**王孫藤**彖韌可爲纜

竹之屬

戴凱之竹譜竹有生日謂五月十三日移植最宜亦謂竹醉將枯則生花或云劈竹多用辰日山谷詩云夏栽醉竹逾千箇又云根須辰日斵**猫竹**方言謂之麻竹大者徑七八寸上①人或取其葉以裹角黍筍夏生**江南竹**麤大而堅直筍冬生**淡竹**肉薄節間有粉南人燒以取瀝者葉亦可入藥**慈竹**任昉述異記云南中有子母竹生不離本今慈竹是也王勃云宗生族茂天長地久萬柢爭盤千株兢②紏**斑竹**永福縣鶴洋多產之差及湘江者**紫竹**小而色純紫**苦竹**

校注：①土　②競

笋味甚苦又有苦伏竹笋冬生土人以為珍咮①**石竹**節踈而平可為器用**筋竹**肉厚而籔小可為弓弩材**箭竹**可為箭幹**方竹**外方内圓可以為杖笋秋末生**秋竹**甚小可為篾用**苦油竹**肉厚而葉長闊以為搶中虎即斃**含朵竹**大如指土人以編籓籬者**蟲竹**叢生如蘆每節生蟲如新蟬之未翼者外無竅隙隨竹而長竹將枯乃穴其傍而出害**笿竹**節長細可為笛材筍味最美**鳳尾竹**梢葉森秀如鳳尾然

花之屬

梅其品不一綠萼梅　紅梅　品梅一花三實又曰雙梅　千葉梅　鵝梅　山梅**蠟梅**黃山谷謂京洛間有一種花香氣如梅類女工撚蠟所成因名蠟梅**山茶**花深紅色冬盛開東坡詩云士②厚有稜犀甲健花深少態鶴頭册③**海棠**花如紫錦又有垂絲海棠色淡紅而多葉**酴醿**蔓生承之以架花白而香春晚極盛又有檀心而紫色者尤香**薔薇**枝幹有刺花紅紫色

校注：①味　②葉　③丹

三月盛開如錦亦有黄薔薇花如棣棠金色有淡黄薔薇①鵝黄色又有野薔薇香亦清②列

玫瑰 亦名徘徊有白紫二色翁承贊詩三株紅芍藥一架紫③政瑰

金沙 亦玫瑰之流而香不及山谷詩云紫綿揉色似金沙

佛桑 葉類桑花如牡丹而尤紅四時常開朝開暮落亦④各朱槿一種色淡紅一種色淡黄又有花開单瓣者色亦深紅可愛

木槿 有白者有紫者有粉紅者又有一種花瑩白如玉中心無紫色者名舜英郭璞云舜英不終朝言朝開暮落也又名日及花施肩吾詩⑤伹看日及花惟是朝可憐

長春 枝幹有刺花紅四時常開

勝春 亦名鬪雪紅又名月季花如玫瑰而香色次之四時常芳

杜鵑 一名躑躅一名山石榴一名映山紅有深紅淺紅及紫者白居易詩九江三月杜鵑來一聲啼得一花開俗傳杜鵑啼血⑦滴地而成此花故名

山丹 其花一⑥蔕百餘蕋如繡毬狀深紅色一花四英東坡所謂錯落瑪瑙盤是也亦有粉紅者四月開花至八月尚爛熳又有四時常開者

梔子

校注：①鵝　②冽　③玫　④名　⑤但　⑥蒂　⑦滴

一作支子上林賦云鮮支黄①樂注鮮支支子也謝靈②賦云林蘭近雪而楊徇注林蘭亦支子也佛書呼爲薝蔔花開六出故東坡詩有六花薝蔔林間佛之句其實七稜亦名越桃可入藥有花開百葉者名水梔花都人呼⑤王樓春

紫薇 俗謂之不③桼餮花④瓜其本則技葉俱動自五月開花至九月尚爛熳又謂之百日紅梅聖俞詩薄膚癢不勝輕爪嫩幹生宜近禁廬楊萬里詩誰道花無紅十日紫薇長放半年花今郡人呼爲佛相花

茉莉 夏開⑥日色妙麗而芳郁此花惟閩中有之佛經謂之末麗蔡襄詩云團圓茉莉叢繁香暑中折又有一種紅色曰紅茉莉穗生有毒

素馨 蔓生夏開白色露浥愈香蔡襄詩素馨出南海萬里來商舶

闍提 南海種商舶傳入閩中花皆白而香勝如素馨蓋巖桂之流品也仙書曰闍提花春即此亦名蛇蹄

木芙蓉 一名拒霜花紅白⑦一色有单瓣者有重瓣者朝開色白午後則漸紅者曰醉芙蓉

巖桂 一名木犀有册黄白三色九色勝則香薄四時開者⑧白月桂

瑞

校注：①礫 ②缺“運”字 ③耐 ④瓜 ⑤玉 ⑥白 ⑦二 ⑧曰

香花紫白二色紫者香勝冬春之際盛開東坡詞云領巾飄下瑞香風驚起謫仙春夢其意甚婉

紫荊木似林檎花深紫可愛本草云田氏之荊周景式謂古有兄弟意欲分異覩三荊同枯驚嘆復合

含笑其香酷烈開盡則香減故以含笑名有純紫者有外白內紫者白者曰牙笑

半年紅曾師建閩中記謂之渠那異其種來自西域木高丈余葉長而狹花紅色自春徂夏相繼開不絕又名夾竹桃謂其花似桃而葉似竹也

夜合葉似皂莢槐等極細而繁密至暮而合花發紅白色瓣上若絲茸然至秋而實作莢子極細薄一名合歡一名合昏崔豹古今註云欲蠲人之忿則贈以青裳青裳即合歡也

度年紅榦高而花難凋自冬末涉春不少變

越橋樹如黃楊花如瑞香而白實如朱櫻

真珠花有单葉者有千葉者許將詩藪藪圓英淡①分粧肯隨桃李媚春陽金刀不到春風外草密林深只自香

鳳尾有二種大者高丈餘花穗生黃心而白英長竟尺若鳳尾然一種高數尺花疎而香

校注：①粉

勝一名鳳栖一名七里香置之書皮可以辟蠹

御帶 枝長花密如帶

棣棠 條生花淡金色梅聖俞所謂韡鄂芸黃殿後花是也

半丈紅 花如御帶而差大一名棠棣

淩霄① 藤生附大木其花黃亦有毒凌晨仰視花露滴目則喪明古詩云凌②霄倚樹生樹倒凌霄死勸君莫倚勢倚勢亦如此

鷹爪 藤生花淡黃色末銳似鷹爪夏開香如爛瓜氣

牡丹 按三山志州舊無之慶曆間羅源林迥隱居南華有出山遇慈恩長老獻牡丹詩蓋有之矣今古田連江亦間有植者

芍藥 郡亦有植者然不甚盛

菊 其品不一遯齋閑覽南方花發較北地常先一月獨菊花開最遲菊性宜冷也有一種花深黃色如滴滴金者夏開

蘭 黃山谷云一幹一花而香有餘者蘭一幹五七花而香不足者蕙今閩人所植之蘭又有紫白二種竊嘗考之傳曰德芬芳者佩蘭楚辭所謂紉秋蘭以爲佩是也今之所謂蘭藥既無香花雖香亦不過經夕而止果可佩乎古有蘭省蓋以蘭藏之書中辟蠹故名今之所謂蘭果

校注：①②霄

可辟蠹蟲草木疏曰蘭爲王者香草其莖葉似澤蘭廣而長節節中赤高四五尺今之所謂蘭其形狀果如是乎吳草廬嘗著蘭畹說辨之甚悉

萱 詩曰焉得諼草埤雅謂一名鹿葱草之可以忘憂者本草謂花名宜男風土記云懷姙婦人佩其花生男也夏開者莖高而葉大秋開者莖短而葉小亦有花紅黄色而五葉者又有花鵝黄色而香者

蜀葵 爾雅云菺戎葵釋曰即今蜀葵亦名戎葵蓋戎蜀所自出因以名之花有紅白紫淡紅數色小花者名錦葵又有一種葉尖狹多刻缺花淺黄心下有紫檀色名黄蜀葵

水仙 葉如蒜一莖數花花白中有黄心如盞狀故俗呼金盞銀臺黄山谷詩有山礬是弟梅是兄之句

扁竹 按本草圖經春生苗高二三尺葉似蠻薑而狹長横張疏如翅羽狀葉中抽莖似萱草而彊①硬六月開花黄紅色瓣上有細文秋結實作房中子黒色一名烏翕一名烏翣②而扁竹者今俗名也其根名射干可入藥

紫羅傘 本草圖經名鳶尾葉似射干而花紫碧色不抽高莖今俗呼紫

校注：①彊　②翣

羅傘其根即鳶頭亦入藥**玉簪**一名白鶴質素而香詩云宴罷琔①池阿母家飛璚②扶上紫雲車玉簪墮地無人拾化作東南第一花又有一種似玉簪而小色淺紫名紫簪亦名紫鶴**百合**莖高三尺許葉如柳四面攢枝而上四五月開白花長蕊下覆花心有檀色根入藥亦可蒸食或以爲粉子生枝葉間不附花此又異也一名强瞿俗呼倒仙又呼玉手爐一種花斑紅名川百合又一種莖葉俱小花深紅色俗呼鶴頂紅**雞冠**秋生紫色如雞冠之狀亦有白者**滴滴金**葉露滴地而生秋開花黃如金色陶弼詩云九秋珠露滴成芽**金鳳**花如飛鳳有紅白紫粉紅數種一名鳳仙**金錢**花深紅色圓薄如錢**剪金紅**花圓無香葉分數岐如刀剪之狀**罌粟**花有五色實如小罌子如細粟亦名御米**御仙**一曰麗春花有小罌如罌粟**聚八仙**狀類瓊花而八蝶簇一心又有蝴蝶垂枝條而兩兩相對若又有小蝶簇聚如碧玉者皆曰玉蝴蝶又有玉翼蟬碧蟬**寶相**藤生

校注：①瑤　②瓊

花類酴醿而秀整過之**玉屑**藤生花白如碎玉之狀**玉龍鬚**藤生花微紅而圓又一種花相類而葉尖名醉楊妃**衮繡毬**藤生花一簇數十藥①其圓如毬初開微帶粉紅色開盡則白**錦竹**一名石竹叢生高尺許花如纈錦李太白有石竹繡羅衣之句俗呼天南竹**剪春羅**叢生花淡紅色傍如剪刻**黃雀兒**一名逆②春晏殊詩淺艷侔鶯羽纖條結兔絲**紅荳蔻**叢生葉如箬葉而厚花開一穗數十蕋淡紅色重則下垂如葡萄然俗名孽花又一種山孽柔韌可為繩**金燈**莖直上未③分數枝枝一花光艷如燈按元獻之詠如此今閩俗呼為天蒜又呼為花葉不相見

草之屬

蒲生陂湖間嫩者可食詩所謂維筍及蒲是也**茭**一名菰生泥浦中其葉如蒲士④人縳⑤為薦以藉寢席初生筍亦可食大者如兒臂亦謂菰手中有黑者名茭鬱**蓼**詩曰以薅荼蓼集傳云在陸曰荼在水曰蓼**水葒**本草謂之蘢草似蓼而葉大赤白高丈餘詩云隰有游龍是也**蘋**

校注：①蕊　②迎　③末　④土　⑤縛

葉圓闊寸許季春始生可糝蒸爲茹

藻 聚藻也生水底莖如釵股葉如逢蒿又一種葉似雞蘇莖大如筯長四五尺皆可糝蒸爲茹

浮萍 有大小二種亦謂之瓢

燈心 叢生澤地莖圓細而長直亦可爲席

蕢 生有三稜爾雅謂之⿱艹望江生者爲淡蕢近海者爲鹹蕢土人採以綑織席亦可爲纜

獨掃 爾雅曰馬箒注云可以爲箒篲

⿱芸心 似茅可爲繩索穇穇亦可爲箒

蘆 或謂之葭小者曰萑

菅 似茅而光澤無毛根下五寸許有粉者柔韌可爲索

鼠麴 生平岡熟地葉有白毛黄花雜米粉作糗食之甜美

馬藍 葉如苦益菜即爾雅所謂葴馬藍是也土人多採以治觀魚毒

石龍芻 叢生俗名龍鬚草今人以爲席者

雞腸 一名蘩縷葉似荇菜而小其莖作蔓斷之有綠縷細而中盈以其似雞腸因名

佛甲 多附石向陽而生似馬齒莧纖小而長

仙人掌 多貼石壁上生如人掌故名能治腸痔鴻①血

虎杖 爾雅云似紅草而大可染赤煎以爲飲色如琥珀

戍②火

校注：①瀉　②戒

人家用瓦缸植之云以驚火

虎耳人多栽石上以為玩

吉祥葉如萱而小四時葱翠不凋

鱧腸一名蓮子草葉似柳而光澤莖似馬齒莧花細而白實如小蓮房可以止血俗呼斷血草又其莖摘之有汁出須臾而黑故古方烏髭髮多用之

紫背解一切蛇毒

畜之屬

按字林畜作嘼說文曰嘼也今之畜養者也爾雅釋嘼惟馬牛羊豕犬雞今凡人家可常畜而馴擾者釋載之

馬海壇舊諸牧有之但駑蹶駻突須久服習乃可乘也今諸牧久廢所産益少

牛有二種黃牛角縮而短悍水牛豐碩而重遲水牛新孳其下乳治以充饌名曰乳餅出城東松嶺

驢近方有畜之以供駝載者然亦少也

騾尤少

羊歲兩生息出福清

豬爾雅曰彘或謂之豕其子曰豚①

犬

猫酉陽雜俎云猫名烏圓其目睛旦暮圓及午黑睛如線

雞

鴨家畜曰鴨野曰鳧

鵝東坡云鵝能驚盜亦能却蛇蓋其糞能殺蛇蜀人園池養鵝蛇即遠去一名舒鴈

鵓

校注：①豚

鴿諺謂千鳩不如一鴿言其美也性甚馴善認主人之居舶人籠以泛海有故則繫書放之還家故又曰舶鴿

毛之屬

虎依山處多有之

豹毛赤而文黑為赤豹文圓者曰錢文豹又有黑豹

熊類大豕而性輕捷好攀援上高木見人則顛倒自投地而下當心有白脂如玉味甚美俗呼熊白冬蟄不食饑則自舐其掌故其美在掌

鹿性驚防分背而食食則相呼群居則環其角外向以防物之害已也詩註牝麀曰麀

麞爾雅謂之麕章麕其總名也其性善驚飲水見其影輒奔走崔豹古今注云有牙而不能噬

麂麞類也其皮可為屨舄勝於衆皮

兔禮曰明視今閩中間亦有之

豺似狗而長尾白頰高前廣後其色黃季秋取獸四面陳之世謂之祭獸今俗呼豺犬

狼大如狗青色其鳴諸竅皆沸埤雅曰狼將遠逐食必先倒立以卜所向其靈智如此

猴詩謂之猱俗呼胡孫性躁而多智宋大曆中有

猴數百集古田杉林中里人欲伐木殺之中有一老猴飛下繼火燔林林近巠里人懼亟走救火猴遂得脫去

猿 似猴而長臂善嘯便攀援或殺其子必自投而死剖之腸皆寸斷亦名猿父

玃 似猿而蒼色爾雅曰玃父陸機曰猴之老者爲玃

狸 口銳身長似貓其種不一香狸所過處則草木皆香 玉面狸面白色 九節狸其尾有九節皆嘉味也

狐 似狸而黃鼻尖 毛大能媚人爲妖

獺 似狐而小青黑色膚如伏翼水居食魚孟春取鯉於水裔四方陳之進而弗食世謂之祭魚

山犬 狀類家犬赤蒼色好食果實

山羊 爾雅謂之羱羊有觔力甚能陟峻生深山巖穴中皮堪鞾用

野猪 亦名山猪似家猪但腹小脚長毛色褐牙利如鎌刃又有豪猪毛黑如錐鬃有刺怒則奮以射人其刺可以爲簪

猩猩 連江五峯山有之

刺蝟 狀似鼠而身多刺人觸之輙藏頭足其刺不可觸邇埤雅曰蝟能制虎鵲能制蝟蓋物之相制迭爲君臣如此

竹䶉 蒼色如鼠食蘆菷根鄉人亦謂

之芋豚王彪之閩中賦云竹則挑枝育虫注云育虫竹鼬也賛寧雜志云竹根有鼠亦名稚子人或竹剌入肉不可出者①啗此物立消以竹鼬食竹故消竹毒也舊志云竹鼬蒼色如鼠亦食蘆葦根故鄉人又謂之官豚

鼠狼 注山野中似鼠善捕鼠

⿰鼠吉⿰鼠令 形似鼠狼蒼黑而小毛多毳善緣蘿藤而走埤雅云栗鼠也取其毫於毛可以制筆世所謂鼠鬚栗毛者是已莆陽志謂之⿰鼠吉⿰鼠令鼠

鼯鼠 似蝙蝠而小膏療耳聵

鼴鼠 身似牛鼻似豬足短性貪飲溪水若恐不足故曰鼴鼠飲河不過滿腹

羽之屬

喜鵲 禽經云鵲俯鳴則陰仰鳴則晴人聞其聲則喜故云喜鵲埤雅云鵲知人喜皆傳枝受夘②故一曰乾鵲西京雜記云乾鵲噪而行人至

烏 純黑而反哺者曰慈烏腹白而不反哺者曰鵶亦名鸒詩曰弁彼鸒斯集傳云鵶烏也又一種似烏而小多群飛作鵶聲者曰慈鵶今謂之寒鵶

鳩 詩曰宛彼鳴鳩集傳曰鳴鳩斑鳩也陸氏曰似鶉鳩項有綉文本草云斑鵻又名斑鳩春分化爲黃

校注：①啗　②卵

褐侯秋分復爲班鳩又云黃褐侯如鳩作綠褐色聲如小兒吹竽又有一種大於班鳩而青色曰青鳩

鴝鵒似鵙而有幘勇其舌端能効人言又有白色者差小

信鳥似鵲而小能爲百禽聲忽鳴而過庭簷間其占爲有喜亦名進鳥又名信鳥

山鵲俗呼山鷓爾雅鷽山鵲註似鵲而有文彩長尾觜脚赤

郭公頭尾黑而身赤一名赤鳥

鶯詩云倉庚疏云黃鸎又名黃鸝鸝鶹黃公黃栗留昌黎詩云麥黃韻①鸝鶹東坡云若厭黃公聒晝眠歐公云黃栗留鳴桑葚熟

燕詩謂之玄鳥禮記謂之乙鳥陶隱居云胷紫身小者爲越燕胷斑黑而聲大者爲胡燕

百舌似鴝鵒而身差長無幘月令謂之百舌朝野雜記云春囀夏止張芸叟詩云學畫百禽語終無自已聲

布穀詩曰鳴鳩集傳云秸鞠也亦名戴勝即今之布穀也

啄木爾雅云鴷斲木雌褐而雄斑彖如錐長數寸常斲木索蠹食之其聲剥啄然

吉吊畧似百舌群飛鳴聒如云吉吊因以名之

畫眉白眉褐質善鳴好鬪

白

校注：①韻

頭公似雀而大頭有白點**鶺鴒**一名雝渠小鳥也飛則鳴行則搖長尾尖喙背上青灰色腹下
白頸下黑如連錢**雀**一名嘉賓言栖宿人家如賓客也又有黃色者八九月飛稻田間多至數千謂
之黃雀**鷦鷯**詩曰桃蟲釋鳥云桃蟲鷦其雌鴂陸璣曰今鷦鷯是也似黃雀而小化而爲鵰其喙
尖利如錐取茅秀爲巢巢至精密以麻紩之如刺韈然一名韈雀一名巧婦一名工雀一名女匠方言呼
扛鼓**鵙**伯勞也陳思王惡鳥論曰凡陽氣則爲仁義陰氣則爲殘賊伯勞以五月鳴應陰氣之動蓋賤
害之鳥也埤雅曰鵙善制蛇鳴則蛇結又曰服虔以爲鶗鴂是也**雉**書云華虫漢避呂后諱改名野
雞雄者有冠長尾身有文彩善鬪其羽爲翟又有一種微小於翟走而且鳴詩所謂鷮是也**白鷴**
似雉色白背有細黑文爾雅曰雗西京雜記曰漢閩越王嘗以獻高帝**竹雞**俗呼泥滑滑蓋以其
聲似之也舊志云白蟻聞其聲盡化爲水亦名越鳥**鷓鴣**形似牝雞臆前有白圓點背間有紫赤毛

鳴云鉤輈格磔飛必先南翥

杜鵑 埤雅云一名怨鳥夜啼達旦血漬草木凡始鳴皆北嚮啼苦則倒懸於樹說文所謂蜀王望帝化爲子規是也至今寄巢生子百鳥爲哺其雛尚如君臣云爾雅曰巂周閩人呼爲撥芋又曰謝豹

紅娘 丹觜翠身畧似鸚鵡

綵囊 似雞而小頂有五色囊

雷舞 蒼赤色聞雷聲即舞

鷹 一名鷞鳩蒼黑色鷙鳥也七月則取禽以祭天

鸇 似鷂青黃色燕頷①句喙嚮風搖翅乃因風飛急疾擊鳥雀食之詩曰晨風即此

鳶 鴟類鳴則將風

鶚 大如鷹蒼黑色尾稍短善擊梟鴟其種不一俊而大者俗謂之木鷄最下者羽毛麁重鼻根黃如蠟色俗謂之蠟鼻

鸛 詩注水鳥也將陰雨則鳴陶隱居云似鵠而巢樹者爲白鸛黑色曲頸者爲烏鸛或取其子則旱以能飛薄霄激散雲雨也

鴻鴈 寒露來賓及春北嚮

鵠 似鶴身白而微紅

海鶻 方言魚鷹也蒼色似鴟②戄魚而食之

鵜鶘 一名洿澤大如蒼鵝頷下有胡如囊大可容數升好群飛入水食魚俗呼海河

鷺

校注：①勾　②攫

鷥爾雅鷺舂鉏頂有長翰如絲欲取魚則弭之

鸕鷀水鄉人多畜之繩繫其頸使之捕魚蜀人謂之烏鬼杜少陵詩云家家養烏鬼是也

鸂鶒埤雅云鸂鶒五色尾有毛如船舵①小於鴨性食短狐盖溪中之勑邪逐害者陳昭裕建州圖經曰溪⿺辶鳥宿水渚先少若有②□□又其浮游雄者左雌者右群伍皆有式度

鴛鴦匹鳥有思者也雄雌未嘗相離人得其一一思而死

鳧水鳥其飛甚速

鷗南越志云隨潮上下

翡翠舊云雄赤曰翡雌青曰翠埤雅云鷸也名前爲翡名後爲翠性善捕魚故又名魚虎亦名魚師閩地所產者差小亦翡翠之類而翠不及俗呼魚狗

鵁鶄似鷺而小綠衣爾雅曰鳽畜之猒火灾博物志云鵁鶄巢於高樹子生啣其母翅飛上下埤雅云此鳥長目其睛交故有鵁鶄之號

鸀鳿溪禽似鷺而黑色

孤鷄其鳴曰姑惡晝夜不絕俗傳婦以姑虐死化爲此鳥其聲故云林諝記曰⿺辶鳩非也

呼潮色蒼似鴿潮至即鳴風雨淋漓

鷁水鳥蒼色方言謂之盧鷀

鶼鸛

爾雅曰比翼鳥似梟青赤色

鴞周禮哲蔟氏掌覆妖鳥之巢注云惡鳴之鳥若鴞鵂也賈誼云①鵬似鴞本草云其實一物入室主人當去②比鳥盛午不③□見物夜則飛鳴又有一種似鴞而小俗呼孤猿

鱗之屬凡水族之無鱗者悉附

鯉魚埤雅一名鱣鯉其當脇一行自首至尾無大小皆三十六鱗鱗各有黑點陶隱居云魚王其大者能神變

金魚其狀如鯉金紅色

鱸魚鱗細身有黑文肉白可爲膾隋煬帝謂金虀玉膾東南之佳味蓋芼之以橙縷也

蓮魚口小鱗細身扁色白其種來自江西人家池塘中多畜之又一種色紅謂之紅蓮

草魚其種亦來自江西土人畜於池塘而飼以草因名

大姑魚似鯉而差小大鱗無鯁冬月子肥味美生湖塘間

白刀魚白鱗形似刀生江河間

白魚板身肉美多細鯁大者六七尺色白頭昻可膾生江中

鯿魚板身鋭口縮項味甚肥美蘇東坡詩云一鉤歸釣縮項鯿

鯏魚亦名甜魚

烏魚色黑江海皆有之

校注：①鵬　②此　③能

鯽魚一名鮒形似鯉色黑而體促腹大而脊隆無小大皆有子鱧魚詩注鮦也鯇也鱗細有黑花文本草注云公蠣蛇所變然亦有相生者諸魚中惟此魚膽苦可食其首戴星夜則北嚮即今黑鯉魚道家以爲厭者也俗呼鱺魚盡鮐魚尾有星多穴於田塍或泥岸中鰻魚似鱓而腹大色有黃鱗本草曰鰻鱺魚善攻碕岸使輒頹圮出海中者相類而大海人名慈鰻又名猲狗魚鱔魚似蛇無鱗有黃白二種漢書鸛雀銜三鱣鱣即鱔字或作鱓陶隱居謂荇芩根所化風土記云夏出冬蟄鮎魚本草曰鮧注云即鯷魚也大首方口背青黑無鱗多涎䱀䰳似鮎而小腮邊有刺能螫人其聲䱀䰳然本草云黄①賴魚至能醒酒田瑟穴田塍間無鱗有刺彈人莆陽志謂之彈瑟泥鰌埤雅曰鰌似鱓而短無鱗以涎自染難握與魚爲牝②牲鰌字亦作鰍　已上各縣江湖池澤多産之

鰌魚其大如船舟人或相值必鳴金鼓以怖之布③末以厭之則④攸然而没不然鮮不爲其所害間有

校注：①頰　②牡　③米　④悠

艷者土人撈而鬻之刳其脂為油以灰船甚佳

鯊魚　其種不一胡鯊青色背上有沙大者長丈餘小者長三五尺鼻如鋸皮可剪為膾縷①⿰月暴其肉為脩可充方物俗呼鋸鯊　鮫鯊鼻長似蛟皮可飾劍靶俗呼錦魟　出入鯊初生隨母浮游見大魚乃從母口中入腹須臾復出　青鯊　黃鯊　大鯊　淡鯊　夾鯊　烏鰭鯊頰尾皆黑　帽鯊腮兩邊有皮如戴帽然

鯔魚　似烏魚目赤身圓口小鱗黑吳王論魚以鯔為上

鯯魚　爾雅謂之當②鮁肥美而多鯁按舊志文有鯯魚注云板身多鯁疑即鯯魚而重出也

棘鬣　似鯽③而大其鬣如棘紅紫色嶺表異④録云吉鬣蓋聲相近也

赤鬃　似棘鬣而大鱗鬣皆淺紅色

方頭　似棘鬣魚而頭方味美

鰣魚　純白色大者長數尺肥腴多鯁春末有之又一種春漲泝溪流而上月長一寸至十月盈尺者佳或云即子魚之別種

石首魚　頭大尾小金色隨其大小腦中俱有兩小石如玉諸魚中此獨不腥鰾可為膠一名金鱗又名黃瓜又有

校注：①曝　②魬　③鯽　④録異

一種小者朱口金鱗長七八寸①曰黃梅

鯩魚 形如石首而差大鱗細口紅

鯚魚 板身口小項縮肥腴而少鯁其小者俗呼鯧鯿又有金點而差厚者曰黃蠟樟

子魚 似烏魚而小冬深子盈腹其味尤珍

黃魚 身扁薄而多鯁味佳

鱖魚 巨口細鱗背上有黑斑紋

黃多魚 鱗細黃赤色

鰈沙 形扁而薄俗呼鞋底魚一名漯沙

銀魚 口尖身銳瑩白如銀條作鮓尤佳

比目 形似鰈沙鱗細色紫一目兩相比乃行南人謂之泥鞋魚江淮謂之拖沙魚俗呼為畢末魚

鯅魚 廣人呼為綿魚

鮆魚 身狹長有鬚爾雅注謂之魛魚俗呼刀魚

琵琶魚 身扁如琵琶狀

鮶魚 似鰡而目大似鯉而鱗麄能以鬣刺水蛇食之

緋魚 其色如緋

鬬潮 乘波霧集故名

⿰魚戔魚 長七八寸骨柔無鱗唐李柔入閩稱此魚為銀羹水母為玉膾

馬鮫魚 青斑色無鱗又名章鮌連江志謂之章胡魚

帶魚 身薄而長其形如帶無鱗入夜爛然有光小者俗名

校注：①曰

帶柳

鱅魚 雌生①卯雄呑之成魚青色無鱗盖庸魚也故謂之鱅俗呼松魚

魟魚 形圓如扇無鱗紫黑色尾長於身能刺人

海燕魚 有肉翅能飛水上

⿰魚規魚 一名胡夷一名河狏或謂之鮭又謂之鯸鮐本草衍義云此魚有大毒味雖珍然脩治不如法則殺人厚生者不食尤佳

白鰾 其形圓薄類錢一名金錢鰾

青鱗 俗呼青鯽

鰛魚 似馬鮫魚而小有鱗大者僅三四寸

魴鮃魚 大如毋指有五色

骰魚 細如米粒可爲鮓

鹿角魚 海物異名記芒角持戴在鼻小者髓爲鮓味甚佳大者長五②六寸許其皮可以角錯亦謂之鹿角魚

耍魚 其狀纖細又曰黃絲耍

泥猴魚 大如毋指鬚鬣青斑色生泥穴中夜則駢首朝北海物異名記云登物捷若猴然一名彈塗

章魚 腹圓口在腹下八足聚生口旁足上皆有圓文凸起紫色一種似章魚而極大居石穴中人或取之能以足粘石③蚷人曰石④又有一種曰章舉亦曰紅舉足短者曰塗婆

柔魚 似烏賊而小色

校注：①卯　②六　③拒　④缺“拒”字

紫俗呼鎖管小者曰猴染又小者曰墨斗腹中皆有墨

烏賊 埤雅曰烏鰂八足絕短集足在口縮喙在腹懷板含墨每遇大魚輒噀墨溷其波以遠害若小魚蝦過其前即吐墨涎以致之又曰墨魚

水母 博物志云狀如凝血形圓大數尺有足無①日憑蝦而行郭璞江賦曰水母蝦目海物異名記云有淡色者有白色者一名乍魚本草謂之蜡字亦作虴

蝦魁 嶺表録異云前兩脚大如人指長尺餘上有芒刺銛硬手不可觸腦殻微有錯身彎環亦長尺餘熟之鮮紅色一名蝦盃俗呼龍蝦又有一種狀如蜈蚣而大能食蝦開元遺事謂之蝦姑　已上濱海諸縣多產之

蝦 其類不一草蝦頭大身促前兩足大而長生池澤中白蝦生江浦中郡城南有白蝦浦是也　梅蝦梅雨時出洲渚間　蘆蝦相傳蘆蒂所變者　泥蝦相傳稻花所變者出田中已上俱出淡水　對蝦土人熟而乾之兩兩對插可以寄遠　赤尾蝦蝦之小者　金鈎子又小於赤尾而②涞③光珍　塗苗海物異名記謂之醬蝦細如針芒波④徒

校注：①目　②味　③尤　④旋

頊鬚若淖泥海濱人鹽以爲醬已上俱出鹹水

鯪鯉似鯉而有四足鱗甲堅厚常吐舌出涎須螻蟻滿其上乃卷而食之即穿山甲也

介之屬

黿埤雅云大鼈也大者闊可丈餘

龜有生於陸者有生於水者

鼈俗呼團魚荀子曰跬步不休跛鼈千里言鼈行蹣跚而又跛馬今其卒致千里則亦不輟馬耳故學不可以已也

蟹埤雅曰蟹行故今里語謂之旁蟹又有一種似蟹而小生水田中曰田蟹

蚌字亦作蜯又有一種曰馬刀長三四寸闊五六分以來頭小銳俱生池澤中

蜆殼黃黑色而小俗呼爲蟟出江中已上各縣江湖池澤多產之

鱟腹下有十二足殼覆身尾長有刺子大者菽豆黃色血碧色骨眼眼在背上口在腹下狀如便面劉淵林云形如惠文冠雌常負雄行韓昌黎詩云鱟實如惠文骨眼相負行

蟳似蟹而大埤雅云蝤蛑大者長尺餘隨大潮退殼一退一長兩螯至強能與虎鬭虎不如也又有斑文如虎者曰虎

蟳

蠘似蟹而大殼兩旁尖出而多黄螯銛利截物如剪因以得名

彭蜞似蟹而小似彭蜎而大晋蔡謨初渡江食之瀕於死嘆曰讀爾雅不熟幾爲勸學所誤

擁劍螯大小不牟以大者闘小者食一名執火以其螯赤故也埤雅曰一名桀步豈非以其橫行而名之歟舊志謂之揭哺子

石鹽狀如彭蜞長不及寸廣僅半之士人治以薦酒頗有風韻

千人擘舊志云狀如小蟹人盡力擘之不開海物異名記云聚刺獷殼擘之不能開二說微不同酉陽雜俎謂之千人捏

蠣房生海島石上其殼磈礧相粘如房故名嶺表録異謂之蠔山韓昌黎詩云蠔相粘爲山百十各自生又一種生海中大如杯漁者以繩繫腰入水取之俗呼草鞋蠣

車螯殼有花文肉白大者如碟小者如拳歐陽公詩云璀璨殼如玉斑斕點生花

蚶殼厚狀如瓦屋肉紫色嶺表録異云盧鈞鎮南海改爲瓦屋子名其肉曰天臠脔

蟶生海泥中大如指長可二三寸兩頭稍開

蛤形短而小殼斑駁如雕鏤按本草□

蛤文蛤一種而有新陳之異皆可入藥唐時嘗充土貢又有紫色而長大者謂之紫蛤出連江鶴嶼者勝

海紅 形類紫蛤而大

蛤蜊 殼青白色能解酒毒以蘿蔔煮之其柱易脆

螂蜆 形似蛤蜊而白合口處色黑又有一種曰蜞螂

白蛤 似蛤而小殼薄白色出福清

沙蛤 殼紫而薄中有沙俗謂之西施舌出長樂

沙虱 狀如螂蜆而殼差薄

殼菜 生海石上以苔為根殼堅硬紫色其味最珎亦名淡菜又有一種形如淡菜而小名沙箭

烏粘 狀如殼菜而絕小生石上須剗取之故名

海膽 殼圓如盂外結密刺內有膏黃色土人以為醬舊志又有石槠注云形圓色紫有刺人觸之則刺動搖疑即海膽而異其名也

石決明 附石生惟一殼無對大者如手小者如兩三指旁有十數孔或云即鰒魚王莽所食者本草圖經謂鰒魚別是一種與決明相近耳

龜脚 以形名一名石蜐生石上如人指甲連支帶肉春夏生苗如海藻亦有花故郭璞江賦曰石蜐應節以揚葩

泥筍 其形

如笋而小生泥沙中

海月形圓如月亦謂之蠣鏡土人多磨礪其殼使之通明鱗次以盖天窓本草云水沫所化煑時猶化爲水海蛤類也

石華①方言謂之石蜐文選曰掛席拾海月揚帆採石華

石帆紫黑色枝柯相動連帶不縱生海中石穴間

沙筯長尺餘玉融志云其狀如箸故又名塗釵嶺表録異云生海岸沙中春時吐苗其心若骨白而勁可爲酒籌　已上濱海諸縣多産之

螺其類不一　田螺生水田中　蕿螺似田螺差小而長已上俱出淡水　黄螺殼硬色黄其味珍黑而微刺者尤佳　米螺小粒似米肉可食　香螺大如甌長數寸其殼雜衆香燒之使益芳獨燒則臭諸螺之中此螺味最厚本草謂之甲香　紅螺肉可爲醬　鈿螺光彩如鈿可飾鏡背　蔘螺大如母指有刺味辛如蔘　稜螺殼鈿長文如雕鏤味佳　竹螺殼文麄而星脆味清香　紫背螺紫色有斑點俗謂之硏螺　鸚鵡螺狀若鸚鵡堪作酒杯已上俱任鹹水

校注：①華

蟲之屬

蛇其類不一蝮蛇蛇之中此獨胎產裂母腹而生蛇之最毒者也　花蛇好入人家
捕鼠食之　紅蛇　白花蛇　烏蛇不螫人可入藥蚺蛇蛇之絕大者　可食尾圓無鱗身有斑文如錦
纈醫家取其膽入藥即以線合其瘡縱之後遇捕者輒自見金瘡以明無膽　青竹蛇與竹①同色小而不
可化　白頸蛇　黃頷蛇　蜥蜴似蛇而四足尾青碧以五色備者爲雄而不備者爲雌生草澤中一
名蛇師一名蠑螈一名石龍子又一種喜緣籬壁間形小而黑曰蝘蜓一名守宮　鼃背青綠色韓昌
黎詩云一夜青鼃鳴到曉即此又有黃文者謂之金線鼃　黽大腹而脊②青其鳴甚壯俗謂土鴨一種黑
色俗謂之蛤子亦名水鷄土人以爲珍味又有一種名石鱗魚生山澗中亦名錦襖子又名谷蝀其味尤
珍　蟾蜍埤雅云吐生腹大背黑皮上多痱磊跳行舒遲其肪塗玉則軟刻削如蠟本草所謂能合
玉石者也又曰蝦蟇一名蟾蜍蓋蝦蟇背有黑點身小能跳接百虫善鳴與蟾蜍不類　蜈蚣多足

校注：①竹　②脊

能制蚝亦齧人

蝙蝠 類鼠而有翼晝伏夜飛一名伏翼一名飛鼠一名夜燕

建寧府

穀之屬 稻　麥　豆　脂麻

帛之屬 絲 浦城多　紅綠錦 出建陽今有濯錦橋　土綾　土紗　土

絹 俱出甌寧浦城二縣　兜絲 凡數種其學者可及湖湘間陽織出建安　腰機布 即綵布出甌寧建陽崇安三縣而浦城亦有苧布　木綿布 八縣俱出而出崇安者可及三梭

貨之屬 書籍 建陽縣麻沙崇化二坊舊俱產書號爲圖書之府麻沙書坊元季燬今書籍之行四方者皆崇化書坊所刻者也　銀 浦城松溪政和三縣出　銅 宋時出建安縣東萇里吉銅坑久廢　鉛 宋時出建安縣大挺場久廢　鐵 建安甌寧松溪政和四縣出　光粉 化鉛爲之久廢

糖出建陽崇安二縣　蜜八縣皆出浦城建陽崇安三縣尤多　黃蠟　白蠟取蠟虫種於冬青樹至秋結蠟纏遶枝上如雪乃採而為之出浦城崇安二縣　藍澱八縣俱出　紅花

綿花出浦城松溪二縣亦不多　苧出建安甌寧浦城松溪崇安政和六縣　紙出建陽浦城崇安三縣又有稻稿紙出松溪　紙被以楮樹皮為之陸放翁詩紙被圍身度雪天白於狐腋煖於綿出甌寧建陽松溪崇安四縣　墨出甌寧建陽　茶八縣皆出而龍鳳武夷二山所出者尤號絕品宋蔡襄有茶錄

漆汁黏黑可飾器者出浦城建陽崇安三縣然亦甚少　油其品不一梓油用梓子壓之者即茶油也出浦城建陽崇安三縣桐油出建陽崇安二縣①柏油出浦城松溪崇安三縣　椶櫚出建陽縣　椶帽結椶為之出甌寧　草席出松溪　兔毫盞出甌寧之水吉蔡君謨茶錄云建安所造黑盞紋如兔毫其毫色異者土人謂之毫變盞價甚高且艱得之今其窯久廢不復

校注：①柏

有矣鐬瓦以泥為器用而燒熟者出建安甌寧甆器出松溪又建陽亦有碗窰

蔬之屬芥　蘿蔔　白菜　油菜　芥藍　萵苣

菠薐　苦蕒　莙薘　茼蒿　園荽　胡蘿蔔　莧

蕨　茄　瓠　芋　冬瓜　稍瓜即越瓜也　筍　香蕈

紅菌俗呼朱菰即胭脂菰也　薯　山藥　紫薑　葱　韭　薤

蒜　蔊菜生泉石間味極辣朱晦菴和劉屛山食蔊詩云小草有辣性託根寒澗幽懦夫曾一

嘬感憤不能休　水芹　蓴菜

果之屬柑　橙子　香櫞　柚　橘　金橘　桃

李其品不一有紫李黃李又有黃白李　杏　林檎　柰　棗　梨　石

榴 柿 櫻桃春花夏實大如珠顆紅色禮記謂之含桃 栗 榛子似栗而小

楊梅 枇杷 木瓜 銀杏 胡桃 榧子 毛栗似北榛產於崇安縣五夫里相傳以為翁中丞所遺之種浦城間亦有之 香橙 梧桐子九月熟 株子其類不一銀株大如栗米株巖株已上味俱甜苦株味甜苦 山棗味酸甜與上株子俱出建陽縣 蒲萄 蕉 西瓜 黃瓜 白瓜 枕瓜秋生其形如枕可久留出崇安五夫里其種相傳劉丞相自外邦傳來者 香瓜色黃實小如西瓜而長 土瓜 鮮葛 蓮 菱角 藕

藥之屬 薏苡 黃精 地黃 天門冬 麥門冬

紫蘇 薄荷 蒼耳 天南星 車前子 栝樓

香附子　商陸　香薷　牛膝　益母草　乾葛
紫背草　荊芥　桔梗根畧似人參黃白色　萹蓄春中布地生莖節赤葉細
綠如竹花亦甚細青黃色好生道傍可食　馬兜鈴藤繞樹生葉如山芋花黃紫色子狀如鈴作四
五瓣根名雲南根亦名土青木香　穀精草春生穀田中葉細花白而小圓似星又名戴星草二
三月採花用　柴胡　澤瀉叢生淺水中葉似牛舌獨莖而長花白色　黃連葉如小雉
尾草經冬不凋　絡石葉圓如細橘正青冬夏不凋花白子黑其莖蔓延莖節著處即生根鬚包絡石
上故名　蛇床子葉青碎作叢似蒿枝每枝有花頭百餘結同一窠似馬芹類開白花子如黍米
至輕虛　玄參葉似脂麻又如槐柳細莖青紫色開花青碧色子黑色　前胡似茈胡而柔軟
大小薊葉並多刺相似但大薊高三四尺葉皺小薊高一尺許葉不皺爲異小薊初生時山野人

多取爲蔬薑黃葉青①□□一二尺許闊三四寸有斜文②□紅蕉葉而小花紅白色根盤屈類生薑而圓白朮葉大而有毛甜而少膏芎藭蘼蕪也生山谷間吴茱萸茯苓黄蘗枳殼一曰枳實葉似橘而小多刺金櫻子厚朴木高三四丈徑一二尺葉如槲葉紅花而青實皮極鱗③皺而厚紫色烏藥木似茶高丈餘一葉三椏葉青陰白根黑褐色磁石俗呼攝針石按政和縣志出東衢里黃谷山雲母石按政和縣志出感化下里慶元縣界石南藤左纏藤花名金銀花

木之屬松栢杉樟楠欏桐有二種油桐梧桐即有實者④上人取以充果梓枳椇詩謂之枸樹高大似白楊有子着枝端大如指長數寸味甘能解酒毒人家有此樹則醞酒不成亦名木蜜建陽謂之皆拱子崇安謂之蕪勾相思桑

校注：①綠長　②如　③皺　④土

柘 烏桕 冬青 槐 楊 柳 榆 楓 儲

楝 朴 白楊 柞 黄楊 白斷藤 鈎鈎藤

紫荊藤

竹之屬

猫竹 江南竹 斑竹 紫竹 黄竹小而黄色

苦竹土人以作紙者 石竹 筋竹 箭竹 方竹 秋竹

釣絲竹 綿竹謂其軟如綿故名 水竹 火竹用以取火 白眉竹土人以作筆管者

長壽竹出崇安縣黄亭 鶴膝竹楚瘦節大可以為杖笋味甚美 瀟湘竹 人面竹其幹與常竹無異惟兩節間突起如人面可以為杖 毛竹出武夷毛竹洞每竹生數節每節旁出一幹幹之巨細與根等土人多以①□杖 觀音竹幹細而葉小土人多

校注：①杖

盆植爲玩

花之屬

梅　山茶崇安有一種白色而千葉者香可人盖茶花中之絕品也　□①海棠　荼蘼　薔薇　金沙　佛桑　木槿　長春　麗春花似長春而差大三月開　杜鵑　玉樓春即百葉梔子花也　紫薇　茉莉　素馨　芙蓉　桂花　紫荊　含笑　鳳尾　棣棠　凌霄　矮桃有重瓣者花而不實　剪春羅秋開者名剪秋羅　潑雪冬開白花　牡丹　芍藥　菊　蘭　萱　蜀葵　玉簪　百合　雞冠　金鳳　繡毬

草之屬

蒲　茭　蓼　蘋　藻　浮萍　茅　蘆

校注：①清

管　龍牙　虎耳　觀音

畜之屬　馬　牛　驢　騾　羊　猪　犬　猫　鷄　鴨　鵝　鵓鴿

毛之屬　虎　豹　熊　鹿　麞　麂　兔　豺　猴　猿　狸（有二種玉面狸九節狸）　狐　獺　山犬　野猪　豪猪　竹鼦（俗號土豚）　山⿰犭軍（狀如鼠其毛方俗呼毫鼠腊而食之甚香美）

羽之屬　鵲　烏　鳩　鴝鵒　山鵲　鷺　燕　百舌　啄木　畫眉　白頭公　鶺鴒　雀　雉　白鷴　錦鷄　竹鷄　鷓鴣　子規　鷹　鷂　鶻□①□②

校注：①鷙　②鳥

也鸛 鷺鷥 鸕鷀 鸂鶒 鴛鴦 梟 鷗 翡翠 鴉俗呼古鼎

鱗之屬 鯉魚 鰱魚 草魚 鯿魚 鱖魚 鱱魚 身長鱗白 圓眼魚口尖眼圓而赤 鯖鯷背青身長即青魚也 鱅魚 鰻魚 鱓魚 鮎魚 䱀⿰魚乚 泥鰍 抱石魚出於山溪背偃而腹平其大如指常貼於石上土人取之爲腊 鯪鯉

介之屬 龜 鼈 ⿰虫鮮 蚌 螺螄

蟲之屬 蛇 蜥蜴 鼃 黽其類不一□田鷄即水鷄也□石鱗 石蛤狀類田鷄而①□皮黃色俗呼爲黃蛤味極美 蟾蜍 蜈蚣 蝙蝠

校注：①大

八閩通誌卷之二十五

八閩通誌卷之三十六

食貨

物產

泉州府

穀之屬 稻 粟 黍 穄 麥 豆 脂麻

帛之屬 土絹 綿布（俱出晉江南安同安三縣） 苧布（七縣皆有之） 北鎮布（績苧爲之極佳出惠安縣北鎮因名） 蕉布 葛布（俱出南安同安德化永春安溪五縣）

貨之屬 鐵（同安安溪永春德化四縣出舊有場） 鹽（晉江惠安同安三縣出有場） 糖（俱出晉江南安同安惠安四縣） 蜜 蠟 藍澱 紅花（出同安惠安二縣） 茶（七縣

皆有而晉江清源洞及南安一片瓦產者尤佳**香茶**一名孩兒茶其法用腦麝諸香和而成之味芬性凉泉物產之奇者也**油**麻油俱出晉江南安同安安溪四縣桕油茶油俱出德化永春安溪三縣桐油**吉貝**一名木綿花宋林夙詩王腕竹弓弾吉具①石灰荖葉迭換擲泉南風物良不惡只欠龍津稻子香**苧**　**青麻**　**黃麻**俱出南安同安安溪三縣**青椒**即花椒也**萞麻子**已上七縣俱有出**薯榔**莖蔓似薯根似何首烏色黑肉紅可染**篛葉**似竹葉而大舟人以絮蓬者**白磁器**出德化縣

蔬之屬

菘　芥　白芥　蘆菔　白菜　油菜　莧　芥藍　萵苣　蕹菜　菠薐　苦蕒　莙薘　同蒿　胡荽　蕨　茄　匏瓜　芋　冬瓜　絲瓜　薯　薑

校注：①貝

山藥 葱 韭 薤 蒜 水芹

菓之屬

荔枝 藍家紅其品爲郡第一法石白出法石院色青白其大次於藍家紅已上見蔡襄荔枝譜 大將軍宋棄廷珪嘗植諸品於圃王十朋第之以此爲冠詩云別有深紅覇園圃郡中呼作大將軍 七夕紅十朋詩云宅堂荔子無名字自我呼作七夕紅已上見郡志 桂林俗呼野種 金鍾 揚師姑此品俱多穪核已上三品今所稱者

龍眼 諸縣皆有郡中尤盛葉廷珪詩云形如玉彈圓差大味似江珧柱最珍王十朋詩云實如益智元非藥味比荔支真是奴

柑 鳳柑 珠榴柑 先柑先諸柑而熟俗日仙柑 青柑

香櫞

橘 鳳橘 蜜橘 金橘 洞庭橘 珠榴橘 金豆

桃 紅桃 合桃 苦桃 金桃 銀桃

李 紫李 胭脂李 紅李 粉李 蜜李

林檎

梨 青消梨 黃消梨 萊梨 徇梨 鵝梨

石榴

柿 鍾柿 紅柿 猴柿

棗

栗　羊桃　枇杷　橄欖　楊梅　黄彈子　木瓜　松子大明一統志以爲泉州土産今無　冊粘子一名倒粘子俗呼逃軍粮味甜可食　蒲萄　西瓜　黄瓜　甜瓜　蕉　蔗　蓮　鷄頭　菱

藥之屬

芙蒥俗名荖葉蔓生葉如薯而差大味辛香土人取其葉合梹榔并蚶殻灰食之温中破痰消食下氣出晉江縣　菖蒲　天門冬　麥門冬　艾　紫蘇　薄荷　蒼耳　茴香　蒔蘿三四月生苗六七月採實味辛香可和五味殺魚肉毒　天南星　牽牛子　車前子　括樓　香附子　香薷　決明子　荊芥　葛根　半夏　覆

盆子蓬虆實也苗短不過尺莖葉皆有刺花白子赤黄如半彈丸大其下有莖承之如柿蒂狀味甘酸俗謂之苺　木鱉子蔓生狀如括樓而極大生青熟黄實上有刺核如小鱉　枸杞

吳茱萸　食茱萸其木高大有長及百尺者枝莖青黄上有小白點葉正類油麻花黄子如吳茱萸而顆粒較大　金櫻子　使君子　丁公藤

木之屬

松　栢一　檜　杉永春最盛安溪德化次之也人生女課種百株木中梁棟其女及笄藉爲奩資焉　樟　櫲　椿　水綿　梧桐　相思

桑　柘　烏桕　槐　楊　柳　楓　榕　楮

柯木脩直可作船又欒子名榛子　苦楒即株大也子名苦榛可食　羅漢松　桄

榔　椶櫚　荔枝藤蔓纏山樹間色紫　吉兆藤

竹之屬　猫竹　江南竹堅直可作魚篭筍甘美又名小竹　慈竹　斑竹　紫竹　苦竹　石竹　筋竹　箭竹　方竹　筆竹筍夏生　雪竹似猫竹筍秋生　槌竹肉厚而竅小　綠竹　鳳尾竹　蘆竹叢生溪澗下濕之處　瀟湘竹　釣絲竹　人面竹

花之屬　刺桐木類梧桐有刺夏初開花殷紅爛然　梅　山茶　海棠　酴醿　薔薇　佛桑其重瓣者土人呼爲鶴頂　木槿　長春　麗春　杜鵑　山丹　山梔　紫薇　指甲花一名七里香樹婆娑畧似紫薇葉如碎珠紅色花開又如蜜色清香襲人以置髮間久而猶香其葉搗和塩以染指甲甚紅　茉莉　素馨郡人傳①伯成詩昔日雲鬟鎖翠屏只今烟冢伴荒城香魂斷絶無人問空

校注：①傅

有幽花獨擅名注云素馨南漢宮女名 闍提 芙蓉 巖桂 瑞香

紫荆 含笑 鳳尾 棣棠 鷹爪 牡丹出德化縣 芍

藥 菊 蘭 萱 蜀葵 水仙 玉簪 雞冠

滴滴金 金鳳 金錢 罌粟其實土人以充果品 漢宮春花色

金黃罌似滴金而美春①末夏初開 石竹 紅荳冦

草之屬 蒲 蓼 茭 蘋 藻 浮萍 燈心 茅

畜之屬 馬 牛 驢 騾 羊 猪 犬 猫 雞

鴨 鵝 鵓鴿

毛之屬 虎 豹 熊 鹿 麞 麂 兎 豺 猴

校注：①末

猿　狸　狐　獺　山犬　野猪　豪猪　兕似牛一角青色其皮堅厚可以制鎧　刺蝟　竹䶉

羽之屬　喜鵲　烏　鳩　鴝鵒　信鳥　山鵲　鶯

燕　百舌　啄木　畫眉　白頭公　鶺鴒　雀

鴟　雉　白鷴　鷓鴣　鷹　鳶　鷄　鸛　鷺

鸂　鴛鴦　水鴨即鳧也　鷗　翡翠

鱗之屬　鯉　鱸　鯽　鰻　鱓已上各縣江湖池澤多産之　丁斑魚生坑谷間長①僅二三②言善③閙相遇輒腮鬣怒張展轉交噬移時不釋鄉人多畜之以角勝負　鯊

虎鯊身有虎文　雙髻鯊頭如木枴蓋即帽鯊也

④□鯊　狗鯊其頭似狗　烏髻鯊　黃鯊食百魚大

校注：①僅　②寸　③鬭　④鋸

者五六百斤①則漁身②匾貼沙而行大者不過二三斤鮫鯊鬐鬣福州志謂之棘鬣烏□③似鯽而大尾鬐鬣俱黑色石首魚鱠魚黑白二種尾如燕④□形扁而闊⑤未美蓋即⑥□魚也子魚宋郭祥正詩仙魚通印勝鷄炙鱖魚銀魚馬鮫白帶亦名帶魚魟魚本志字作鮏飛魚頭大尾小有⑦翅一躍十餘丈海燕章魚本志謂之望潮石拒鎖管烏賊蝦魁已上濱海諸縣多產之蝦其類不一鹹淡水俱有之

介之屬

龜鼈蟹已上各縣江湖池澤多產之鱟蟳蠘

蠣車螯江珧柱亦名馬甲柱海物異名記云其甲美如玉郭璞江賦謂之玉珧王安石詩云草舉馬甲柱固以⑧軽羊酪蚶蟶蛤蛤蜊西施舌

校注：①側　②扁　③鯃　④尾　⑤味　⑥鰌　⑦翅　⑧輕

形似蛤蜊而大味甚佳 土銚 一名沙屑殼薄而綠色有尾白色味佳① 空豸 似蛤而小殼薄白色一名泥星 蛤青 似蚌②而殼薄味最佳 紅綠 似蛤而差小色紅綠味美 龜脚 本志又名仙人掌 吐鐵 殼似螺而薄一名泥螺 螺 花螺有斑點　香螺　海螄螺　鵁鶄螺青褐色　鸚鵡螺　粒螺大如指殼扁紅黑色上有斑點肉肥軟如機因名

蟲之屬

蛇 蜥蜴 鼃 黽 蟾蜍 蜈蚣 蝙蝠 斑猫 豆葉上甲虫也甲上有黃黑斑文如巴豆大 螽斯 蝗類青色長角長服能以服相切作声性和集一生九十九子

漳州府

穀③之屬

稻 成化初邵人有成④雲南者得安南稻一種五月先熟米白餘⑤我司福州

校注：①佳　②蚌　③穀　④戍　⑤并同

黍 麥 豆 脂麻

帛之屬 紬 木綿布 苧布 青麻布 蕉布 葛布

貨之屬 銀龍巖縣出 鐵龍溪龍巖二縣出 水晶漳浦縣大帽山及梁山俱出掘之至水乃得亦無大者 鹽龍溪縣出 糖 蜜 蠟 紅花 礬煮石而成出南靖縣青寧里 紫草 青麻 黃麻俱可為布 紙 茶 油茶油麻油菜油桐油青麻子油 樟腦出長泰縣

蔬之屬 芥菜 萊菔 白菜 油菜 芥藍 萵苣 蕹菜 菠薐 苦蕒 莙薘 同蒿 胡荽 牛

唇菜蔓生葉圓子黑色 蘭香有香似蘭 茄 瓠 芋 冬瓜 絲瓜 筍 木耳 薯蕷 薑 葱 韭 薤 蒜 水芹 溪菜生海溪會流處如紫菜其色青 赤菜鹿角菜之細者 海苔綠色如亂絲狀生海石上可食

菓之屬

荔枝何家紅樹在郡人何氏家故名見蔡襄荔枝譜及曾鞏荔枝錄火山本出廣南四月熟味甘酸而肉薄郡所産者絶勝中半五月熟其品亦佳陳家虎皮斑瓤厚核如丁香味美而香郡人品題以爲第一陳紅水團太綠小綠余家綠俱名品也已上見舊志 龍眼 柑朱柑色朱而澤味甜而香爲諸柑之冠乳柑興福間亦有之而漳地尤宜先柑白柑花香皮薄亦曰銀柑胡蘆柑有臍蓋乳柑之別種也 橙 香櫞 橘朱橘綠橘山橘

綱痺果沙橘金橘金豆 桃 李 林檎 梨 石榴 椅
棗 栗 羊桃 枇杷 橄欖 黃彈子 木瓜
銀杏 餘甘 山核桃 倒粘子 蒲萄 荳蔻
州中所出者佳 蕉 西瓜 刺瓜即黃瓜也 蓮 鷄頭 芰
藥之屬 芙蒥藤 黃精 石菖蒲 地黃 天門冬
麥門冬 艾 紫蘇 蒼耳 茴香 萆麻子
牽牛子 車前子 括樓 香附子 決明子 羊
蹄 木鱉子 覆盆子 蛇床子 高良薑春生莖葉如薑
苗而大花紅紫色 苦參苗高三二尺許葉極似槐春生冬凋其花黃白七月結實作莢子如小豆

根極苦一名地槐一名水槐卷柏春生苗似柏葉而細碎拳攣如鷄足青黃色高三五寸無花實
多生石上雖甚枯槁得水即蒼翠俗呼長生不死牛蒡子本草謂之惡實葉如芋而長實似蒲
萄核而褐色外殼如栗梂小而多刺鼠過之則綴惹不可脫故又謂之鼠粘子根可作菜茹忍冬
花藤生繞覆草木之苗莖赤紫色葉上下微有毛花黃白相間凌冬不凋俗名金銀花又名金釵股又
名老翁鬚猴薑根生大木或石上引根成條上有黃毛及短葉附之又有大葉成枝面青綠色有青
黃點背青白色有赤紫點無花實惟根入藥本草謂之骨碎補又名胡孫薑拘杞金櫻
子蒴藋使君子黃蘗皮枳實桑螵蛸

木之屬松柏檜杉樟楠水綿桐
梓相思山綿色黃白畧如杉可為棟宇梨可為器用之類桑柘

冬青 槐 椒 皂莢 柳 榕 楮 金荊 黄

楊 羅漢松 桄榔 吉兆藤

竹之屬 猫竹 慈竹 斑竹 苦竹 石竹 箭竹

筀竹 雪竹 綠竹 含竹 長枝竹絲之可以爲器 瀟湘

竹 桃枝竹叢生石間可以爲杖節間相去常四寸亦謂之桃筀言可爲簟又謂之蒲葵竹

以其葉如樓也 金絲竹紋如金絲故名 金釣竹其尾下垂如釣

花之屬 梅 紅梅花百葉郡人陳克聰①詩云雪態冰容意自佳誰將腊粉點香霞黄昏

淡月前村路幾悞行人問酒家 山茶 海棠有千葉者 佛桑 木槿 長

春 山丹 山梔 紫薇 茉莉 素馨 木芙蓉

校注：①聰

巖桂　瑞香　紫荊　含笑　大笑青苞粉蘂白英香聞數十步有四時者其花差小而香嫩　郁李一名車下李一名御園李　碧桃　緋桃花俱千葉

鳳尾　御帶　鷹爪　菊　蘭　萱　蜀葵　玉簪

百合　鷄冠　金鳳　金錢　金燈

草之屬　蒲　茭　蓼　蘋　藻　浮萍　茅

畜之屬　馬　牛　驢　騾　羊　猪　犬　貓　鷄

鴨　鵝　鵓鴿

毛之屬　虎　熊　鹿　麞　麈似鹿而大其尾辟塵以置幘帛中能令歲久紅色不黦又以拂氈令氈不蠹　猿　猴　狸　狐　獺　豪猪

野猪

羽之屬 喜鵲 烏 鳩斑鳩 青鳩 綠鳩似班鳩而小身綠嘴足紅 鴝鵒 鶯 燕 布穀 吉吊俗呼噪林鳥 畫眉 白頭公 鶺鴒 雀 雉 白鷴 錦雞羽毛有白圓點嗉藏肉綬天晴則徐舒其綬人謂之吐錦 竹雞 鷓鴣 鷹 鷂 鸛 鸕鷀 鷺鷥 鷗 翡翠

鱗之屬 鯉 鱸① 烏 鱧 鯽 鰻 鱓 泥鰍已上六縣皆有一產池澤中 海鰌 鯊胡鯊帽鯊出入鯊鮫鯊 鯔魚 鯯魚 棘鬣 赤鬃 方頭 時 魣 子魚 黃魚 鱖

校注：①鱸

鰈沙　銀魚　鮆魚　烏頰　魣鱺之別種　黃鱨鬐黃色

鱴　馬鮫　帶魚本志作白魚　魟本志作魛　海燕　⿰魚規本志作鮭　黃

雀似鯽魚而小　青鱗魚　鹿角魚　泥猴　章魚　石拒

鑽管　烏賊　水母　蝦魁　蝦　蝦姑

介之屬

黿　龜　鱉　蟹　蜆出溪水中亦名蛸太守舒雄憶漳南詩六①月北溪蛸已上六縣俱有產池澤間　鱟　蟳　蠘　彭越　彭蜞　盧

鶬　揭哺　蠣房　車螯　江珧柱　蚶　蟶　蛤

蛤蜊　蝍蜆　空豸　淡菜　烏粘　龜脚一名石蜐②

海月　石華　螺田螺　馬蹄螺　研螺　紅螺　棱尾螺　香螺　花螺　蓼螺　已

校注：①六　②磡

上叅出於龍溪漳浦

蟲之屬　蛇　蠹　黽又有水雞谷螓　蟾蜍　蜈蚣　蝙蝠

汀州府

穀之屬　稻　粟　麥　豆　脂麻

帛之屬　紬　綃　綾　苧①布　麻布　蕉布　葛布

貨之屬　金上杭縣出　銀長汀寧化二縣出　銅　錫俱長汀縣出　鐵長汀上杭寧化三縣出　糖　蜜　蠟　藍澱②　茶　油麻油　桐油　茶油　桿子油已上八縣俱出　蕈　紙　降真香已上俱連城縣出　漈清流歸化二縣出

蔬之屬　芥　蘿蔔　菠薐　苦蕒　萵苣　莧　蕨

校注：①苧　②澱

茄　瓠　芋　冬瓜　絲瓜　笋　薯　山藥
薑　葱　韭　薤　蒜　水芹
菓之屬　柑　金橘　桃鶯觜桃小桃色皆半紅　李青李紅李紫李珎珠
李　花紅　柰　梨　石榴　柿　栗　枇杷　楊
梅　①櫨本草謂之楨櫨木葉花實酷類木瓜欲辨之看蔕間别有重蔕如乳者爲木瓜無此者爲
楨櫨也　葡萄　蔗　西瓜　王瓜　蓮　菱
藥之屬　黄精　石菖蒲　地黄　麥門冬　薑黄
苦參　艾　紫蘇　薄荷　天南星　牽牛子　車
前子　香附子　香薷　荆芥　何首烏　牛膝

校注：①櫖

半夏 猴薑 黃蘗 黃連 蒔蘿 茯苓 五倍子其木青黃色七月結實無花初青至熟而黃內多虫一名百虫倉又名文蛤 茱萸

木之屬

松 柏 杉 樟 楠 桐 桑 烏桕 冬青 槐 檀 楊 柳 楓 槦 楮 櫧 欆

竹之屬

猫竹 江南竹 紫竹 黃竹 苦竹 實竹可剖爲器用 筋竹 赤竹節長可爲箭 筀竹 蒜竹

花之屬

梅 山茶 海棠 酴醾 薔薇 木槿 長春 山丹 梔子 玉樓春 茉莉 木芙蓉 巖桂 紫荊 芍藥 菊 蘭 萱 蜀葵 玉簪

鷄冠 鳳仙 寶相

草之屬 蒲 蔘 蘋 藻 浮萍 茅

畜之屬 馬 牛 驢 騾 羊 猪 犬 猫 鷄

鴨 鵝 鵓鴿

毛之屬 虎 豹 鹿 麂 兎 猴 猿 狸 獺

山羊 山馬 野猪 毫猪 竹䶉

羽之屬 喜鵲 烏 鳩 鶯 燕 百舌 啄木

畫眉 雀 雉 錦鷄 鷓鴣 杜鵑 伯勞 鷹

鶚 鸛 鷺鷥 鸂鶒 鴛鴦 翡翠

鱗之屬 鯉 鰱 章 鯽 鰻 鱓 黄顙疑即鮎也 鰍

鰕八縣俱有之産池澤中 鯪鯉

介之屬 龜 鱉 蚌 田螺

蟲之屬 蛇 鼃 黽又有石①蜦即石鱗也 蜈蚣 蝙蝠

延平府

穀之屬 稻 粟 麥 豆 脂麻

帛之屬 木綿布 白苧布各縣俱出將樂尤佳 葛布

貨之屬 銀南平將樂尤溪沙四縣出今無 銅尤溪沙二縣出 鐵南平尤溪二縣出 糖

蜜 黄蠟 白蠟 綿花 苧麻 葛 椶毛

校注：①蜦

茶各縣俱有出南平半岩者尤佳 紙各縣俱有出順昌縣者尤佳 紙被 油桊油桐油

桕油 滷水石出南平縣宋葉夢得避暑録云石有三種其一出滷水可為硯雖細潤而不甚發墨

花孜石出南平縣色青紋白有山水禽魚狀可為硯為屏世傳產黯淡灘湍下故不易得 大明

一統志謂之花紋石

蔬之屬 葷 芥 蘿蔔 白菜 芥藍 萵苣 蕹

菜 菠薐 苦蕒 莙薘 同蒿 胡荽 莧 葵

菾葉圓似葵花葉俗呼奇菜 烏藤葉稍似當歸根熟色黑 蕨 茄 匏瓜 芋

冬瓜 折筍或云接筍大如拇指長四五寸生於南平縣新興里高山上山下有澗泉土人

取筍浸泉中一夕其色白味佳郡人用以餉賓為筍之最 香蕈 薯 薑 葱

韭 薤 葫大蒜也 水芹

菓之屬 香櫞 柚 橘又有金橘南平沙二縣尤多 桃又有矮桃俗呼道州桃 櫻桃 李 梨 石榴 柿 栗 枇杷 楊梅

銀杏 葡萄 西瓜 黃瓜 土瓜 蓮 菱

藥之屬 黃精 地黃 天門冬 麥門冬 紫蘇

薄荷 蒼耳 茴香 天南星 馬鞭草 黑牽牛

車前子 栝樓 香附子 常山俗呼甜葉 何首烏

茯苓 吳茱萸 枸杞

木之屬 松 柏 檜 杉 樟 桐 相思 桑

桕　冬青　槐　椒　皂荚　楊　柳　楓　榕

楝　檉　椶櫚　沙羅樹高丈餘幹直葉如天竹叢生於顛而圓覆類傘盖土俗祭厲時取二株樹於壇前因呼孤鬼①樹

竹之屬

猫竹　江南竹　紫竹　緑竹夏笋可食土人重之饋送不過四五莖而已　黄竹　石竹　苦竹　綿竹　秋竹　人面竹

花之屬

梅　山茶　海棠　酴醾　木槿　長春　杜鵑　山丹　山梔　茉莉　素馨　千葉榴　木芙蓉　瑞香　含笑　蕣　蘭　萱　蜀葵　玉簪

校注：①魂

滴滴金　鳳仙

草之屬　蒲　蘋　蓼　萍　葭　茅　長生草採之懸於梁不用滋培彌歲長青　青蒿味涼土人以重陽日取而乾之煎湯服以辟暑氣

畜之屬　馬　牛　驢　騾　羊　猪　犬　猫　鷄

鴨　鵝　鵓鴿

毛之屬　虎　豹　熊　鹿　麞　麂　兎　豺　猿

猴　狸　狐　獺　山羊　野猪　豪猪　鼠狼

竹䶉

羽之屬　喜鵲　烏　鳩　鵪鶉　山鵲　鶯　燕

布穀 啄木 畫眉 白頭公 伯勞 雀 蠟嘴其啄黄色 太平鳥 提壺其鳴若云提盧葫 白練雀似雀而差太①一白一黄有黑斑尾長 雉 白鷴 鷓鴣 鷹 鷄 鸛 鷺鷥 鸕鷀 鸂鶒 鳧

鱗之屬 鯉 鱸 鱖 鯿 鯽 白魚色白可鱠 黄顙 黄尾魚似鯉而尾微黄食之微有土氣 鰻 鱓 鰍 蝦 鯪鯉

介之屬 黿 鼈 蟹 螺

蟲之屬 蛇 龜 鼉又有石鱗 蜈蚣 蝙蝠 螽斯

邵武府

校注：①大

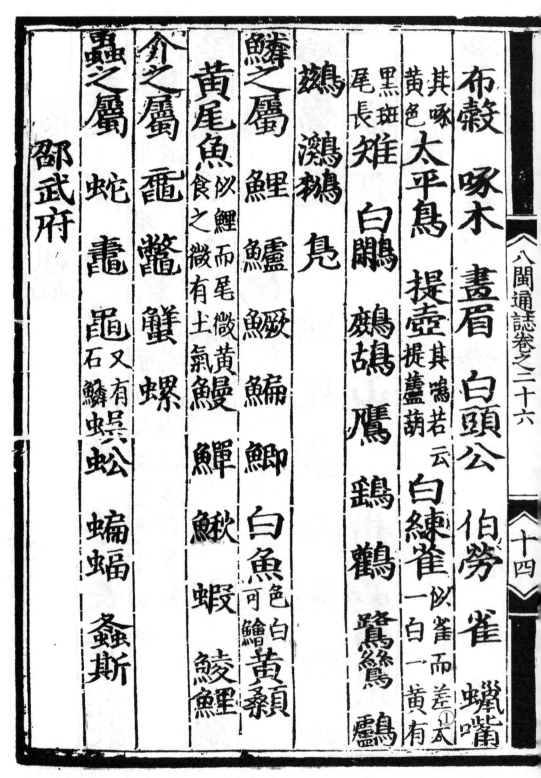

穀之屬 稻 粟 黍 麥 豆 脂麻

帛之屬 苧布 四縣俱有而泰寧爲多 葛布 出建寧縣永城開山二保

貨之屬 銀 出光澤泰寧建寧三縣宋時有場今廢 銅 出邵武縣今無 鐵 出邵武光澤二縣鑪今廢 鐵絲 亦名針條 苧 漆 俱出泰寧縣 竹紙 楮衾 即紙被俱出邵武縣 茶 光澤泰寧二縣爲多 茶油 邵武建寧泰寧二縣尤多 蕨粉 歲飢人多賴以濟 椶 毛 光澤邵武二縣爲多 銀硃 舊志云故老相傳譚山出朱紅得三樵水濯之其色尤鮮今無煎煉者 白磁器 出邵武青雲窰泰寧際口窰建寧蘭溪窰而以泰寧際口者爲勝 琉璃 郡城 舊有一二家能造之法用黃石焇硝之類陳①成今無 石灰 煉石爲之 薑黃 出邵武縣一都

蔬之屬 芥 蘿蔔 白菜 油菜 芥藍 萵苣

校注：①煉

蕹菜　菠薐　苦蕒　蒿蓬　胡荽　莧　䓬　蕨其根即可爲粉者

茄　瓠　葫蘆　芋　冬瓜　絲瓜　笋

蕈　菌一名地蕈熟可食生則毒人中其毒者用生脂麻擂酒服之即愈　薯　薑

葱　韭　薤　蒜　荇菜詩集傳云接余也根生水底莖如釵股上青下白葉紫赤圓①徑寸餘浮在水面可爲葅

菓之屬

橙　柚　金橘　桃紅桃　白桃　水蜜桃味最佳亦少有也　李麥李與麥同熟　胭脂李　赤皮李　黃蠟李　青葱李色青色　杏　林檎　櫻桃

梨梳梨大而長　糜梨　消梨　鐵褁蜜其色黑而肉實味極長　石榴　柿

棗　栗　榛　枇杷　楊梅　木瓜　甘蔗　西瓜

校注：①徑

黄瓜 土瓜 蓮 菱角 茨菰 凫茨

藥之屬 薏苡仁 菖蒲 天門冬 麥門冬 烏藥 紫蘇 蒼耳 萆麻子 五味子春初引赤蔓於高木葉尖圓似杏葉三四月開黄白花類小蓮花七月成實如豌豆大生青熟紅紫色 車前子 括樓 山藥 香附子 牛膝 芎藭苗 蒟蒻苗葉酷似天南星但莖斑花紫爲異耳蜀人取以作醬味酢美 香薷 枸杞 茱萸 金櫻子 使君子 五倍子

木之屬 松 栢 檜 杉 樟 楠 桐有①□□油②□□桐其實視建寧諸郡爲多 梓 桑 柘 烏桕 冬青 ③□□

校注：①二種　②桐梧　③槐皂

莢柳　楓　櫧　梘按本志似棟①而葉②□□櫧染烏子曰象汁可食□　③□□

櫟　櫱　黄楊　櫻櫚

竹之屬　猫竹冬笋不出土味最佳春笋乃能成榦　江南竹笋可生食　筆竹

篠竹　苦竹　甜竹　黄蠟竹最堅實筍味亦最佳　方竹

花之屬　梅　山茶　蠟蒂花深紅頗似紅梅先花後葉隆冬開　薔薇

木槿　杜鵑　山丹　欲留春即玉樓春　茉莉　素馨

木芙蓉　木犀即桂花也　瑞香　郁李　凌霄　牡丹

芍藥　菊　蘭　萱　蜀葵　扁竹　鷄冠　滴滴

金　金鳳　碧霞叢可一二尺花細而④邑白

校注：①楝　②小可　③楝櫟　④色

草之屬 蕙 吉祥

畜之屬 馬 牛 驢 騾 羊 豬 犬 猫 雞

鴨 鵝 鵓鴿

毛之屬 虎 飛虎似猫而翼亦少① 豹 熊 豺 鹿 麞

兔 猿 猴 狸俗呼菓子狸 狐 獺 山犬俗呼山黄狗 野

豬 豪豬 山牛毛如小牛角短如黄牛 刺蝟 竹鰡俗名土豚

羽之屬 喜鵲 烏 斑鳩 青鳩 鴝鵒 山鵲

鶯 燕 百舌 啄木 畫眉 白頭公 ②鶞鴒

雀 鵙 雉 白鷴 錦雞 竹雞 鷓鴣 杜鵑

校注：①小　②鶺

鴿　鶉　練鵲　鷹　鳶　鷂　鶻　鸛　鷺鷥

鸕鷀　鸂鶒　鴛鴦　梟　鷸

鱗之屬

鯉　鰱　草魚仲春取子於江曰魚苗畜於小池稍長入①葦塘曰葦②鰱可尺許徙之廣池飼以草九月乃取　鯽　鱖　青魚背正青色　鱒爾雅曰鮅鱒似鯉而鱗細眼赤魚之美者　鱧俗呼烏鯉魚　烏鰡似草魚頭與口差小而黑色食螺又有色黃者曰黃鰡　鰻　鱔　鮎　鱅　鯊魚大如指狹員而長身有黑點常張口吹沙故又名吹沙　泥鰍　蝦長鬚生水田池沼中已上各縣俱有

介之屬

龜　鱉　螺　蚌

蟲之屬

蛇　蠹　黽又有田雞石鯩　蟾蜍　蝙蝠　蜈蚣

校注：①②葦

蚰蜒爾雅曰螾衙疏曰象蜈蚣黄色而細長喜入人耳俗曰飛禓虫

興化府

穀之屬　稻　粟　黍　穄　麥　豆　脂麻

帛之屬　紬　蕉絲布細緝苧麻雜綠織之宋本軍土貢葛布十疋後以非土宜而代之以此　生苧布　白紵布以灰治之其色純白已上莆田仙游二縣俱有而莆之涵頭吉了出者亢隹

貨之屬　鹽　糖　水糖魯師建閩中記荻蔗節疎而細短可爲稀糖即水①糖也　蜜　蠟　鯊魚膾　魚鰾已上莆田仙游二縣俱出而莆田爲多　青澱　紅花　絲　綿　綿花近來閩有種者亦甚②不多　苧　青麻

校注：①冰　②不甚

黃麻 芙菡俗謂之芼

蔬之屬 芥 蘿蔔 芥藍 萵苣 蕹菜 菠薐

苦蕒 莙薘 茼蒿 牛皮菜 胡蘿蔔 胡荽

莧 蕨 茄 匏 芋 冬瓜 絲瓜 筍 蕈俗謂之菰 胭脂菰 香蕈菰 木耳菰 重菰出仙遊九座山土人以為佳品 掃箒菰如鹿角菜而大黃白色味亦佳 薯 山藥 薑 葱 韭 薤 蒜 芹 蓴

紫菜 赤菜 海菩

菓之屬 荔枝陳紫其樹晚熟其實廣上而圓下大可徑寸有五分香氣清遠色澤鮮紫殼薄而平瓤厚而瑩膜如桃花紅核如丁香母剝之凝如水精食之消如絳雪色香與味俱為第一 方家紅

可徑二寸色味俱美言荔枝之大者皆莫敢擬歲生一二百顆人罕得之

小陳紫　其樹去陳紫數十步初一家并種之及其成也差小又時有類核者因而得名

宋公荔枝　樹極高大實如陳紫而小甘美無異

周家紅　亦荔枝之上等者

圓丁香

丁香荔杪他種皆旁蔕大而下銳此種體圓與味皆勝

琉黃　顏色正黃而刺微紅亦小荔枝以色名之也

龍牙　荔枝之變怪者其殼紅可長三四寸彎曲如爪牙而無瓤核

水荔枝　漿多而淡食之蠲渴蓋其植近水田清泉流溉其味遂爾已上俱見蔡襄荔枝譜

皺玉　郎官紅　游丁香　紫琉　百步蘭壽香　西紫　黃香　大小江綠　瑞堂紅　松紅　麝囊紅　百步香　黃玉已上俱見舊志

玉堂紅　今為莆之絕品其樹在城南之蔡宅僅一株耳

延壽紅　其品不減於玉堂紅亦惟一株在延壽橋側

狀元紅　出仙遊之楓亭

綠紗　色微綠

白蜜　色白而甘已上皆近所稱者餘若火山荔枝其名尚多今不悉錄

龍眼　郡人植之者亦多然其品不若三山

所出者遜甚

柑 柑橘之品泉漳爲盛蕭之所植三二品而已近年以來亦稍有傳其種而植之者郡永南爲多漳柑雖有植者亦甚①不多　乳柑福人謂之佛蘇柑　先柑　蘇柑　白柑形似先柑極酸不可啖　龍樹柑似柚其大有過於碗者味酸熟亦微甜

橙 又有一種至冬黃色久而復青名回青橙

香櫞 又有佛爪香圓福人謂之佛手柑

柚

橘 蜎②橘　真紅橘　綠橘　洞庭橘　柑榴橘　金橘　又有一種極小者曰金豆

桃 銀桃　崑崙桃　餅子桃亦謂之矮桃出波斯國今亦有之又圓人面桃以其核有三稜也　寒桃冬熟　千葉桃　御愛桃　金桃　柰桃　碧桃無實

李 黃甜李　虎珀李　青皮李即紅腹李　赤李

梨 拒霜梨　水梨　沙糖梨　綿梨

石榴 銀榴子瑩白而甘　白榴花白　紫③榴子小而硬　海榴實酸四時皆有　千葉榴不實

柿 牛心柿　紅柿　猴柿

棗　**栗**　**楊桃**　**枇杷**　**橄欖**　**黃彈子**　**菩提**

校注：①不甚　②榻　③紫

巢木瓜 銀杏 餘甘 山核桃 椎舊師建誌作錐以其末銳於錐郡北一里許有地曰椎林今山谷中多有之饑歲貧民多賴以濟 葡萄 菴摩

子 丹粘子 蕉大小二種又有紅蕉花 甘蔗 西瓜 甜瓜

黃瓜 蓮 菱角 鷄頭 鳧茨 茭菰

藥之屬 芙蒥藤方言曰荖 薏苡 石菖蒲 天門冬 麥

門冬 艾 紫蘇 薄荷 白蘘荷 豨薟 蒼耳

蒔蘿 天南星 馬鞭草 蓖麻子 蛇床子

牽牛子 車前子 括樓 香附子 香薷 決明

子 荊芥 羊蹄 半夏 香茅 牛蒡 石益

木鱉子　苦參　芎藭　金銀花　覆盆子　茯苓

枸杞　吳茱萸　金櫻子　蒴藋　使君子　枳實　千金藤　桑螵蛸

木之屬

松　栢　檜　杉　樟　櫧　橡　檉杉

杜松　水綿　山綿　油桐　梓　相思　桑　柘

烏桕　冬青　槐　椒　檓　欓　皂莢　木槵俗呼其實爲墨圓子

柳　櫸柳　楓土人於上巳日採其葉漬米爲青飯方翥詩云年年此日嘗青飯路傍山楓却憶家

榕宋慶曆中郡有一株三十七根附于一榦太守錢尚因繪爲圖以示知福州王逵逵遂以嘉①木名之有詩云清陰隨日遠翠影共烟浮避暑凝無夏當風別有秋

楮

校注：①疑

金荆 櫧 楝 黄連茶方言謂之藍香 加條 朴 白牙
柞傳曰柞之性堅強而不爲霜露之所遷得土之正氣今人取以為撫材 櫟 漆山淺無拱抱者故土人不以取漆 山樗 黄楊 西河柳 羅漢松
椶櫚 桄榔郡人方明之詩云蜜巢剪開青鳳尾录條綴盡碧龍鬚 蒲葵葉似椶可爲扇亦可爲笠 竹木 吉兆藤

竹之屬

猫竹 江南竹亦名雪竹 筆竹 慈竹 斑竹 紫竹 苦竹 石竹 筋竹 箭竹 赤竹 苦油竹 發竹 釣竹一曰綿竹其筍有毒 含祭竹 淡竹 古敝竹即桃枝竹也 勒竹林譜記中心堅塞枝榦相交嶺表錄異記莿竹枝上有莿南人呼爲莿勒

東坡詩云倦看溢勒暗蠻村 **桃竹** 杜工部桃竹杖引云江心蟠石生桃竹斬根削皮如紫玉則其
色正紫或云挑枝勒非也 **斑桃枝竹** 一曰界金竹又曰黃金間碧玉竹林譜記云閩人呼其筍
為黃筍亦名黃竹 **箬葉竹** **篔簹竹** **人面竹** 亦曰佛眼竹

花之屬

梅 綠萼梅　紅梅　雙梅一花雙實又曰品梅　黃香梅　千葉梅　鵝梅　蠟梅

山茶 日丹茶花深紅色單瓣大者徑三四寸寶珠茶花深紅而千葉檳榔茶一本而日丹寶珠二
花雜開粉口茶花大如日丹而照色淡紅蠟帶茶花小如錢粉紅色 **海棠** **垂絲海棠** **酴醾** **木香** 並葉俱似酴醾而花差小其香尤清又有一種花黃色無香 **薔薇** **玫瑰** **金沙** **佛桑** 其單瓣者俗呼照殿紅 **木槿** **長春** **勝春** **木麗春** 藤生花如勝春明媚有香 **杜鵑** **海紅** 枝葉如木瓜花

深紅色 山丹 山梔 山樊末高數尺花春開極香北人呼爲瑒花瑒玉名取其白也山谷更其名曰山礬蓋士人取其業①以染不假礬而成色故以名耳 紫薇 茉莉又有一種曰番茉莉葉如茉莉而華如素馨合二者爲一其香差薄 素馨 闍提 木美②蓉 指甲花舊志謂之番挂 巖桂 瑞香 紫荊 含笑 大笑 俱那衛三山人呼為半年紅 真珠花 鳳尾 刺桐郡有刺桐巷即唐補闕翁乾度之故居列植此花今不復存矣 御帶 棣棠俗爲千葉郁李 郁李 山桃花如血色有花無實 半文紅 淩霄 鷹爪 寶花紅千葉 木筆一名辛夷其花初發如筆因名 滿堂紅一曰花椰一曰朱草花穗生淺黃色香聞百步開即以爲瑞 玉印山崖間抱石而生一曰玉鬠 翁蘭 萱 蜀

校注：①葉　②芙

葵　玉簪　百合　川百合　鷄冠　麝香花　滴
滴金　金鳳　金錢　剪金紅　罌粟　御仙　聚
八仙又有玉蝴蝶玉眞蟬碧蟬　錦竹　黄雀兒　紅荳蔻俗呼孽花　金
燈　玉燈亦曰水蕉

草之屬　蒲　茭　蔘　水漠　蘋　浮萍　燈心
蕢　零陵香俗謂之鈴鈴香又謂之燕尾草　紫草　通草　獨箒
薏　蘆　菅　茅白花詩曰手如柔荑即此　鼠麯艾軒集謂之暑菊　馬藍
虎杖春採入風藥用　青蒿常①蒿綠色此蒿獨青色　蛇麻葉如青麻藤蔓生於籬落
閩土人採為麯用　鼠綢山谷謂之幽澗蘭佛書曰兜率香　山孽　長生其②□莖③□

校注：①獨　②枝　③無

根而生 候潮 葉間有莢如榆莢潮至則開退則合 酸漿 爾雅曰葴注云酸漿也 烏蔓

草 葉似蘋藋可治蛇毒 虎耳 吉祥 鱧腸 紫背

畜之屬 馬 牛 驢 騾 羊 猪 犬 猫 鷄

鴨 鵝 鵓鴿

毛之屬 虎 豹 鹿 麂 麞 兔 豺 猴 按徐師仁壷山集宣和間莆田尉向生所畜猴產一子乳字之勤甚每晝輒抱持升屋為理毛去蝨屋角大榕羣鷗棲其上忽一鷗擊其子去母不勝悲生懼其傷也俾從者與遊市里①幾以順適其意經屠門見大臠②机上豦攫之以還復踞屋置肉懷中為抱兒狀前鷗復来陽若不省稍逼始與争又僞不勝鷗益狎遂墮懷中肉鷗下取之則就擒焉裂其肌碎其骨扼吭唶髓而後已 猨 香貍 狐 獺

校注：①期　②几

山犬　山羊舊志作羺　野猪　豪猪　鼠狼　竹鼺　鼯
鼥鼠本志鼥字作[illegible]
羽之屬　喜鵲　烏　鳩　鴝鵒　信鳥　山鷓　郭
公　鶯　燕　百舌　布穀　斵木　吉吊　畫眉
白頭公　鶺鴒　雀　黃雀　五色雀俗呼為音聲雀言其
五色駁雜如樂官之衣也紹興間嘗翔集于郡治榕木之上　鷦鷯宋郡人黃徹詩但遣一枝居巧
婦不須大廈賀嘉賓巧婦謂鷦鷯嘉賓謂雀也　伯勞　雉　白鷴　竹鷄
鷓鴣　杜鵑　雪姑兒毛羽黑白相間　鷹　鳶　鶚　鸛
海鶻　鵜鶘　鷺鷥　鸕鷀　鸂鶒　鴛鴦　鳧

水鷉天兮切似鳧而小膏可瑩刀劍不鍬蓋鸊鷉也爾雅云鸊鷉鷗 翡翠 鵁
鶄 鸀鳿 孤鷄 呼潮鴞
鱗之屬 鯉 鱸 鯏 烏鯽 白鯿 鰻 鱔
鮎 彈琵已上俱產於江河池澤 石伏魚伏於溪石下興化縣有之 舊鯊蛟鯊
出入鯊鉛鯊青鯊黃鯊大鯊淡鯊夾鯊烏鰭鯊帽鯊 鰡 訓制
棘鬣 赤鬃 烏頰 黃檣 方頭 魣 鰣 石
首 鱘 子魚宋黃公度云莆中所產惟子魚紫菜荔枝蠣房 黃魚 鱖
黃彡 鰈沙 銀魚 鏡魚閩中記眼圓如鏡水上翻轉如車方言云翻車
魚 火魚隨潮蔽江結陣而來故名 針魚狀似鯈魚其喙如針 白澤海物異名記羣生隨

泼潮縮在澤曰白澤魚　撥尾林諝記以為子魚非也　鮆魚　鮶魚　緋魚

鬪潮　䱼　馬鮫　帶魚　鱅魚俗呼青松亦呼松魚　魟　海

燕　青鱗　黃雀魚或云黃雀所化也　鰮魚　魴鮃　麂角

蠣魚大者長五六寸白質黑文味美少鯁　楓葉魚海物異名記海桐霜葉風飄浪翻腐

若螢化厥質為魚故名楓葉魚　沫魚梅雨時海水凝沫而成形雪色無骨其大如筋故名曰沫魚

鯸鮐即鯢魚也　泥猴　章魚　石拒　鎖管　烏賊　蛇

蝦魁　蝦姑　蝦赤蝦　黃蝦　白蝦　青蝦　梅蝦　蘆蝦宜作鮓土人謂之

金鈎子　醬蝦　已上俱產於海　鯪鯉

介之屬

龜　鼈　蟹　鱟　蟳　蠘　彭越　彭蜞

步儕 揭哺子（本志作蟳步） 千人擘 牡蠣 車鰲
江瑤柱 蚶 蟶 蛤 蛤蜊 螂蜆 蜆（似空豸而小甲差厚淡黃色一種色紅差大味尤勝） 空豸（三山志謂之白蛤） 淡菜 石蜐（俗呼龜脚）
海月 石華 石帆 沙筯 螺（香螺紅螺參螺梭尾螺田螺）

蟲之屬 蛇（烏蛇花蛇青竹蛇紅蛇白蛇白花蛇） 蜥蜴 鼃 黽（又有水鷄谷蝀） 蟾蜍 蜈蚣 蝙蝠

福寧州

穀之屬 稻 麥 豆

帛之屬 紬 絹 紗 綾 苧布 蕉布 葛布

貨之屬 銀（本州及寧德福安二縣俱出） 鐵（寧德縣出） 鹽 糖 蜜 蠟

藍澱 紅花 紫草 苧 麻 茶 油（麻油 茶油 桐油 桕油）

蔬之屬 芥 蘿蔔 白菜 油菜 蕹菜 菠薐

苦蕒 茼蒿 胡荽 茵蔯 莧 蕨 春不老

薺 茄 瓠 芋 冬瓜 絲瓜 筍 蕈 山藥

薑 葱 韭 蒜 石辣（生山中） 牛唇 芹 鹿角菜 藍菜（生海巖上味甜可食） 石菜 紫菜（已上四菜俱出海鄉）

菓之屬 荔枝 龍眼 柑 橙 香櫞 橘又有金橘 桃
李 杏 林檎 梨 石榴 柿 棗 栗 楊
桃 枇杷 橄欖 楊梅 菩提果 木瓜 蔗
蓮 菱角
藥之屬 薏苡 地黃 天門冬 麥門冬 艾 茴
香 馬鞭草 牽牛子 車前子 香附子 香薷
半夏 蛇床子 兎絲子 白芷 木鱉子 玄
參 乾葛 吳茱萸 五倍子 紫金藤 使君子
木之屬 松 栢 檜 杉 樟 樺 桐 漆 相

思　桑　柘　冬青　槐　柳　楓　榕　朴　黃櫸　椶櫚　牲有油　吉兆藤　拏藤附木而生甚長性亦柔韌土人多取①以為束縛之用　黃藤可纏束壘柱又名水藤　臚藤　鱉藤俱可毒魚　鷄翁藤

金剛藤　黃爽藤

竹之屬　猫竹　江南竹　慈竹　方竹　斑竹　苦竹　石竹　綠竹　箭竹　調絲竹節踈性柔可作器用　紫竹

赤竹　筋竹　桃竹　含竹　豁竹　觀音竹

人面竹　羅漢竹　箬竹　槌竹

花之屬　梅　山茶有紅白百葉者　海棠　酴醾　薔薇　木

校注：①縛

香　長春　杜鵑　山丹　山梔　茉莉　素馨

木芙蓉　巖桂　瑞香　紫荊　鳳尾　牡丹　芍

藥　菊　蘭　萱　蜀葵　水仙　鶴頂紅　鷄冠

金鳳　金錢　剪春羅　罌粟

草之屬　蒲　茭　浮萍　蕢　蘆蘇可爲席　茅　通草

龍鬚　虎耳　剪刀草

畜之屬　馬　牛　驢　騾　羊　猪　犬　猫　鷄

鴨　鵝　鵓鴿

毛之屬　虎　豹　熊　鹿　麞　麂　豺　兎　猴

狸 狐 獺 山牛 山狗 野猪 豪猪 野
猫 猩猩寧德縣支提寺林中嘗有之 竹鼬已上州及二縣俱有

羽之屬

喜鵲 烏 鳩 鵓鴿 鶯 燕 山呼
拖白練練雀也 畫眉 雀 雉 白鷴 鷓鴣 鵪鶉
鴈 鸂鶒 鴛鴦 翠鳥

鱗之屬

鯉 鱸 鱺 草 鯽 鯶魚其色微黑 溪斑
鰻 鱔已上生池澤中 鯊青鯊黃鯊魚鮫鯊 鰣 石首 鯧 鯧鯿
子魚 黃魚 銀魚 鯩 鯇 馬鮫 白刀
魟 燕魴 黃雀 彈塗俗名跳魚 白頰似跳魚而色白 章魚

石拒 鎖管 烏賊 水母 蝦對蝦 黃蝦 白蝦 苗蝦 已上州及二縣俱有 寸金魚色黃長寸許出寧德縣七都

介之屬 龜 鼈 蟹已上生池澤中 鱟 蟳 蠘 蠣 車鰲 蚶 蟶 蛤 西施舌 蚌 海月 江珧柱

蟲之屬 蛇 黿 黽又有田雞石鱗 蟾蜍 蜈蚣 蝙蝠

八閩通誌卷之二十六

八閩通誌卷之二十七

封爵

七閩之地在周職方氏蓋必有君長然載籍無紀不可攷矣自漢亡諸啓封歷晉宋齊梁以及於唐屢有封建至王①氏奄有其地遂爲僭國宋既南渡定都臨安閩地實爲近服亦屢有封建迨其季年臨安失守遂以爲行都其間事上之禮或順或逆傳受之序或正或變股肱之寄或忠或邪師旅之興或曲或直政事之施或得或

校注：①王

失有可爲法者有可爲戒者皆不可廢也乃志封爵

封爵

福州府

漢 閩粤王亡諸 粤王勾踐之後也初夏少康封庶子於會稽二十世至勾踐又六世無疆爲楚所滅子孫播越海上七世至亡諸姓騶氏一曰駱氏秦并天下使尉屠睢平百越廢爲君長以其地爲閩中郡及諸侯叛秦亡諸帥閩中兵歸番①陽令吳芮所謂番君者也從諸侯滅秦項羽主命弗王以故佐漢伐楚高帝五年復立亡諸爲閩粤王王故地都冶亡諸卒郢繼立○按高帝詔曰故粤王亡諸世奉粤祀秦侵奪其地使其社稷不得血食以是觀之則亡諸在周世蓋嘗自立爲王矣

郢 蓋亡諸之子也初孝景三年吳王濞反欲從閩粤閩粤未肯行獨東甌從及吳破東甌受漢購殺吳王丹徒吳王子駒亡閩越

校注：①鄱

怨東甌殺其父屢請擊之建元三年閩越圍東甌使人告急天子天子遣嚴助發會稽兵救之閩越聞風而遁六年郢擊南粵南粵守天子法不敢擅發兵而以聞上復遣王恢韓安國兩道擊之兵未踰嶺郢發兵距險其弟餘善與宗族謀殺郢遣使者上符璽請所立漢以繇君丑獨不與謀使立爲繇王奉亡諸祭祀○欲從閩粵者招粵令從之也東甌王名搖皆粵王勾踐之後也與亡諸同姓先嘗王閩越秦廢爲君孝惠三年亦以代楚功多立爲東海王都東甌

丑

亡諸孫也閩粵別封於繇曰繇君既立爲王餘善以殺郢威行國中民多屬遂竊自立爲王繇王不能制上聞之曰餘善首誅郢師得不勞因立爲東越王與繇王並處○丑史志俱不言其系而本傳但以爲亡諸之孫

餘善

郢之弟也元鼎五年南粵反餘善上書請以八千卒從樓船將軍擊呂嘉等兵至揭陽以海風波爲辭陰使南粵及漢破番禺樓船將軍揚僕請引兵擊東越上不許令屯豫章梅嶺以待命餘善聞漢兵臨境遂發兵距漢道號將軍騶力等爲

吞漢將軍入白沙武林梅嶺殺漢三校尉自稱武帝上詔朱買臣與韓説出句章浮海東往楊僕出武林王温舒出梅嶺越侯出若邪白沙擊之元封元年入東越繇王居股殺餘善以其衆降○吕嘉南越相也

居股 嗣繇王既殺餘善以降上以閩地阻悍數反覆改封居股東成侯萬户徙其民江淮間遂虚其地亡諸祀遂廢○居股史志俱不言其系疑丑之子也□粤衍侯吳陽前在漢漢使歸諭餘善餘善不聽及横海軍至陽以其邑七百人反攻粤軍於漢陽餘善誅漢封爲卯石侯○按漢書本傳作卯石功臣表作外石三山志又作卯①石疑表志誤□粤建成侯敖敖與居股謀殺餘善誅漢封爲開陵侯

吳

孫亮 永安三年黜爲候官侯夫人隨之國居候官

東晋

孔坦 咸和中封晉安男

劉宋

柳元景 **沈慶之** 孝建中俱封晉江郡公

晉安王子勛 孝武第三

校注：①缺“餘善”字

子也大明四年封食邑二千戶泰始二年伏誅

周盤龍泰始三年封晉安部晉安縣開國子食邑四百戶

晉平王休祐文帝第十三子也初封山陽王泰始四年改封六年以休祐貪虐不可蒞民留之京邑卒謚曰刺七年追免爲庶人凡十三子並徙晉平郡元徽元年聽還都

原豐縣侯宣彥休祐次子也泰始末封尋免

齊

晉安王子懋武帝第七子也初封江陵公建元四年進封

晉安王寶義字智勇明帝長子也建武元年封梁受禪封也陵郡王謚曰隱

晉安郡王寶寅字智亮明帝第六子也建武初封後改封鄱陽王中興二年謀反奔魏

梁

簡文帝諱綱武帝第三子也天監五年封晉安王大寶元年入即位

敬帝諱方智文帝子也承聖元年封晉安郡王紹泰元年自尋陽入即位

陳寶應晉安侯官人也世爲

閩中四姓父羽有材幹爲郡雄豪寶應性反覆多變詐梁將晉安數反累殺郡將羽初並扇惑成其事後復爲官軍鄉導破之由是一郡兵權皆自已出侯景之亂晉安大守賓化侯蕭雲以郡讓羽羽年老但主郡事令寶應典兵侯景平元帝因以羽爲晉安太守陳武帝輔政羽請歸老求傳郡於寶應武帝許之紹泰三年封侯官縣侯武帝受禪授閩州刺史領會稽太守文帝即嗣加其父光禄大夫仍命宗正録其本系編爲宗室寶應娶留異女爲妻侯安都之討異寶應遣兵助之又資周迪兵粮出寇臨川及都督章昭達破迪文帝因命討寶應詔宗正絶其屬籍寶應據建安湖際逆拒昭達昭達深溝高壘不與戰但命爲簰俄而水盛乘流放之突其水栅寶應衆潰執送都斬建康市

陳

晉安王伯恭 字肅之文帝第六子也天嘉六年封

唐

福王綰 順宗第五子也永真元年封

王潮 光州固始人也父恁世業農潮爲縣佐唐末群

盜起壽州人王緒攻陷固始聞潮及弟審邽審知俱材勇召從軍中以潮爲軍正信用之是時蔡州秦宗權方畧衆以益兵乃以緒爲光州刺史宗權責租賦於光州緒不能給宗權怒發兵攻緒緒懼悉舉光壽二州兵五千人渡江轉掠江洪虔州光啓元年陷汀漳緒以道險粮少令軍中無得以老弱自隨犯者斬惟潮兄弟挾其母以從緒怒命斬其母潮等曰潮等事母如事將軍既殺其母安用其子請先母死將士皆爲之請乃捨之有望氣者謂緒軍中有王者氣於是緒見將卒有勇畧及氣質魁岸者皆殺之衆皆自危行至南安潮說其前鋒將伏壯士篁竹間擒緒緒自殺衆遂奉潮爲將軍引兵將還光州約其屬所過秋毫無犯行及沙縣泉州人張延魯等以刺史廖彦若貪暴帥耆老奉牛酒請潮爲州將潮乃引兵圍泉州逾年克之福建觀察使陳巖遂表潮爲泉州刺史潮招懷離散均賦繕兵吏民悅服大順二年巖疾病遣使召潮欲授以軍政未至而卒都將范暉諷將士推巳爲留後發兵拒潮潮遣從弟彦復爲都統審知

爲都監攻福州經年不下曰潮罷兵潮報曰兵與將俱盡吾當自往彥若等懼親犯矢石急攻之暉棄城走爲將士所殺潮入城自稱留後素服葬巖以女妻其子延誨厚撫其家汀建州降群盜自潰是歲唐即以潮爲福建觀察使黃連洞蠻圍汀州潮遣兵擊破之閩地畧定乃遣僚佐巡州縣勸農桑定租稅交好鄰道保境息民閩人安之乾寧三年唐以福州爲威武軍拜潮爲節度使四年潮卒審知代立

審知

字信通①壯貌雄偉隆準方口常乘白馬軍中號白馬三郎初潮爲觀察使以審知爲副使有過猶加捶撻審知無怨色潮寢疾捨其子命審知知軍府事光化元年拜威武節度使累遷同中書門下平章事封琅邪王梁開平三年加中書令封閩王審知爲人儉約常躡麻屨府舍卑陋未嘗營葺寬刑薄賦公私富實境内以安是時楊行②蜜據有江淮審知歲遣使泛海朝貢于梁一時知名士如王③楊沂徐寅輩皆依審知仕宦又建學四門以教閩士之秀者招来海中蠻夷商賈一夕雷擊海上黃崎以爲港閩人以爲審知

校注：①狀　②密　③淡

德政所致號甘棠港後唐同光三年卒謚曰忠懿子延翰立

五代

延翰字子逸審知長子也同光四年唐即拜延翰節度使是歲莊宗遇弑中國多故延翰乃自稱大閩國王宮殿百官皆倣天子之制而循稟唐正朔延翰爲人長大美皙如王其妻崔氏陋而淫延翰不能制審知喪未期徹其几筵又多選良家子爲妾崔氏性妬良家子之美者輒幽之別室繫以大械刻木爲人手以擊頰又以鐵錐刺之一歲中死者八十四人崔氏後病見以爲①崇而死初延翰之立也驕淫殘暴蔑棄兄弟出其弟延鈞爲泉州刺史延翰選良家子爲妾延鈞上書極諫由是有隙審知養子延稟本姓周氏爲建州刺史延翰使之采擇延稟復書不遜亦有隙合兵襲福州延稟先至梯城而入執延翰暴其罪惡斬于門外延鈞至延稟納之推爲威武留後

延鈞審知次子也天成二年唐即拜節度使累加檢校②大帥中書令三年封閩王初延稟既殺延翰而立延鈞將還建州延鈞餞于郊延稟謂之曰

校注：①祟　②太師

善繼先志毋煩老兄復来延鈞衘之長興二年延禀時爲奉國節度使聞延鈞有疾率其子建州刺史繼雄將水軍襲福州延鈞遣樓船指揮使王仁達拒之仁達僞降繼雄登舟慰撫仁達斬之延禀衆潰追擒之延鈞見之曰果煩老兄復来延禀慚不能對遂殺之乃遣其弟都教練使延政如建州慰撫吏民唐即拜延政爲建州刺史延鈞好神仙之術道士陳守元巫者徐彦林與盛韜共誘之作寶皇宫極土木之盛守元謂延鈞曰寶皇命王少避其位後當爲六十年天子延鈞欣然遜位命其子繼鵬權主府事既而復位遣守元問寶皇六十年後將安歸守元傳寶皇語曰當爲大羅仙人四年有言真封宅龍見者延鈞更命其宅曰龍躍宫遂詣寶皇宫受册備儀衛入府即皇帝位更名鏻國號閩改元龍啓追謚審知爲昭武孝皇帝廟號大祖立五廟置百官閩地狹國用不足命中軍使薛文傑爲國計使文傑性巧①倿以聚歛求媚鏻親任之文傑陰求富民之罪籍其財被搒②搖者胷背分受仍以銅斗火熨之建州土豪吴光入朝

校注：①佞　②捶

文傑利其財將治之光怨怒帥其衆且萬人叛奔吳文傑又説鏻抑挫諸宗室其從子繼圖不勝忿謀反坐誅連坐者千餘人文傑又言於鏻曰陛下左右多奸臣非質諸鬼神不能知也盛韜善視鬼宜使察之文傑惡樞密使吳勗勗有疾文傑省之曰主上以公久疾欲罷公近密僕言公但小苦頭痛將愈矣主上或遣使來問慎勿以他疾對也明日使韜言於鏻曰適見北廟崇順王訊吳勗謀反以銅釘釘其腦鏻以告文傑文傑曰未可信也宜遣使問之果以頭痛對即收下獄遣文傑治之勗自誣服幷其妻子殺之由是國人益怒吳光請兵於吳吳信州刺史蔣延徽引兵會攻建州鏻遣其將王延宗救之兵士在道不肯進曰不得文傑不能討賊鏻惜之不與太后及福王繼鵬請與之以紓難乃以檻車送文傑軍中文傑善數術自占云過三日可無患送者聞之疾馳二日而至士卒臠食之明日鏻使人赦之已不及初文傑爲璘造檻車謂古制疎闊乃更其制形如木櫃攅以鐵芒內嚮動輒觸之既成首被其毒龍啓三年改元永

和王仁達有擒延禀之功性慷慨言事無所避鏻心忌之嘗問仁達曰趙高指鹿爲馬以愚二世果有之耶仁達曰秦二世愚故高指鹿爲馬非高能愚二世也今陛下聰明朝廷官不滿百起居動靜陛下皆知之敢有作威福者族滅之而已鏻慙賜以金帛退謂人曰仁達智畧在吾世可用不可遺後世患卒誣以罪殺之鏻妻早卒繼室金氏賢而不見答審知婢金鳳姓陳氏陋而淫鏻嬖之遂立爲后而以其族人守恩匡勝爲嬖使初鏻有嬖吏歸守明者以色見倖號歸郎鏻後得風疾陳氏與歸郎私通又有百工院使李可殷因歸郎以通陳氏鏻命錦工作九龍帳國人歌曰誰謂九龍帳惟貯一歸郎鏻婢李春鷰有色其子繼鵬烝之鏻已病繼鵬因陳氏以求春鷰鏻怏怏與之其次子繼韜怒謀殺繼鵬繼鵬懼先是繼鵬恨匡勝無禮而皇城使李倣亦恨可殷譖己鏻疾甚做①使人殺可殷陳后訴之鏻力疾視朝詰可殷死狀倣懼而出賊引歩兵鼓譟入宮鏻匿帳下亂兵刺殺之倣與繼鵬遂殺陳后及守恩匡勝守明繼韜繼鵬即

校注：①倣

位更名昶謚鏻曰惠皇帝廟號太宗○吳曷五代定①以為吳英□鏻初娶漢女使宦者林延遇置邸於番禺掌國信漢主問以閩事延遇不對退謂人曰去閩語閩去越語越處人宮禁可如是乎至是聞變求歸不許素服向其國三日哭

昶

鏻長子也既立改元通文以李倣判六軍諸衛事倣專制朝政陰養死士昶與拱宸指揮使林延皓等謀因倣入朝執斬之梟首朝門詔暴倣弑君及殺繼韜等罪告諭中外昶亦好巫方士有言白龍夜見者遂作白龍寺又拜陳守元為天師信重之更易將相刑罰選舉皆與之議守元受賂請託言無不從其門如市嘗教昶作三清殿於禁中以黃金數千斤鑄寶皇老君像晝夜作樂焚香禱祀與得大還丹林興以巫見幸事無大小興輒以寶皇語命之而後行昶忌其叔父延武延望興與之有怨託鬼神語云二人將為變昶不復詰使興殺之并其五子後興事敗亦被殺而昶愈惑亂立父婢春鸞為淑妃後立以為后時百役繁興用度不足有司除官皆令納賂籍而獻之以貨多寡為差又以空

校注：①史

名堂牒賣官於外民有隱年者杖背隱口者死逃亡若族果菜鷄豚皆重征之晋天福二年昶遣使朝貢京師高祖遣散騎常侍盧損册封昶閩王損至昶稱疾不見命弟繼恭主之有士人林省鄒私謂損曰吾主不事其君不愛其親不恤其民不敬其神不睦其鄰不禮其賓其能久乎繼恭遣其佐鄭元弼隨損至京師貢方物致書晋大臣册命以既襲帝位辭高祖怒其不遜下詔暴其罪歸其貢物不納兵部員外郎李知損上書請籍没其物而禁錮使者於是以元弼下獄獄具元弼俯伏曰昶夷貊之君不知禮義陛下方示大信以來遠人臣將命無狀願伏斧鑕以贖昶罪高宗乃赦元弼遣歸初閩以太祖元從爲拱宸控鶴都及昶立更募壯士爲腹心號宸衛都禄賜甚厚二都怨望將作亂昶好爲長夜之飲彊①群臣酒醉則令左右伺其過失從弟繼隆醉失禮斬之叔父延羲陽爲狂愚以避禍昶賜以道士服幽於私第數侮拱宸控鶴軍使朱文進連重遇二人怨之天福四年北官②火求賊不獲昶命重遇將兵掃除餘燼士卒苦之

校注：①彊（强）　②宫

又疑重遇知縱火之謀欲誅之内學士陳郯私告重遇重遇帥二都兵迎延羲共攻昶昶與李后如宸衛都比明宸衛戰敗奉昶及李后出北關至梧桐嶺衆稍逃散延羲使兄子繼業將兵追之及於村舍醉而縊之并李后及諸子皆死延羲自稱閩國王更名曦遣商人間道奉表稱藩于晋謚昶曰康宗六軍判官葉翹爲内宣徽使翹博學質直鏻擢爲福王友昶以師傅①禮待之多所裨益宫中謂之國翁昶既嗣位驕縱不與翹議國事一旦昶方視事翹衣道士服趍出昶召還拜之曰軍國事殷久不接對孤之過也翹頓首曰老臣輔導無狀致陛下即位以來無一善可稱願乞骸骨昶曰先帝以孤屬公政令不善公當極言柰何棄孤去厚賜金帛慰諭令復位昶元妃李氏昶嬖春鸎待之甚薄翹諫曰夫人先帝之甥聘之以禮柰何以新愛而棄之昶不悦放歸永泰以壽終諫議大夫黄諷以昶淫暴與妻子辭訣入諫昶欲杖之諷曰臣若迷國不忠死亦無怨審知少子也既立直諫被杖臣不受也乃黜爲民曦改元永隆鑄大鐵

校注：①傅

錢以一當十曦自昶世倔①彊難制昶相倓每抑折之新羅聘閩以寶劒昶舉以示倓曰此將何為倓曰不忠不孝者斬之曦居旁色變至是新羅復獻劒曦思倓前言而倓已死命發塚戮其尸曦立為滛虐②情忌宗族多尋舊怨其弟建州刺史延政數貽書諫之曦怒遣親吏業翹杜漢崇監其軍二人爭掊延政陰事告曦延政逐之曦乃舉兵攻延政為延政所敗唐主遣使和曦及延政延政遣人持誓書及香爐至福州與曦盟于宣陵然猜恨如故天福五年晋冊曦為閩國王六年曦以書招凢子泉州刺史繼業還賜死殺其子於泉州司徒楊沂豐與之親善下獄族誅自是宗族勲舊相繼被誅人不自保諫議大夫黃峻舁③櫬諸朝堂極諫曦怒貶漳州司户曦滛侈無度資用不給國計使陳匡範請日進萬金乃增筭商賈數倍以獻曦曰匡範人中寶也已而歲入不登貸諸省務錢以足之恐事覺憂悸而卒祭贈甚厚諸省務以貸帖聞曦大怒剖棺斷尸棄之水中以黄紹頗代之紹頗請令欲仕者輸錢以資望高下及户口多寡定其④甫

校注：①强　②猜　③櫬　④直

自百緡至千緡從之是年秋曦自稱大閩皇冬復稱
帝泉州刺史余廷英嘗掠人女子事覺曦以屬吏廷
英獻買宴錢萬緡曦曰皇后貢物安在廷英復獻錢
於李后乃遣歸自是諸州皆別貢皇后物曦嘗嫁女
朝士有不賀者笞之以御史中丞劉贊不糾舉將加
笞贊義不受辱欲自殺諫議大夫鄭元弼切諫曦曰
卿欲效魏徵耶元弼曰臣以陛下爲唐太宗故敢效
魏徵曦怳乃釋贊曦妻李氏悍而酗酒賢妃尚氏有
色而寵李仁遇曦甥也以色孌之用以爲相曦嘗夜
宴群臣侍酒醉而不勝有訢及私棄酒者輒殺之從
子繼柔棄酒并殺其贊者一人他日又宴侍臣皆以
醉去獨翰林學士周維岳在曦曰維岳身甚小何飲
之多左右曰酒有別腸曦欣然命剖視其酒腸或曰
殺維岳無人復能侍陛下劇飲者曦乃止校書郎陳
光逸上書陳曦大惡五十事曦怒殺之連重遇殺趄
懼爲國人所討與朱文進連姻以自固曦心疑之常
以語誚重遇等重遇等大懼李后妬尚氏之寵欲圖
曦而立其子亞澄乃使人語重遇等曰上心不平於

二公柰何六年三月曦出重遇等使馬步使錢達弑於馬上謚曰景宗文進自稱閩王悉收王氏宗族五十餘人皆殺之以重遇判六軍諸衛事元弼時爲禮部尚書獨執辭不屈開運元年文進稱藩于晋晋以爲閩國王

延政審知子也天福六年延政請於曦以建州爲威武軍自爲節度使曦以建州爲鎮安軍延政爲節度使封富沙王延政改鎮安爲鎮武而稱之延政與曦數治兵相攻互有勝負鎮武判官潘承祐屢請息兵修好延政不從曦使者至延政語悖慢承祐長跪切諫延政怒顧左右曰判官之肉可食乎承祐不顧聲色愈厲八年延政建國稱殷改元天德以承祐爲吏部尚書楊思恭爲兵部尚書同平章事時國小民貧軍旅不息思恭增田畝山澤之稅至於魚盐蔬果無不倍征國人謂之楊剥皮承祐上書陣①十事言甚切直延政大怒削其官爵勒歸私第開運元年閩泉州牙將留從效等誅朱文進所署刺史黄紹頗傳首建州延政遣吴成義帥戰艦千艘討文進唐聞閩亂遂發兵攻之義成聞有唐兵詐福州

校注：①陳

吏民曰唐助我討賊大兵今至矣禍人盜懽南廓承
吉林仁翰謂其徒曰吾曹世事王氏今受制賊臣富
沙王至何面見之帥其徒三十人趍連重遇第斬其
首示衆曰重遇已死何不亟取文進以贖罪衆踊躍
從之遂斬文進迎成義入城傳二首於建州二年閩
之故臣共請延政歸福州改國號曰閩延政以方有
唐兵未暇徙都以從子繼昌鎮福州而令指揮使王
仁諷將兵衛之賞仁翰甚薄仁翰未嘗自言其功發
兩軍甲士萬五千人詣建州以拒唐初光州人李仁
達浦城人陳繼珣俱叛延政奔福州至是二人不自
安說仁諷殺繼昌及成義仁達欲自立恐衆心未服
以雪峯寺僧卓巖明素爲衆所重相與迎之立以爲
帝延政聞之族仁諷家命統軍使張漢真將水軍會
泉漳兵討之漢真至福州仁諷聞其家夷滅開門力
戰執漢真斬之巖明無他方畧但於殿上噀水散豆
作諸法事而已仁達自判六軍諸衛事使仁諷屯西
門繼珣屯北門仁諷從容謂繼珣曰人之所以爲人
以有忠信仁義也吾叛富沙非忠人以從子託我而

與人殺之非信屬者與建兵戰所殺皆鄉曲故人非仁棄妻子使人魚肉之非義此身十沈九浮死有餘①傀因拊膺慟哭繼珣曰大丈夫殉功名何顧妻子宜置此事勿以取禍仁達聞而殺之由是兵權盡歸仁達仁達大閱戰士教軍士突前刺殺巖明共執仁達使居巖明之坐仁達乃自稱威武留後奉表稱藩于唐亦遣使入貢於晉唐以仁達爲節度使或告延政福州援兵謀叛延政收其鎧仗遣還伏兵殺之死者八千餘人脯其肉以歸爲食唐兵圍建州既久建人離心或謂董思安盍早擇去就思安曰吾世事王氏危而叛之天下其誰容我衆感其言無叛者唐抜建州延政降思安整衆奔泉州三年唐兵攻福州克其外郭仁達固守築二城遣使求救於吳越吳越發兵救之明年吳越敗唐兵取福州其戍將殺仁達夷其族○晉開運二年丙午南唐保大四年也是歲李景兵②被建州王氏滅江南録云保大三年虜王氏之族遷于金陵謬也攄王潮實以唐景福元年入福州拜觀察使而後人紀録者乃用騎馬來騎馬去之讖爲

校注：①愧　②破

據遂以王潮光啓二年歲在丙午拜泉州刺史爲始年①至保大四年歲復在丙午而滅故爲六十一年然其奄有閩國則當自景福元年爲始實五十五年也今諸家記其國滅丙午是也其始則牽於讖書謬矣惟江南錄又差其末年也

宋 福王與芮 理宗之弟也咸淳三年由榮王進封

端宗皇帝諱昰 初封吉王德祐二年正月進封益王判福州閏三月陳宜中等奉爲天下兵馬都元帥廣王昺副之開府福州發兵除吏以秀王與檡爲福建察訪使先入閩中撫吏民諭同姓檄召諸路忠義同獎王室五月朔即位于福州以大都督府爲垂拱殿便廳爲延和殿是日有大聲出府中衆皆驚仆

建寧府

劉宋 建安王休仁 文帝第十二子也元嘉二十九年封

校注：①年

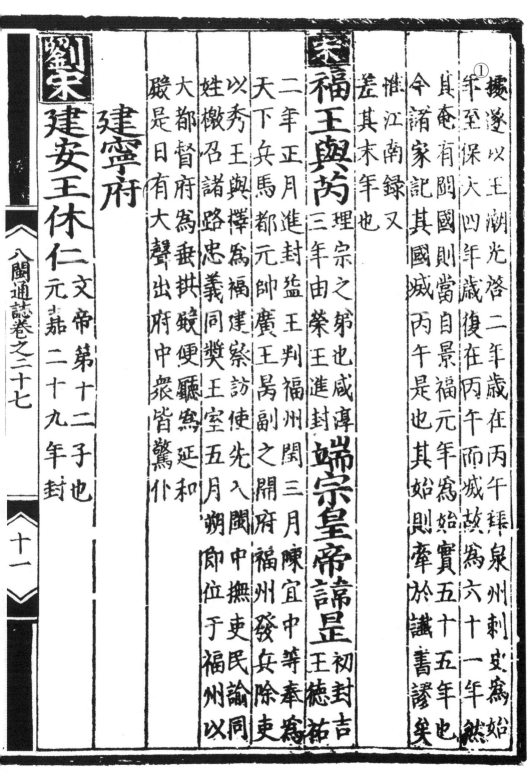

齊　建安王子真武帝第九子也

陳　建安王叔卿宣帝第五子也大建四年封

宋　孝宗皇帝諱昚紹興五年封建國公三十年進封建王

度宗皇帝諱禥太祖十一世孫福王與芮子也初攺賜名孜封益國公淳祐十一年進封建安郡王

泉州府

陳　南安王叔儉宣帝子也

五代　留從效泉州永春人幼孤事母兄以孝悌聞頗知書好兵法晉天福末朱文進殺閩主曦據其位署其黨黃紹頗爲泉州刺史程贇爲漳州刺史許文稹爲汀州刺史時曦將延政在建州從效爲泉州散員指揮使謂其黨王忠順董思安及所親蘇光誨曰文進屠滅王氏遣腹心分據諸州吾屬世受王

氏恩而交臂事賊一旦富沙王克福州吾屬死有餘慨衆以爲然乃各募敢死士得陳洪進等五十二人夜飲從効家從効給之曰富沙王已平福州密旨令吾屬討紹頗諸君從吾言富貴可圖不然禍且至矣衆皆踴躍操白梃踰垣而入執紹頗斬之從効持州印詣王繼勳第請主軍府從効等三人自署爲統帥洪進等皆爲指揮使繼勳令送紹頗首於建州奉延政爲主文進聞紹頗死大懼募兵攻泉州從効大破之會江南李景遣將攻福州兩浙錢氏發兵來援景將但克汀建而歸福州入於錢氏從効乃以兵刼繼勳送江南自領泉漳二州留後景即建泉州爲清源軍授從効節度泉漳等州觀察使閩中五州自此分矣景累授從効同平章事兼侍中中書令封鄂國公晋江王從効出自寒微知人疾苦在郡專以勤儉養民爲務常衣布素置公服於中門之側出則衣之每言我素貧賤不可忘本民甚愛之部内安治王氏有二女嫁爲郡人妻從効奉之甚謹資給豊厚每歲取進士明經謂之秋堂周世宗征淮南景以兵十萬保

紫金山從効累表於景言其頗兵老師形勢非便既而果敗江北之地盡入於中朝從効遣衙將蔡仲贇等爲商人以帛書表置革帶中自鄂路送欵内附又遣別駕黄禹錫間道奉表入貢世宗錫詔書嘉納之從効又乞置邸京師世宗以其素附江南慮其非便不許宋初從効遂上表稱藩貢奉不絶會景遷洪州從効疑景討已頗懼遣其從子紹鎮齎享幣獻景又遣使假道吳越入貢太祖特命使享賜以撫之使未至從効疽發背卒年五十七景贈太尉靈州大都督從効無嗣以兄從願之子紹鎮紹鎡爲子從効寢疾時從願守漳州紹鎮在金陵紹鎡尚幼衙校張漢思洪進等率兵刼從効遷東亭漢思自稱留後洪進爲副使時建隆三年也明年洪進又廢漢思而自立太

中祥符七年從効孫丕式詣闕上從効所受太祖朝制書授三班借職

宋陳洪進泉州仙遊人幼有壯節頗讀書習兵法及長以材勇聞隸兵籍從攻汀州先登補副兵馬

使從留從效殺黃紹頗將以紹頗首送建州請出兵爲援群下以道阻賊盛擁其行洪進慮事久生變獨請往至尤溪賊數千人遮道不得前洪進紿賊曰福州泉州已爲義師所襲爾輩復爲何人戍守即持紹頗首示之曰我送此於建州迎嗣君以歸國爾輩將安歸乎賊遂潰渠帥數人皆聽命洪進至建州延政大說以爲本州馬步行軍都校自是漳州殺程贇迎延政從子繼成爲刺史許文稹以汀州降連重遇殺朱文進福人又殺重遇延政遂遣洪進歸泉州及延政入江南景以從效爲清源軍節度使洪進爲統軍使與副使張漢思同領兵柄累立戰功從效卒少子紹鎡典留務月餘洪進誣紹鎡將召越人以叛執送江南推副使張漢思爲留後自爲副使漢思年老醇謹不能治軍務事皆決於洪進漢思諸子並爲衙將頗不平洪進圖欲害之漢思亦患其專乃大享將吏伏甲於內將害洪進酒數行地忽大震棟宇將傾坐立者不自持同謀者以告洪進洪進亟去衆驚悖而散漢思事不成慮洪進先發常嚴兵爲備洪進子文

顯文顯皆爲指揮使勒所部欲擊漢思洪進不許一
日洪進抽置大鎖從二子常服安步入府中直兵數
百人皆叱去之漢思方處內齋洪進即鎖其門使人
叩門謂漢思曰郡中軍吏請洪進知留務衆情不可
違當以印見授漢思惶懼不知所爲即自門間出印
與之洪進遽召將校吏士告之曰漢思昏耄不能爲
政授吾印請吾蒞郡事將吏皆賀即日遷漢思別墅
以兵衛送遣使請命於李煜煜以洪進爲清源軍節
度泉南等州觀察使時宋太祖平澤潞下揚州取荆
湖威震四海洪進大懼遣衙將魏仁濟間道奉表自
①補清源軍節度副使權知泉南等州軍府使且言張
漢思老耄不能御衆請臣領州事恭聽朝旨太祖遣
通事舍人王班賚詔撫諭建隆四年洪進屢遣使朝
貢乾德二年制改清源軍爲平海軍授洪進節度泉
漳等州觀察使檢校太傅賜號推誠順化功鑄印賜
之以文顯爲節度副使文顯爲漳州刺史洪進每歲
以修貢朝廷多斂於民第民貲百萬以上者令差
入錢以爲試協律奉禮郎蠲其丁役及江南平吴越

校注：①稱

①王來朝洪進不自安遣其子文顯入貢太祖因下詔召之遂入覲至南劍州聞太祖崩歸鎮發哀太宗即位加檢校太師明年來朝朝廷遣翰林使程德玄至宿州迎勞既至賜錢千萬白金萬兩絹萬疋禮遇優渥又增其食邑以其子文顯爲團練使文顥文頊並爲刺史洪進遂上言願以所管泉漳兩郡獻于有司太宗優詔嘉納之以洪進爲武寧軍節度同平章事留京師奉朝請諸子皆授以近郡賜白金萬兩各令市宅六年封杞國公雍熙元年進封岐國公洪進年老富貴且極上言求致仕優詔免其朝請二年以疾卒年七十二贈中書令謚曰中順洪進弟銛初爲泉州都指揮使開寶四年授漳州刺史入貢至宿州卒銛子文連供奉官閤門祗候

文顯字仲達洪進領泉漳節制署左神機指揮使遷泉州馬步軍都指揮使右軍押衙乾德初朝命平海軍節度副使累加檢校太保洪進歸朝授文顯通州團練使知泉州未幾代還時太宗征太原朝於行在父之出爲青齊盧壽西京水南陝州四州都巡檢使文顯與諸弟不睦成

平初御史中丞李惟清抗疏論其罪乞①貰散秩以警浮俗詔以其父有忠勲令御史臺告諭之許其改過以疾改通許鎮都監卒子宗憲歷虞部員外郎爲西京作坊使宗元殿中丞　文顥初爲泉州右散兵馬使衙内都指揮使俄權知漳州朝命漳州刺史凡七年求還泉州署行軍司馬開寶末江南平洪進遣第三子文顗入貢文顗不欲行乃遣文顥至京師自陳願留以俟父入覲大祖嘉之及洪進歸朝授文顥房州刺史改康州端拱初出知同州錢若水爲從事文顥深禮之委以郡政咸平初知耀州又徙徐州坐用刑失入責授左武衛大將軍知漣水軍上念其納土效順復以爲康州刺史留京師大中祥符初改衛州特給内地刺史②奉料未錢代還以老疾累表求致仕詔免朝謁歳給公費及月廩並如故六年卒　文顗始爲泉州衙内都指揮使知漳州洪進歸朝授滁州刺史仍舊知州俄召歸奉朝請景德中換光州以父㳂領和州團練使歷知漢濮濰沂黄五州信陽軍所至無能稱卒録其子宗綬爲大理評事孫永弼永昇

校注：①置　②俸

爲三班諸職次子宗纘太子中書　文頊本文顯子初洪進在泉州有相者言一門受禄當至萬石時洪進與三子皆領州郡而文頊始生乃以文頊爲子欲應其言初補泉州衙內都校又爲衙內都監使朝命領順州刺史歸朝爲登州刺史滄棣有冦盜命爲巡檢使尋改舒州刺史淳化三年卒文頊頗知書亦工畫子宗絳爲殿中丞

帝昺初封信王德祐二年進封廣王判泉州

延平府

劉宋

南平王休玄文帝第二子也元嘉十六年封

齊

南平王銳高帝第十五子也

南平郡王寶脩字智宣明帝第九子也建武元年封二年改封邵陵王中興二年謀反太后令賜死

秩官

福建自孫吴始郡縣歷代皆爲藩服職茲土者不獨守令而已有總治之府焉有分治之司焉大小百執事相統相承秩乎其有序也然不紀職員則無以著職業而考員數不紀歷官則無以列序次而鑒賢否不紀名宦則無以昭善政而勸將來且歷代之制因革損益又各不同皆不可無紀也惜乎自宋季以迄于元諸郡之志多闕而不修入

國朝來百二十餘年舊志殘缺公牘多散逸而攷

老亦凋謝無幾無所考質其所存者蓋千百之十一耳失今不紀益久將并其所存者而失之不亦重可惜哉乃志秩官

職員

方面

閩地自漢建安以後或屬南部都尉或隸揚州刺史或隸江州刺史或隸東揚州刺史至陳始爲閩州刺史治所方面之設蓋昉於此然其建官設屬之制載籍未詳其可攷者寔自唐始

唐

都督府

唐爲中都督府五代梁升爲大都督府○經畧軍寧海軍威武軍附

都督一員掌督

諸州兵馬甲械城隍鎮戍糧廩摠判府事別駕　長史　司馬各一員上三職蓋都督之佐也中都督府吏有典獄十四人問事八人白五①二十人舊志不載今攙唐書百官志纂入後倣此録事參軍事一員掌正違失蒞符印其吏有史三人録事二員　功曹參軍事一員掌考課假使祭祀禮樂學校表疏書啓禄食祥異醫藥卜筮陳設喪葬其吏有府二人史三人倉曹參軍事一員掌租調公廨庖廚倉庫市肆其吏有府三人史五人户曹參軍事一員掌户籍計帳道路過所蠲符雜徭逋負良賤芻藁逆旅婚姻田訟旌別孝弟其吏有府三人史五人帳史一人田曹參軍事一員掌園宅口分永業及蔭田其吏有府史各二人兵曹參軍事一員掌武官選兵甲器仗門禁管鑰軍防烽候傳驛改②獵其吏有府三人史六人法曹

校注：①直　②畋

叅軍事一員掌鞫獄麗法督盜賊知贓賄沒入其吏有府三人史六人士曹叅
軍事一員掌津梁舟車舍宅工藝其吏有府三人史六人叅□事四員掌出
使贊導市令一員掌交易禁姦非通判市事市丞一員其吏有佐一人史二
人帥三人分行檢察倉督二人顓稅出納史二人文學一員掌以五經授諸生縣則州
補州則授於吏部然無職事衣冠恥之其學生凡五十人醫學博士一員掌療民疾
助教一員其學生凡二十人經畧使開元間置按三山志諸州在節度內者皆
受節度福州經畧使不在節度內都防禦使乾元初置副使判官
推官巡官各一員節度使按文獻通考都督加以旌節謂之節
度使又按唐書節度使掌總軍旅顓誅殺副大使知節度事行軍

司馬　副使　判官　掌書記　推官　巡官各一員　同節度副使十員　館驛巡官四員　府院法直官　要籍　逐要親事各一員　隨軍四員已上俱按唐書職員列之而當時建置多寡蓋無可攷也後團練觀察處置使官屬倣此

都團練觀察處置使大曆間置乾寧間罷按唐書觀察處置使掌察所部善惡舉大綱

副使　判官　推官　巡官　衙推各一員已上俱團練使官屬

副使　支使　判官　掌書記　推官　巡官　衙推　隨軍　要籍　進奏官各一員已上俱觀察使官屬按三山志又有監軍使

節度觀察留後說見宋承宣使下

○以上

諸使皆郡守兼領

宋

威武軍 梁開平以後更置不一宋初復爲威武軍又有大都督府之名按宋史端拱初越王爲威武軍節度福州大都督府長史

節度使 宋初兼三司發運使大都督府長史

承宣使 按宋史無定員舊名節度觀察留後政和七年詔觀察留後乃五季藩鎮官以所親信留充後務之稱不可循用可冠以軍名改爲承宣使

福建路安撫司

雍熙初改威武軍爲福建路景德間置安撫司而威武軍之名猶在但節度使不常置

安撫使 按宋史安撫使一人掌一路兵民之事皆帥其屬而聽其獄訟頒其禁令定其賞罰稽其錢穀甲械①出納之名籍而行以法②以知州兼充太中大夫以上或曾歷侍從乃得之

校注：①械　②法

品卑者止稱主管其路安撫司公事中興以後職名稍高者出守皆可兼使如係二品以上即稱安撫大使

參議官一員

添差參議官一員紹興間置釐務隆興間省乾道間復置不釐務

主管機宜文字

幹辦公事各一員

主管書寫機宜文字一員建炎三年置後省

准備差遣五員紹興初置八年改一員作幹辦公事後盡省

准備差使五員紹興初置後盡省

措置招捉盜賊官一員紹興十五年置後省

（安撫司兵官）

福建路兵馬副總管按宋史每路委文臣一員充安撫使以治民武臣一人充都總管以治兵又按三山志福建路止有副總管一員以路分鈐轄爲之後爲路分鈐轄

福建路兵馬鈐轄一員說見上

福建路兵馬都監一員按①東

校注：①宋

史路分都監掌本路禁旅屯戍邊防訓練之政令以肅清所部又按三山志元豐後福州建州各立路分都監一員東南路第①十將副各一員元豐間置福州駐劄紹興間移副將建州駐劄准備將領一員　隊將二員福州建寧府駐劄各一員押隊三員福州建寧府泉州駐劄各一員訓練三員泉州南劍州興化軍駐劄各一員於逐州軍見任都監內差兼延祥寨水軍正副統領各一員准備將　提轄官　訓練官　指教官　錢糧官各二員　荻蘆寨水軍統領兼福州興化軍都巡檢使一員於福州連江縣荻蘆置寨緝捕官一員　准備將領二員　漳泉二州都巡檢使一員於泉州南安縣潘山置寨福

校注：①十

建路鈐司置於漳州按清漳志福建一路八州必於漳州置司者漳近潮廣蠻獠出沒之地故也其職多以武翼武功大夫或修武郎充之

福建路兵馬鈐轄一員　添置釐務聽候差使一十員　添置釐務聽候差使下班八員

安撫司使臣正任釐務指揮二員　添置釐務指使准備差使大小使臣校尉五員

沿海緝捕盜賊一員　添置不釐務使臣二員　添置不釐務准備差使大使臣三員　添置不釐務指使散祗候小使臣校尉六員　走馬承受一員按宋史走馬承受諸路各一員隸經畧安撫總管司無事歲一入奏有邊警則不時馳驛上聞

又按三山志大觀元①謂以福州為帥府置走馬承受內臣一員武臣一員政和八年改為廉訪使者靖康元年復為走馬承受

福建制置司

按宋史不常置而元史謂王積翁仕宋為福建制置使則是福建亦常置制置司也

制置使

按宋史掌經畫邊鄙軍旅之事

福建轉運司

按文獻通考宋藝祖懲五季之亂藩臣擅有財賦自乾德以後僭偽畧平始置諸道轉運使以總利權慶曆中皆帶按察之任及罷之又按宋史掌經度一路財賦而察其登耗有無以足上供及郡縣之費歲行所部檢察儲積稽考帳籍凡吏蠹民瘼悉條以上達及專舉刺官吏之事

福建轉運司初置於建寧府建炎二年移置福州紹興二年復舊三年又移福州尋復舊

轉運使

按宋史有軍旅之事或別置隨軍轉運使一員或諸路事體當合一則置都轉運使以總之隨

校注：①年

軍及都運廢置不常而正使不廢若副使若判官皆隨資之淺深稱焉副使　判官上二職蓋轉運使之佐也主管文字一員　幹辦官一員　文臣準備差遣　武臣準備差使上二職按宋史員數多寡不一

提刑司宋史云提點刑獄公事掌察所部之獄訟而平其曲直所至審問囚徒詳覆案牘凡禁繫淹滯而不決盜竊逋竄而不獲皆劾以聞及舉刺官吏之事文臣提刑一員淳化二年嘗遣使察本路刑獄尋省之景德四年始置提點一員副以武臣武臣提刑一員同提點刑獄幹辦公事一員紹興二十二年添差一員檢法官一員

提刑司使臣正任釐務緝捕盜賊四員　添置釐務緝捕盜賊三員　添置釐務指使三員　添置

不釐務准備差使大使臣二員　添置不釐務指使六員又有添差指使小使臣三員添差緝捕小使臣二員校尉一員又添差不釐務緝捕副尉一員不釐務准備差使大使臣二員不釐務指使小使臣五員不釐務使喚小使臣一員下班七員副尉二員

提舉常平茶司

按宋史掌常平義倉免役之政令九官田産及坊塲河渡之入按額拘納收糴儲積時其斂散以使民視産高下以平其役又按三山志崇寧大觀間以轉運司兼領奉行茶事政和三年專置提舉茶事官置司建州二年建炎權移福州紹興五年併以提舉常平司為名置司泉州九年經制使司總領諸路常平尋罷經制司常平令提刑兼領福州置司十二年歸建州

主管 按宋史提刑司委通判或幕職官充

提舉常平茶鹽公事 按宋史紹興十

五年詔諸路提舉茶鹽官改充提舉常平茶鹽公事又按三山志及洪邁代福建提舉謝上表俱止稱提舉茶事豈福建當時獨未有鹽事耶

幹辦官 按宋史其屬有幹辦官

諸司 附

西外宗正司 按宋史崇寧三年置南外宗正司于南京西外宗正司于西京各置敦宗院仍詔各擇宗室之賢者一人為知宗掌外居宗室而置教授以課其行藝又詔敦宗院宗子有文藝行實衆所共知者許外宗正官考察以聞南渡後南外移鎮江西外移揚州其後屢徙紹興三年西外置於福州南外置於泉州蓋初隨其所寓而分管轄之

知宗正司事一員　丞一員 以本州通判一人兼

簿一員 以本州簽判兼

敦宗院主管一員 文武各一員後省武臣一員

宗學教授一員

南外宗正司置司泉州職員俱與西外宗正司同

啓運宫奉迎神御所按三山志景德四年真宗詔西京建院於藝祖誕聖之地迎奉神御至建中靖國間六祖神御相繼祀之建炎四年令幹辦官李塏迎自温州權奉安福州開元寺紹興間勑扁今名

幹辦官一員建炎四年置紹興淳熙中增置一員

提舉坑冶司按宋史掌收山澤之所産及鑄泉化①以給邦國之用歲有定數視其登耗而賞罰之元豐初分置兩司在饒者領江東淮浙福建等路

提點一員　幹辦公事二員　檢踏官六員　稱銅官　綱官各一員

提舉市舶司按宋史掌番貨海舶征榷貿易之事以来遠人通遠物元祐初詔福建路於泉州置司仍委逐處知州通判知縣監官同撿視而轉運司總之又按中興會要紹興二十一年李莊除福

校注：①貨

建提舉上曰提舉市舶司委寄非①軽若用非其人則措置失當海商不至矣莊可發来禀議然後任

提舉

提舉學事司 按宋史掌一路州縣學政歲巡所部以察師儒之優劣生員之勤惰而專舉刺之事又按三山志崇寧三年置宣和三年罷

提舉

元

福建行中書省 按元史行中書省掌國庶務統郡縣鎮邊鄙與都省相表裏國初有征伐之役分任軍民之事皆稱行省其後嫌於外重改為其處行中書省凡錢粮兵甲屯種漕運軍國重事無不領之福建行中書省或置於福州或置於泉州或併入江西或併入江浙廢置不一又嘗改為行尚書省設官與行中書省同詳見沿革志

平章政事二員 按元史至正十六年置福

校注：①輕

建等處行中書省于福州鑄印設官一如各處行省之制以江浙行省平章左答納失里南臺中丞阿魯溫沙爲福建行省平章政事是二員併設也而三山續志止書一員豈初置惟一員至是始增爲二員歟右丞 左丞各一員 參知政事 簽省各二員 郎中 員外郎各二員 都事 管勾 照磨各一員自郎中至照磨皆行省幕官也○行中書省吏有知印二人通事二人蒙古譯史四人回回譯史三人令史宣使各二十五人典吏八人皆依三山續志纂入後倣此

〔隨省官屬〕按三山續志不載隨省官屬職員而元史有之泉州志平海省職員亦載焉今增入

〔檢校所〕檢校一員按元史有書吏二人

〔理問所〕理問 副理問各二員 知事 提控案牘各一員

〔都鎮撫司〕

都鎮撫　副都鎮撫各一員分省按元史至正十八年福建行省右丞朶歹分省建寧叅政訥都赤分省泉州

福建平海行中書省按三山續志大德元年立徙治泉州本省及幕官職員與福建行中書省同但簽省一員隨省官屬職員與福建行中書省官屬同但理問所惟理問一員都鎮撫司惟都鎮撫一員

福建道宣慰使司按元史宣慰司掌軍民之務分道以總郡縣行省有政令則布于下郡縣有請則爲達于省福建宣慰司與行中書省迭爲廢置亦詳見沿革志

宣慰使二員

同知一員　副使二員　經歷一員　都事二員

照磨兼架閣管勾一員按三山續志止書照磨所史①又有兼職自經歷至照

磨皆宣慰司幕官也○宣慰司吏有知印通事各一人蒙古譯史二人回回譯史一人令史二十五人奏差二十人典吏四人

福建道宣慰使司都元帥府按元史宣慰司有邊陲軍旅之事則兼都元帥府福建置宣慰使司都元帥府自大德三年始

宣慰使都元帥三員據三山續志所列職員如此考之元史福建宣慰使都元帥三員副都元帥僉都元帥事各二員

同知副都元帥一員　副使二員　經歷　知事　照磨兼架閣管勾各一員自經歷至照磨皆帥府幕官也此據三山續志所列員數考之元史經歷知事各增一員蓋既設帥府則幕官亦自宜稍更改耳

福建閩海道肅政廉訪司按三山續志廉訪之職與臺察相表裏詢民瘼察冤滯糾

劾諸不職者宋置提刑司設提點刑獄官其職與
此畧同然任分而權輕元至元十四年設福建廣
東道二十年改福建提刑按察司閩海道二十八
年改按察司為肅政廉訪司轄八路按治帥府漕
司軍民司屬兼照刷諸司文卷遲錯責違慢廉訪
官吏獨運司官吏年終按問刷卷亦如之

使　副使各二員　僉事四員按三山續志廉訪使二員長曰監司
次曰大使監司守司次官每年九月分司次年四
月還司獨大使於西廳置分司按治本路司屬闕
則次官代之副使以下分按興泉漳建汀延邵七
路夏六月冬十二月二次審因就刷所按路分司
屬上下半年文卷餘不係分按審因時月完坐視事

經歷　知事各一員

照磨兼管勾一員按三山續志止書照磨无史又有兼職自經歷至照磨皆廉訪
司幕官也〇廉訪司吏有通事譯史各一人書吏
一十六人典吏二人又按元史又有奏差五人

寄治附

行御史臺按元史至元十四年始置江南行御史臺于揚州尋徙杭州又徙江州又徙建康以監臨東南諸省統制各道憲司而總諸內臺至正二十五年御史大夫完者帖木兒奏江南諸道行御史臺嘗奉旨於紹興路開設近因道梗湖南湖北廣東廣西海北江西福建等處凡有文書北至南臺風信不便徑申內臺未委事情虛實宜於福建置分臺給降印信俾各道文書由分臺以達內臺於事體爲便有旨從之

御史大夫　御史中丞　侍御史　治書侍御史各一員　經歷　都事　照磨　架閣庫管勾　承發管勾兼獄丞各一員自經歷至承發管勾皆臺之幕官也

察院監察御史十員以上俱按元史江南行御史臺職員列之而福

建分臺職員
盖無可攷也

諸司 附

福建等處都轉運鹽使司

按三山續志至元十六年設轉運使榷鹽貨兼市舶二十四年兼榷鹽鐵酒醋諸課二十九年改置提舉始專司鹺三十一年設轉運使大德八年罷十年改置提舉皇慶元年復設都轉運使各有佐屬以治其事九趲運及倉場之官隸焉又按元史至元十四年始置市舶司領煎鹽徵課之事二十四年改立鹽運司二十九年改立提舉司大德四年復為運司九年復罷併入元帥府兼掌之十年復立都提舉司至大四年復陞運司徑隸行省二說不同

運使二員 同知 副使 運判各一員 據三山續志所列職員如此考之元史則同知二員運判二員而無副使 經歷 知事各一員

提控一員按元史無此職照磨一員自經歷至照磨皆運司幕官也○都轉運鹽使司有知印通事譯史各一人書吏一十五人奏差一十二人典吏二人鹽課提舉司說見都轉運鹽使司下提舉二員　同提舉　副提舉各一員　知事　提控　照磨各一員自知事至照磨皆鹽課司幕官也鹽場①凡七場曰海口曰牛田曰上里曰惠安曰潯美曰洒州曰浯州司令　司丞　管勾各一員　典史一員典史蓋幕官也以上職員七場皆同○海口牛田二場各有場吏四人餘場無可攷

市舶提舉司按元史延祐元年改立泉州考之泉州歷官志大德間已有是官二說不同餘見都轉運鹽使司下提舉　同提舉　副提舉各二員　知事

校注：①凡

一員知事蓋幕官也

儒學提舉司按元史各處行省所署之地皆置一司統諸路府州縣學校祭祀教養錢糧之事及①可校呈進著述文字三山續志不載而泉州志平海省隨省官屬有之今增入提舉副提舉各一員吏目一員吏目蓋幕官也○按元史儒學提舉司有司吏二人

醫學提舉司按元史有官醫提舉掌醫户差役詞訟惟河南浙江江西湖廣陝西五省各立一司餘省並無而泉州志平海省隨省官屬有此司其員數品從與元史俱不同今姑增入提舉一員按元史提舉從六品而泉州志以為從五品元史又有同提舉副提舉各一員而泉州志但有提舉一員

校注：①考

人匠提舉司按元史及三山續志俱不載此官而泉州志平海省隨省官屬有之今增入提舉一員

國朝

文職

福建等處承宣布政使司　左布政使　右布政使

左參政　右參政　左參議　右參議各一員已上俱舊制職員後又增設提督海道坑塲各一員或參政或參議皆奉　勅專理○司有通吏二人令史一十四人典吏三十六人知印一人承差六人

經歷司經歷司照磨所皆設於布政司內盖司之幕官也

經歷　都事各一員司有典吏二人

照磨所照

磨　檢校各一員所有典吏四人

理問所自理問所至司獄司皆隨布政司而設故悉附焉

理問　副理問各一員　案牘一員案牘盖幕官也○所有司吏四人典吏九人

廣積庫大使　副使各一員庫有司吏典吏各一人

司獄司　司獄一員有①獄典一人按察司都司二司獄司吏徽此

福建等處提刑按察使司　按察使一員　副使二員

僉事四員已上俱舊制職員後又添設提督學校海道坊場屯田各一員或副使或僉事皆奉　勅專理○司有書吏一十人典吏二十二人承差四人

經歷司經歷司照磨所皆設於按察司內盖司之幕官也

經歷　知事各一員司有典吏一人

照磨

校注：①獄

所照磨 檢校各一員所有典吏四人司獄司以其司按察司所繫囚獄故附馬司獄一員

武職

福建都指揮使司 都指揮使 都指揮同知 都指揮僉事已上俱無定員○司有令史六人典吏一十八人知印一人承差四人經歷司都司幕官也經歷 都事各一員司有典吏一人斷事司掌斷都指揮使司一切獄訟而司獄司則主其所繫囚也故皆附馬斷事 副斷事各一員 吏目一員吏目蓋幕官也○司有司吏典吏各四人司獄司司獄一員自經歷至此俱用文職充

福建行都指揮使司建寧府置司 本司及經歷司斷事司獄司職員俱與都指揮使司同行都指揮使司有令史七人典吏一十六人知印一人承差四人斷事司有司吏典吏各四人司獄司有獄典一人

屬司 附

福建都轉運鹽使司 運使 同知 副使 判官各一員司有書吏四人典吏一十二人經歷司運司幕官也 經歷 知事各一員鹽課司九七場曰海口場牛田場上里場惠安場潯美場洒州場浯州場七場并批驗鹽引所鹽倉俱隸運司故悉附焉 大使 副使各一員上□職員七場皆同竹崎批驗鹽引所大使 副使各一員閩

安鎮批驗鹽引所大使　副使各一員鹽倉大使

副使各一員

市舶提舉司初置司泉州後徙福州提舉　副提舉各一員

吏目一員吏目蓋幕官也○司有司吏二人典吏四人

八閩通誌卷之二十七

秩官

職員

郡縣

閩地在秦雖爲閩中郡而載籍未詳漢初以封亡諸其版圖未入中國武帝以後始有治①縣吴永安中始置建安郡歷魏晋齊梁陳隋郡縣之制寖備然建官設屬猶未能一一盡攷也自唐以來見於郡志國史者始詳焉

福州府

唐

福州長樂郡中都督府 按三山志唐都督及節度觀察等使皆刺史領之則都督府之

校注：①冶

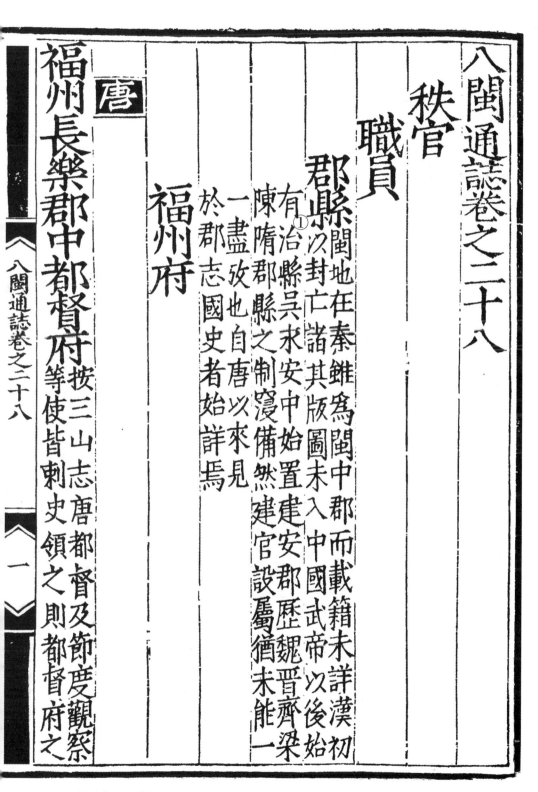

官即州官也職員已見都督府

閩縣望按文獻通考唐縣有赤畿望緊上中下七等之差①注京都所治爲赤縣京之旁邑爲畿縣其餘則以戶口多少資地美惡爲差令一員掌導風化察冤滯聽獄訟凡民田收授縣令給之每歲季冬行鄉飲酒禮籍帳傳驛倉庫盜賊隄道雖有專官皆通知縣丞一員爲縣令之貳主簿一員掌②付事勾稽省署抄目糾正縣內非違尉二員掌分判衆曹收率課調按唐書凡縣有司功佐司倉佐司戶佐司兵佐司法佐司士佐典獄門事等畿縣減司兵上縣有司戶司法而已經學博士助教各一員按唐書京縣學生五十人畿縣四十人中縣以下各二十五人

候官縣緊長樂縣上福唐縣上連江縣上上四縣職

校注：①注　②行

員俱與閩縣同

長溪縣中下 令 丞 主簿 尉各一員

古田縣中下 梅溪縣中 永泰縣中 尤溪縣中下 上四縣職員俱與長溪縣同

宋

福州大都督府長樂郡威武軍 舊領福建路鈐轄建炎三年升帥府按宋史初華五季之患召諸鎮節度會于京師賜第以留之分命朝臣出守列郡號權知軍州事軍謂兵州謂民政也其後文武官參為知州軍事二品以上及帶中書樞密院宣徽使職事稱判其府州軍監諸府置知府事一人州軍監亦如之

知州事一員 掌總理郡政宣布條教導民以善而

糾其奸慝歲時勸課農桑旌別孝弟其賦役錢穀獄訟之事兵民之政皆總焉福州自景德以後知州多兼安撫使

通判軍州事一員掌倅貳郡政與長吏均禮凡兵民錢穀戶口賦役獄訟聽斷之事可否裁決與守通簽所部官有善否及職事修廢得刺舉以聞宋制大郡置二員餘置一員州不及萬戶不置

簽書判官廳公事　節度推官　觀察推官　節度判官　觀察判官　節度掌書記　觀察支使各一員自簽判以下俱掌裨贊郡政總理諸案文移斟酌可否以白于其長而罷行之皆幕官也凡員數多寡視郡小大及職務之繁簡

諸曹官

錄事參軍一員掌州院庶務糾諸曹稽違　司戶參軍一員掌戶籍賦稅倉庫受納　司法參軍一員掌議法斷刑　司理參軍一員掌訟獄勘

鞠之事按三山志有左右司理而宋史但為司理蓋後省一員也

州學景祐四年詔藩鎮始立學他州勿聽慶曆四年詔諸路州軍監各令立學學者二百人以上許更置縣學自是州郡無有不學

教授一員以經術行義訓導諸生掌其課試之事而糾正不如規者

州司武官

福州兵馬鈐轄一員

駐泊兵馬都監一員景德二年始置提舉本路諸州軍兵馬巡檢公事元符初置駐泊兵馬都監主州禁卒一營而已紹興中添差凡五人

兵馬都監四員兼在城巡檢小使臣為監押舊置二員建炎中添差小使臣宗室一員充監押紹興中添差大使臣宗室一員充都監

監裏外鹽稅務三員監在城茶鹽商稅務二員天聖間置監閩安鎮稅兼沿海地分巡檢一員

監作院三員舊本州都監兼管宣和中置一員差小使臣添差二員

監甲仗庫一員

福劍州巡轄馬遞鋪一員

宮觀岳廟宗室按三山志紹興三年勑添差不釐務宗室本州十員閩候官等十一縣各三員長樂二員淳熙六年勑裁定帥府十五員諸縣宗室𦲷罷更不作闕添差大小使臣親民各一員　小使臣監當五員　宮觀岳廟共八員

歸朝歸正歸附忠順官附按三山志有此官未詳隸於何司姑附于此歸朝官紹興六年州置六員歸正官紹興三十一年以前歸正人帥府大使臣三員小使臣六員三十一年以後歸正官帥府十員歸附官乾道九年淮西總領所及鎮江府駐劄御前諸軍統制司計發到五十一員添差將領等差遣任𦲷申奏存留再任

閩縣望按文獻通考建隆元年令天下諸縣除赤畿外有望緊上中下注四千户爲望三千户以上爲緊二千户以上爲上千户以上爲中不滿千户爲中下五百户以下爲下

知縣事一員按宋史掌總治民政勸課農桑平決獄訟有德澤禁令則宣布于治境凡户口賦役錢穀賑濟給納之事皆掌之以時造户版及催理二稅有水旱災傷則以分數蠲免民有流亡則撫存安集之無使失業有孝弟行義聞于鄉閭者具事實上于州激勸以勵風俗宋用京朝官知

丞一員按三山志宋初廢置不一紹興令諸縣及萬户注縣丞一員

主簿一員按三山志開寶三年詔諸縣一千户以上依舊置令簿尉三員紹興十六年臣寮言國初人物稀少縣小而事簡者簿常闕員而尉兼之其後縣滿萬户置丞而簿猶缺又言萬户以下縣已不差縣丞猶多有主簿兼尉者乞許增主簿一員從之

尉一員按宋史掌閱習弓手職奸禁暴凡縣不置簿則尉兼

之建隆三年每縣置尉一員在主簿之下奉賜並同邑大事煩則置二員劉崎巡檢一員銜帶長樂連江閩縣沿海巡檢私鹽賊盜公事

候官縣望職員與閩縣同甘蔗洲巡檢一員元豐七年差使臣一員充巡檢專一於甘蔗洲捕捉盜販私鹽

福清縣望職員與閩縣同監海口鎮一員元豐五年置初或以巡檢兼監稅或以主簿監鹽倉兼鎮務後於京朝官內選差兼管本鎮煙火監海口鹽倉一員紹興六年添差監倉一員海口巡檢一員舊治鍾門皇祐之後移海口嘉祐間復移鍾門治平初復歸海口熙寧二年再移鍾門後移止馬門又移蘇澳以小使臣充銜帶海口巡檢兼巡欄香藥沿海巡檢及催綱巡捉私茶鹽礬防護番舶松林巡檢

一員紹聖五年恭管巡檢防護海口鎮官物後以小使臣充銜帶長樂福清松林巡檢專巡三處地分私煎販鹽公事兼催綱巡捉私茶鹽礬主管巡欄貨物事

南匿巡檢一員以小使臣充銜帶南匿嶼巡檢福清就近水陸賊盜公事兼催綱巡捉私茶鹽礬

古田縣望

知縣事兼兵馬監押一員太平興國以後率用武臣景德中兼兵符天禧初始授文吏

丞　主簿各一員

尉二員初置一員元豐二年增置西尉一員

監商稅務二員

監水口鎮一員舊有稅務以古田縣官兼監大中祥符中置使臣一員司鹽倉給納遂兼管收稅景德中以罷鹽倉省移巡轄馬遞鋪使臣於水口巡捕私茶鹽收稅如初皇祐中復鹽倉就令本縣主簿兼監并收稅紹聖中分命官二員文臣監鹽倉兼商稅使臣專管巡捕尋發鹽倉遂以監稅兼本鎮煙火公事紹興間

差京朝官後以京官充　水口巡檢一員銜帶水口鎮巡捕私茶以小使臣充餘見監水口鎮下

永福縣望　職員與閩縣同　辜嶺巡檢一員銜帶福州永福興化軍興化兩縣地分巡檢兼催綱巡捉私茶鹽賊盜公事以小使臣充

長溪縣望淳祐中析其西鄉置福安縣　知縣事兼兵馬監押一員咸平初以使臣爲兵馬監押兼知縣事慶曆後用文臣以知縣兼兵符　丞　主簿　東尉各一員　西尉一員元祐五年有縣丞置　監黃崎鎮一員

峯火巡檢一員銜帶長溪寧德①一縣巡檢兼煙火巡捉私茶鹽礬

長樂縣緊　職員與閩縣同建炎元年以縣未滿萬戶省丞一員　監嶺口

校注：①二

鹽倉兼催煎一員　監商稅務一員崇寧三年置尋省仍以本縣官兼管

羅源縣中　知縣事　主簿　尉各一員　監商稅務一員　南灣巡檢一員銜帶連江羅源兩縣南灣巡檢兼催綱兼管沿海陸路私鹽賊盗巡攔市舶物貨兼管兩縣私煎販主管本灣煙火事

閩清縣中　職員與羅源縣同崇寧二年置一員五年省　丞　監商稅務一員舊本縣官兼管崇寧三年置

寧德縣中　職員與閩縣同　蛇崎巡檢一員銜帶長溪寧德兩縣巡檢巡捉私茶鹽礬以小使臣充　監商稅務一員崇寧間置政和問以商稅

不滿千貫罷監官而以縣官兼監

懷安縣望職員與閩縣同　雞亲鎮巡檢一員銜帶閩候官懷安閩清古田五縣巡檢兼催綱巡捉私茶鹽礬監鹽倉一員舊主簿兼監紹興間差小使臣一員專監

連江縣望職員與閩縣同　監商稅務一員　荻蘆寨水軍統領兼福州興化軍都巡檢使一員

元

福州路總管府上按元史至元二十年定十萬户之上者爲上路十萬户之下者爲下路當衝要者雖不及十萬户亦爲上路又按三山續志至元十五年改福州爲路十七年始設路官職專①□

校注：①治

民上隸帥屬下轄州司縣官達魯花赤一員以蒙古人任總管一員以漢人、南人任上二職皆路之長並兼管勸農事後倣此同知治中判官

各一員推官一員至元二十三年置專治刑獄三山續志作二十四年置

經歷司經歷知事各一員提控案牘一員按三山續志所列職名如此元史則有照磨兼承發架閣一員而無此職名未詳何謂自經歷以下皆路之幕官也○路吏有通事譯史各一人司吏三十人貼書六十人

司獄司自司獄司以下皆隨總管府而設故皆附焉司獄一員按元史又有丞一員○其吏有獄典一人

儒學教授學正學錄各一員有學吏一人蒙古學教授學正各一員三山書院山長一員醫學教授

二員　學正一員陰陽學教授　學正各一員上二學元史無學正一員永豐倉監支納　大使　副使各一員按三山續志永豐倉平準庫鹽倉常盈庫共有攢司六人平準行用庫提領　大使　副使各一員鹽倉大使　副使各一員宣慰司崇盈庫本路常盈庫官兼廉訪司贓罰庫本路常盈庫副使一員兼本路常盈庫監支納一員　副使二員運司廣盈庫監支納　大使　副使各一員庫子二人攢司一人在城稅務提領　大使　副使各一員在城站正提領　副提領各一員

錄事司（按元史至元十五年行中書省於在城十二廂分四隅置錄事司十六年併其二置東西二司二十年復併爲一又按三山志至元十七年設二說不同）

達魯花赤一員（以蒙古人任）①錄事一員（上二職皆司之長後倣此）判官一員（兼捕盜之事俱以漢人南人任後倣此）典史一員（司之幕官也○司有司吏六人貼書一十二人）

閩縣（中按元史至元二十年定江淮以南三萬户之上者爲上縣一萬户之上者爲中縣一萬户之下者爲下縣）

達魯花赤一員（以蒙古人任）縣尹一員（以漢人南人任上二職俱縣之長後倣此）主簿一員　縣尉一員（主捕盜之事後倣此）典史一員（縣之幕官也後倣此○縣有司吏五人尉吏一人貼書一十八人）儒學教諭一員　大義巡檢一員（有巡吏一人後倣此）閩安鎮巡檢一員

校注：①缺“續”字

閩安鎮務提領　大使　副使各一員江南州務大使　副使各一員大田站正提領　副提領各一員

侯官縣中　本縣及儒學職員與閩縣同縣吏亦與閩縣同但增郵長一人甘蔗寨巡檢一員洪塘稅務提領　大使　副使各一員白沙小箬二站正提領　副提領各一員竹崎批引所提領　大使各一員

懷安縣中　本縣及儒學職員與閩縣同縣吏與侯官縣同三縣寨巡檢一員稅務提領　大使　副使各一員

古田縣上　達魯花赤　縣尹　縣丞　主簿　縣尉各一員　典史一員按元史上縣典史二員而三山續志但一員○縣有司吏六人尉吏郵長各人貼書一十二人　儒學教諭一員　谷口杉洋西溪三寨巡檢各一員　縣務提領　大使　副使各一員　水口務都監　同監各一員　水口黃田二站提領各一員　副提領各一員　畱①倉大使　副使各一員倉有攢司一人

閩清縣中　本縣及儒學職員與閩縣同縣吏與閩縣同　安仁里巡檢一員　稅務提領　大使　副使各一員

校注：①留

長樂縣中　本縣及儒學職員與閩縣同　縣吏與候官縣同　北
鄉巡檢一員　稅務提領　大使　副使各一員
連江縣中　本縣及儒學職員與閩縣同　縣吏與候官縣同　寧
善等鄉巡檢一員　名聞等鄉巡檢一員　稅務提領
大使　副使各一員　際豐倉大使　副使各一員
羅源縣中　本縣及儒學職員與閩縣同　縣吏與閩縣同　南灣
寨巡檢一員　稅務提領　大使　副使各一員
永福縣中　本縣及儒學職員與閩縣同　縣吏與候官縣同　漈
門巡檢一員　稅務提領　大使　副使各一員

福清州下按元史至元二十年定江南地五萬户之上者爲上州三萬户之上者爲中州不及三萬户者爲下州又按三山續志至元十三年至元貞元年設縣職員與古田縣同二年陞縣爲州

達魯花赤一員以蒙古人任　知州一員以漢人南人充上二職俱州之長後做此　同知二員　州判二員兼捕盗之事後做此　吏目二員州之幕官也○州有司吏一十人貼書二十人

儒學學正一員　蒙古學學正一員　龍江書院山長一員　南日海口練門遝上四寨巡檢各一員　本州遝上海口三務提領　大使　副使各一員　際畱①倉大使　副使各一員有倉攢司一人

蒜嶺宏路二站正提領　副提領各一員

校注：①留

福寧州上按三山續志至元十三年以來設縣職員與閩縣同二十二年陞縣為州仍隸福州府領寧德福安二縣

達魯花赤　州尹各一員　同知　州判各二員　知事一員　提控案牘一員舊為提領案牘上二職皆州之幕官也○州有司吏二十二人鄉長二人貼書二十四人

司獄官一員有獄典一人

儒學教授一員　蒙古學教授一員　陰陽學教授一員　行用庫庫官一員有庫子二人　小白小瀾務洋鹽田褲溪桐山六寨巡檢各一員　稅務提領大使　副使各一員

寧德縣中　本縣及儒學職員與閩縣同按三山續志達魯花赤一

員鎮南王位下○縣吏亦與閩縣同(三縣寨)巡檢一員(東陽歷嶺)巡

檢一員(縣務)提領　大使　副使各一員(峬村務)

都監　同監各一員

福安縣中　達魯花赤一員按三山續志此一員榮王位下縣尹　主

簿　縣尉各一員縣吏與閩縣同(儒學)教諭一員(漁溪逕)

巡檢一員(辜嶺)巡檢一員(務)都監　同監各一員

(倉)大使　副使各一員

亳州翼萬户府按三山續志至元二十四年移濟南東平萬户翼戍福建後爲亳州上翼二十七年復設福新萬户翼轄新軍復令二翼官屬相叅署事曰福興鎮守萬户大德四年定例興化路

止令千户鎮守亳州與福新輪委萬户一員分鎮一年一更其汀泉漳等路並委百户至大元年又以沿海俱通番邦亳州與福新輪委萬户一員沿海上中下三流巡防半年一更上隸閫帥下轄鎮撫千户彈壓百户並得世襲幕官則有達魯花赤吏代或軍民交訟則委官會議裁決

萬户　副萬户各一員　經歷　知事　提控案牘各一員自經歷至此皆幕官也○府有譯史一人司吏六人鎮撫所鎮撫二員蒙古漢人參用後倣此　都目一員都目蓋鎮撫幕官也○鎮撫所有司吏一人

高唐冠州千户翼　達魯花赤　千户　副千户各一員　提控案牘一員提控案牘蓋千户翼幕官也○按三山續志亳州萬

户府上千户所有司吏一十人下千户所有司吏一人所分上下千户所未詳姑附志于此彈

壓二員蒙古漢人參用後倣此上百户二員下百户一十

五員

東平等路千户翼職員與高唐冠州千户翼同但上

百户增四員下百户省四員

德州東昌千户翼職員與高唐冠州千户翼同但下

百户省六員

濟南高唐千户翼職員與高唐冠州千户翼同但有

百户十員不分上下

濟寧泰安千户翼　職員與高唐冠州千户翼同但有百户一十三員不分上下

濟寧濮州千户翼　職員與高唐冠州千户翼同但改提領案牘爲吏目又下百户省三員

東平濟寧千户翼　職員與高唐冠州千户翼同但有百户一十員不分上下

濟南東昌千户翼　職員與高唐冠州千户翼同但有百户一十三員不分上下

永平德州千户翼　職員與高唐冠州千户翼同但改

提領案牘爲都目又上百户下百户各省一員

濟寧建康千户翼　職員與高唐冠州千户翼同但上百户省一員下百户省二員

延平等路千户翼　職員與高唐冠州千户翼同但有百户六員不分上下哈剌魯千户一員

福新萬户府説見亳州翼萬户府職員與亳州翼萬户府同府有譯史一人司吏四人幕官及鎮撫所職員亦同鎮撫所有司吏一人

上千户翼　職員與高唐冠州千户翼同但有下百户一十四員無上百户○上千户翼有司吏二人

下千户翼 職員與高唐冠州千户翼同 但上百户增二員下百户省四員○下千户翼有司吏三人

中千户翼 職員與永平德州千户翼同 但有下百户一十員無上百户○中千户翼有司吏一人

姚千户翼 職員與濟寧濮州千户翼同 但有下百户五員無上百户

只里瓦歹千户翼 職員與濟寧濮州千户翼同 但有百户七員不分上下

哈剌哈孫千户翼 職員與只里瓦歹千户翼同

國朝

文職

本府 知府一員 同知一員 通判一員後又增設一員專督屬縣稅糧 推官一員府有司吏一十二人典吏二十九人 經歷司經歷司照磨所俱設於府內皆府之幕屬也後倣此 經歷 知事各一員司有典吏一人 照磨所 照磨 檢校各一員所有典吏二人 司獄司自司獄司以下皆隨府而設故悉附焉後倣此 司獄一員有獄典一人後倣此 織染局 大使 副使各一員局有司吏一人後倣此 常豐倉 大使 副使各一員倉有攢典一人後倣此 三山驛 驛丞一員有驛吏一人後倣此 三

山迊運所大使一員所有司吏一人後倣此陰陽學正術一員醫學正科一員僧綱司都綱　副都綱各一員道紀司都紀　副都紀各一員儒學教授一員　訓導四員生員廩膳增廣各四十人後倣此○學有司吏一人後倣此

閩縣國朝之制凡縣編户滿二十里以上者具官全設編户不滿二十里者省丞簿二員知縣一員縣丞一員　主簿一員　典史一員典史縣之幕官也後倣此○縣有司吏六人典吏一十四人儒學教諭一員　訓導二員生員廩膳增廣各二十人後倣此○學有司吏一人後倣此五虎門官母

嶼巡檢司閩安鎮巡檢司巡檢各一員各有司吏一人後倣此稅課局大使一員有攢典一人後倣此大田驛驛丞一員河泊所河泊官一員有攢典一人後倣此

候官縣　本縣及儒學職員與閩縣同吏員亦同竹崎巡檢司巡檢一員稅課局大使一員小箬驛白沙水驛驛丞各一員

懷安縣　本縣及儒學職員與閩縣同吏員亦同五縣寨巡檢司巡檢一員稅課局大使一員芋原驛驛丞一員懷安遞運所大使一員

長樂縣　本縣及儒學職員與閩縣同（吏員亦同）松下石梁焦山小祉山三巡檢司巡檢各一員稅課局大使一員長樂倉大使一員河泊所河泊官一員陰陽學訓術一員醫學訓科一員僧會司僧會一員

連江縣　本縣及儒學職員與閩縣同（吏員亦同）北茭巡檢司巡檢一員定海倉副使一員蛤沙河泊所河泊官一員陰陽醫學僧道會司職員俱與長樂縣同

福清縣　本縣及儒學職員與閩縣同（吏員亦同）壁頭生

頭門澤朗山三巡檢司巡檢各一員海口澄江二
稅課局大使各一員福清倉大使一員萬安倉副
使一員蒜嶺宏路二驛驛丞各一員河泊所河泊
官一員陰陽醫學僧道會司職員俱與長樂縣同

古田縣　本縣及儒學職員與閩縣同吏員亦同杉洋巡
檢司巡檢一員黄田水口二驛驛丞各一員水口
遞運所大使一員陰陽醫學僧道會司職員俱與
長樂縣同

永福縣　知縣一員　典史一員縣有司吏二人典吏八人儒學

職員與閩縣學同　際門巡檢司　巡檢一員　陰陽醫學僧道會司　職員俱與長樂縣同

閩清縣　本縣及儒學職員與永福縣同　吏員亦同　陰陽醫學僧道會司　職員俱與長樂縣同

羅源縣　本縣及儒學職員與永福縣同　吏員亦同　河泊所　河泊官一員　陰陽醫學僧道會司　職員俱與長樂縣同

武職

福州左衛指揮使司　指揮使一員　指揮同知二員

指揮僉事四員（已上俱舊制員數今無定員後倣此○衛有令史二人典吏五人後倣此）

經歷司（衛之幕官也）經歷 知事各一員（已上二職俱用文職充後倣此）鎮撫二員（有司吏一人後倣此）

左右中前後及中左六千户所 正千户各一員

副千户各二員（已上俱舊制員數今無定員後倣此○所有司吏一人後倣此）鎮撫各一員 百户各十員（今無定員後倣此）

福州右衛指揮使司 本衛幷經歷司鎮撫左右中前後中左六千户所職員俱與左衛同（吏員亦同）

福州中衛指揮使司 本衛幷經歷司鎮撫左右中前

後五千户所職員俱與左衛同（吏員亦同）

鎮東衛指揮使司（置於福清縣）本衛及經歷司鎮撫左右中前後中左六千户所職員俱與福州左衛同（吏員亦同）

梅花千户所（置於長樂縣）萬安千户所（置於福清縣已上二所俱隷鎮東衛）上二所職員俱與福州左衛六千户所同（吏員亦同）

建寧府

唐

建州建安郡（上）刺史一員（掌宣德化歲巡屬縣觀風俗録囚恤鰥寡）別駕長史　司馬各一員（上州有典獄十四人問事八人白直二十人）録事

參軍事一員有史二人錄事二員　司功參軍事一員有佐二人史五人　司倉參軍事一員有佐二人史五人　司户參軍事二員有佐四人史六人帳史一人　司田參軍事一員有佐二人史五人　司兵參軍事一員有佐二人史五人　司法參軍事二員有佐四人史七人　司士參軍事一員有佐二人史五人　參軍事四員　市令一員　市丞一員有佐一人史二人帥三人分行檢察倉督二人顓莅出納史二人　文學一員　助教一員其學生九五十人　醫學博士一員　助教一員其學生九二十人

建安縣上　職員與福州閩縣同

邵武縣中下職員與福州長溪縣同

浦城縣緊建陽縣上二縣職員俱與建安縣同

將樂縣中下職員與長溪縣同

宋

建寧府按宋史本建州建安郡舊軍事端拱初升為建寧軍節度紹興末以孝宗舊邸升府知府事一員職與知州同長史通判府事按宋史建隆四年詔知府公事並須長史通判簽議連書方許行下時大郡置二員餘置一員幕官諸曹官學官職員俱與福州同(本府武官)兵馬都監按宋史州府以下都監皆掌其本城屯駐兵甲訓練差使之事資淺者為監押兵馬監押

建安縣望 職員與福州閩縣同大挺埸監官壽領黃孫赤岸党口埃竹五寨巡檢各一員

浦城縣望 職員與閩縣同臨江大湖漁梁盆亭四驛職員未詳臨江遷陽二鎮監官各一員 監稅務一員

嘉禾縣望 職員與閩縣同 監麻沙鎮一員景德中置紹興中郡守魏砙奏差朝官監管麻沙寨巡檢一員

松溪縣緊 職員與閩縣同梓亭寨巡檢一員兼管龍泉遂昌政和凡四縣巡捕之事

崇安縣望 職員與閩縣同武夷驛職員未詳

政和縣望 職員與閩縣同 監關隸鎮一員

甌寧縣望 職員與閩縣同 水吉都巡檢員數未詳 富沙

水吉二驛職員未詳 監合同場一員 惠民東西二局

提領員數未詳 豐國監按宋史咸平二年置鑄銅錢 監官員數未詳

寄治附

殿前司左翼軍按本志舊駐劄泉州統制官一員統之其分戍建寧汀漳諸將皆隸焉紹興中將校周喜平泉漳邵武建寧寇就畱屯本府以喜為統制泉州但置統領官屯駐 統制

統領員數俱未詳

元

建寧路總管府下　達魯花赤　總管　同知　判官

推官各一員幕官職員與福州路同司獄司司獄

丞各一員儒學教授　學正　學録各一員蒙古

學教授一員醫學教授一員陰陽學教授一員府

倉大使　副使各一員平準行用庫提領　大使

副使各一員織染局局使　副使各一員雜造局

大使　副使各一員惠民藥局提領一員稅務提

領　大使　副使各一員

録事司　職員與福州路録事司同

建安縣中 甌寧縣中 浦城縣中 建陽縣中 上四縣並

儒學職員俱與福州路閩縣同

崇安縣中 本縣及儒學職員與閩縣同星村七市黃

亭墟頭四鎮巡檢各一員

松溪縣下 政和縣下 上二縣並儒學職員俱與閩縣

同

國朝

文職

本府 知府 同知 通判 推官各一員府有司吏十人典吏

二十五人經歷司經歷　知事各一員照磨所照磨

檢校各一員司獄司司獄一員稅課司大使一員

雜造局大使　副使各一員局有司吏一人廣實倉大使

副使各一員建寧遞運所大使一員陰陽學正術

一員醫學正科一員僧綱司都綱　副都綱各一

員道紀司都紀　副都紀各一員

儒學　教授一員　訓導四員

建安縣　本縣及儒學職員俱與福州府閩縣同縣有

司吏七人典吏十七人籌嶺巡檢司巡檢一員稅課局大使

一員太平水驛驛丞一員

朱文公裔孫世襲翰林院五經博士一員附

甌寧縣　本縣及儒學職員俱與閩縣同吏員亦同營頭巡檢司巡檢一員稅課局大使一員城西菓坊二驛驛丞各一員河泊所河泊官一員

浦城縣　本縣及儒學職員俱與閩縣同吏員與建安縣同盃亭高泉二巡檢司巡檢各一員稅課局大使一員陰陽醫學僧道會司職員俱與福州府長樂縣同

建陽縣　本縣及儒學職員俱與閩縣同吏員與建安縣同建陽稅課局后山稅課局大使各一員建溪水驛東峰馬驛驛丞各一員建陽遞運所大使一員陰陽醫學僧道會司職員俱與長樂縣同

松溪縣　本縣及儒學職員俱與閩縣同吏員亦同二十四都東關巡檢司巡檢各一員稅課局大使一員陰陽醫學僧道會司職員俱與長樂縣同

崇安縣　本縣及儒學職員俱與閩縣同吏員與建安縣同分水關巡檢司巡檢一員稅課局大使一員長平

水驛大安驛興田驛驛丞各一員河泊所河泊官
一員崇安大安二遞運所大使各一員陰陽醫學
僧道會司職員俱與長樂縣同
政和縣　本縣及儒學職員俱與閩縣同縣有司吏六人典吏
十五人赤巖巡檢司巡檢一員陰陽醫學僧道會司
職員俱與長樂縣同
壽寧縣　本縣及儒學職員俱與閩縣同吏員與政和縣同
漁溪巡檢司巡檢一員陰陽醫學僧道會司職員
俱與長溪縣同

武職

建寧左衛指揮使司

建寧右衛指揮使司上二衛及經歷司鎮撫左右中前後五千户所職員俱與福州左衛同内前所官軍調守備浦城縣

八閩通誌卷之二十八

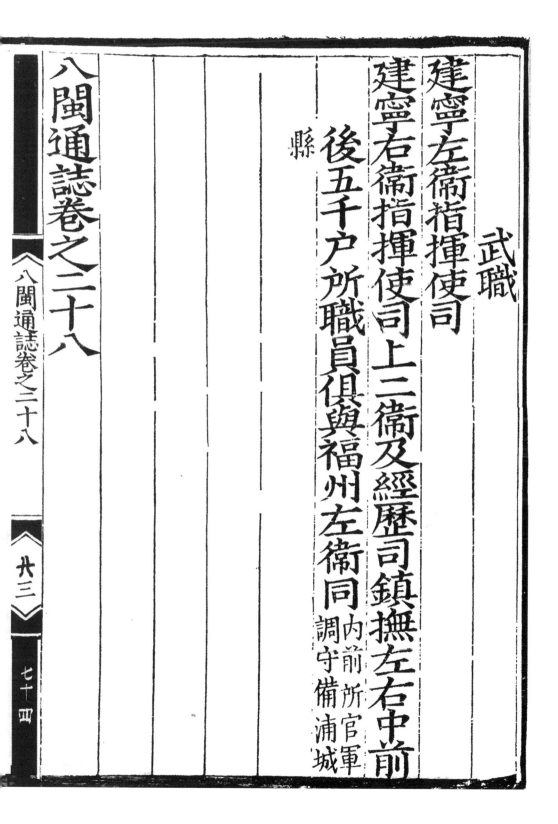

八閩通誌卷之二十九

秩官

職員

郡縣

泉州府

唐

泉州清源郡上 職員俱與建州同州有典獄等各曹有佐史等及經學生醫學生亦同

晋江縣上 南安縣緊 莆田縣上 上三縣職員俱與福

州閩縣同

仙遊縣中職員與福州長溪縣同

宋

泉州望按宋史清源郡太平興國初改平海軍節度本上郡大觀元年陞為望郡　知州事　通判軍州事　僉書判官　節度推官　觀察推官　節度掌書記　觀察支使各一員　諸曹官　錄事參軍　司戶參軍　司法參軍　司理參軍各一員　州學教授一員　監在城稅務文武各一員　本州兵官　駐泊兵馬都監　兵馬都監　添差兵

馬都監　兵馬監押　押隊監作院員數俱未詳
晉江縣望　職員與福州閩縣同　石湖四縣巡檢
石井鎮巡檢員數俱未詳　監石井鎮一員
南安縣中　同安縣中　上二縣職員與福州羅源縣同
惠安縣望　職員與福州閩縣同　小兠四縣巡檢員數
未詳
永春縣中　職員與羅源縣同　永春德化安溪三縣
巡檢各一員
安溪縣下　德化縣下　上二縣職員俱與福州羅源縣

同

寄治附

殿前司左翼軍宋以殿前左翼軍鎮泉州統制 統領員數俱未詳

元

泉州路總管府上按元史初嘗置平海行中書於泉州及遷行省於福州遂為泉州路總管府

職員與福州路同（經歷司）經歷 知事 照磨各一員（司獄司）司獄一員（儒學）教授 學正 學錄各一員 訓導六員（蒙古學 醫學 陰陽學）職員與福州路同（廣平倉）監納 大使 副使各一員（平

準行用庫職員與福州路同豐衍庫大使　副使各一員雜造局大使　副使各一員都稅務提領大使　副使各一員清源站正提領　副提領各一員脫脫禾孫（掌盤詰使客辯其真偽）脫脫禾孫　副脫脫禾孫各一員

錄事司（初立南北二司後併為一）職員與福州路錄事司同

晉江縣（中）達魯花赤　縣尹　縣丞　主簿　縣尉各一員（按元史中縣不置丞而三山續志閩縣亦中縣也皆不置丞泉州志晉江南安皆中縣而各有丞又元諸縣皆有典史而泉州志諸縣皆無之疑志誤也）

南安縣中職員與晉江縣同
同安縣下達魯花赤　縣尹　主簿　縣尉各一員
德化縣下永春縣下安溪縣下惠安縣下上四縣職
員俱與同安縣同
湖州翼萬户府　本府及幕官職員與福州路亳州翼
萬户府同（鎮撫司）本志作司三①山志作所　鎮撫二員（鎮遏司）
千户　百户各二員　照略一員
上千户所　達魯花赤　千户　副千户各一員
案牘一員　彈壓二員按本志各所皆有彈壓司司皆有彈壓二員

校注：①缺少“續”字

中千戶所　職員與上千戶所同（改案牘為都目）

下千戶所　職員亦與上千戶所同（但改案牘為吏目）上百戶所　百戶二員（蒙古漢人參用）下百戶所　百戶一員

左副翼萬戶府職員俱與湖州翼萬戶府同

水寨官湖州翼左副翼百戶各一員

國朝

文職

本府及經歷司照磨所司獄司儒學稅課司職員俱與建寧府同（府有司吏十一人典吏二十七人）織染局大使　副使

各一員廣平永寧二倉大使　副使各一員晉安
馬驛驛丞一員陰陽醫學僧綱道紀司職員俱與
建寧府同
晉江縣　本縣及儒學職員俱與福州府閩縣同縣有
司吏七人典吏十六人祥芝深滬圍頭烏潯巡檢司巡檢
各一員稅課局大使一員福全倉副使一員河泊
所河泊官一員
南安縣　本縣及儒學職員俱與閩縣同吏員與晉江縣同
澳頭巡檢司巡檢一員康店驛驛丞一員陰陽醫

學僧道會司職員俱與福州府長樂縣同

同安縣　本縣及儒學職員俱與閩縣同吏員與建寧府建安縣同峰上、塔頭、高浦、陳坑、官澳、田浦、烈嶼、苧溪八巡檢司巡檢各一員，金門、嘉禾、高浦三倉副使各一員，大輪、深青二驛驛丞各一員，河泊所河泊官一員，陰陽醫學僧道會司職員俱與長樂縣同

德化縣　本縣及儒學職員俱與福州府永福縣同縣有司吏一人典吏七人安仁、高鎮二巡檢司巡檢各一員，陰陽學僧道會司職員俱與長樂縣同

永春縣　本縣及儒學職員俱與永福縣同吏員亦同陰陽醫學僧會司職員俱與長樂縣同

安溪縣　本縣及儒學職員俱與永福縣同吏員亦同源口渡巡檢司巡檢一員陰陽醫學僧道會司職員俱與長樂縣同

惠安縣　本縣及儒學職員俱與閩縣同吏員亦同小岞峯尾獺窟黃崎四巡檢司巡檢各一員崇武倉副使一員錦田驛驛丞一員河泊所河泊官一員陰陽醫學僧道會司職員俱與長樂縣同

武職

泉州衛指揮使司　本衛及經歷司鎮撫左右中前後五千戶所職員俱與福州左衛同

永寧衛指揮使司　本衛及經歷司鎮撫左右中前後福全高浦嘉禾崇武金門十千戶所職員俱與福州左衛同

漳州府

唐

漳州漳浦郡下　刺史　別駕　司馬各一員下州有典獄八人問

事四人白直十六人錄事參軍事一員有吏二人錄事一員司倉參軍事一員有佐史各二人司戶參軍事一員有佐一人史四人帳史一人司田參軍事一員有佐史各二人司法參軍事各一員有佐一人史三人參軍事二員文學一員元和六年廢○其學生凡四十人醫學博士一員其學生凡十人

龍溪縣中下龍巖縣中下漳浦縣中下上三縣職員俱與福州長溪縣同

宋

漳州下按宋史漳州浦郡軍事知州事一員通判軍州事一員按本

志又有添差通判然廢置不一軍事判官一員　軍事推官一員

按宋漳州推官黄桂重建廳記國朝有兩使防團軍事推判官漳閩偏州推判官曰軍事諸曹官錄事參軍　司理參軍　司戶參軍　司法參軍各一員（州學教授一員）（本州武官）兵馬都監一員　兵馬監押二員　監都稅務一員

龍溪縣望　職員與福州閩縣同　四縣同巡檢一員

中柵巡檢一員

漳浦縣望　職員與福州古田縣同

龍巖縣望　長泰縣望　上二縣職員俱與閩縣同

元

漳州路總管府下本路及幕屬職員俱與建寧路同

錄事司職員與福州路錄事司同

龍溪縣　漳浦縣　龍巖縣　長泰縣　南靖縣俱下

上五縣職員俱與福州路閩縣同

國朝

文職

本府及經歷司照磨所司獄司儒學職員俱與建寧府

同吏員亦同

稅課司大使　副使各一員常平鎮海二

倉大使副使各一員（丹霞驛）驛丞一員（雜造局

陰陽醫學僧綱道紀司職員俱與建寧府同

龍溪縣　本縣及儒學職員俱與福州府閩縣同縣有司吏八人典吏十八人（柳營江濠門海門社三巡檢司）巡檢

各一員（江東甘棠二驛）驛丞各一員

漳浦縣　本縣及儒學職員俱與閩縣同吏員與建寧府建安縣同（洪淡後葛青山井尾烏尾金石東沈古雷盤陀

九巡檢司）巡檢各一員（陸鼇雲霄玄鍾三倉）副使

各一員（臨漳雲霄南詔三驛）驛丞各一員（陰陽醫

學僧道會司職員俱與福州府長樂縣同

龍巖縣　本縣及儒學職員俱與閩縣同吏員與建安同鴈石東西洋二巡檢司巡檢各一員陰陽醫學僧道會司職員俱與長樂縣同

長泰縣　本縣職員與福州府永福縣同有司吏二人典吏七人儒學職員與閩縣同朝天嶺巡檢司巡檢一員陰陽醫學僧道會司職員俱與長樂縣同

南靖縣　本縣及儒學職員俱與閩縣同吏員與建寧府政和縣同小溪九龍嶺和溪永豐西巡檢司巡檢各一員

長平驛驛丞一員陰陽醫學僧道會司職員俱與
長樂縣同
漳平縣 知縣 主簿 典史各一員有司吏二人典吏八人
儒學職員與閩縣學同桃源店溪南歸化三巡檢
司巡檢各一員

武職

漳州衛指揮使司 本衛及經歷司鎮撫左右中前後
龍巖中中六千戶所職員俱與福州左衛同
鎮海衛指揮使司 本衛及經歷司鎮撫左右中前後

五千戶所職員俱與福州左衛同

汀州府

唐

汀州臨汀郡下　職員俱與漳州同州有典獄等各曹有佐史等及經學學生醫學生亦同

長汀縣　寧化縣　沙縣俱中下　上三縣職員俱與福州長溪縣同

宋

汀州下按宋史臨汀郡軍事　本州及州學職員俱與漳州同

本州

兵官兵馬都監按本志有添差兵馬都監廳二所兵馬監押員數俱未
詳
長汀縣望職員與福州閩縣同古城寨巡檢按本志同巡一
員
寧化縣望職員與閩縣同安遠中定南平北安四寨
巡檢員數未詳
上杭縣上知縣　丞　尉各一員梅溪寨巡檢一員
武平縣上職員與福州羅源縣同三摺溪象洞二寨
巡檢各一員

清流縣　職員與羅源縣同明溪寨巡檢一員

連城縣　職員與羅源縣同北團寨巡檢員數未詳

寄治附

殿前司左翼軍按本志紹興間屯左翼軍數百置正副將尋命郡守領節制焉正將

副將各一員

元

汀州路總管府下　本路及幕屬職員俱與建寧路同

錄事司　職員與福州路錄事司同

長汀縣　寧化縣俱中　清流縣　蓮城縣　上杭縣

武平縣(俱下)上六縣幷儒學職員俱與福州路閩縣同

國朝

文職

本府及經歷司照磨所司獄司儒學稅課司職員俱與建寧府同(府有司吏八人典吏二十人)預備倉大使　副使各一員陰陽醫學僧綱道紀司職員俱與建寧府同

長汀縣　本縣及儒學職員俱與福州府閩縣同(吏員亦同)古城寨巡檢司巡檢一員臨汀館前二驛驛丞各一員

寧化縣　本縣及儒學職員俱與閩縣同吏員與建寧府政和縣同安遠寨巡檢司巡檢一員石牛驛驛丞一員陰陽醫學僧道會司職員俱與長樂縣同

上杭縣　本縣及儒學職員俱與閩縣同吏員與政和縣同平西藍屋二驛驛丞各一員陰陽醫學僧道會司職員俱與長樂縣同

武平縣　職員與福州府永福縣同舊有縣丞主簿各一員景泰間省○有司吏二人典吏九人儒學職員與閩縣同永平象洞二寨巡檢司巡檢各一員陰陽醫學僧道會司職員

俱與長樂縣同

清流縣 本縣及儒學職員俱與閩縣同（吏員與政和縣同）

鐵石巡檢司巡檢一員九龍驛驛丞一員陰陽醫學僧道會司職員俱與長樂縣同

連城縣 本縣及儒學職員俱與閩縣同（吏員與政和縣同）

北團寨巡檢司巡檢一員陰陽醫學僧道會司職員俱與長樂縣同

歸化縣 本縣及儒學職員俱與閩縣同（吏員與政和縣同）

夏陽巡檢司巡檢一員明溪驛驛丞一員陰陽醫

學僧道會司職員俱與長樂縣同

永定縣　職員與永福縣同（吏員與武平縣同）儒學教諭一員　興化鄉太平三層嶺三巡檢司巡檢各一員　陰陽醫學職員俱與長樂縣同

武職

汀州衛指揮使司　本衛及經歷司鎮撫左右中前後

上杭六千戶所職員俱與福州左衛同

武平守禦千戶所（直隸行都司將樂守禦千戶所倣此）正千戶一員

副千戶二員　百戶一十員　吏目一員（吏目以文職充）

所之幕官也

延平府

宋

南劍州上 按宋史劍浦郡軍事本志不載宋元職員考究多未詳 本州及州學職員

俱與漳州同本州武官職員未詳

劍浦縣緊 職員與福州閩縣同大曆寨巡檢一員

將樂縣上 職員與閩縣同萬安寨巡檢一員

順昌縣上 職員與汀州上杭縣同仁壽寨巡檢一員

監商稅務一員

沙縣中 職員與福州羅源縣同（北鄉浮流二寨）巡檢各一員 監商稅務一員

尤溪縣上 職員未詳（英果寨）巡檢一員

寄治附

殿前司左翼軍 按本志泉州分兵來鎮 職員未詳

元

延平路總管府下 本路及幕屬職員俱與建寧路同

錄事司 職員與建寧路錄事司同

南平縣中 職員與閩縣同（大歷）巡檢一員（茶洋王臺

二站職員未詳

尤溪縣中 職員與閩縣同英果高才坂二寨巡檢各一員稅務大使一員

沙縣中 職員與閩縣同

順昌縣中 將樂縣中 上二縣職員俱與閩縣同

國朝

文職

本府及經歷司照磨所司獄司儒學稅課司職員俱與建寧府同府□①司吏九人典吏二十三人劍浦嵢峽二遞運所大

校注：①有

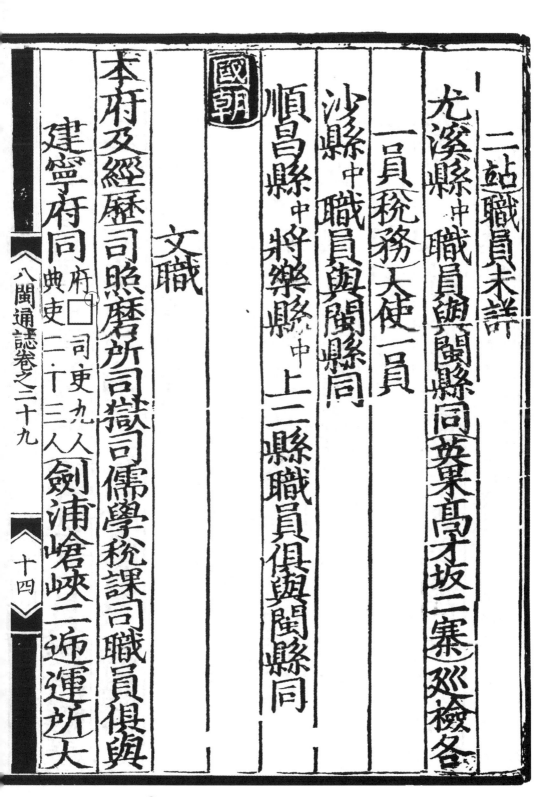

使各一員豐衍倉大使　副使各一員劒浦驛驛丞一員河泊所河泊官一員陰陽醫學僧綱道紀司職員俱與建寧府同

南平縣　本縣及儒學職員俱與福州府閩縣同吏員亦同嵢峽大曆二巡檢司巡檢各一員西芹稅課局大使一員茶洋王臺大橫三驛驛丞各一員西芹河泊所河泊官一員

將樂縣　本縣及儒學職員俱與閩縣同吏員與汀州府上杭縣同萬安寨巡檢司巡檢一員稅課局萬安稅課局

大使各一員（三華水驛并白蓮馬驛）驛丞各一員（河泊所）河泊官一員（陰陽醫學僧道會司）職員俱與

福州府長樂縣同

尤溪縣　本縣及儒學職員俱與閩縣同　吏員與上杭縣同

（高才坂英果寨二巡檢司）巡檢各一員（稅課局）大使一員（陰陽醫學僧道會司）職員俱與長樂縣同

沙縣　本縣及儒學職員俱與閩縣同　吏員與上杭縣同　（北鄉巡檢司）巡檢一員（稅課局）大使一員（陰陽醫學僧道會司）職員俱與長樂縣同

順昌縣　本縣及儒學職員俱與閩縣同吏員與上杭縣同

仁壽巡檢司巡檢一員　税課局大使一員　富屯雙峯二驛驛丞各一員　河泊所河泊官一員　陰陽醫學僧道會司職員俱與長樂縣同

永安縣　本縣及儒學職員俱與閩縣同吏員與上杭縣同

安砂湖口二巡檢司巡檢各一員　税課局大使一員　陰陽醫學僧道會司職員俱與長樂縣同

武職

延平衛指揮使司　本衛及經歷司鎮撫左右中前後

五千戶所職員俱與福州左衛同

將樂守禦千戶所 職員與汀州府武平守禦千戶所同

永安守禦千戶所 舊隸邵武衛景泰五年奉旨調守永安 職員與福州府梅花千戶所同

邵武府

宋

邵武軍 按宋史同下州 知軍事 通判 軍事判官各一員 按本府官制志宋有節度觀察推官各一員考之宋史邵武在宋為軍同下州而宋下州但有軍事推官

並無節度觀察推官之名又考本府公署志宋軍治但有通判僉判二廳至元始有推官廳又考本府題名志亦但有通判而無推官又考興化府在宋亦為軍同下州宋志亦但有判官而無推官則志所列節度觀察推官其誤明矣今正之

諸曹官　錄事參軍　司理參軍　司戶參軍　司法參軍各一員

軍學　教授一員　監稅務一員

邵武縣望　職員與福州閩縣同

泰寧縣望　職員與閩縣同　監稅務一員

建寧縣望　職員與閩縣同

光澤縣望　職員與閩縣同　監稅務一員

元

邵武路總管府下 本路職員與建寧路同（儒學）教授學錄各一員（樵溪雲巖二書院）山長各一員（富有行用二庫）提領 大使 副使各一員（司獄司）司獄一員（蒙古學）必闍赤 教授各一員（醫學）教授學正各一員（醫工提領所）提領 副提領各一員（稅務）提領 副使各一員（僧綱司）僧錄 僧判知事各一員 提控案牘二員（道錄司）道錄 道判 知事各一員 提控案牘二員

錄事司　職員與福州路錄事司同

邵武縣中　本縣及儒學職員俱與福州路閩縣同楊坊拿口二商稅務務使　副使各一員　水口楊坊拿口同巡四寨巡檢各一員樵川林墩拿口三站提領各一員　副提領各一員僧錄司都綱一員道錄司威儀一員

光澤縣中　本縣及儒學職員俱與閩縣同大寺寨巡檢一員止馬商稅務務使　副使各一員　杭川杉關二站提領　副提領各一員僧道錄司職員

俱與邵武縣同

泰寧縣中 本縣及儒學職員俱與閩縣同〔商稅務〕務使 副使各一員〔僧道録司〕職員俱與邵武縣同

建寧縣中 本縣及儒學職員俱與閩縣同〔西安寨〕巡檢一員〔商稅務〕務使 副使各一員〔僧道録司〕職員俱與邵武縣同

國朝

文職

本府及經歷司照磨所司獄司儒學稅課局職員俱與

建寧府同府有司吏六人典吏十四人常豐倉大使　副使各一員陰陽醫學僧綱道紀司職員俱與建寧府同

邵武縣　本縣及儒學職員俱與福州府閩縣同縣吏與汀州府上杭縣同水口巡檢司巡檢一員樵川拿口林墩三驛驛丞各一員河泊所河泊官一員

泰寧縣　本縣及儒學職員俱與閩縣同縣吏亦同陰陽醫學僧道會司職員俱與福州府長樂縣同

建寧縣　本縣及儒學職員俱與閩縣同縣吏與上杭縣同西安巡檢司巡檢一員陰陽醫學僧道會司職員

俱與長樂縣同

光澤縣　本縣及儒學職員俱與閩縣同縣吏與上杭縣同

大寺寨巡檢司巡檢一員稅課局大使一員杭川

杉關二驛驛丞一員河泊所河泊官一員陰陽醫

學僧道會司職員俱與長樂縣同

武職

邵武衛指揮使司　本衛及經歷司鎮撫左右中前後

五千户所職員俱與福州府衛同

興化府

宋

興化軍按宋史初名太平軍後改今名同下州 知軍事 通判各一員

軍事判官一員國初軍監皆以判官兼同知咸平初兼通判天禧間流内銓請自今軍監判官更不兼通判從之元豐間為僉書判官廳公事後復舊為軍事判官 諸曹官錄事參軍 司理參軍 司法參軍兼司戶各一員

軍學教授一員元豐初置一員宣和間行三舍法增置三員後復舊 興化軍

武官按舊志自清源析而為軍有屯駐駐泊巡檢兵士俱隸焉又按泉州刺史題名淳化二年知州事御帶管勾泉福漳州興化軍屯駐駐泊巡檢本城兵士至道元年加提舉都同巡檢咸平六年改提舉泉漳福州興化軍都同巡檢捉賊公事慶曆三年止 兵馬都監兼在城

巡檢一員 兵馬都監一員按本志又有添差二員淳熙中省一員
監在城都商稅務一員 興泉巡轄馬遞鋪一員
宮觀嶽廟宗室添監 主管崇道觀三員 嶽廟二
員 監稅不釐務二員戚里添監不釐務一員
使臣 正任釐務二員 揀汰離軍大小使臣下班
副尉添監嶽廟十五員 十三處戰功大小使臣
添差不釐務四員
歸正忠順官 添監不釐務大小使臣七員 嶽廟
一員 下班副尉八員 忠順官二十三員

莆田縣望　職員與福州府閩縣同　監涵①頭鹽倉一員兼因火公事紹興間置催煎官一員淳熙間省　迎仙巡檢一員銜帶興化軍同巡檢　繫蓼巡檢一員銜帶興化軍泉州巡捉私塩兼沿海巡檢

仙遊縣望　職員與閩縣同

興化縣中　職員與福州府羅源縣同

元

興化路總管府下　本路及幕屬職員俱與建寧路同

錄事司　職員與建寧路錄事司同

莆田縣中　仙遊縣　興化縣俱下　上三縣職員俱與福

校注：①涵

州路閩縣同

國朝

文職

本府及經歷司照磨所司獄司儒學稅課司雜造局職員俱與建寧府同府有司吏八人典吏一十九人大有倉大使副使各一員平海倉大使一員莆陽驛驛丞一員陰陽醫學僧綱道紀司職員俱與建寧府同河泊所河泊官一員

莆田縣　本縣及儒學職員俱與福州府閩縣同縣有

司吏八人典吏一十九人迎仙中沁小嶼吉了青山嵌頭六巡檢司巡檢各一員稅課局大使一員莆禧倉副使一員涵①頭莆禧黄石三河泊所河泊官各一員

仙遊縣職員與福州府永福縣同有司吏六人典吏七人儒學職員與閩縣同正統二年省訓導一員楓亭驛驛丞一員

陰陽醫學僧道會司職員俱與福州府長樂縣同

武職

興化衛指揮使司本衛及經歷司鎮撫左右中前後五千戶所職員俱與福州左衛同

校注：①涵

平海衛指揮使司　本衛及經歷司鎮撫左右中前後莆禧六千戶所職員俱與福州左衛同〇平海衛學

教授一員 以文職充正統八年指揮同知王茂奏立武學以教武職及軍中子弟之俊秀者曰官生曰軍生天順四年湖廣蘄水縣教諭莆人宋歩昭奏以近衛民間子弟之俊秀者附入曰民生俱無定額成化二年　制令武生年深者許間歲貢一人入大學如縣學廩膳生員之例焉

訓導 弘治元年始除一員〇學有司吏一員

福寧州

國朝

文職

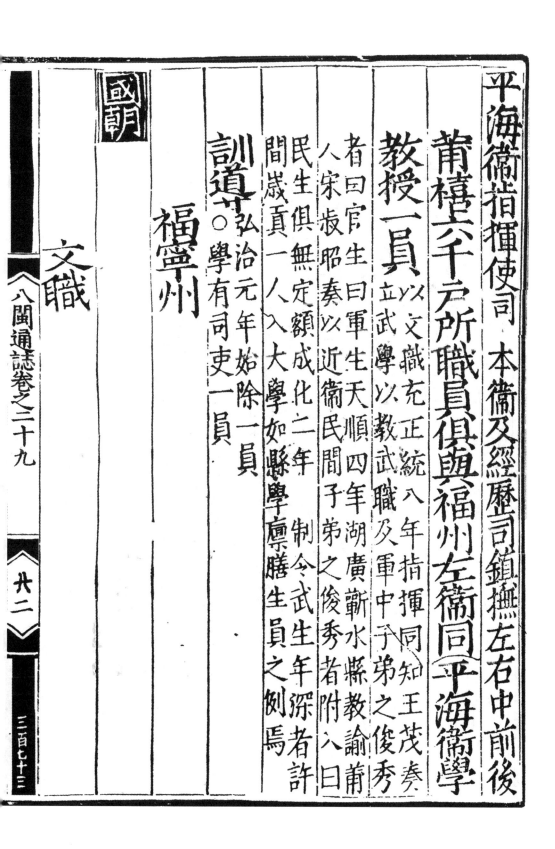

本州唐宋俱為長溪縣元陞為福寧州皆隸福州國朝初為福寧縣成化間復陞為州直隸布政司

知州 同知 判官各一員 吏目一員州之幕官也○州有司吏七人典吏一十七人

儒學學正一員 訓導三員生員廩膳增廣各三十人○學有司吏一人

松山大篔簹水澳青灣高羅延停栢洋六巡檢司巡檢各一員

稅課司大使一員

廣盈大金二倉大使各一員

河泊所河泊官一員

陰陽學典術一員

醫學典科一員

僧正司僧正一員

道正司道正一員

寧德縣 本縣及儒學職員俱與福州路閩縣同縣有

司吏六人典吏一十三人東洋麻嶺巡檢司巡檢一員河泊所河泊官一員陰陽醫學僧道會司職員俱與福州府長樂縣同

福安縣 本縣及儒學職員俱與閩縣同吏員亦同白石巡檢司巡檢一員陰陽醫學僧道會司職員俱與長樂縣同

武職

福寧衛指揮使司 本衛及經歷司鎮撫左右中前後大金定海七千戶所職員俱與福州左衛同

八閩通誌卷之二十九

八閩通誌卷之三十

秩官

鎮守

國朝

王恭洪武初以①附馬都尉鎮守〇按城池志洪武四年②在

周德興洪武間以江夏侯鎮守〇按城池志洪武二十年③在

戴細保景泰元年以尚寶監監丞鎮守五年還　朝

薛希璉浙江羆木人景泰元年以刑部侍郎鎮守三年陞本部尚書四年還　朝

費釗正統十四年以崇信伯奉　命討賊景泰元年剌留鎮守二年還　朝

校注：①駙　②③任

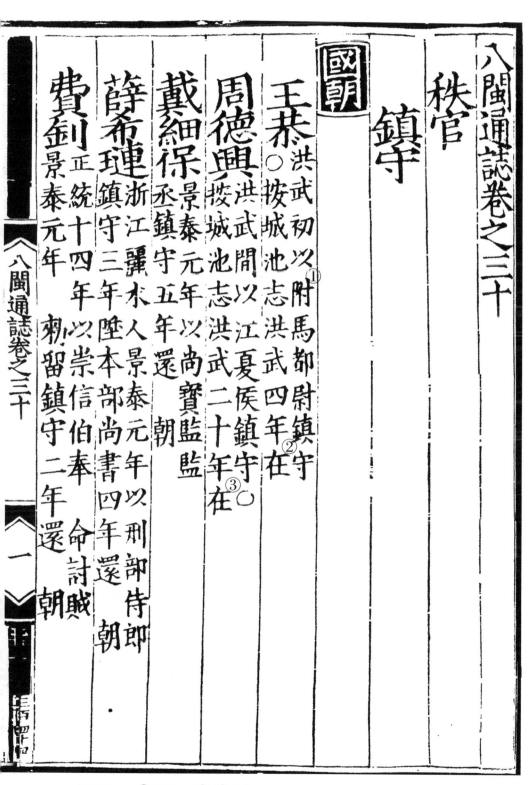

范雄 正統十四年以都督僉事奉 命討賊景泰元年 勑留鎮守二年還 朝

廖秀 正統十四年以太監奉 命監軍討賊景泰元年 勑留鎮守復往沙縣二年還 朝

來住 正統末以内使提督市舶陞長隨奉御景泰四年協同監丞戴細保鎮守及細保還 朝就留鎮守陞監丞尋陞少監未受 命而卒

孫原貞 見名宦志

馮讓 浙江麗水人天順二年以都知監右少監鎮守八年還 朝

吕昱 成化二年以都知監太監鎮守卒于官

盧勝 成化五年以御用監太監鎮守十六年回京

陳道 字安理廣東順德人成化十六年以御用監太監鎮守

巡撫

國朝

楊勉 應天府江寧人□□□□□部侍郎巡撫

焦宏 正統八年以户部右侍郎巡撫

劉廣衡 江西萬安人景泰六年以都察院左副都御史巡撫

滕昭 字自明河南人成化六年以都察院右副都御史巡撫

張瑄 字廷璽應天府江浦人成化八年以都察院右副都御史巡撫十年還朝

高明 見名宦志

王繼 字述之河南祥符人成化二十三年以都察院右副都御史巡撫

提督市舶

國朝

卓洪

范士明俱宣德間以內使提督

梁著

楊□俱正統初以內使提督

韋查成化□□年以都知監少監提督陞本監太監弘治元年卒于官

董讓弘治二年以御用用監監丞①是督

國朝巡按清理軍政刷卷及按治給事中附

校注：①提

巡按監察御史 陳述洪武二十三年 蔣彥祿 魏清 何器 況必安 歐彥貴俱永樂三年 李素 李仲芳

周宗範 李彬俱永樂六年 黃員相 賈旭

陸和俱永樂九年 孟亨 張敔 李旭 屈伸 趙文 劉愷俱永樂十二年 張顯 鄭璘 周遠 陳恕 劉璉俱永樂十五年 王綱 饒禮 楊淵 張敬 王昌俱永樂十八年 曹習古 鄒傑 姚堅 陳紹夔俱永樂二十一年 王璉

王寶 張鐸 范宗淵俱宣德元年 方端 張鵬俱宣德四年 楊政吉水人宣德七年 黃振宣德九年 金敬宣德十年 周銓 郝

敬　計澄俱正統三年　王珉正統十一年　柳華蘇州人正統十二年　柴
文顯建德人正統十三年　汪澄正統十四年　丁瑄東鹿人　張海　陳
員韶台州人俱景泰元年　許仕達見名宦志　邢宥瓊州人景泰三年　倪敬
無錫人景泰四年　練綱蘇州人景泰五年　盛顒無錫人景泰六年　夏塤見名
宦志　莊歙徽州人天順二年　唐彬山陰人天順三年　劉玗安福人天順四年
滕昭天順六年　伍驥見名宦志　魏瀚　朱賢六安人俱成化元年　任璽
山西太平人　涂棐豐城人俱成化二年　左鈺成化三年　吳璘楊州人成化四年
洪性成化七年　李釗台州人成化九年　鄭昱常山人成化十年　葉稠富陽
人成化十一年　戴用萬安人成化十三年　閻佐陝西商縣人成化十五年　徐鏞興國

州人成化十六年張穆寶應人成化十八年汪奎徽州人成化十九年劉信四川

南溪人成化二十年董復紹興人成化二十一年呂炯寧波人成化二十三年劉

纓新淦人弘治元年

清理軍政及刷卷監察御史　楊義永樂十二年陳永正統

十二年應灝淳安人景泰二年陶復南城人景泰四年顧儼天順三年馬

震河南汲縣人天順七年刷卷邵智南海人成化四年沃頖定海人成化七年

尹仁安福人成化十年易居仁泰和人成化十三年姜昂崑山人成化十六年

張昺慈溪人成化二十年韓明餘姚人弘治元年

按治給事中　李守中永樂三年鄭良永樂九年

歷官

方面

唐

都督府經略軍寧海軍威武軍附　都督　王義童武德末任　張承慶景雲初任　梁惟忠　辛子言　李亞丘俱開元間任　王鎮大中末任　李瓚咸通間任已上俱福州刺史兼　別駕　衛總持　任弘毅俱貞觀間任　長史　王孝敬永徽間任　唐循中開元間任　李偕廣德初任　司馬　蕭嗣德咸亨初任　經略使　唐循中開元間長史兼　吉湑至德間授經略寧海軍使　李元宗開成間任　裴⿰火帝大中間任已上二人俱泉州刺史兼　都防禦使　董

玠乾元初任　李行穆大曆間由泉州刺史兼（副使）　暨克華乾元初任（節
度使）　李承昭上元中任（都團練觀察處置使）　李椅見名宦志
鮑防大曆間任　常袞見名宦志　孟皞建中間任　盧惎　吳詵　吳
湊見名宦志　鄭叔則　王翃　柳冕　閻濟美上二人見名宦
志己上俱貞元間任　陸庶　裴次元　裴乂俱元和間任　徐晦寶曆
初任　張仲方　桂仲武　段伯倫俱太和間任　唐扶開成初任
李記　楊發大中初任　李景溫見名宦志成通中任　李晦　李播
俱乾符間任　鄭鎰廣明初任　陳巖中和末逐觀察使鄭鎰自稱觀察使　王潮景福
間任（團練副使）　李貽孫太和中任　陳巖中和間任（判官）　武自和

元和間任李敬彝太和初任巡官權幼公元和間任觀察支使盧昂元和間任判官楊邵伯元和間任侯勣太和間任推官馮審元和間任監軍使魚獻劉元弼節度觀察留後皇甫政大曆間任范暉　王潮俱景德間自稱留後王審知乾寧末自稱福建留後光化初授節度觀察留後

偽閩

節度使王延翰五代唐天成初授　王延曦五代晉天福間自稱節度使副使王延翰同光間任王繼鵬長興間任俱五代唐授威武軍節度觀察留後王延鈞五代唐天成初授威武軍節度使王延鈞

五代唐天成初授

王繼恭

王延曦俱五代晉天福間授

威武軍節度副使王延澄五代晉天福間授

南唐

威武軍節度使李仁達五代晉開運間仁達殺卓巖明自稱威武軍節度使留後南唐授仁達威武軍節度使賜名弘義後又更名弘達

吳越

節度留後李孺贇知福州留後

吳程知節度事俱五代漢乾祐間任

知彰武軍節度事五代周廣順初更威武軍為彰武軍

錢弘儇

錢元璝俱廣順間任

沈承禮宋開寶間任按三山志太祖授承禮威武軍節度福州管內觀察處置三

司水陸發運使沈承禮移為安軍節度事

宋①

威武軍節度使皇子元雋雍熙間遙領 皇子楷元符中遙領 童貫政和末授依前領樞密院事 鄭居中宣和初授佑神觀使 李顯中乾道中授充左金吾備上將軍承宣使姚平仲 宗室有忠俱靖康間遙領節度觀察留後皇伯承範嘉祐間遙領觀察使王德用仁宗朝任 皇伯世開大觀中遙領觀察留後高繼勳 高化俱景祐間任

福建路安撫司安撫使林適建炎間任 張浚 葉夢得 辛

汝膺 汪徹 陳俊卿 鄭僑 辛棄疾 蔡幼
學 楊長孺 楊棟上十人俱見名宦志 何琮端平間任 魏了翁
趙必愿 徐清叟 吳潛 吳淵 馬天驥 江
萬里 洪天錫上八人俱見名宦志 雷宜中咸淳間任已上俱知福州兼
幹辦公事 王晞亮 李誠之 徐鹿卿俱見名宦志 兵
官 福建路兵馬總管 馬秦紹興間任 鷡巴乾道間任 福建
路兵馬鈐轄 燕慶見名宦志 魚澤 李貴 黃庠上三人俱
紹興間任 福建路兵馬都監 姜特立見名宦志 福建路鈐司
福建路兵馬鈐轄 張忠孟 辛恩俱武翼大夫 張世賢

武功大夫郭欽修武郎來處恭武功大夫王炳武節大夫俱嘉定間任壽
困武節大夫辛恩再任武功大夫俱寶慶間任毛楷之繆震武德郎
張世雄武經郎上二人俱端平間任徐森武翼大夫嘉熙初任趙藻武翼
大夫施夢龍武節郎林宋英修武郎孫宗禮武翼大夫俱淳祐間任
福建制置司(制置使)王積翁宋末以全閩八郡圖籍獻於元
福建轉運司(轉運使)楊克讓見名宦志崔榮雍熙末任任維則
牛冕見名宦志俱端拱間任趙中和周渭俱淳化間任丁謂至道
間任趙賀劉炤俱咸平間任陳世卿見名宦志袁燁景德間任彭
惟節大中祥符初任方仲荀韓庶唐肅俱天禧間任呂言

苗積 王奇 張方 俞獻卿 李應言 王嘉
言俱天聖間任 趙湘 龐籍俱見名宦志 邊調 陸軫上三人俱
景祐間任 呂紹寧 劉立德俱寶元間任 劉適 張從華
王建中 安積 高易簡 邵飾 蔡襄 張去
惑俱慶曆間任 陳榮古 唐詢 楊紘 盛中甫俱皇祐間
任 盧革見名宦志治平間任 羅振 張徽 許抗 蹇周輔
俱熙寧間任 賈青元豐初任 謝卿材元祐初任 朱宗見名宦志 馬天驥
知福州兼 江萬里上二人俱景定間任 吳堅 劉震孫 李伯玉
黃萬石 馮夢得 雷宜中 曹亢發俱咸淳間任 趙

崇機德祐間任已上九人俱知建寧府兼副使張吉甫　蘇瀞　徐
億　李竦俱熙寧間任　王子京　陳紘俱元豐間任　呂溫卿
張詢俱元祐間任　陳建　趙岍俱宣和間任　張穆　程邁
祖秀實俱建炎間任　陳郭遂　李承造　劉察　鄭士
彥　陳桶　賀允中　余應求　陳敏識　王浚
明　趙伯牛　張宇　馬純　鉤光祖　曹戩
趙令詪　王時升俱紹興間任　陳良祐　陳良翰俱見名宦
志　沈度　任文薦　王淮　趙子英　沈樞　傅
自得俱乾道間任　鄭丙　柴瑾　錢佃　謝師稷　趙

公碩　顏度　蘇峴　趙彥操（俱淳熙間任）　周頡　陳
公亮（俱紹熙間任）　王恬　張孝曾　曾炎（俱慶元間任）　權安
節（嘉泰間任）　何琮　劉克莊（俱端平間任）　饒虎臣（淳祐末知建寧府兼）
袁立儒　高斯得（見名宦志俱寶祐間任）　洪勳　趙孟傳（俱景
定間任）　家鉉翁（見名宦志）

（判官）

馬遵　劉文炳（俱慶曆間任）　張
蔿　陳宗古　甯瞻　曹元舉　蔡延慶（俱嘉祐間任）
黃照　郭宏（俱治平間任）　湛俞　蔣之奇（見名宦志）　謝仲規
曾默　董鉞　石賡　王子京　周沃（俱熙寧間任）　蔣
續（元豐末任）　孫奕　劉士彥　曹輔　常驤　李孝廣

王得臣 陳郭俱元祐間任 秦定 黃思 文勛 黃
誥俱紹聖間任 張康國 檀宗旦俱元符間任 孫竦見名宦志 鄭
可簡 唐績俱宣和間任 謝如意 魯詹俱建炎間任 張鬻
侯懋 徐宇 宇文師瑗 師昌朶 錢赦 鄭
士彥 晁謙之 范同 黃積厚 徐琛 范寅
秩 蘇策 趙令詪見名宦志 鮑延祖 袁復一 丘
礪 陳起 姚沆 趙不溢 黃軺 陳彌作
王瀹俱紹興間任 邵及之 芮煒 趙不敵 呂企中
陳峴 楊由義俱乾道間任 王佐 劉祖禮 王師愈

王回　林枅見名宦志　沈作礪　陳公亮俱淳熙間任　薛叔
似見名宦志　孫紹遠　盧彥德俱紹熙間任　權安節　蘇林
趙充夫俱嘉泰間任　趙善闓　趙善防　李泱俱開禧間任
趙善宣　章良肱　綦奎　賈培　俞建　魏大
中　趙彥倓　趙伉夫　譙令憲　王松俱嘉定間任
陳汶　鄭如岡俱紹定間任兼知建寧府職事　袁甫見名宦志　姚珏俱端
平間任兼知建寧府　陳塤見名宦志　王伯大　方大琮見名宦志俱嘉定間
任　項寅孫　謝公旦　康植　包恢　鄭次申
史季温上四人兼知建寧府已上俱淳祐間任　陳覺民　徐常　方

天若　翁彥國宣和中任　柳廷俊　黃碩　柯賜　毛
奎　曾存　諸葛安節　章鑄　何處任景定初任已上
一十二人建寧舊志俱不載何官　主管文字　余祖奭見名宦志　幹辦官
趙彥橚見名宦志

提刑司　文臣提刑　馬亮見名宦志　丁遜景德末任　劉□大中祥符間任　王
文震　耿克從俱天禧間任　王耿乾興初任　林宥天聖初任　劉立
之　韓琚　欒源俱景祐間任　李數寶元初任　丘倚　王罕
高易簡　蘇舜元　盧咸俱慶曆間任　章君陳　呂公
孺俱皇祐間任　張肅　施元長　王陶見名宦志俱嘉祐間任　羅

極（見名宦志）陳益（俱治平間任）阮紳　宋道　李景亮　葉
溫叟　沈叔通　徐總（俱熙寧間任）閭丘孝直　李茂
直　喻陟（俱元豐間任）彭叔　錢㬇　祖無頗　曹振
（俱元祐間任）王祖道　張琬（俱紹聖間任）程遵彥（元符初任）周誼
（建中靖國初任）張向　畢漸　喬世材（俱崇寧間任）句仲甫
陳覺民　邵疇（俱大觀間任）陳建　鄭南（俱政和間任）王仲
閎　俞向　耿南金（俱宣和間任）陳楠（見名宦志）李范　林
杞　梁澤民　王綰（俱建炎間任）廖剛（見名宦志）徐庚　劉
嶠　呂聰問　施垌　宋孝先　李維　方庭實

見名宦志李公懋　李鞉　王元鼎　吳序賓　孫汝
翼　趙令詪　吳逵　沈大廉　樊光遠　王大
寶見名宦志梁仲敏　李莫　沈樞　何佾俱紹興間任任
盡言隆興間任李若樸　何逢原　吳龜年　趙子英
呂企中俱乾道間任鄭良嗣　謝師稷　孫憲文　陳
孺俱淳熙間任周必大見名宦志陳公亮紹熙初任宋之端慶元初任
楊潛嘉泰初任李儔見名宦志陳彭壽　劉應祖　朱端
常俱嘉定間任鄭如岡紹定間任徐愿端平中任項寅孫　趙綸
王爚　包恢上二人見名宦志史季溫俱淳祐間任李伯玉見名

宦志

劉震孫 **徐明叔**俱咸淳間任

武臣提刑

王守元景德

間任

韓□大中祥符間任 **張□** **丁諫**俱天禧間任 **寇用和**乾興間任

趙易簡俱天聖間任 **張之雄** **劉逵**俱景祐間任 **王翼**寶元初任

已上俱閤門祗候充 **李傳**供備庫副使充寶元間任 **張□**閤門祗候充 **郭承規**

供備庫副使充 **張顯普** **曾經**俱閤門祗候充已上俱慶曆間任 **翟承恭**

左藏庫副使充皇祐間任 **柴肅**閤門祗候充 **李宗孟**內殿承制充俱嘉祐間任 **杜**

談內殿崇班充熙寧初任 **鄭興裔**舊志裔作宗○見名宦志 **葉南仲**敦武郎

鄭槐武經大夫俱淳熙間任

檢法官

余武弼見名宦志

提舉常平茶司

提舉常平茶鹽公事

謝仲規熙寧間任 **蹇周**

輔　蔣續俱元豐間任　黃諾紹聖間任　鮑由見名宦志　江公著元符
中任　王仲閎政和間任　李承邁　徐琛　杜圯　洪昕
袁復一　丘礪　王秬　王淪　張元禮　張汝
楫　劉嶸　周橾　沈樞　鍾世明　黃章俱紹興間
任　姜詵隆興間任　吳龜　王次山　李元老　鄭伯熊
周自強　王逨　薛居實俱乾道間任　胡儔　姚宗之
何稱　陳蒼舒　陸游　吳飛英　周頡　陳沖
諤　宋若水　孫紹遠　應孟明見名宦志　吳珽俱淳熙間
任　陳杞　李沐　張濤　宋之端俱紹熙間任　蔡幼學

見名宦志林思齊 陳棟 張經 楊潛俱慶元間任 蘇林 趙公升俱嘉泰間任 盛廉 魏夢熊 李孟傳俱開禧間任 陳鑄 胡粢 陳紀 陳彭壽 潘友文 劉允濟 宣繒 劉應祖 朱端常 趙彥紓 羅仲舒俱嘉定間任 王夔 沈謐俱寶慶間任 史彌忠 鄭如剛 方俌俱紹定間任 徐愿端平初任 彭方 葉真 李昇英 趙綸俱嘉熙間任 蔡龠 王寓 趙師耕 樓治 袁立孺 范午之俱淳祐間任 謝子強 趙嘉慶 湯漢見名宦志俱寶祐間任 李伯玉 趙逢龍見名宦志 留夢炎 胡

弍之俱景定間任　劉震孫　徐明叔　陳綿　林畔俱咸

淳間任〈幹辦官〉陸祐見名宦志

諸司附

西外宗正司〈知宗正司事〉士樽　子湆　士濂　士衎

士礽俱紹興間任　子潚隆興間任　子英　士秀　士程　不

敵俱乾道間任　子濤　公廙　公迵俱淳熙間任　不應開禧間任

師耕淳祐間任

南外宗正司〈知宗正司事〉士樽建炎間任　令應　仲鄒　士

瞰　士源　士珸　士劃　子游俱紹興間任　不猷隆興

初任士豢 士穆 士歆俱乾道間任 士石 不敵 不流 子濤 公迥 不遏俱淳熙間任 不艱 不戒俱慶元間任 彥禔 不慝俱嘉泰間任 伯櫹開禧間任 善或 不棓 善輧俱嘉定間任 箋夫寶慶間任 汝固 彥俁俱紹定間任 師蹇 崇岦俱端平間任 汝恭 師賑俱嘉熙間任 師恕 師珂 希循 希褒 與份俱淳祐間任

（敦宗院）（主管）黃祖舜建炎初任 李訦 張洵 梁李珌俱乾道淳熙間任 林行知嘉定間任

（宗學）（教授）鄭汝諧 傅伯成 林淳厚泰定初任 林信厚 黃叔度 王邁見名宦志 黃自然

提舉市舶司提舉徐確　上官厚　錢景遯　周需
樂昭衍　章煥文　施述　蔡橚上二人政和間任　許大
年　張佑俱宣和間任　曾詹靖康初任　邵邦達建炎間任　徐與可
李承遇　王權　趙奇　呂用中　鮑仔　韋壽
成　樓璹　曹泳　趙士鳴　李莊　張子華
鄭寀　傅自修　張汝楫　陳之淵　黃績　何
俌　林之奇俱紹興間任　郭知訓隆興初任　程祐之　馬希
言　陸沅　張堅俱乾道間任　虞似良　蘇峴　韓康
卿　彭椿年　嚴煥　林邵　潘冠英　胡長卿

張遜俱淳熙間任　王渙　趙汝彧俱紹熙間任　許知新　詹
徽之　黃績俱慶元間任　余茂實　曹格　郭晞宗俱嘉
泰間任　趙盛　趙亮夫俱開禧間任　朱輔　王樞　趙不
熄　傅庸　葉元澣　趙崇度　施棫　魏峴
趙汝适俱嘉定間任　謝采伯　李韶俱紹定間任　葉寀　黃
朴俱端平間任　劉煒叔　趙涯　王會龍俱嘉祐間任　劉克
遜　趙希槲　陳大猷　趙師耕　楊瑾俱淳祐間任

元

福建行中書省平章政事拜降　伯顏　唐元歹　闊

里　高興　史弼上二人見名宦志已上俱至元間任　史燿　普兼
善　普化帖木爾　亦黑迷失　月約迷失元貞間任
闊里吉思大德間任　左答納失里　阿魯溫沙　燕只
不花　完者帖木兒　陳有定俱至正間任　右丞　忙古
歹　拜降　伯顏　滅里俱至元間任　月約迷失元貞初任
脫脫大德初任　廉惠山海牙　忙兀台俱見名宦志　莊嘉
朶歹俱至正間任　左丞　董文炳　忽剌出俱見名宦志　伯顏
管八都　廉復　孛魯迷失海牙　完顏俱至元間任
扎剌立丁元貞初任　吳鐸　魏劉家奴俱至正間任　參知

政事李庭 忙古歹 蒲壽庚 唆都 焦德裕
上二人見名宦志 胡忙古歹 魏天祐 蒲師武 忽憐
馬合馬俱至元間任 帖木兒 李家奴俱大德間任 訥都赤
趙唐兀歹 卓思誠 陳有定俱至正間任 僉省嚴忠
祐 岳樂也奴俱至元間任 郎中趙□ 韓□ 孫□
哈剌歹 阿里 劉□ 木八剌 楊□俱至元間任
郝□元貞間任 兎都鐵木祿 栢帖穆爾 王澣俱見名宦
志 員外郎蕭俊 劉□ 馮□ 解□ 扎剌丁
張□ 張□ 王晃 嚴翼俱至元間任 阿里 王□

俱元貞間任都事藍光見名宦志馬世傑　劉公弼　張□

嚴翼　周德元　趙□　張紀　吳均　樊□

張光祖俱至元間任李□　賈訥俱元貞間任管勾李□

毋□　李瑀俱至元間任照磨楊守信至元間任

福建平海行中書省平章政事闊里吉思　高興　月

的迷失俱大德間任右丞脫忽脫大德初任左丞烏馬兒大德

初任參知政事鐵木不花　李家奴俱大德間任納都赤

至政間任僉省岳羅大德初任隨省官屬檢校張隆

豬狗俱大德間任理問所理問禿滿　塔不歹俱大

德間任

福建道宣慰使司

宣慰使 塔里赤 李恒（俱見名宦志） 張榮 王積翁 李庭 魏天祐 王剛中 太不花 阿里罕 岳樂也奴 石天璘 高興（俱至元間任） 黑黑（至正間任）

同知 李珏（前至元間任） 保定奴（至正間任）

副使 捏古伯 張閑白 陳珪 宋熈（俱至元間任）

經歷 羅□白□（俱至元間任）

都事 韓琛 姜□ 許好仁 張光祖（俱至元間任）

照磨兼架閣管勾 攸天祐 秦諒（俱至元間任）

福建道宣慰使司都元帥府宣慰使都元帥　百家奴〔見名宦志〕　扎剌立丁　帖木兒　李家奴　八思兒不花　八剌蠻　塔剌赤　撒都　李也先不花〔上八人俱大德間任〕　孛羅　八失忽都魯　萬奴　帖乞綿赤　凍　阿木　李杲〔俱至大間任〕　腆合〔皇慶間任〕　剌失　劉良　不剌罕　納速剌丁　定住　海牙〔俱延祐間任〕　馬速忽　郭完澤〔俱至治間任〕　牙安的斤　脫歡　王都中〔見名宦志〕　衆家奴〔俱泰定間任〕　擲思監〔見名宦志〕　莊嘉

〔同知副都元帥〕　馬忽　米識　田可宜〔俱大德間任〕　帖木兒答失〔至大

間任阿思蘭　端徒俱延祐間任不花帖木兒至治初任脫兒
赤顏　怯來俱泰定間任彭廷堅　陳君用俱見名宦志〔副
使〕忽都不丁　王柔　劉良　王壽　胡繼毅
廉忱俱大德間任亦祖丁至大間任羅羅沙　史埜俱皇慶間任
苫思丁　答兒馬失立　任拯俱延祐間任朶兒只□治
初任暗都剌泰定間任〔經歷〕辛昇　答木丁　任拯俱大德間
任傅澤至大間任郭瑛皇慶初任李良傑延祐間任郜從樂至治間任
蕭翥　任文通俱泰定間任〔知事〕馮愿　郭惠　段文
富　李霖　暗都剌　張翥俱大德間任呂正臣至大間任

郭暐　萬朶兒別歹　趙敏　高從政俱延祐間任　江
正　紀昱俱至治間任（照磨兼架閣管勾）曹璘　孫讓
安貞俱大德間任　傅進皇慶初任　張淵延祐初任　陳凱至治間任　楊杰
泰定間任
福建閩海道肅政廉訪司（廉訪使）王惲見名宦志　忽魯忽都
雲從龍未曾到任　程鉅夫見名宦志　教化的俱至元間任　脫脫木
兒　趙文昌　嚴慶　輿兀蘭　普化俱大德間任　烏
古孫澤見名宦志　和尚　塔里牙赤　月列俱至大間任　張
思誠皇慶間任　阿里　趙宏偉見名宦志　多禮貧班　別里

哥禿俱延祐間任 咬咬 張古俱至治間任 答里馬里題名碑作兒

○見名宦志 鄭榮祖 王都中 杜貞 易釋董阿俱泰

定間任 卜咱兒 西漢傑俱天曆間任 拜降 朵兒質班

俱至順間任 秦從德 篤思彌實 王瓛俱元統間任 羅廷

王 壽僧寶壽俱後至元間任 順昌 埜僊忽篤 魏中

立 丑德 歐陽玄榮祖 保定奴 崔帖謨迩

普化 黑黨 僧家奴 也先不花 許從宣

雅嘉 貢師泰見名宦志 訥都赤 郭興祖①□□沙

恩寧普 瞻思丁 燾羅 帖木列思 孫三寶

校注：①不八

韓準俱至正間任 副使 不花 仇鍔①朱魯到任 李果 哈②□
俱至元間任 商晦 欽察俱元貞間任 畢偁 張孝思 禿
滿式列烏臺俱大德間任 吉天祐 哈散 甘溥俱至
大間任 伯伯 劉祭俱皇慶間任 李俞 密蘭 張揆俱延
祐間任 月忽難至治間任 宋節 壽僧俱泰定間任 伯顏不花
王恭亮 李端 王速帖木兒俱至順間任 察八的月
思元統間任 楊煥 大都 穆八剌沙俱後至元間任 斡玉倫
徒 禿魯 李執中 梁克中 太不花 馬合
麻 索元岱 寶哥見名宦志 張珪 普華帖睦爾

校注：①未　②觧

朶兒只班　普顏帖木兒　郭興祖　元奴　李好直　元德　張士堅　易普剌金　易理雅思　大都（俱至正間任）

僉事

張孝思（見名宦志）　木敦　殷尚敬　趙欽止　訛陀乂　潘昂霄　陳錫（俱至元間任）　禿滿（元貞間任）　沙的　王壽　張禎　闊闊歹（三山續志以為副使與題名碑不同疑當以碑為正）　忽里歹　聶輝　田滋　忽辛　崔傑（俱大德間任）　與屯履　張天翼（俱至大間任）　忽剌孫　迷沙　吳泰（俱皇慶間任）　任掾　八剌　狗兒　王文昌　阿术　李企賢　沙班（俱延祐間任）　王荀　海僧　宋

鼎新俱至治間任 忽先先三山續志作辛 普顏篤魯彌實 張
忽都答兒 馬益孛羅俱泰定間任 倒剌沙天曆初任 韓摶
阿剌忽失 馬合馬俱至順間任 丑閭 楊不花 元
童俱元統間任 別魯 史焯 組晃 當住 左答納
失里 孫士敏 耶律權俱至元間任 山東 答兒麻
趙承禧 王虛 火兒忽達 脫因 拜住 司
廣 六十九 張止 普顏鐵睦爾 安謙 觀
音保 申屠駉 輿魯赤 赫德爾 田九嘉
郭興祖 普顏帖木兒 脫因 乃馬歹 薛端

張引 買爾 周浩 波若帖木兒 亦憐真
劉完者 釋迦奴 必剌的納 鄭潛 劉守信
速來蠻 德壽 李文彬 劉答實帖木兒 管
不花 王伯顏不花 張孝理 八里顏 月忽
難 經歷 赤盞顯忠 程仲溫 俱至元間任 房瑜 任鳳
俱大德間任 淩時中 至大間任 楊鉉 皇慶初任 張國維 劉藝 俱延
祐間任 陳瑞 李世英 俱泰定間任 何執禮 至順間任 楊烈 元統
間任 知事 張伯淳 武履常 俱至元間任 高汝楫 楊鉉
俱大德間任 耶律行簡 皇慶初任 趙植 吳壽 俱延祐間任 王鵬

翼至治間任　范椁見名宦志　趙禮天曆間任　焦懋至大初任　薩都剌

楊瑛俱後至元間任　照磨　劉英至元間任　謝守禮貞元間任　卜淵大德

間任　張淵至大間任　楊剛中皇慶初任　劉自持延祐間任　劉恕至治間任

真聖奴至順間任　李君諒後至元間任

寄治附

行御史臺　治書侍御史　韓準見名宦志

諸司附

福建等處都轉運鹽使司　運使　劉巨源　魏天祐宣慰使兼

扎剌兒解　馬合馬　阿里　燕宗龍　扎剌魯

丁木薛 佘德水 忽扎馬丁 李賢翼俱至元間任

暗都剌 趙執中 扎剌魯丁木薛 忽都不丁

石哈剌不花俱大德間任 燕也先海牙 張天紀俱皇慶間任

脫因 范德都 朶兒伯臺 沙的 王從政俱延祐間任

賽甫丁 中都海牙 錢光弼俱至治間任 客

剌沙 蒲居仁 忽辛 郭都俱泰定間任

同知 焦粗

張衛 速來蠻 贍思丁俱至元間任 八哈魯思元貞初任

麻速忽 木八剌俱大德間任 范德都皇慶初任 孫英延祐間任

范忠至治間任 賀貞泰定初任

副使 扎剌魯丁木薛 阿老

尾丁 周邦達 梁琮 嚴龔 俱至元間任 陳彧 辛
昇 俱大德間任 迭烈思八 皇慶初任 忽辛 馬速忽 延祐間任 麃
大悲奴 至治間任 哈都兒丁 木八剌沙 俱泰定間任 **運判**
樊忠 許榮祖 周邦達 張天璘 阿答 俱至元間
任 **經歷** 馬克溫 曹顯 嚴龔 張璹 張天麟
馬合林沙 衛璧 蘇諤 俱至元間任 呂正臣 元貞間任 孫
英 許可 俱大德間任 劉季莊 皇慶初任 董德用 延祐間任 嚴琦
至治間任 馮廷琇 曹泰亨 俱泰定間任 **知事** 孫榮 孫泰
張可 張紀 阿答 張逵 向泉 趙思恭

張肪俱至元間任　王茂元貞間任　辛昱　彭椿俱大德間任　貫思
恭皇慶初任　馮廷璓　歐陽讓受俱延祐間任　王克讓至治間任①
真淵子　孫繼先俱泰定間任　（提控）王克讓　盧澤
許文翼　沙的　郁知柔　張達　張之道俱至元間
任　完顏瑛元貞初任　馮禧　李縉　劉德源　夏濟俱大
德間任　趙敬　邢讓俱延祐間任　李彧至治間任　李彥實泰定間任
（照磨）韓天翼　劉大亨　任淵　吳惠　田道明
俱至元間任　李賢元貞初任　劉可　高顯忠俱大德間任　張從政
皇慶初任

校注：①任

市舶提舉司（提舉）黒的　宋熙　張鐸　陳珪俱至元間任　石
八哈迭兒　馬合謀　段庭珪俱大德間任　沙的
抹羗吉剌歹　孫國英　海壽俱至大間任　贍思丁
木八剌沙　嚴文　哈散　朱善輔　龐壽山　海
牙上五人俱延祐間任　倒剌沙　裴堅俱至治間任　普顔赤　趙
敏　八都魯丁　劉選　亦思馬因　暗都剌
蠻子海牙　忽都魯沙　也先帖木兒　烏樞
葛紹祖　驢兒　合山　聶世英　回回　項棣
孫上七人俱至□間任（同提舉）高閭至元間任　烏馬兒大德間任　劉侃

王良弼俱至大間任　馬合麻　拜住至治間任　怯烈　怯來
馬合馬沙　袁成　忻都　翟從德　謝不花
李也先上三人俱至正間任　〔副提舉〕衛璧至元間任　阿不撒　劉
字俱大德間任　木八剌沙　別都魯丁　忽辛俱至大間任
楊思敬　〔石廷玉〕　樂禮延祐間任　劉文佐　趙敬俱至
治間任　施澤　答亦兒不花　買驢　刁昔剌不花
劉克禮　嚴亮　買住上二人俱至正間任　〔知事〕高昇至元間任
張復禮至大初任　〔提控〕張禧　盧澤俱至元間任　康珪大德間任
蔡時亨至大間任　〔照磨〕張埜　袁裔俱至元間任

國朝

文職

福建等處承宣布政使司左右布政使 鄭思先 見名宦志 吳昭 薛大昉 張機 俱洪武間任 張拱辰 鄒昱 麻冕 劉璉 吳福 俱永樂間任 周順 侯軏 宋彰 孫昇 范理 俱正統間任 黃樾 石瑁 黃輿 俱景泰間任 徐瑾 姚龍 劉讓 俱天順間任 劉敷 張斌 朱英 桂陽人 路璧 王高 俱安福人 鍾清 瑞安人 李田 李嗣 廣州人 錢璡 鄞縣人 溫琮 華陽人 陳勱 餘姚人 徐貫 淳安人 章格

常熟人俱成化間任 戴珊浮梁人 陳寬無錫人

左右參政 蔡喆 楊景衡 王鈍俱見名宦志 唐俊

阮崇禮 高暉 呂崇藝 瞿荘 蕭禮俱洪武間任

房安見名宦志 王平 祖述 錢祖俱永樂間任 彭眘 張

璘 顏澤 胡廣俱宣德間任 楊盛 宋彰 彭森

周禮 王士華 呂高俱正統間任 陳珹 張斌 劉

讓 許仕達徽州人 李顒博羅人見名宦志俱景泰間任 徐敬天順間任

陳蕙 陸杲蘇州人 趙宬 鍾清 李昂杭州人 徐貫

劉觀 應顥淳安人 馮遵 劉大夏華容人 秦夔 陳

賓　沈暉宜興人　王範開州人俱成化間任　葉萱松江人弘治元年任
左右參議　鄭湜見名宦志　王鈍　郭璡見名宦志俱洪武間任　李
燁　李文華　葉仲賢　劉隆　辛彥博　孫恪
楊鼎　苗賢俱永樂間任　李珏　樊翰俱宣德間任　金敬
徐傑　劉萃　荊璞　陳活　趙象　陳琰俱正統間
劉琛　趙慶　李廸　鄧顧純俱景泰間任　陳雲鵬
李春　唐世良俱天順間任　秦芳　趙昌　張雄　丁
本　黃霖　裴忠　崔儀　陳渤　黃澄　孔宗
顯　張琳餘姚人　沈暉　葉祚吳縣人　葉萱俱成化間任　程

廷珙浮梁人

經歷司

經歷馮憲　徐善俱永樂間任　孫震興化府知事署

何景春建陽縣縣丞署俱宣德間任　李祐景泰初任　唐慶　羅瑄俱成化間任

都事

曾性　熊紀俱永樂間任　周仲禮宣德初任　張震正統間任　徐善景泰間任　顧銘　徐縉俱成化間任　曾慶弘治元年任

照磨所

照磨鄭琚景泰間任　沈塤　閻恪　蔡宣俱成化間任

檢校

周季方永樂間任　張隆　司義俱正統間任　韓昇天順間任　汪澄　嚴正俱成化間任　龍昇弘治元年任

理問所

理問劉廷蘭　陳滿俱永樂間任　林憲　劉景昭　孫

英俱成化間任〔副理問〕金諒正統間任吳本　李均俱成化間任
倪逢盛弘治元年任〔案牘〕郭文輔　張貫俱永間任馬傑成化
間任
福建等處提刑按察司〔按察使〕陶垕仲見名宦志阮友彰廬陵
人張盟淮安人俱洪武間任李觀蒼梧人朱應祖武陵人邵玘見名
宦志俱永樂間任李素見名宦志宣德間任謝莊武進人方冊德興人陳
璞嘉定人俱正統間任楊珏臨海人胡新建昌人俱景泰間任馬文昇鈞州
人天順末任張鵬淶水人劉敷永新人洪弼淳安人唐彬山陰人
溫琮　劉城饒州人王繼　謝綬撫州人俱成化間任高崧襄城

人弘治元年任

副使

王璉見名宦志　李惟益曲陽人　賀鄖　闓人
善慶餘姚人　陸仲英山陽人俱洪武間任　李溫　虞文達餘姚人
陳思聰奉節人　樊彧開善人　高永康　董銓淳安人　李公
正襄垣人　張翥威縣人　鍾永用醴陵人　許昇上海人　衛浩常熟
人　李琳定遠人　劉隆彭澤人　謝孚當塗人　祝戒蘭溪人俱求樂間任
成寧可鹽城人洪熈初任　劉蒸慈谿人　王增南城人　胡智會稽人俱
宣德間任　姚震杭州人　王讓安福人　高敏華亭人　邵宗譽　曹
祥獲嘉人　丘俊程鄉人　周瑄淳安人俱正統間任　胡新　徐朝宗
分水人　顧曜長州人俱景泰間任　吳中見名宦志　鄭顒錢塘人　沈訥昆山

人郎勝建德人王凱慶都人鄭佑見名宦志錢璡鄞縣人浦清

上海人俱天順間任余洵鄞縣人牟俸何喬新廣昌人潘禎安六

州人辛訪襄陽人游明見名宦志應灝劉珂安福人溫琮

劉城劉喬萬安人林榮番禺人周鼐貴溪人李冕劍川人

汪進婺源人胡榮新喻人高崧張玉吳橋人俱成化間任郝志

義清澗人羅璟泰和人蕭謙

（僉事）周儀陳善道張翥任城人謝肅見名宦志陸維

彰上虞人丁琳南城人張敏俞居善方顯俱洪武間任

戴信滁州人高勉壽光人袁方乾州人秦俊臨汾人沈全故城

人 黃栩浦江人 姚宣嘉興人 龔巖崇明人 陳擴吳縣人 胡恪
高唐人 蔡完 夏儒潛山人 張翼歸安人 沈鎰見名宦志 孫完
蕭山人 馮本清餘姚人 丁寧宜興人 楊傑 嚴梅安陸人 徐
則寧金谿人 陳鑑江陵人 劉選大邑人 陶琫星子人 呂升見名
宦志 劉呂大邑人 錢遂志吉水人 周常定遠人 徐譽江陰人 徐
隆東陽人俱永樂間任 王生新鄉人 曾穆見名宦志 薛景安華亭人 楊
勳崇仁人 周英 沈敬華亭人俱宣德間任 廖謨泰和人 王璣
高超吉水人 張崇東陽人 張居彥上虞人 李實豐城人 李在
修吉水人 況真高安人 董應軫麻城人 王迪金華人 陳祚

馬髙東州人王驥吉水人陳烈蘄州人蔡雲韜大庾人呂昌
新昌人張彥豐城人楊珏李顒俱正統間任曾蒙簡泰和人
沈訥孫振望豐城人趙訪麻城人宋洵灤縣人馬玩丹陽
人宋欽乾州人俱景泰間任徐彬黄巖人牟俸見名宦志曹景句容人
包瑛山陽人陳全宜興人康麟順德人游明蕭鑾潮陽人
齊昭山陽人黄隆鄞縣人劉子肅南昌人朱毅餘姚人俱天順間任
康弘敬泰和人周謨新淦人李英臨桂人楊德夏邑人鍾珹
當塗人張鸞吉水人余諒新會人章懋蘭溪人陳軽青陽人髙
崧林克賢黄巖人談俊德清人周孟中廬陵人戴祐嘉興

人任彦常應天府人李蕚四川人楊廷貴岳池人伍希閔安福
胡富績溪人成化間任楊澤天台人弘治元年任
經歷司經歷余慶正統間任知事蔣敞宣德間任照磨
所照磨陳岳胡獻正統中任譚清梁甫俱景泰間任
王濬天順間任楊暄成化間任檢校沈錡永樂間任李鏜宣德間任王
彦才天順間任朱迎勛成化間任

武職

福建都指揮使司都指揮使謝玉往初名任張得宜趙
奎見名宦志史炯俱洪武間任王觀張逵蔣貴俱永樂間任

都指揮同知

王誠 計忠俱洪武間任 李玉 張遠 王觀俱永樂間任 孫安 雍埜 秦敏 陶旺 劉寬 俱正統間任 閔忠天順初任 鄭賢 高貴 竇傑 馬澄俱成化間任

都指揮僉事

李觀 計忠俱洪武間任 鄭琦 王觀俱永樂間任 金英 陶旺俱宣德間任 劉海 朱成 王勝見名宦志 趙鋼 劉寬 鄧安見名宦志俱正統間任 金昂由福寧衛指揮使陞 錢輅見名宦志 陶勇 楊海由泉州衛指揮使陞 桂福由鎮海衛司知陞俱景泰間任 武成見名宦志 張瑛俱天順間任 劉源 沈海 朱陞 辛晟 董良 沈貴 房驥俱成化間任

經

歷司　經歷方琮景泰初任　方貫　董駿俱成化間任　丘穩

都事蔡禮正統間任　袁琮景泰間任　郴慎成化間任　斷事司

斷事黄訓宣德間任　笪廉正統間任　孫暉　李明成化間任　副斷

事鄧進天順間任

福建行都指揮使司　都指揮使　師祐由本司僉事陞永樂間任　王亮

正統間任　都指揮同知　馬雄由本司僉事陞　曹敬正統間任　張福

嚴文俱成化間任　都指揮僉事　師祐　侯鏞　徐信由建

寧左衛同知陞俱永樂間任　張覬宣德間任　馬雄　張瓛　張凱

范真　吳剛俱正統間任　丁泉見名宦志　仲榮天順間任　楊海

吳杲由建寧衛指揮使署　王皞俱成化間任　經歷司　經歷　項
良善　樂壽　湯傑　沈榮　吳錦　都事　丘泰
金[redacted]　斷事司　斷事　田盛　王敏俱洪武間任　范雯
夏獻俱成化間任　副斷事　鑒昭成化中任

屬司附

福建都轉運鹽使司　運使　史濬景泰初任　嚴貞　劉璣天順間任
康驥　朱穩　周鳳　金迪俱成化間任　同知　胡傑正統
初任　魏安天順間任　張晉　徐福　郝志義　高輔　張
盛俱成化間任　胡贊弘治元年任　副使　胡縉天順間任　田昭　石

旻俱成化間任

判官

葉汝梅宣德間任

張昱

蘇瑛俱正統間任

伍璣

符芳

陳明俱成化間任

經歷司

經歷

衛

俊明永樂間任

林岸

陳薫俱成化間任

朱義弘治元年任

知事

熊彥才

王通

周倫俱成化間任

郡縣

福州府

後漢

候官長

商升建安元年任

南部都尉

賀齊見名宦志

晉

太守　嚴髙　劉琨俱見名宦志　趙理　鄭逸　楊岱　卓

宏永興中任

東晉

太守　郭粹　賀喬　楊羨　謝櫨　陳熙　師暢

陳雲　謝求　顧颺　薄舊　朱真　祖曾　魏

隨　王昭上二人俱升平間任　陶宏　李崇俱興寧間任　江諒咸安

初任　戴固康寧初任　賀期　王祐　戴眇　王楚之　陶

夔　孔粲俱太元間任　謝景興　劉延壽俱隆安間任　劉玄

元與①初任張須元　殷隱　張裕　胡袒　胡方生俱義熙間任

劉宋

太守　顏胡　樂探之　何融俱永初間任　張先貞　阮彌之　池雩　阮仁之　立祚　阮永之　顏仲文　劉隱　范璩　王粹俱元嘉間任　何恢孝建中任　殷琎

王環之　孔靈產　江輝　劉瞻俱大明間任　周景

袁倲　謝颺　盧愿見名宦志俱泰始間任　王秀之見名宦志　劉正俱元徽間任

內史　劉德愿元嘉間任

校注：①興

齊

太守 丘仲趨 孔景之 蕭世軌俱建元間任 王砏 袁利 孔徹 王德元俱永明間任 陳休尚建武間任 謝璟永泰間任 劉景超永元間任 內史 劉常永明初任

梁

太守 范縝見名宦志 劉業 彭永年 崔遂珍 劉融 謝茂 王瞰 椰津 徐崧 蕭機俱天監間任 崔仁 普通間任 徐悱大通間任 袁士俊 臧厥百姓謂之臧獸俱中大通間任 蕭永以觀寧侯知 蕭正表以封山侯知 蕭推以南浦侯知俱大唐間①壬 蕭基

校注：①任

以長樂侯知中大同初任蕭雲以寶化侯知太清間任陳羽大寶初任陳寶應

羽之子以郡傳之紹泰初任內史江彥標天監中任監郡羊侃見名宦志

袁狎大同中任

陳

太守王質天嘉末任曹任明樊毅光大初任蕭紀以宜黃侯知畢

文奏駱文牙俱太建間任章大寶吳惠覺俱至德間任

隋

太守劉弘鄭萬頃萊桂國護韋沖俱開皇間任陳

昇楊許俱大業間任章世超義寧初任通守閻弘吉大業間任

唐

福州長樂郡中都督府刺史王義童武德末任薛登　方叔述　楊逷　闕長信　劉伯瑛　元韶俱貞觀間任薛士通永徽間任王大禮龍朔初任張承慶　袁德仁俱景雲間任任乾英先天初任梁惟忠　儔黃中　謝光庭　王崎一作琦田義昌　辛子言　許融　李亞丘　徐嶠俱開元間任盧昇明　李朓　裴悟　高璠　許炅劉寡悔　楊知古俱天寶間任吉湒至德間任董玠乾元間任李承昭上元間任李椅　皇甫政　鮑防俱大曆間任常袞

孟皞俱建中間任 盧惎 吳詵 吳湊 鄭叔則 王
栩 李若初 柳冕 閻濟美俱貞元間任 陸庶 元
義方 裴次元 薛謇 元錫 裴乂俱元和間任 徐
晦 衛中行俱寶曆間任 獨孤朗 張仲方 桂仲武
段伯倫俱太和間任 唐扶 盧貞俱開成間任 崔干 羅讓
李貽孫 黎植 楊發 王鎮俱大中間任 杜宣猷
孟彪 李瓚 李景溫俱咸通間任 李晦 李播 韋
岫俱乾符間任 鄭鎰廣明初任 陳巖中和末任 范暉景福初任 王審知
乾寧末兄潮命知 別駕 衛總持 任弘毅俱貞觀間任 長史 王

孝敬永徽間任　唐循中開元間任　司馬　蕭嗣德咸亨初任

閩縣令　李茸見名宦志

福唐縣尉　林攢見名宦志

連江縣令　劉達見名宦志

偽閩

剌史　王延翰同光間任　王繼鵬長興間知俱五代唐授　王繼昌五代晉開

運間知

吳越

剌史　李孺贇　吳程俱五代漢乾祐間任　錢弘儇　錢元璝

錢偁俱五代周廣順間任 錢俊五代周顯德間任 鮑脩讓宋建隆初任 孫

賛明 孫承祐 沈承禮 錢昱俱宋開寶間任

八閩通誌卷之三十

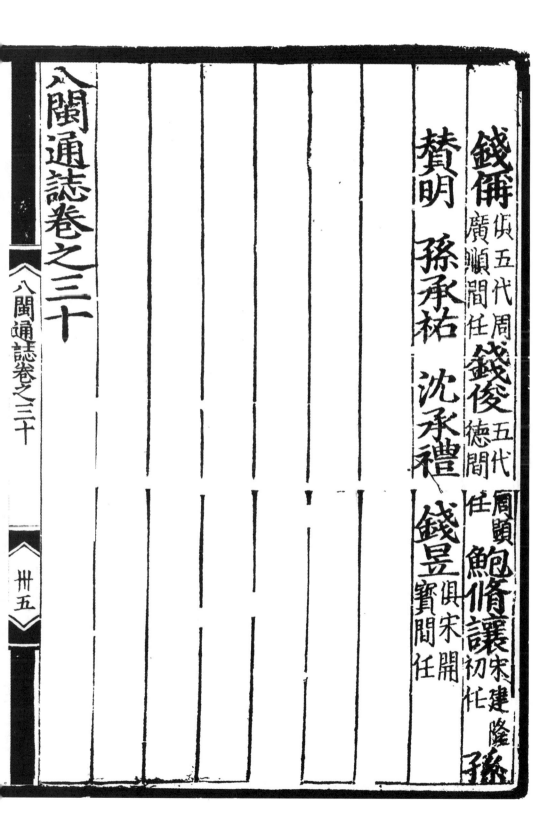